離婚黑皮書

有捨，才有得
能離，才能合

陳海倫心橋顧問公司總裁 **陳海倫** 著

離婚黑皮書

這本書的書名，叫《離婚黑皮書》。「黑皮」這兩個字，是對應英文的「happy」，也就是說，希望你可以用豁達的角度來看待離婚這件事。然而，對大部分的人來說，「離婚」是一件很難開心起來的事情，一講到離婚，尤其是自己離過婚的人，要輕鬆面對，談何容易？

人生，一定可以快樂，可以自由，可以有能力。但重點在於你要不要選擇這樣的結果？你要不要追求這樣的境界？你願不願意為這樣的人生努力、拼命、鞠躬盡瘁？

人生，因為了解而自在、自由。只要你願意花精神去研究、學習，並不斷地勤練、突破，你就會有無限大的空間可以進步，也會大幅提升成功的機率。即使一時看不清前面的路，看起來問題似乎無解、沒有未來，但只要繼續往前走，就可以柳暗花明又一村。

人生，永遠都會有很多機會。不過，這些機會是給那些準備好的人。只要你不斷地做、不斷地前進，你永遠無法預知後面還有多少的幸福，也不會知道有多美好的風景可以期待。有時你會以為沒機會了，一切都完蛋了，但彷彿出現奇蹟似地，又有了上天給予的力量與希望。只要你能突破極限，原本灰暗的世界就會變天，遲來的春天還是會到來。

序

春天遲來，並不代表不會來，但當它真正來臨的那一刻，是給做好萬全準備、有用心、努力的人去獲得的。如果你一直裹足不前，一直坐著等待，你一直固執不願意改變、不想要成長，生命中的寒冬將會持續到永遠，不僅天寒地凍，而且雪上加霜。

人生的境界，是靠個人去創造的。雖然天有不測風雲，但只要用心努力，不斷地創造機會，累積自己的能力，時間久了，自然就會滴水穿石，鐵杵磨成繡花針，讓你綻放出最美麗的光芒。

古人有云：「精誠所至，金石為開」，天底下沒有達不到的目標，只有不夠用心的努力。繼續往前走，不停止地奮鬥下去，總有一天一定會到達彼岸，一定可以踏上幸福的樂土。

與君共勉，願我們永遠快樂地在一起。

心橋顧問公司總裁　陳海倫

目錄

第五章　找出問題的癥結

第六章　最常引起離婚的事情

第七章　如何苦中作樂？

目錄

第十章 離婚案例探討

前言

不懂離，怎麼合？

當初，我之所以寫這本書的動機，其實非常簡單：讓離婚的人走出陰霾。現在台灣的離婚率居高不下。像這樣的成績，即使拿到全球第一名，也實在沒有什麼好驕傲的。離婚的數據有多高，並不是本書要談論的重點，我們應該要來研究一下，既然離婚的情形這麼普遍，到底這個社會發生了什麼事情？我們又如何去面對、處理這個問題？

是不是一般人對於婚姻變得不夠重視？

或者是承壓力不夠呢？

還是普遍的男女在情緒上過於衝動？

這些離婚的人，能搞清楚自己為什麼離婚嗎？

還是太任性，翻臉跟翻書一樣？

這些問題是很值得探討的。在本書裡，有很多章節的內文都會提到很多問號結尾的「問題」，這些問題沒有標準答案，而是要讓你用來檢視自己的狀況。我希望你能誠實地、平靜地把這些問題想一想，一定會對你的婚姻、感情世界有所幫助。

此外，我希望能夠讓大家藉著了解「離婚」，也更了解到底什麼是「婚姻」。了解離婚的狀態，對離婚就不會那麼害怕，也不會因為離婚率這麼高，就變得對於婚姻感到非常恐懼，甚至根本不願意結婚，或是只想同居而不走入婚姻的這種情形。

了解離婚，就不再覺得難受或討厭。當你能舒適的面對，這就不再是個問題。當你真的有機會去面對離婚的狀態，了解這當中會經過怎樣的過程，會有什麼傷害與難受……從這樣的角度去認識離婚，相信在心態上也比較健康，對社會才是真正有幫助的。

另外一個理由，因為我自己是一個媒人，喜歡當紅娘，非常鼓勵大家結婚。

許多人在踏入婚姻時，憑藉的也只不過是一股熱情，對於愛情生活的嚮往，才願意嘗試走上紅毯。不過，「願不願意結婚」跟「有沒有能力經營」，完全是兩回事。在沒有能力經營婚姻的情況下，離婚是一定會發生的結果——不是說百分之百都會離婚，但難免會遇到這樣的可能性。

所以，只要你想結婚，就應該要有離婚的心理準備。但是，離婚並不可怕，只要你懂得怎樣去面對它、避免它、處理它；當婚姻出現了問題，而你對離婚有明確的認知，就可以盡量避免不理性的錯誤決定。

這有點像做生意。你不能保證一定會賺錢，但哪有人一開始做生意就是要賠錢的？生意要做，但風險也要盡量避開，損失要讓它降到最低。

如果擔心會離婚，所以就乾脆不結婚，就像害怕做生意會賠錢，就乾脆關門大吉，這種態度也很不正常。有些人很喜歡做生意，卻沒有賺錢的實力，沒有做足功課就一頭熱地栽了進去，最後搞到血本無歸，怨嘆自己不是做生意的料，只好退而求其次，去當個公務員或找份工作算了——如果你的人生一直在做「退而求其次」的選擇，老實說，這並不是一個值得鼓勵的方向。這樣的人就算還沒老，心也早已憔悴了。

關於婚姻，你要先了解一件事：既然你能結，就能夠離——雖然有騎虎難下的可能。做生意不也是一樣？也許你能賺，相對的，也要有賠的本事，天底下沒有穩賺不賠的生意。

做生意怎樣可以成功？這是很科學的。當你能夠了解的越多，能夠控制的因素越多，能賺錢的機率也就越高。

再以開車為例，如果你都遵守行車規則，也非常注意周遭的路況，應該不至於把路上的人全都撞倒。除了遵守交通規則之外，你也必須對車子的性能有所了解，事先該預防的事，還是得要先做好準備。

經營婚姻，也是一樣的道理。只要不是天災人禍的意外，只要在每一件事情上都做了充足的準備與正確的選擇，你的婚姻應該不至於走到離婚的地步——就算沒有到達真正幸福快樂的境界，也不至於徹底輸個精光，甚至連老本都賠掉了。

在一個成功的婚姻裡頭，要有很多的努力。譬如不隨便亂發脾氣、不欺騙你的另一半、不能有不公平的交換等等的情況之下，幸福的成功率應該會在85%以上。婚姻裡所謂的「認真」，就是真的用心、用情、用腦地在經營這件事情，而不是把它當成兒戲，不是遇到問題了就隨隨便便、愛玩不玩的、任性地對待它；只要用這樣認真的態度來面對婚姻，就應該不至於會離婚。

可是，就算你對婚姻的態度很認真，還是可以去了解「離婚」到底是怎麼一回事。了解「離婚」，不管對一個結了婚的人、沒有結婚的人或是已離婚的人，都是非常正面的態度，這也是我要出這本書的主要原因。

婚姻，並不是只有在一起的甜蜜、磨合的痛苦而已；如果你沒有真正地思考過「離婚」這件事，你並沒有完完全全擁有婚姻。這是另一種逆向思考——當你真正地想過「離婚」，當你可以坦然面對「失去」的時候，你才可以真正的「擁有」。

離婚這件事情，在當今社會是如此地普遍，甚至所有結過婚的人都會想過離婚，畢竟人生不如意十常八九，月有陰晴圓缺，人有旦夕禍福。兩個人決定在一起，必須經過很多不愉快的過程，那些痛苦是在所難免的，當你情緒不好的時候，難免會想到「離婚」。

對於離婚這件事，我們要先做的預防措施，就是先把它分析得非常清楚。舉個例子來說，當你真的看清楚酒後駕車的危險，當你明白撞車之後所有不堪設想的後果，我相信警察根本不需要抓得很嚴格，你自然不會去做這樣的事——因為一個有品格的人一定會自律，你知道怎麼做才會比較符合生存。

這本書是用樂觀、輕鬆、文明、科學的態度，來探討離婚這件事情。我希望可以把我的經驗，把我輔導過、諮詢過的例子，拿出來給大家參考。這些人都有不一樣的狀態，有的人是自己離過婚，有的人娶離過婚的老婆，有的人嫁給離過婚很多次的先生；有的人是一生都想要離婚，可是卻沒有離成；有的人是都很怕離婚沒面子，也怕聽到別人的閒言閒語，所以他不敢離婚；也有很多人是選擇跟離過婚的人在一起，還是一樣有很好的婚姻。

「離婚」到底是怎麼一回事？我們在這本書做進一步的探索，讓大家更了解什麼是離婚。寫這本書，希望能夠和想要「擁有一輩子美好婚姻」的朋友們，做一個交流分享的經驗。

第一章

談離婚前，先談愛情。

解決兩性婚姻問題，是我的專長

當我在年紀很小的時候，我對兩性之間的關係就非常有興趣。以前在學校時，不管男同學、女同學，同樣都會經歷青春期發育的階段。在那個時期，我時常給別人意見，當同學、朋友遇到感情問題時，常常都會跑來問我要怎麼解決，例如我喜歡誰啊、該怎麼告白、分手該怎麼辦等等，什麼問題都有。久而久之，大家都習慣跑來問我，我對這方面也特別有研究，常跟不同的對象討論。

在長大之後，我開始進行撮合別人的動作。因為有些人實在太害羞了，要鼓勵這些人追求異性，要想出很多點子。自從當了專業的顧問之後，我還是對這塊領域很有興趣，甚至開始幫人作媒。本來作媒這件事，在一開始只是個興趣，沒想到愈做愈多，竟然變成了另一個「事業」，而且我也愈來愈喜歡，簡直可以說是作媒作上了癮。簡單來說，我對處理這樣的事情非常熱衷。

我從小就會跟爸媽討論夫妻之間的事情。當這個興趣轉變成了工作，輔導了很多很多男男女女發生的狀況，再加上自己對教育、講座的專業，遇到很多個案，自然就比平常人更為了解兩性之間的問題。但是，還是有一些比較特別的狀況，是一般人難以解決的，因此我不斷地鑽研，發現可以透過課程及學習，讓自己的人生不斷進步。只要你能夠成長、改變，最後就能扭轉敗犬、離婚、感情不幸福的命運。

婚姻這個主題之所以讓人如此熱衷，最主要的理由，是因為愛情。

許多人對於婚姻最後的結果，都是淒美、悲苦甚至是無奈的。你一定會常聽到這樣的一句話：「婚姻，是愛情的墳墓。」常有人會說：「結了婚也不會比較幸福啊！」本來愛情長跑一路下來都很美好，偏偏結了婚之後就不幸福，發生嚴重磨擦、婆媳問題、教養小孩的認知差異等等，最後就走上離婚一途，或是碰到外遇等等的狀況。

當你在婚姻裡遇到這些挫折，就會一直想著：「為什麼會這樣子？」思考如何給愛情一條生路——因為你得不到你想要的愛情，婚姻就像一個走不出來的迷宮。

相愛時的那些激情都很美好，但似乎都不能長久，就像梁山伯與祝英台、羅密歐與茱麗葉的故事，生活中總是不斷地上演著類似的悲劇情節。

這到底發生什麼事情？

戀愛，是結婚後的事

現代人的生活，幾乎都是工作第一，賺錢第一，壓力愈來愈大。愛情？根本沒空間可以存活，不知道該把它放在哪兒，擠到哪邊去才好。

即使在生活裡沒有愛情的空間，大家還是渴望有個美好的愛情，那些完美的愛情故事，似乎也成為現代人在電視劇或電影裡才能看到的夢想。我在《世紀大媒婆》一書中提過，有些人甚至到快進棺材了，你問他人生最渴望的是什麼？他的回答是：「我希望談一場轟轟烈烈的戀愛。」

既然愛情這麼美麗，男人、女人都渴望擁有它，後來卻發現，在社會這樣的教育、文化背景、功利主義之下，你要賺錢，又要買房子、車子，甚至還要搞股票；為了保住飯碗，把自己搞得很緊張。轟轟烈烈的愛情？等到有錢、有閒、有緣再說吧。

因此，對於現代人最好的愛情及婚姻解決之道，我提倡一個主張，就是：「先結婚，再戀愛」——因為戀愛是結婚後的事！

我花了很多時間研究在這個新時代，要怎樣做才能走出一條幸福的路。因為現代人往往把重心放在工作上，生活步調快，愛賺錢、壓力大，在這種情況下，愛情在人生的天平上如何才能平衡？最好的方法，就是先結婚，再談戀愛。

因為結了婚後，就能專心工作，下了班不用再去尋找愛情，到處去聯誼、到Pub找對象，搞得自己沒精神，身體又每況愈下，很辛苦。如果有了另一半，下了班後就很自然地回家，可以作息正常，不必到處奔波。如果戀愛要四處奔波，一下要看電影，一下要吃飯，又要到處花錢，下班後又要趕去約會，彼此都很辛苦。

平常在外打拼已經很累了，一旦空閒的時候，大部分的人都希望選擇待在家裡，不然這個社會也不會出現那麼多的宅男宅女。年輕的時候還有本錢可以到處跑，但到了一個年紀，沒體力也沒興致了，還不如過著家居生活。

所以，你回到家若有老公或老婆，就可以開始經營愛情。在家談戀愛，讓你一舉多得、一石多鳥！

我非常鼓勵夫妻兩人回到家一起煮飯、吃飯、聊天，既能談戀愛，又能正常作息，而且可以明目張膽、名正言順、光明正大的談戀愛。所以，最棒的戀愛就是跟自己的老婆、老公談，而不是跟還沒結婚的情人談戀愛——因為肥水不落外人田，跟老婆談戀愛，就不必替別人照顧老婆。

如果談戀愛最後分手了，就等於是幫別人照顧老婆，最後她還是成為別人的老婆。大部份戀愛的結果就是分手，分手就等於是幫別人照顧老婆。送女朋友這麼多的東西，買手機、衣服、皮包等等，這些通通都是損失，精神上付出的代價更是難以計算。

所以，要談戀愛最好的辦法還是結婚。兩人一起打拼，在愛情及經濟上來說，都非常有效益！既然這個社會這麼講求效率，所以也必須研究出能符合效率的愛情與婚姻，這道理是相通的。一樣的經營管理、行政管理，這樣才是最完美的。

先結婚再談戀愛，才是比較有意義的。這樣才有機會可以做到談一輩子的戀愛，讓愛情持續到永永遠遠。

結婚分手的機率比較少，但談戀愛的下場幾乎都會分手，分手機率大概是 90% 以上。如果結了婚，大概 50% 以上是不會分手的。只要你有能力談一輩子的戀愛，結婚才是真正能得到幸福的路。

但談戀愛卻不結婚，永遠只是在尋找刺激而已，這種愛情不會長久。這種愛情遊戲玩久了，你一定會疲乏，也沒辦法穩定下來，既傷身，又傷心。

如果男女朋友無法談一輩子的戀愛，是非常傷感的事情。不管男人或女人，每個人都嚮往一輩子的戀愛，畢竟戀愛的目的就是想要永遠在一起，唯一的方法就是結婚。這樣就能兼顧到各個層面，包含生活中的所有區塊。

如果妳婚後懷孕了，全家族的人都會為妳祝福。先生一聽到妳懷孕會特別體貼，幫忙拿東西、洗腳、照顧等等，非常甜蜜，那股喜氣，本來的什麼婆媳問題通通都不見了。

如果是戀愛時懷了孕，那就完蛋了。你滿腦子想的都是墮胎還是要結婚，到底該怎麼辦？命運變得很悲慘。男的整天都苦瓜臉，女的也很難受；若奉子之命而結婚，大家都有強迫感，且天天都在考慮「要不要把孩子生下來」，絕對會失眠，要不然就會得憂鬱症。就算墮了胎也不會快樂，反而影響工作跟生活，也影響到身心的健康。

若是老婆懷孕，老公開心到要放鞭炮了，如果是女朋友懷孕，他臉都綠了。男生陪著墮胎，自己很難過，覺得傷害了一個生命，對女生充滿歉意，對自己也有愧疚感。他心裡知道不能因為罪惡感而娶她，但若是不娶她，又等於是再傷害她一次，何必走這條路？

這些事情大家都明白，不需要特別遮掩。我輔導過的人，只要曾經有婚前性經驗且懷孕的人，幾乎都免不了有此問題，最後結果都很悲傷。

所以，千萬不能走這條路。此路不通，也不是單純避孕就能解決的問題。最好兩人正式地結婚、大方地生小孩，享受天倫之樂，這樣的路才是最好的。大家一起工作、把生活壓力降到最小，變成一種甜蜜而不是反向的壓力。

愛，是否真能天長地久？

離婚這個主題，是許多人心中難以抹滅的痛楚。

然而，這樣的痛苦跟難受，絕對有方法、有技術去處理的，只要你能夠了解——人生貴在了解！當你了解該如何去面對、去克服這個難關，進步成長到另外一個境界的時候，過去離婚帶來的挫折，就會轉化為成功的動力。

用更簡單的方式來解釋：如果你下一次的婚姻可以變得很好，過去婚姻的痛苦跟失落，都可以煙消雲散；這些不好的傷痛都可以平復，最後會船過水無痕，你不一定要帶著痛苦走一輩子。這是你的決定。

愛情，絕對百分之百可以天長地久，前提是你一定要學會經營。這種經營是一種能力，而不是靠哪一招或有什麼捷徑，跟經營事業的道理完全一模一樣。沒有任何事業在一開始就能夠興盛繁榮，而且天天生意都很好。這是要不斷的堅持，不斷的努力、面對，還要有「關關難過、關關過」的精神。

就以賣「蚵仔麵線」來說，你也要洗蚵仔、煮麵線，還要有一定的技巧及調配比例，都不能做錯，這些都是基本功。那麼，要經營一個大企業當然更辛苦，你還要顧慮員工流動的問題，所有的細節也都要管理；不管什麼工作，只要三個月置之不理，一定會出事情。

婚姻也是一樣，都需要靠經營，要有人持家，有人當一家之主，要有制度、系統及組織，這是基本的觀念。如果不懂得打理，家庭就會翻天覆地、天崩地裂。

每個家庭，一定都要有屬於自己的文化。現代男女都受過高等教育，每個人都非常聰明，所以彼此一定要溝通，要一起規劃未來。

家庭就是一個組織，組織最重要的就是要有緊密的溝通線路。一間公司要是沒有電話系統，沒有主機或網路線，那就完蛋了。在兩個人的愛情中，也需要有完整的溝通系統，兩個人可以無所不談，而且是不帶負面情緒。就像手機在傳遞訊息時，哪裡會有危險？如果手機會發燙、會爆炸，那不是很可怕嘛？

所以，在戀愛這個系統中最重要的事，就是要建立完整的溝通。

許多婚姻出問題的人，會認為自己遇人不淑，所託非人。這些人都會問相同的問題：「怎樣才能找一個好的伴侶？」

其實，答案沒有那麼難。簡單說，就是找一個可以講話的對象。

雙方能夠講話，就是可以經營的基礎。那接下來，可以談夢想，討論買房子，如何教育小孩，如何分配財務等等，談事情就順利不少了，是嗎？

這跟經營公司一模一樣。公司有不同部門，像是有財務部、人力資源部、客服部、會計部等等。兩人談戀愛的道理也相同，有經濟、時間控制、增員計畫，怎麼跟親朋好友聯繫等等，只不過家庭是規模比較小的公司，兩人組成的組織就叫做家庭，非常有規律。你看，人生多麼美好。

如果你覺得這些事情很麻煩，我必須告訴你一個事實：人生不就是這樣？

打從早上起床、刷牙、洗臉、穿衣、化妝、通勤、上班打卡，不是更麻煩？所以，你要有條有理的打理一切，這叫做「品格」。一定要這樣做才會成功，不這樣做就會失敗。哪有做生意怕麻煩的？面對了，學會了，一切都不麻煩了。

換個方向想，要是你跟客戶討論事情沒有禮貌，有人會理你嗎？如果你每天遲到早退，老闆會給你好臉色嗎？婚姻更是如此。小孩不教，長大一定完蛋！好好照顧老公，他就像英雄一樣，不照顧老公，他就跟流浪狗沒什麼兩樣。男人不帥，老婆不愛，老婆不撒嬌，老公不幸福；老公疼老婆，老婆就漂亮；老婆不照顧，就會變怨婦。這就是婚姻中的品格。

你的選擇，決定走向什麼樣的命運！

經營婚姻跟經營公司的道理相同，只不過性質不太一樣。所以，家庭不溝通就會完蛋——你可以自己看看，哪有一家公司是不開會的？不開會，問題只會累積到最後爆發，追根究底，就是缺乏經營。

所以，只要有能力、有意願、肯下功夫去經營，愛，就會被創造出來。努力經營的婚姻，就會天長地久。這樣就能順利地談一輩子的愛情，多美，多好！

第二章

那些幸福的障礙……

穿越極度痛苦的磨合期

只要兩個人決定廝守一生，願意彼此相約踏上紅毯之後，就會進入所謂的磨合期。

在磨合期這段期間，兩個人會發現彼此之間有很多個性不合的地方，這些稜稜角角會讓彼此之間發生許多不愉快，覺得受不了對方的這些事，就要一點一滴慢慢去磨。磨到最後，讓雙方變成受得了，磨到兩個人能夠真正了解彼此，也能夠坦然地面對這種情形。簡單說，從不能適應到完全適應，從不能接受到完全接受，就是磨合期要穿越的過程。

一般來說，通過磨合期差不多需要三年。三年過後，不見得會完全沒有痛苦，但至少不會每次吵架都摔玻璃，或是互毆到屋頂掀一個洞來。

磨合期是在婚姻裡面，所有人都必須經歷的。許多夫妻在磨合期裡沒能熬過去，在兩個人都受不了的時候，覺得無奈、痛苦，彷彿走進死巷子裡，找不到前面的出路；在那時候，你的腦袋裏就會出現這兩個字：離婚。

在磨合期裡，有離婚的念頭是很正常的。對於一般人的婚姻來說，第一段最容易離婚的時間是婚後三年，再來是則是七年，也就是你常聽到人家說的「七年之癢」。接下來，就是二十年以後了，當子女都長大了，夫妻彼此之間沒有火花了，或是發生外遇的情形，這又是另外一個階段。

在磨合期裡婚姻亮紅燈，兩方陷在痛苦、掙扎之中，沒辦法走下去的解決方案之一，就叫「離婚」。會選擇離開，有一個很重要的原因：沒辦法面對，沒路可走，痛苦不堪，而且實在是無解。那麼，解決辦法中的下下策，就是「離」。

沒錢的婚姻一定不幸福？

這個標題，很明顯是一個錯誤的想法，而且是由上一代及社會流傳下來的錯誤觀念。

許多父母認為女孩子應該要嫁有錢的丈夫。男孩子要結婚，應該要給女方一個保障，所以在找對象時，總是互相比來比去。其實，這樣只會找到更不好的對象，因為這種人是為了錢才來跟你在一起的，並不是為了你的「人」，才決定跟你結婚的。更明白一點的解釋，「為自己找個長期飯票」的這個觀念，在一開始的出發點就是自私的。

關於婚姻，我主張早早結婚，而且對象身無分文最好。當然，也不是故意要找一個沒錢的窮小子，而是婚姻的重點並不在於錢，千萬不要拿「沒錢」當不能結婚理由！她嫁給你，是為了更好的未來，她喜歡你是為了你的人品、個性而愛上你，而並非是為了你的錢、你的長相、名聲或資產。

如果是看上了你的好條件，薪水高、有房、有車、外貌出眾或是家財萬貫，一旦沒車、沒房或經濟垮了，大家就容易翻臉不認人。這樣的人並不是真心愛你，而是為了找個保障，因為自己缺乏安全感而跟你在一起，或是他認為跟有錢人在一起比較體面。

可是，愛情裡面沒有這些東西。這些理由都不對焦，與真正的愛情、幸福無關。愛情，就只是我愛你、你愛我，是很簡單的。現代人把愛情加入太多的條件與限制，打著有條件的招牌找老婆或老公，照這樣的方式，找到的對象一定不會是對的。因為，這種找法很像仲介，對方是來看你住的房子或看你開的車子，而不是來看你這個人。

很多人會覺得，只要對方物質條件不錯就可以決定結婚了。原本自己以為嫁個不錯的老公或娶了一個不錯的老婆，但即便物質豐裕的狀況下，離婚的比例還是非常高。為什麼？因為他們看的是物質條件。這些物質條件不會吸引愛情，但還是可以讓你完成婚姻這筆「交易」。如此一來，問題就埋下了。

幸福的婚姻，精神跟物質條件都要具備，有時後精神的比例甚至超過物質更多。最後，如果那些精神方面的條件沒有辦法滿足對方——沒有愛，沒有創造，沒有火花，最後夫妻必然會形同陌路。

如果雙方結婚，完全都不考慮精神方面的重要性，只看對方有房、有車、年紀OK、薪水也都符合就決定結婚，在婚後才發現對方不體貼、不可愛、不講話、衛生習慣很不好等等，只要一些雞毛蒜皮的理由，就足以作為離婚的引爆點。但在物質上的條件來說，絕對不會構成分手的理由！我從沒碰過一段甜蜜的愛情，會因為對方錢賺太少或沒錢而分手的。若有，那就不算愛了。

在愛情的國度裡，不管哪個年齡層的戀愛，都不會因為對方窮而跟他分手，但一定會因為彼此個性不合而分手。這就是物質與精神上的差別。

如果在一開始結婚的初衷，就是為了找一張長期飯票或為了比較有面子，那就有很大的問題了。因為你在婚姻裡的角色不是公務員，經營婚姻這件事，也不是每個月有薪水領，或是有發年終獎金就可以繼續了。這種以物質為基礎的婚姻，跟愛情毫不相干。或許靠著「鐵飯碗」過生活，表面上都相安無事，但內心裡是不是滋味，只有當事人自己才知道那樣的生活是不是保有愛情的味道。

婚姻要幸福，兩人的精神上在一開始就一定要結合。你可以觀察，婚姻之所以會經營不下去，衍生出外遇、劈腿或是深閨怨婦等等的問題，都是因為沒有愛情，這是精神領域的問題。

所以，婚姻之所以會出現問題的根源，就是一開始提到的「愛情」出了問題；甚至是為了安全、為了保障、為了面子才結婚的例子，這些反而會導致更嚴重的結果。如果他破產了、被炒魷魚了，變胖了、身材走樣了，那不就完了？

我看過太多的女孩子嫁入豪門，最後的結果呢？即使分給你一半財產，還是離了婚，沒有愛情的滋潤，還是寂寞孤單的一個人。

錢？多的是。情呢？一點也沒有。

如果是真正的愛情，就算他公司倒閉了，房子被拍賣了，變老了，臉上都佈滿皺紋了，還是會跟你重新開始，不管發生什麼事，都會在一起。只要是真心相愛，就算對方的經濟條件沒有那麼好，透過不斷地打拼，最後出人頭地，夫妻兩人還是同一條心。

你在婚姻裡，到底要的是什麼？絕對要先搞清楚自己是走哪一條路線——走物質路線？還是精神路線呢？基本上，這是個觀念的差別。

我們現在看到白手起家的企業人士，這樣的人不太會跟另一半分手。如果只是看對方有錢、有房，雖然不喜歡對方卻還是嫁過去了，最後提出離婚的幾乎都是女人。

所以，當你要結婚的時候，不要再看有沒有車子或房子了，一定要打破這個迷思！如果看這些物質條件才決定要不要結婚，就不是真的想談戀愛的人。你看上的是對方的錢，也等於是把自己賣了，把自己賣了之後，有什麼好處？最後嫁人了，自己不會快樂，因為你不喜歡對方，什麼感覺都沒有，心靈一定很空虛。

所以，「沒錢」並不會是影響婚姻不幸福的原因，就算沒有錢，一樣可以培養革命情感，兩人一起打拼，愛情還是甜蜜蜜。沒有錢？去賺就好，但幸福是金錢買不到的，是靠自己努力創造、經營、用情專一得來的。

兩人相愛，卻礙於外在因素而無法結合

兩人性格很合得來又相愛，就完全符合結婚的條件，這就是愛情，兩人就應該結婚。結婚是為愛情找一個出口，偏偏又有人把事情搞得很複雜、弄得兩邊都很猶豫，最後又釀成悲劇。

外在因素有很多種，不管是父母反對、家庭背景不同等等，這些與愛情、結婚都沒有關係。其實結不了婚的主要原因都是因為「面子」問題，害怕家人不答應，在乎輿論及別人的看法。

你必須了解一件事：這些外在因素，都跟你的幸福無關。因為愛情就是兩個人的事情，一旦你把它想成是大家的事，你的幸福就會遇到百般障礙——經營愛情又不是開動物園，要讓大家來參觀順便還指指點點，那愛情就一定會支離破碎，最後死在大家的手裡。

但你要知道，真正的兇手是你自己，不是環境，也不是社會。

就算你結不成婚，別人依舊過著他們自己的生活，但你的愛情卻被犧牲了！人家

只把你的事情當八卦，只有你自己願意讓別人炒作，把命運交付在別人手裡，這種做法是很笨的。

愛情，只要情投意合就夠了，因為這是兩個人之間的事情。

什麼叫做婚姻？就是一男一女願意永遠在一起。現在很多人把兩個人之間的愛情，想像成必須經過大家的同意，像是把自己的愛情拿到法院審判，這觀念上是有偏差的。你應該把它想成，愛情就是兩個人願意經營且負責彼此的約定，只要兩情相悅，就是愛情了！

愛情，就像一杯白開水。如果這裡加一點東西、那裡加一點東西之後，它就不純了。你想要喝水，要喝白開水呢？還是綠茶或汽水？要先決定好。既然你要的是愛情，就像要喝的是白開水，就不能隨便添加其他的東西，不管加鹽、加糖還是放片菊花，它就不是純水了。

在現今的社會，很多人在結婚之前把愛情讓社會審判，加入了條件、面子、個人色彩等等，它就不是愛情了。

愛情就是一杯白開水，組合成分就是你跟我，就這樣很簡單。簡單到就像是

H_2O，但大部分會離婚的人，一開始就沒把它定義清楚。當你把白開水加東西時，它就變成是其他的飲料，甚至是毒藥，喝了當然會傷身體。

愛情沒有什麼道理，既簡單又舒服。你想想，我們喝水的時候有多麼舒服！愛情就是人生的水，生命的甘泉，是最有養分的好水。它會讓你健康美麗，這樣的一杯水，你想喝，我也想喝，加起來就是愛情，

水，就是H_2O。以愛情來看，你是H，我是O。一個家庭的發展之初，也就只是一男一女而已。

你可以用水去煮湯、去泡茶、去洗碗，去做所有任何你想做的事，但最開始的元素就是純水。兩人相愛在一起就是純水，後來開始發展成煮中藥、排骨湯，這些都是由兩人的愛情逐漸發展出來的衍生物。

但是，如果一開始你就把這杯水弄成一碗中藥，這碗中藥就不能用來煮湯、不能泡茶，也不能變成果汁，甚至連用來洗碗都不行。既然它沒有辦法變化，就僵掉了。

人生是很簡單的，你的愛情，一開始應該就像是一杯純水。若一開始是以湯為底，湯是沒辦法再利用的，因為湯只能用一次，但純水就可以無限運用，加一點東西就可以

有變化，然後多子多孫，傳宗接代就有未來。若一開始結婚就為了面子，就像把水放糖、鹽或是加了醋，乍看之下一開始可能是沒問題，但後面就無法用了，最後會走上離婚一途，因為兩個人沒有未來。

兩人在一起的愛情，要的都是很簡單的東西，就像身體需要水一樣。現代人天天喝可樂，整天喝果汁，將來一定出問題！

所以，在搞清楚「離婚」之前，你必須先搞懂什麼是「愛情」，什麼是「婚姻」。

基本上，我們想要的愛情，就是永永遠遠、長長久久，這才是你在婚姻這條路上應該要走的方向。那些會阻礙你邁向幸福的外在因素，都必須要經過你的認同、接受，才會對你有所影響。若你決定不讓它影響，你就能夠做自己的主人，那麼，一切的障礙都不會是困難。

你想要的愛情，只有你才能為自己站台，其他人都沒有辦法為你百分之百的站出來說話，甚至連另一半都不行。所以，你必須完全地獨立自主，堅信自己的愛情，你要的幸福才會出現。如果你會被外在的因素影響，那就不能怪別人了。不能主導自己人生的人，當然與無法主導自己的愛情，也就沒有幸福可言了。

只要兩人相愛，就可以結合，互相鼓勵支持彼此，共創愛情，不斷培養更好、更多的能力。看完這個章節之後，我希望你能夠永遠為自己的愛情站台。

第三章

什麼是離婚？

離婚的定義

如果要給離婚下一個真正的定義，可以分為兩個層面來說明。一個是在精神層面上的，另一個是法律上的。

在形式上，是夫妻兩個人在婚姻上的關係是結束的。以法律上來說，是彼此之間完全不願意再有任何的關係，這份夫妻的關係是斷絕的，是隔離的。

一般來說，只要不是特殊的原因刻意斷絕夫妻關係，兩人在情感是完全結束的。情感是屬於精神的層面，當然不是說斷就斷這麼簡單；更進一步地解釋，彼此之間不再有性行為，不再親密，不再有感覺。

當然，他還是有可能會有一些感情的關係，但在精神層面就是已經決定要跟另一個人斷絕，跟這個人隔離，也就是沒有愛情的這一層關係了。

就所謂的離婚而言，法律上會有雙方簽字的離婚協議書，還有善後的問題。兩個人之間決定不再以家庭的形式繼續生活，兩個人的性關係也不再繼續了，這就是所謂的離婚狀態。在法律上，兩個人決定離婚就是處於斷絕的情形，但狀況不是每一個人都一樣，常常是因人而異。

離婚隨著不同的形式、家庭、經濟、小孩、關係、距離等等因素，都會有不一樣的情況，但是它的基本定義不會脫離以上所述。離過婚的每一個人，都會有他自己的看法，及個人的情況與態度。基本上，還是可以用比較明確的方式把它定義出來。

精神上的離婚

離婚，不一定只有法律上白紙黑字的形式。這裡要提到的一種形式，是在法律上並沒有真正地去辦理過手續，但是夫妻彼此之間的相處變得很麻木，兩個人之間沒有真正的溝通，過著同床異夢的生活。

有一種夫妻是完全分居，可是並沒有離婚，表面上對外來說仍還是一對伴侶，但檯面下有名無實，甚至好幾年都沒有在一起，連見個面都沒有。

有的夫妻兩人住在同一個屋簷下，但他們分房、分床睡；也有些夫妻雖然沒有分床睡，但感情上沒有交集，兩個人相敬如賓、貌合神離，表面上客客氣氣，私底下刀光劍影；這又是另外一種離婚的形式。

還有一種是完全不理會對方，兩個人見面也不講話的，但還是相處在同一個空間裡，想起來還真是怪恐怖的。

比較常見的是同床異夢的夫妻。他們或許有小孩，也有經濟上的交流，大家工作完之後還是回來睡覺，維持表面上夫妻應該要盡的義務。但他們沒有太多的感情，彼此心裡各懷鬼胎，兩個人有各自的世界。

以上提到的這些例子，都是離婚的另外一種形式。在感情上、生理上、心理上、性關係方面的疏離，像是只有在外面假裝牽牽手或笑一笑、逢場作戲，在岳父母或公婆面前裝一下，這是表面上的夫妻；就算沒人看得出來，其實他們兩個人心裡都明白，他們是沒有愛情的一對男女，根本沒有夫妻的關係存在。

這種婚姻形式其實很危險，撐久了是會得癌症的，因為非常壓抑，內心深處其實非常難受，明明有很多的不滿、不愉快卻無處釋放。這種情況，有點像是你明明有手，可是手卻是僵硬的；你有腳，可是腳卻是痲痺的，沒辦法用它走路，或是需要拿拐杖才能走。你明明有另一半，但這個人卻在你的婚姻生活裡沒有任何作用，在精神層次上來說，這種婚姻型態與離婚幾乎無異，這也是大家都不希望走到的一個地步。

不管離婚的形式是哪一種，對彼此之間的健康關係與幸福度都會造成極大的破壞，兩人已經終止了情感上的交流、肉體的關係，夢想也背道而馳。在婚姻得精神層面來看，兩人的交流完全只是行屍走肉一般，只剩下生活上物質層面的基本交流。

給自己的婚姻打個分數吧！

面對離婚的時候，你會知道在第幾個等級，就像燒燙傷也有等級之分。本來甜蜜指數最高應該是一百分的，現在是七十分、六十分、五十分呢？還是二十分？不同等級的百分比都有人會離婚。

也許你會說：「我們還沒有離婚，只是……」這就是一個警訊，表示婚姻已經亮閃光黃燈了。

為什麼要提到這種情形呢？目地就是要提醒你，讓你對婚姻的狀態保持警覺心，發現自己是不是已經走向離婚的那條路。如果你們之間的關係是亮黃燈，那馬上就有可能面臨紅燈的危險，準備要叫救護車把病人送入病房了。

既然要探討離婚，你得要先了解它的各種形式，當有這些症狀出現的時候，它是不同等級的。你可以給自己的婚姻打個分數——以八十五分為基準。只要在八十五分以下，你的婚姻就是不好的，就要注意已經走向了離婚的另一種形式。若沒有馬上動作，給予有效的急救措施，就非常危險了。

如果你只是偶爾有幾天陷入低潮、發生比較嚴重的爭執或是做錯事情，在短暫的一段時期裏是低於八十五分，那感情還是可以恢復的。但如果你給自己低於八十五分的分數，代表平常就這樣。

譬如說，你的婚姻在三年以來一直處在五十分的水準，這就是非常糟糕的現象。離婚有各種不同形式，我們必須去正視它，也要了解這種狀態的存在，你必須隨時檢視自己的婚姻是不是及格呢？

當你決定離婚，就會受到婚姻分數的影響。這個分數可以表現出不同的層級，以此來量化愛情的狀態。你會因為這個婚姻的分數，而有不同的離婚情況。

假設你在五十分的狀態下離婚，離婚後你跟對方永遠還是講那些五十分的話。你在二十分的狀態下離婚，彼此不太講話，離婚後還是只有二十分，一定也是不太講話。要是你在零分的狀態下離婚，彼此都與對方無話可說，離婚之後一定仍是非常冷漠。

所以，有人的離婚可以非常和平，兩邊還是保持友誼，仍然很有人情味；反之也有那種宛如爆炸般激烈的離婚，兩個人一刀兩斷，從此老死不相往來。

離婚的後果

基本上，離婚絕對會帶來一段不是那麼舒服的時間，畢竟脫離了一段你原本所熟悉的生活，最重要的是，你背叛了自己原先的承諾。但並不是說離婚的結果完全是負面的，後果如何也是因人而異，有好有壞，端看它的必要性與個人的抉擇。

如果你的婚姻是屬於不應該繼續下去的，兩個人在一起沒有將來，或是沒有意願經營感情，這種狀況是無法改變或突破的，這場婚姻帶給你的感覺只剩下痛苦、難受跟壓抑，像是陷入泥淖般寸步難行——要是這樣的話，離婚的決定就是正確的，是比較符合生存的，讓你有重生的機會，也就是所謂的「放愛一條生路」，至少還有機會去找到幸福，可以過得舒服一點。

畢竟，人活著的目地並不是來「享受痛苦」的，是嗎？

一般人說：「勸人合，不勸人離」，那只是一種鄉愿的講法。離婚的決定不見得完全不好，有一些特殊的狀況，確實要經由離婚這個動作才能解決。只是一般的婚姻問題，經過專業諮詢處理之後，還是「非離不可」的比例並不多。以我諮詢過的經驗來看，要離婚才能解決的婚姻不會超過20%，其他80%只要經過妥善處理，最後都一定救得回來——只要雙方願意。

那些「非離不可」的20%，大部份都有一些特殊狀況，像是吸毒、賭博、家暴之類的，有很多是改不掉的，如果沒有接受專業的輔導，情況是不會改善的。不過，即便是如此糟糕的情形，還是有人寧願選擇不離婚！所以，是不是真的非離婚不可，這也是要看狀況的。

這世界上，有很多人在非常糟糕的婚姻情況之下，還是選擇走完一生。畢竟咱們不是當事人，沒有辦法為他們做決定，這樣的決定到底對不對就見仁見智。但基本上，最簡單的判斷還是要看離婚的決定會造成什麼樣的後果，這是屬於非常私密的事，也只有當事人自己才能作最後的決定。不管決定是什麼，都是應該要被給予尊重。

離婚的優缺點

選擇離婚最大的後遺症，就是必須要去面臨排山倒海而來的情緒問題。婚姻出了狀況，你已經夠煩了，眾人還會對你指指點點，有時甚至連別人的關心都會變成引爆情緒的導火線。不僅如此，你還得為之前的關係進行善後工作，比如搬家、釐清財產、子女撫養等等，法律上、經濟上、生活上有很多的範圍都有所變動，這都是屬於離婚讓人頭痛的地方。

不過，這些跟「物質」有關的事情，只要妥善處理，尚且不會造成太大的困擾，就算疲勞一點，也還是能夠應付。在精神上的折磨，才是痛苦真正的來源，也是對人最大的傷害。

在精神上，離婚會突然失去依靠。尤其如果曾經是有感情的，離婚後要經歷一段修復的適應期。

這種情況有點像開刀，一樣會影響心情、生活、工作，不僅吃飯吃不好，睡覺也很難睡得好，甚至還會失魂落魄好一段時間，這些都算是它的缺點。

開刀多少會有些後遺症，若開得不好，便會造成生活中的麻煩，甚至會帶著這些痛苦過完一生。不過，如果是這刀挨下去能夠保住性命，那麼，再痛苦也應該要開這一刀，這些難以忍受的痛苦，還是都可以撐過去的。

至於離婚的優點，比較偏向個人感受的問題。

如果離了婚讓你覺得：啊！終於鬆一口氣啦！少了一件惱人的事情，終於把這件烏煙瘴氣的事情做了一個了結，可以有新的開始，覺得重獲自由，前途無線光明……如果是這樣，這個決定就會是最大的優點。

有這樣感覺的人，離婚就是正確的，不是破壞性而是有建設性的。若離婚對他而言是一種解脫，那分開之後的創傷與後遺症就會降低，尤其是再婚之後若能夠幸福美滿，前一段婚姻的陰霾是可以煙消雲散的。

人生有些時候，必須給自己一個機會，也可以算是一個教訓。沒有經過煉獄之火的洗禮，你沒有辦法提升到另一個層次，體驗柳暗花明又一村的境界。

有些時候，一個人會因為挫敗，而對人生有更進一步的看法，或是有了更明確的方向，讓胸襟更開闊、歷練更豐富，不再拘泥於過去的環境限制，這都算是離婚的優點。

如果以一種學習、進步、成長的態度來看待人生，在某些情況之下，「離婚」的決定並不全然是錯誤，而是一種誠實面對自我、勇於認錯的覺悟，這是非常值得讚許的勇氣。

對於離婚，不需要以太悲觀的角度看待，一口咬定離婚必定是不好的，不必這麼固執。重點是你有沒有真的努力過？離了婚之後，你會不會更努力？因為離了婚還可以再結，人生還會有第二春、第三春，只要願意努力，你就還會有將來，不會真正地走上絕路。

但是，我們也要誠實地面對一件殘酷的事實：會離婚，一定是有某些地方出了問題，你應該要從中得到教訓。如果你的婚姻並不是處於該離婚的情況，而是因為你沒有努力、一時的不理智，那麼下次你還是一樣會有同樣的問題出現，就跟無窮迴圈一樣永無止境——這才是真正的人間煉獄。

所以，離婚並不可怕，可怕的是你不願意進步，不願意成長。

如果你不願意改自己的問題，也放棄進步的機會，甚至固執地認為「我這樣也沒什麼不好！」，那麼，你還是得對自己的命運負起責任。最後的結局究竟是幸福的？是悲慘的？都是你自己主導的。

第四章

為什麼你要離婚？

為什麼我會走上離婚這一條路？

假設，你曾經擁有過一段十幾、二十年，甚至三、四十年以上的婚姻，當最後要面對離婚的時候，感覺就像把已經長好的腳鋸掉、把跟你在一起這麼久的胃要割掉一樣，當然會很難受。

當初兩個人既然選擇在一起，表示彼此曾經是相愛的，也有那麼多相連的關係，包括小孩、親戚、朋友、財產、共同的回憶等等，卻因為一些問題而無法在一起，把好好的一個家切割為一半，這並不是我們希望發生的。

一般來說，離過婚的人至少要花三年的時間，才能把那些失落修復回來，而且過程極度痛苦，簡直比生離死別還要難受。物質的東西消逝了，還不會帶來那麼大的痛苦，但婚姻中有很多兩人之間的了解和付出，甘苦與共的時光。最後決定離婚，就等於承認自己是個失敗者，這樣的結果當然很難吞下去，非常不好受。

離過婚的人想要走過這個陰霾，並不是那麼的容易。如果沒有專業顧問的諮詢輔導，一般人很難擺脫離婚的包袱，有些人甚至一輩子都沒辦法走出來——他還在怨，還在難受，甚至從此一蹶不振；在這樣的情況之下，會讓他沒辦法再次面對下一段的感情，永遠抱著「一朝被蛇咬，十年怕草繩」的心態含怨而終，非常可惜。

我見過很多眾人眼中的俊男美女，在失婚後放棄了再婚的機會，把自己放逐在沒有愛情的國度裡，過著自戀自憐、自怨自艾的生活，相當令人惋惜。

我衷心的提醒各位：沒想清楚之前，離婚這條路，不值得走。

你要離婚？可以。如果真的決定要走這條路，也請你同時做好心理準備：離婚並不是分開就算了，這些痛苦跟難受會跟著一輩子，要是沒處理好，過去的傷痛會讓你沒有辦法過嶄新的生活。

如果決定離婚是為了要有更好的將來，離才有意義。如果你離婚是為了玉石俱焚，要粉碎兩個人一輩子的幸福，但分開之後還是一樣不知所措，這樣做根本不值得，也不是你應該走的方向。

決定離婚之前，先問自己一個問題：「我為什麼會走上這一條路？」

這是值得研究探討的事。也許你會給很多理由，這些理由都是非常強而有力的證據。身為一個顧問的角度，最重要的就是要了解為什麼會變成這樣？是不是一定要做這樣的決定？

不管有沒有離婚，一旦有了這樣的念頭，婚姻一定遇到了嚴重的問題。能不能化解這個危機，就要看你的意志夠不夠堅定、有沒有足夠的勇氣，然後去了解問題、處理問題，才不會這麼痛苦、這麼難受。

管他的，簽下去吧！

如果選擇離婚的理由，只是因為無法忍受現在的生活，或是不願面對現在兩人磨擦的痛苦，只想以「一了百了」的心態，想說離婚就算了——我必須提醒你，這麼做並不是壯士斷腕，而是逃避現實、沒有將來的心態，也可能是你自己剛愎自用的固執。

「管他的，簽下去吧！」這樣簽下去，後悔的機率相當高。

我見過太多太多離婚的女人，非常後悔自己的決定，更糟糕的是，她怎樣都找不到比前夫更好的男人，既回不去過去曾經擁有的婚姻，又恨看到前夫再娶了一個老婆，而且現在過著幸福快樂的生活。雖然她曾經和對方擁有一段美好的時光，但今非昔比，物換星移，那種失落加上嫉妒的痛苦，彷彿拿刀在心頭上劃過一般，叫人肝腸寸斷。

這種離婚的例子就是一時失去理智的任性妄為，當初的決定完全是意氣用事。原本另一半是不肯離婚的，但因為她自己堅持，離婚之後又後悔做了這樣的決定。現在回過頭來看看，這種行為簡直是荒唐幼稚到了極點。

如果你是因為無法忍受對方的某些習慣或小毛病才選擇離婚，這樣的決定又更危險了。除非是家暴、賭博、吸毒那些違法犯罪，而且對方不願意改，或是沒有進步、無法補救的事，我才會建議你選擇離婚；否則，彼此互相陪著對方走過一程，一起面對，才是最好的選擇。

你必須了解一件事：現在遇到的這個人有這個問題，下一個對象也會有另一個問題。如果要找一個沒有缺點的人，那就要找一個「完人」了。但我相信你心裡也很清楚，世界上不會有這樣的人存在。相較之下，那一個問題、哪一種缺點你才能忍受？這就是你自己的問題了。

世界上沒有零缺點的人。雖然現在另一半有某些缺點，但還是可以成為最適合你的人，因為你們兩個生活在一起一段時間了。你選擇了他，是因為彼此相許，就應該相惜。你們承諾過要當夫妻，夫妻就是要走一輩子的，對嗎？

所以，要認真想想：當初你選擇了結婚，而現在又選擇了離婚，這樣的決定對嗎？不要意氣用事，悔不當初啊！

離——最後的解決之道

每一對離婚的夫妻，理由都不太一樣。但基本上是因為不合，婚姻這條路走不下去，不能忍受對方或相處太痛苦之類的，這些算是比較普通的例子。另外還有基於法律上的情況，比如夫妻協議離婚之後，可以避稅或有補貼之類的旁門左道，這些特殊案例並不在我們討論的範圍裏面。

會走到離婚這條路，基本上感情已經磨光了，無法再創造出更多的火花，也不願意再繼續照顧彼此，而且一定是有一些問題擺在那邊，這樣的問題不會只有一個，也不會只有出現一次，無解的狀態持續了相當長的時間。如果有解的話，就不至於會走到這般地步，因為兩個人都束手無策，才會讓人覺得沒有辦法繼續下去。

「改」，是一個很重要的一個關鍵。只要願意改，能夠讓自己的人生向前邁進，或是有不同的方式可以處理，再麻煩的問題都會有轉機。但是，夫妻當中只要有一個人連改的意願都沒有，就一定會出現「不如離婚算了」的念頭。

既然問題無解，又沒有改變的可能性；已經沒將來了，誰願意痛苦到死？這麼撐著實在是太悲哀了，沒有一個人會希望走上這條路。當你面對一個問題久了，完全沒有解決方案的時候——離，本身就是一個解決方案。

為什麼要離？因為看不到未來，繼續下去也沒有希望，而且試了很多次，讓人覺得沒有改進的空間，只好走上離婚的路。

所以，當你不知道該不該離婚的關鍵時，可以讓你參考的依據，就是有沒有想要改的「意願」——「意願」是最重要的。沒有意願就沒有希望，連最基本的那一點曙光都看不到。

如果夫妻雙方之中有一個人很有意願，或是雙方都有意願，卻又一直搞不定，這就需要靠專家來輔導協助。但是，如果沒有意願，或是很有意願卻不能改進，走不出一條路讓雙方感到有希望，當然會走到離婚的地步。

如果願意改，問題就有機會解決。你想找方法，我這裡多的是，我相信你自己也有些辦法；所以重點不是那些方法，而是有沒有「意願」。有意願，問題就有機會解決，也一定會有辦法改善。

如何面對離婚？

面對「離婚」，跟面對「結婚」是一體兩面的心態。

當然，面對離婚並不是一件快樂或開心的事，但應該以平常心去看待，就像要辦出國護照、處理商品退貨、辦離職手續沒什麼兩樣，不應該太情緒化，搞得驚天動地、鬼哭神嚎似的。面對離婚時，就應該知道這段感情將要結束了，有點像去面對一場葬禮，你要去面對一個人的離開。

天下沒有不散的宴席，人生本來就有數不盡的悲歡離合。過去曾經擁有的婚姻，現在正要面臨死亡，心情當然很難受——生離的痛苦不下於死別，想到要離開、感情要結束，總是會很難過，因為你知道即將要失去它了。不管你有多麼地不喜歡那個人，當對方死掉的時候，你心裡還是不會很高興，這是人之常情。

怎樣去面對離婚會比較健康？

離，就是斷掉，就是停止。離婚，就是去面對本來結了婚，現在要把這個關係終結，這個婚姻也就等於死亡了。你之所以選擇離婚，是因為這樣才是比較生存的路，你必須了解和目前這個人是走不下去的，「分離」對彼此都比較好。既然選擇離婚，就是理智面對，走上這條路一樣是按部就班，認真地把這段路走完，再去走另外一條路。

就好比說，有一個人生了病，得了無藥可救的絕症。他不想再繼續痛苦下去，活下去並不會比較好，如果再繼續下去就生不如死，缺點遠遠多過於優點，不生存性遠超過生存性，所以選擇了安樂死，停止自己的生命——既然這麼痛苦，那選擇離開，其實是比較對的。

所以，你應該用很正常的態度去面對離婚這件事情，前提是你很誠實，很認真、很清楚地想過，並做了一個對自己最好的選擇。

面對離婚，在觀念、心態上，要把它想成是有建設性的行為。因為這個決定是經過仔細評估，你知道目前的狀況是不應該存在的，或是繼續下去並不會改善。你總不能睜一隻眼、閉一隻眼騙自己說沒事，或是草草了事、亂搞一通，沒仔細去了解後面會發生什麼事，這樣是非常不負責任的。

那麼，在進行離婚的時候，就是要保持輕鬆，所有的事都要和一般日常生活沒什麼兩樣，你心裡有數：「嗯，這件事情結束了。」但也不必太難過，不必太情緒化，不需要表現得很開心、很痛快，沒有必要這樣的極端，只要腦袋很清楚地把這件事情處理完就行了。

也許心裡有再多的不舒服，還是要保持禮貌去對待他人，處理事務盡量速戰速決，這也是考驗著你的辦事能力。把事情處理好了，就了卻一樁心事，未來還有很多事情等著你去處理呢。

究竟是意氣用事，還是為了將來？

「到底要不要離婚？」這個問題，一直都是婚姻亮紅燈的夫妻們想要問的。在婚姻中，兩人相處出現巨大的裂痕，究竟是該不顧一切地簽下離婚協議書呢？還是咬緊牙關，忍耐下去比較好？下這樣的決定，是一時的意氣用事呢？還是要繼續苟延殘喘？

這個決定到底對不對，得看你有多麼了解自己婚姻的狀態。絕大部分的關鍵，取決於你有多了解自己。

大部分的情況，我是不會輕易建議離婚的。但我也曾見過被嚴重家暴的老婆，她的婚姻已經沒有任何退路，再繼續下去也不會有更好的明天，但她還是堅持不願意離婚。她會說：「為了孩子好，我還是繼續忍耐好了，日子就這樣過下去吧。」其實，這並不是一個理性的選擇。

到底忍耐比較好？還是「寧為玉碎，不為瓦全」，就給它離下去？這都不是一個正確思考事情的態度。你在考慮離婚的時候，要想的應該是：

1. 這個婚姻有沒有建設性？以百分比來算，有超過50%嗎？
2. 你有沒有能力處理？你願意面對嗎？
3. 如果要改進，增加自己的能力，需要多少的時間？你能等嗎？
4. 你們是不是曾經相愛？你愛對方嗎？
5. 你們當時的結婚是不是美好的？你們有過美好的時光嗎？
6. 你們兩個彼此有意願經營下去？你有多少意願？對方有多少意願？
7. 和第三者在一起，有沒有將來？

（若當你外遇時，可能會想到這個問題，但這不是好的方向。你必須先處理自己的元配，想一想現在另一半在一起的成功率如何，才是正確的方向。）

8. 他真的那麼糟糕嗎？他還有救嗎？
9. 你真的受不了他嗎？你能承受的百分比有多高？

討論該不該離婚這件事，應該用很科學的方法。大家可以好好地談，用成熟的方式做一個探討，研究如何經營你的愛情，把甜蜜製造出來，在婚姻這條路上繼續走下去。不必講什麼忍耐不忍耐的問題，也不必衝動到什麼都不管，什麼事都讓它自生自滅，當你真的遇到解不開的瓶頸，可以藉由諮詢專家的幫助。

當婚姻走到要考慮該不該離婚的人，多半已經失去了理智，很少有人會一開始就平心靜氣地坐下來談。

我最常聽到的是說：「他不願意改啊！他的問題這麼多，我受不了他啊……」

沒錯，一定是受不了才會想要離婚。但我必須提醒你一件事：人，永遠是可以改變的。如果有一方完全不願意改變，也不願意為兩人的未來一起努力，這樣的婚姻才是一局死棋。

但這時候，你的做法也不是「管他去死」就賭氣簽下離婚協議書。該講的話還是要好好地講，該處理的事情還是要好好地談。如果對方不願意改，你自己可以改嗎？你願不願意付更多的努力，去承擔對方的不足？若你肯付200%的責任，你改，就有希望——這樣你願意嗎？這是一條相當可行的路喔！

只要有一方願意改，婚姻成功的機率就會提高非常多。一個願意先改，就會有救——那個人若不是對方，就是你自己。你願意嗎？

這是一個非常有意義、有建設性的方法：你自己先改！

婚姻，到底有沒有建設性？

許多想要離婚的人，都曾問過這樣的問題：婚姻，到底對我的人生有沒有建設性？如果你有這樣的疑惑，我建議你要考慮的不是結婚或離婚，而是這麼做，到底生存還是不生存？

你們兩個人彼此的條件、狀況、年紀、經濟、小孩、朋友，共同擁有的一切，把它破壞殆盡之後再重新開始，會比較開心嗎？重新來過之後，會活得比較好嗎？離了婚，對你來說會比較生存嗎？

這並不是「自私」的問題，而是對自己「誠實」的問題。你一定要先擁有愛自己的能力，才能再去談論愛對方。

「離」，對你來說，能過得更好嗎？離婚這個決定，能讓你更生存、更快樂嗎？這才是我們所談論的「建設性」。

決定離婚之前，自己要平心靜氣的思考這些關於生存的問題。維持婚姻需要的是良好的溝通，但關於這個婚姻到底生存不生存，就不必特別去跟對方討論，因為這是屬於你自己的事。

你必須掌握自己的人生，這是你自己的生命。你得理智、誠實的去思考，就會知道答案——和對方繼續在一起，生存的機率有沒有超過 50% ？若過 50%，就是有建設性的婚姻，不需要硬把這個婚姻離掉，若是成功的機率過半還是選擇離婚，這麼做就是不智之舉！

你可要想清楚：自己的能耐有多少？自己的溝通能力有什麼樣的水準？你有幾把刷子可以去面對這些排山倒海而來的問題，你又有多少能力可以處理掉這些繁瑣的事務？這時候，就可以把你給自己的婚姻打的分數拿出來參考一下了。

如果你有九十分的把握，那你的婚姻要維持下去，應該沒什麼問題。但若你心裡的盤算只有七十分，很明顯，問題就出現了。要是只有五十分，甚至是三十分、二十分，那還得了？你連經營婚姻的能力都沒有，難道就有處理離婚的能力嗎？

現在，你可以再自己問一個問題：如果要離婚，你有幾成的把握可以把事情處理好？九十分？七十分？五十分？如果你的分數沒有超過八十五分的及格分數，仍是這樣貿然決定離婚，就像身上再多捅了幾把刀，事後當然會需要「大量輸血」，是吧？

要是你沒有把握可以把離婚這件事處理好，那就要認真思考一下：可能這並不是婚姻問題，而是你個人能力不足的問題。一個不能溝通、不會處理事情、面對能力有問題的人，基本上，很難擁有一個幸福的婚姻。

如果你心裡有數，知道自己的斤兩不夠份量，那麼，是不是應該好好增加自己的能力，學好人與人之間的溝通，增強面對及辦事能力？這樣一來，不僅可以擁有美好的婚姻，你在職場、親友間也會更有自信，生活水準也都可以更上一層樓。

如果發現是自己的問題了，你就得問問自己：要不要改？要不要努力進步、成長？我建議你給自己一些時間，也給你的婚姻一個機會。你可以設下一個時限，例如半年或兩年左右，讓自己好好學習，提升自己各方面的能力，看看是不是有機會扭轉乾坤，讓自己能夠更快樂、更自在地與人相處，進而擁有更幸福的婚姻！

第五章

找出問題的癥結

是你要離？還是對方要離？

這個問題還頗有趣。不見得提出離婚要求的人，問題就比較嚴重，反而應該是這麼說：提出離婚的人比較勇敢。畢竟要提出離婚，也是一種面對能力，表示他開始願意面對自己的婚姻出了狀況。

不管提出離婚的人是誰，都不應該被指責，而是應該被關照。因為他願意面對，對自己的婚姻表示意見，也是一種負責任的態度。

婚姻是兩人共同走一輩子的路，路上難免會有崎嶇不平的地方。為了要處理這些絆腳石，或埋藏在深處的心結，彼此應該要鼓勵對方把真正不滿的地方說出來，才能夠了解真正的問題，也才會有機會去解決問題。

若是對方要離，你得看看自己出了什麼問題，或自己有什麼毛病？怎樣的缺點叫對方無法繼續忍受？有時候，這些毛病你可能會知道，但有些時候是完全不自覺的，是嗎？

所以，當有一方提出了離婚的要求，至少可以明白一件事：你的婚姻到了非檢討不可的時候了！你應該藉著這個機會好好地大掃除一下，讓彼此的愛情空間更舒適、更乾淨，也可以利用這個時機，徹底省思自己的婚姻發生了什麼事！

如果離婚的要求是你提出的，你也應該仔細看看：

1. 兩個人在一起的這些日子，到底發生了什麼事？
2. 有什麼事情是沒說出來的，有什麼事情是沒去面對的？
3. 你到底不能面對對方什麼問題？
4. 自己是否有努力改善自己的缺點？是否有讓自己繼續成長？
5. 你有認真去創造你們之間的愛情嗎？
6. 你有跟對方用心溝通嗎？

當你誠實地把這些問題想清楚了，就可以負起責任，然後心平氣和地再去跟對方好好溝通。

一般來說，只要你溝通的方法是正確的，有70%到80%都可以化大事為小事，化小事為無事，再好好地去把一些過去沒說完的話補回來，便能讓婚姻重新引回正軌上，繼續創造幸福的婚姻。

不管你的決定是不是離婚，一切都要看「未來」。若是拿掉了未來，沒有了夢想，連愛情都是黑白的。有了將來，便能讓愛情有了夢想，讓婚姻有幸福的出口，一切都不是問題了！

難道真的走投無路了嗎？

當你認為自己的婚姻已經走投無路了，是不是真的忍無可忍，無需再忍？難道就沒有退而求其次的方法？

這裡舉一個夫妻最常見的爭吵狀況：習慣。

譬如說，老公一定堅持要早上洗澡、吃飯的時候一定要看報紙，或是他一定要看棒球、一定要熬夜打電動等等。換成是老婆，比較常見的就是喜歡到處去跟別人八卦、喜歡去煽風點火，或是跟其他的男人打情罵俏之類的。

男人、女人有各式各樣的習慣，有對方不能忍受的一些個人習性。這些習慣的存在，是不是就表示他是個壞男人，她就是你不能接受的女人？就算你換了另一個人，到底會不會更好？還真的有待商榷呢。

既然換一個也不見得會更好，就表示一定得要忍耐嗎？不，並不是忍耐之後，狀況就會自然變好。你一定得付出一些努力，想盡辦法探討彼此該怎樣才能改進，可以用更好的方式繼續生活下去。你應該給彼此足夠的信任與空間，而不是一味地講求「退一步，海闊天空」。

當你決定要結婚的時候，一定是希望可以談一輩子的戀愛。如果你不能夠對另一半講出甜言蜜語，或是創造生活裡的羅曼蒂克，其實婚姻是很無趣的。面對無趣的生活，一般人最常選擇的方式就是「忍耐」，當然生活裏的情趣、品質都會下降很多，其實早就離真正的愛情已經很遠很遠了。

「忍耐」這件事，對婚姻並非是絕對有幫助的。如果你很不舒服，卻選擇一直忍耐下去，總有一天癌細胞都被你逼出來了，而且會覺得人生很沒意思，愛情也像一潭死水。

有些人選擇的方式更糟糕，像是拼命抱怨、一直要求、一直爭對錯……這也不是正確的方向，只會讓婚姻的洞愈來愈大。你必須曉得，「忍耐」、「抱怨」、「要求」、

「爭對錯」都不能解決問題。

要化解一成不變的婚姻，你必須懂得創造——這才是能夠真正解決問題的辦法。

要是不管三七二十一就決定離婚，這會讓你有一些很悲觀的想法：

我一輩子再也不要嫁了。

天下的男人都是壞東西！

世界上根本不可能有美麗的愛情！

結婚對我來說，是不必要的。

我這輩子沒有女人緣。就算有，也無福消受。

對女人，我就是沒辦法。算了，別再搞了。

談戀愛是痛苦的……

就講一些亂七八糟，其實不是很成熟的話。這些想法，對你的愛情都沒有幫助，所以不必刻意忍耐，也不必管它去死就決定離婚，不管未來怎樣都無所謂，「反正我現在已經忍無可忍，非離不可……」這就是意氣用事了。

我們可以把時間拉長遠一點來看，拉多遠呢？拉到十年後，你的婚姻會不會好？

有沒有可能想出一個方法，咱們可以相處得更融洽、更完美？兩全其美的辦法一定有，只是看你願不願意去找，彼此願不願意給予空間，去創造不一樣的模式？

以我跟我先生為例。他是西方人，我是東方人。起初在一起的時候，早飯必須煮兩份，一個吃西餐，一個吃中餐，挺麻煩的；要娛樂的時候，我先生喜歡戶外活動，但我偏偏不喜歡曬太陽，這就是一個問題呀！如果他在戶外活動的時候我都不在，他當然不會接受，兩個人就格格不入，可以為這件事情鬧到天翻地覆，兩個人吵架說：

「你怎麼就不能忍著點，陪我待在屋子裡嘛！」

「那妳怎麼不忍耐多曬一點太陽，陪我去打個球又不會死？」

「外面紫外線強，對皮膚不好，曬了容易長斑啊！」

「屋子裡悶那麼久，妳不會發霉啊？」

像這類的爭執，真的滿無聊的。你的習慣是什麼、他的習慣是什麼、兩個人是不是一定要做同一件事，在婚姻裡其實不是這麼重要。

像遇到這種問題，你就去玩你的，他去玩他的，不就好了？沒什麼好吵的。如果一定要把這種事情拿來吵架說：「你好不容易放假竟然都不跟我去逛街，這算什麼婚姻？」

「乾脆離婚算了，反正你做什麼事都不跟我在一起！」

你要曉得一件事：陪你逛街也不等於愛你，不跟你去逛街也不表示他不愛你。你應該理智一點，互相都給彼此一些空間，在婚姻裡找到一個平衡點，大家可以自由呼吸，兩個人都可以過著彼此想要的日子。

所以，我希望大家用探討、改進、成長的方法，找婚姻顧問諮詢，找到一條彼此可以快樂相處，又可以保有自我空間的方法。當你有能力創造這樣的婚姻，再來看待離婚的時候，事情的角度就不一樣了。

方法一定有，為了生存，人一定可以進步，至少你得要求自己成長，一切就會改變。當你改變了，會非常驚訝的發現：原來一個人可以進步的空間這麼大！

找出真正的問題

其實，離婚並不可怕，可怕的是你找不到婚姻裡的問題。如果你找不到問題，就算進入下一段感情，還是會重蹈覆轍——除非你拔掉身上那根刺，或是完全割掉身上的毒瘤。

問題一定是出在你自己，而不是在於對方。改自己，永遠才是最有用的方式！所以，要面對離婚的第一步是：你必須要找到真正的問題，而不是去找到答案。

只要能夠找到問題，就等於解決了百分之五十。好比水管漏水，如果你不知道漏水的地方在哪裡，就沒辦法解決。如果找出漏水精確的位置，就算問題還沒解決，但已經知道問題的癥結點，大概就可以安心睡覺了，心情就穩定了。

如果離婚之後一直有不舒服的情緒，就表示還有問題。不過，一旦找到真正的問題，一定會有痛心疾首的感覺。如果這些問題有些端倪了，但並沒有讓你覺得切中要害，你心裡還是會有一種不夠暢快的感覺。

有不少人在離了婚多年後，才恍然大悟地發現到：「當初若是……，就可以不必離婚了。」感到非常後悔，心中其實還是愛著對方的，無奈當初選擇了離婚，再回首已百年身，對方也已經和別人再婚了。

當你離婚之後，若是自己沒有覺得很爽快，也沒有覺得這個決定很正確，那就是你自己有問題。遇到這種情況，一定要先改自己。

對方已經離開了，但不舒服的人是你，難過的人是你，醒不過來、放不下的人也是你。要是你仍一直堅持是對方的錯，一定要求對方去改變，又有什麼意義呢？完全於事無補，對你的人生一點幫助都沒有。就算對方曾經傷害過你，但現在那些傷痛是留在你心裡，痛苦的人是你。至於要不要解決？那就是你的事情了。

這是你的人生，你必須去面對、去處理，否則受苦的人還是你自己，沒有人能夠代替你承受。不管前一段感情有多麼倒楣、有多麼悲情，不管是不是你犯的錯，反正現在很痛苦是事實，你都應該為自己負責，勇敢走出困境才對。所以，你要找出自己到底出了什麼問題。

問題沒找到，心情很不爽；找到又很痛，你又很生氣。人，就是這麼矛盾。但你可以捫心自問：是找到痛處比較舒服呢？還是找到不痛的比較舒服？

沒錯。當然還是要找到痛處才行，就像給人按摩一樣。按到痛處雖然很痛，但按不到痛處，又何必要去給人按摩？既然要按，就應該按個痛快，解決掉身上的痠痛，才是你去按摩的目地吧。

所以，當你在面對自己的問題，找出這些原因的時候，最重要的一個關鍵，就是要誠實，才能解決掉真正的「痛」。

為什麼你會這樣被騙？

這裡舉一個簡單的例子：當你知道對方在騙你，可是你還是等，然後希望他沒有騙你。你發現自己被騙了很久，被騙得很慘，被唬得一愣一愣的，好像都不知道自己被騙，這種感覺很奇怪吧。

現在回想起來，你覺得怎麼樣？心甘情願嗎？你覺得很合理嗎？這就是你夢寐以求的愛情嗎？

是你自己心甘情願的，而且還被騙得莫名其妙，對不對？

你應該再仔細想一想，為什麼你會被騙呢？而且被騙的時候還很爽，就這麼被騙了好幾年。被騙的感覺怎麼樣？

如果這樣的事情發生了一百次，你被一百個人這樣騙，你的人生會變怎麼樣？你浪費的青春呢？時間呢？精神體力呢？為什麼你會一直被騙，卻從來都沒有醒過來？

我曾經輔導過許多婚姻出問題的人。這些人常會這麼告訴我：「唉！我真傻，明明知道他在說謊，我還是這樣被騙了好久！」

我問他：「那你為什麼會願意這樣被騙呢？」

最常聽到的回答是：「唉，我希望他說的是真的啊！」

不管答案是什麼，他們的說詞總是讓我嘆為觀止。那些被騙的人都很特別，身上有相同的特質。有很多離婚的、準備離婚的，或是一直找不到好對象的，幾乎都是被騙。他就是每次都執迷不悟，一直被騙，總是醒不過來，這種現象簡直堪稱世界奇觀。

為什麼有這麼多人這麼喜歡騙人？為什麼又有這麼多人會心甘情願被騙？如果你不明白，就應該要研究一下，到底事情的真相是什麼。

其實，只要對方隨便講一句話，你就有可能被騙。舉例來說，爸媽在小時候對你說：「你乖一點，我就帶你去玩。」或是「現在不要吵，等一下買冰淇淋給你吃。」於是你就乖一點，但爸媽卻沒帶你去玩，最後也沒吃到冰淇淋。

下次他又說：「你乖一點，我就帶你去動物園。」你就乖乖聽話，但他還是沒空帶你去動物園。

下次你又聽到：「乖喔，你乖一點，我就給你零用錢。」你又聽他的，但他還是沒有給你零用錢。你每次都相信「你乖一點，我就……」這到底發生了什麼事？

如果你沒有發現這到底是怎麼一回事的話，你從小在家裡就被騙，一直到了唸書、踏入社會，還是一直被騙。到後來感情被騙，還沒結婚就失了身，結了婚的就要離婚，簡直是賠了夫人又折兵；有些人甚至病入膏肓，到進棺材的那一天還醒不過來，還一直認為「他一定是愛我的！」

你應該問問自己，為什麼你會被騙？為什麼你會這麼好騙？為什麼你這麼喜歡被騙？錢被騙了，再賺就有了。感情被騙了，肉也不會少一塊，一點都不會怎樣。可是，你浪費的時間呢？你耗掉的青春呢？皺紋長出來了，再也沒辦法回到十七歲的青春年華。

所以，你看得開還是看不開？一定看不開。你看不開，卻又不知道真正的原因，就是一直在玩命。一直不認真、不用心、不用腦，得過且過，把自己的人生搞得一團亂，不負責任又隨隨便便，最後被騙了又能怪誰？

去買東西找錯錢，是你自己沒注意。把積蓄拿給金光黨，也是你自己願意的。感情被人騙，也是你自己的責任。這一連串的錯誤所引發的結果，都是你一次又一次執迷不悟累積下來的事情。沒有人拿槍逼你，你是自願被騙的。

被騙了就是被騙了，找再多的理由都沒用。因為爸爸媽媽無法替你負責，他們沒辦法幫你把青春彌補回來，那些用掉的錢回不來，浪費的時光也無法倒流。最後剩下什麼？只剩下一個憔悴的你，一個傷透的心，還有不堪回首的過去。

不管怎樣，自己的問題還是要自己面對，自己的人生要自己負責。「各人吃飯各人飽，各人生死各人了」，不要被騙了卻一直怪別人卑鄙下流！你應該了解自己為什麼會被騙，找到問題的癥結點，用心、用腦去解決生命中的每一個問題。

人生最重要的一把尺——品格

那麼，要怎麼知道自己有沒有被騙？其實很簡單：把「品格」放進去，答案就出來了。

簡單來說，品格就是選擇生存的路。這是一門非常重要的人生課題，可以讓你檢視你走的方向正不正確。你可以把品格用來修正自己的人生，也可以看看對方是不是走在正軌上，看他是混白道、黑道還是無間道。

這個人誠不誠實？說話算不算話？做人怎麼樣？把這些東西全部攤開來檢視一番，你就會知道一個人是走在正軌上，還是走在歪軌上。

在感情上來說，如果你跟另一個人的關係不明確，你就要問自己，現在是要跟他維持夫妻的關係呢，還是玩出軌的遊戲？

如果是業者跟客戶的的關係，他跟你講了這麼多，究竟是要老實交易呢，還是一場騙局？

對方現在到底是要幫你算命呢，還是要騙你上床？把這些品格的條件放進去，就會知道問題的答案。

關於品格，有一個簡單的判斷，就是看這件事生不生存。這包括舒不舒服、你覺得好不好、快不快樂，有沒有將來。若感覺是正面的、對的、好的，那就是生存的，就是合乎品格的。至少對你而言可以接受，也喜歡這樣做。

若是從不生存的角度來看，你知道這麼做會死人，會犯法，會讓你痛苦難受，會讓你很不快樂，這個方向就錯了。若是再加上完全沒有將來，那就不可以貿然衝下去——往錯誤的方向走，最後一定不會走到正確的目的地，那也就是不品格、不生存。

最後，對於「找出問題的癥結」的重點，做個簡單的歸納。

第一個，對問題有極大的興趣。如果你連興趣都沒有，哪需要知道答案呢？根本就是擺爛了，管他去死，對不對？

第二個，想要知道問題在哪兒，你必須要有溝通的能力。

很多人跟我說：「陳顧問，你怎麼那麼神？」我不是神，而是因為我真的有聽懂，我了解對方要表達的是什麼，所以他有心事也騙不了我；若有問題，遲早我也看得到，只要真的付出關心，你就一定能明白。同樣的，你也要有這樣的功夫。

最後一個關鍵，這件事情合不合乎品格？如果你知道對方要去死，就不要跟他走同一條路。如果這輛車子就要撞車了，你就得趕快跳車。如果這是條賊船，你就不應該上船。這就品格。

希望這些簡單的說明，可以讓你從今天起有一把好用的尺，人生不再無法衡量、不知所措。有了這把尺之後，請記得善用它，就算現在人生有如烏雲罩頂，只要一步一步都做出正確的決定，一切都會漸漸明朗起來。

第六章

最常引起離婚的事情

有離婚念頭時，你應該想到的第一件事

有時候，夫妻吵架在氣頭上，就會口無遮攔地講：「離婚！」

提到離婚，一般人通常都會想到的是：

該怎麼分財產？

小孩子怎麼辦？

兩邊家長該怎麼交代？……

先停一下，因為這些問題都已經扯得太遠了。

提出離婚，就等於是告訴對方：「這就是我的底限！」，也代表著婚姻亮紅燈的警訊。當你的腦袋閃過這樣的想法，或是聽到對方講出這句話的時候，你要想的可不是掀桌子或拿菜刀，而是要冷靜地告訴自己：「我們現在應該坐下來，好好地談一談。」

你應該要想的是：

1. 在講這句話之前，發生什麼事？
2. 在這個念頭發生之前，我們的問題出在哪裏？

3.這個問題能不能解決？如何解決會有結果？

4.還有什麼其他的辦法可以用？

所謂「解鈴還需繫鈴人」，不管是不是有第三者介入，或是經濟狀況、工作因素、兩代磨擦、親友問題等等，最後還是要回到夫妻兩個人之間，找到這個結的解套方法。如果能夠解套，就有繼續走下去的希望，婚姻才有辦法修護，才能夠找回屬於你們的春天。這個寒冬是否能熬過，就看你能不能把那些稜稜角角真正地磨平，那些刺是否能夠拔得掉。這些都是在面對離婚之前，應該先去理解的事情。

在離婚之前，一定還有其他盤根錯結的問題，不會只有表面上看到的那一條導火線。你應該平靜下來，把它一一列出來，最嚴重的也不會超過前三件事情。表單上列出來的前三名，如果能夠把它解決掉，就會有非常大的改善，至少會多一些空間可以讓你喘息，為彼此增加一些空間去修復關係。

當然，也有很多問題是非常難解決的。通常來說，有三種情況是比較普遍的問題：婆媳問題，老婆回娘家的問題，或是金錢方面的問題，這三種是情形值得特別提出來討論。

婆媳問題

第一個，婆媳之間的問題。

有可能是妻子跟婆婆之間的不合，也有可能是先生跟婆婆有衝突，影響到妻子跟婆婆的關係。

另一種狀況，是先生跟婆婆的關係過度親蜜，先生總是以婆婆的意見為意見，或是婆婆在小倆口之間講了一些挑撥離間的話，造成夫妻之間爭吵不斷。

也有可能是媳婦必須一而再地討好公婆，怕惹老人家生氣，或是夫妻的生活被爸媽干擾得太過嚴重等等。

這些問題，每個家庭遇到的狀況都不太一樣，家家有本難唸的經。以這種婆媳問題來說，很值得特別研究。但在這種狀況中，這裡只強調一個重點：身為「丈夫」所抱持的態度是一個關鍵點。

也許有人會問：為什麼先生會是重點？

就婆媳之間的問題來看，這是發生在男方家庭的事情。也許你常聽到人們說，媽媽跟太太吵架，最倒楣的人就是做丈夫的，只能當夾心餅乾，兩邊不是人。會有這種想法，就是當丈夫的能力不足，沒有辦法把雙邊的衝突化解掉。

做丈夫的人，一定要能夠知道方向、拿捏分寸得宜，才能主導婆媳的關係朝向正確的方向發展。要是當丈夫的人不夠聰明，不懂如何處理又沒有擔當，甚至根本不予理會，隨意任其發展，一定會加重老婆的負擔，也會讓婆媳之間的問題變本加厲，引發更大的摩擦。

基本上，問題還是出在溝通。只要懂得如何溝通，人與人之間的關係就會大幅改善。說對話，就能海闊天空，也會多幾分空間、多幾分了解，生活自然會舒適許多。

會溝通的人，其實要解決婆媳之間的衝突很簡單，很多問題只要一句話就可以搞定。但不會溝通的人，就算搞了三年還是亂七八糟，甚至雪上加霜。這就像懂電腦硬體的人修電腦，簡單幾個指令就能讓電腦恢復運作了。不會的人，就算把電腦全都拆了，還是不知道問題出在哪裡，勞民傷財又人仰馬翻。

這就是有沒有知識、有沒有能力的差別所在。奉勸你千萬不要太鐵齒，做人、做事全憑能力。不進步的人，永遠都有吃不盡的虧，人生也不會幸福。人會吃鱉，完全是因為自己無知、無能，真的不值得。

做丈夫的，有一個非常重要的職責——學會真正的溝通。一個講不出話、不會說話的丈夫，一定會影響婚姻的品質，也會降低戀愛的甜蜜度，讓生活狀態大打折扣。

在婆媳衝突當中的關鍵，長在於先生有沒有了解這件事情的嚴重性？他能不能了解夫妻是共同一體的？

婚姻是以夫妻兩個人為中心。當婆婆干涉太多的時候，該怎樣去處理？不是老公為了避免衝突，就不准老婆回家；或是斷絕雙邊關係，乾脆搬遠一點，從此井水不犯河水……這些都不是理智的處理方法。

丈夫該想的，是怎麼樣才不會讓媽媽影響到你們夫妻的關係？但還是可以讓老婆跟媽媽的關係保持良好，可以互相了解，可以增加很多的情感、大家互相包容。你們夫妻的家庭就像是一個小圓，在小圓之外還有一個大家族的圓圈包住，大家就像是一個同心圓。

所以，當丈夫的人一定要學會溝通，而且要能獨立自主。你必須知道自己的立場，而且要保住你們夫妻的空間；你要能夠尊重媽媽與老婆的想法，同時也受到雙方的尊重，不能什麼決定都被別人牽著鼻子走。

至於怎樣才能讓老婆跟媽媽之間有良好的溝通？這是一個非常專業的領域，光是這些資料，就可以寫一本書。把這個問題提出來，是要告訴你這樣的關係是可以處理的，先生自己本身是一個重點。先生知不知道媽媽跟老婆之間孰輕孰重？有什麼分別？先生跟老婆的關係，還有先生跟媽媽之間的關係，其實很容易可以分析出來，大家之間的關係不一樣：

1. 你跟誰睡同一張床？
2. 誰是真正陪你走一輩子的人？
3. 誰才是你真正的左右手？
4. 誰是跟你同一條船一起打拼的人？

這是非常明顯的事情，你可以知道怎麼去選擇。該怎麼決定，先生應該要去了解，就會知道如何處理事情。方向正確了，目標就可以達到了。

特別再次提醒當先生的男人們：你一定要學會如何講話。懂得講合宜的話，你遇到的衝突都能逢凶化吉；要是你不會講話，連芝麻綠豆的小事都可以鬧得滿城風雨。請好好加強這項能力，把它練起來之後，必有後福。

過於依賴父母

第二個關於離婚常見的問題，便是對於原生家庭過於依賴。

比如說，有些太太常常回娘家，影響到先生跟太太之間的關係。像這種問題，關鍵角色就在於「老婆」——老婆這邊，必須要了解先生的感覺，必須尊重他的想法。相反的，也有些過於依賴自己的爸媽的先生，什麼事都要順從著爸媽的意見，把自己老婆的想法都擺在一旁，一樣也會出問題。

這並不是老婆就盡量不要回娘家，老公就不要聽爸媽的，或是乾脆就不回家、不拿錢回去給爸媽……這些都只是表面上的行為，不是我們要討論的重點。重點是，你在做任何決定之前，都應該要跟另一半討論過，要獲得對方的同意。婚姻是兩個人的事，兩個人的世界當然要有相同的目標、一樣的決定。

你要明白一件事：只要結了婚，跟另一半就是一體的。當你做每一件事情的時候，要在對方的同意與理解之下才去進行。讓另一半有被尊重的感覺，也等於是尊重你自己——若是你不給予對方被尊重的感覺，同樣地，這種被輕蔑的感覺最後也會回流到你身上。

很多人會覺得什麼事情都要講，真的是很煩、很囉唆，為什麼要那麼無聊，跟另一半講這麼多？講穿了，你的婚姻之所以會走到亮紅燈的地步，就是因為太多事情沒有溝通，對方不了解你為什麼要這麼做，你做決定都不先告訴他一聲，所以他會覺得這個婚姻關係沒有存在的價值。

當你自作主張、不跟另一半討論的那瞬間，你跟他之間的夫妻關係就名存實亡了，互信關係也就不存在了——因為他並不存在於你的空間裡。這樣一來，當然早晚會出事嘛！

夫妻兩人來自不同的家庭，難免會有很多觀念衝突。當你發現某一件事情很難跟對方溝通的時候，你應該想想：

1. 對方不願意面對的是什麼？

2.你不願面對的又是什麼？

3.你的人生怎麼衡量是非輕重？

4.用怎麼樣的口氣、怎樣的表情去說話，才會讓另一半感覺自己被尊重？

這也是一項生活的功課。做好這項功課，你的婚姻才會有好分數，一切都要彼此商量，不管什麼重要決定，夫妻都要一同進退，這樣才是一體。

平常你會聽到很多人說：有事情就去溝通啊！要去協調啊！然而，一個協調者要做的事，就是如何把糾結在一團的事情講到彼此都清楚，把兩邊不滿的情緒擺平，這就是你應該學的溝通，也是婚姻裡非常重要的潤滑劑。

老婆喜歡回娘家，本來是天經地義的事，畢竟那是她的原生家庭。在娘家的環境比較習慣，比較自在，尤其女兒跟父母關係良好，大小事都回家做、回家解決也沒有什麼不好；前提是要先告知先生，在兩人都同意的情況下，就算常回娘家也無可厚非，兩人都開心最重要。

但做老婆的人必須要能夠學會獨立，也要有自己作主的能力。妳必須要先了解自己結了婚，就是有了一個全新的家庭。妳已經是別人的老婆，也可能當了媽媽，有先生、小孩要照顧，便得兼顧夫家的想法。

有些人就算沒有小孩，沒有公公、婆婆需要照顧，還是要以自己的家庭為重，不能一直依賴在原生家庭，當一個永遠長不大的小孩。若是過度依賴原生家庭，不僅心態上不健康，對下一代也會造成不良的示範。

結婚最重要的目的之一，就是要學習獨立。父母不能一輩子都陪在子女身邊，所以你得要學會長大，凡事都要靠自己站起來。你不該只想著自己方便、依賴爸媽，沒有撐起一個家的責任感；依賴爸媽久了，你的家庭就無法真正地被建立起來。

回娘家是因為想念父母，喜歡跟他們相聚在一起；而不是回去採購、搬東西、叫人煮東西給你吃，或是請爸媽幫忙打理那些你不想做的事。這兩者之間的意義非常不同。必要時，請求爸媽幫助當然不是問題，但不應該有事沒事就賴在娘家，或把生活的重心通通放在娘家，當然就無法真正的獨立。關於這一點，當老婆的要特別注意。

用錢觀念不同

至於第三個問題，就是跟錢有關的狀況，夫妻兩個人對於用錢的觀念南轅北轍。關於「錢該怎麼用」這個問題，你問十個人，十個人都有不一樣的想法。有些人聽到另一個人用錢的方法，就會覺得：「他這個人是神經病！」

當這個神經病只是個路人甲，跟你沒有什麼關係的時候，那當然就不關你的事啦。要是他是你的好朋友，那就找機會好言相勸了，對不對？

要是他是你的遠房親戚，那你就八卦一下。

他只是你同事，你可能就不理他，或是把他幹的蠢事拿來當成茶餘飯後的笑話，或是找他理論一番。

可是，當這個人是你的另一半的時候呢？喔，這個時候就要打打殺殺了。你可以感受到各種關係的緊密狀況，跟不同的嚴重性。

不過，在婚姻裡，我們還是可以去討論怎樣用錢是合理的，這就跟外交、生意談判、跟老闆討價還價是一樣的道理。彼此之間要找一個能夠妥協的空間，一步一步來，千萬不要一下子來個一百八十度的策略大轉彎，這樣做當然會翻車。

錢是一個問題，但這個問題只是表象，後面還隱藏了更重要的問題：生產，以及個人價值觀。

不管有沒有足夠的錢，都有可能會因為財務的事情跟另一半爭吵。人生不是什麼事都這麼簡單，不是什麼都能如你所願，所以為什麼兩個人要討論？討論並不是為了讓你生氣、讓對方痛苦，而是要找出一條兩邊都可以接受的方式。當你不能面對，不願意進步成長，最後就是走上離婚一途，就算不離婚，也是同床異夢，或是兩個人之間沒有感情。

這就是「人不自懲，天懲」的代價。

講到錢，是大家都很敏感的話題。錢多到花不完的情況畢竟不算多，在此不特別討論。但有時候就算錢夠用還是會有衝突，就完全是價值觀的差異，用法不同就會有紛爭。因此，彼此協調溝通是必要的。

若是真的無法一時達成共識，那就先有個底限，兩邊先定出個預算或是消費的原則，至少彼此有個牽制就不致於釀成大錯，也給了婚姻一道防線。若沒錢又愛亂花，欠了一屁股債還亂刷信用卡，一定會產生嚴重的裂痕，影響婚姻的品質。

在花錢之前，有一個相當重要的前提：生產的能力。

如果你有賺錢的本事，問題會少很多。一個人對於金錢的態度，多少會跟他是否能賺錢有所關連。能夠真正生產的人，除了會知道賺錢不容易，懂得精打細算、開源節流之外；他也能明白錢花了還能再賺，有時必須投資才會有報酬，他不會認為手邊沒錢就完蛋了，沒希望了，每天歇斯底里給對方看。

所以，具備生產能力是相當重要的條件。生產的能力，相對的也因人而異。賺多賺少並不一定，但原則上不該入不敷出，一定要花的比賺的少，有結餘才能安心。至於平衡點在哪兒，就需要夫妻兩人一起商量，有共識就會減少摩擦，相安無事。

相反地，若夫妻雙方都不溝通，在花錢的規則上也完全沒共識，開銷的速度常讓對方的生存備受威脅，當然會失去安全感。

至於價值觀或經濟觀，就是見仁見智，無法討論對錯。但也不能因為無法討論對錯而不去面對，而是更要去跟另一半溝通，必須去了解對方的觀念。一個人的觀念往往左右了他對事情的看法，這是人跟人相處時非常重要的一件事。

然而，你平常就得努力去表達自己的價值觀，也要認真地去了解對方的價值觀，在生活中努力讓雙方的觀念更精確地對焦，感情也才會更進一步的突破。

別讓愛情變得沒價值

以上的三個例子是為了告訴你：不要為了婚姻以外的第三者，不管是丈夫這一邊的婆婆，還是太太這邊的娘家，或是在經濟上面的不合，兩個人的關係就要亮紅燈，然後就讓這個炸彈爆炸……其實沒有必要這樣。

離婚會遭遇的所有問題，都可以透過進步成長解決。只要你努力溝通、學習、拼命生產，好好地去建立更多的愛、包容、理解與親和力，再給彼此更多的空間，生產更多的錢，就一定會有出路。

愛情，不應該如此輕易地被這些事情擊垮，是嗎？愛情的力量相當偉大，請善用它，珍惜它；不要讓它變得如此沒有價值。

沒有人希望隨隨便便就提離婚。但你不離的話，要怎樣再繼續過下去？這一次你決定離婚，下次的婚姻就不會遇到問題了嗎？如果你沒有進步，問題沒有被解決，這個惡性循環是不會停止的。

有人說：「為了不要再離婚，我不要再結婚了！」

這是一個很消極的態度，表示他沒有過橋、沒有上岸，沒有真正的修成正果。一個沒有真正走過失敗的人，才會說這種話，這就代表他放棄了，沒希望了。

我們要學的，並不只是單純的想著：「好吧，我就離婚。」或是「我絕對不會離婚。」或是「管他的，再說吧！」這些態度都不對，這不是你選擇這樣、選擇那樣的問題。我們要講的，是怎樣可以走出這一條路，真正地找到幸福快樂，我們要追求的是一種境界，這個境界是你自己構築出來的夢想。

所以，你會在這本書裡看到，我一再苦口婆心地提醒著各位：你一定要進步，一定要成長。離婚這個決定，並不是你所以為的離了婚就沒事了——這些問題是生也帶來，死又帶去的傷痛，讓你的人生毫無品質可言，千萬不要把頭矇起來，不肯面對它。

第七章

如何苦中作樂？

苦中作樂，樂上加樂

為什麼在婚姻裡要懂得苦中作樂？因為只有苦中作樂之後，才有辦法樂上加樂。

俗話說：「萬事起頭難。」所有的事情在一開始的時候，都會很辛苦。結婚很辛苦，生小孩也很辛苦，開公司很辛苦，上班也不輕鬆。既然活著這麼痛苦，大家乾脆全部都去自殺算了，是嗎？你的生活不可能全部都停止嘛。

但是，你若是不繼續走下去，就只好一直活在擔心、害怕的日子裡。如果你願意鼓起勇氣，向前邁進一步，再辛苦都甘之如飴，後來就會海闊天空了。

有人會說：「上班這麼辛苦，我乾脆辭職好了。」當你一辭職，馬上又要面臨沒有收入的問題，還要再去找工作，找到的新工作還不見得比之前的好，換了工作又覺得不爽，每天都在想著要不要辭職？日子還是一樣痛苦。

那麼，到底要不要辭職？有工作比較痛苦，還是沒工作比較痛苦？你心裡應該有個數。當你想著「該不該辭職」的問題，基本方向就搞錯了。你應該要想的是：

1. 為什麼你在工作中不開心？

2. 為什麼不能好好地工作？

3. 為什麼沒辦法擁有更多的工作能力？

現在，咱們把職場的角度切換到婚姻上頭。有人會說：「既然婚姻給我帶來這麼多的痛苦，那乾脆離婚好了。」

你仔細想想：結婚比較痛苦，還是離婚比較痛苦？所有結過婚的人，統統都知道經營婚姻很痛苦。但當你叫他們離婚，每個人臉都綠了——因為離婚也很痛苦啊！這種感覺很矛盾吧。

既然很痛苦，為什麼不離婚？

這個問題的答案，要真正走過磨合期的人才會明白。因為婚姻幸福美滿的人，他會這樣告訴你：「結婚，就是比沒結婚的好。」

沒錯，在婚姻裡頭是有很多的痛苦，可是他寧可享受那些痛苦，為什麼？因為得到的快樂更多啊。這個道理很簡單，跟學跳舞一樣。學跳舞苦不苦？當然苦啊！不是腳痛就是腰受傷，有時候還練到哭呢。

如果你說：「既然這麼辛苦，就別練了吧。」但他還是一直要學。為什麼會這樣？

因為這裡面的樂趣，遠遠大過它給你的痛苦。

你想想，當人遇到痛苦的時候，會出現什麼現象？抱怨。家家有本難唸的經，很多人常碎碎唸，都只是唸好玩的。

所有跑來我這裡抱怨婚姻多麼不好的人，我都跟他講：「那你離婚吧。」然後，他就會說：「不要啦，這樣不好。」

幾乎每一個都是這樣。他只是想要抱怨，但沒有要離婚。由此可見，婚姻的苦比較多，還是樂比較多？還是樂比較多吧。只是還沒走到苦盡甘來的那一步，感覺才會很苦啊。

不過，即便是樂多於苦，他還是要抱怨。就好比說，你媽很喜歡抱怨煮飯給你吃，常常抱怨生了你這個孩子有多倒楣。假如有天你說：「既然你這麼討厭我，那咱們斷絕關係好了。」保證她馬上臉就綠了，可是她還是要罵你。她肯不肯斷絕關係？絕對不會。那麼，這表示什麼？表示罵你是她的樂趣。

夫妻的吵架，就是婚姻的樂趣之一，非常變態。這件事情，在女人身上特別明顯，通常男人比較沒那麼無聊。女人喜歡把自己的男人抓來罵一罵，喜歡鬧一下，看看能不能引起對方注意。當男人跟她說要離婚，她馬上就會哭出來。

男人說：「既然妳跟我在一起這麼痛苦，那就離婚吧！」

她說：「我又沒有說要離婚！」

「你不想離婚，就不要罵我。」

「我罵你，又不代表我要離婚！」

很明顯，她就是喜歡罵你，她喜歡跟你吵架，所以你們就這樣子吵吵鬧鬧。

當然啦，如果男人一天到晚威脅對方要離婚也沒什麼意思，因為女人就是這樣。你要跟她協調，跟她溝通；你要明白，她就是喜歡罵來罵去，可是罵來罵去並不代表她要跟你離婚。她只是要抱怨婚姻帶給她多少痛苦，卻不表示她不想要這個婚姻。

不管做任何事情，在成功到達目的地之前，多少都會有一些苦，包括經歷過程的苦、付出努力的苦，或是身心磨練的苦、忍耐的痛、等待的難受，這些都讓人難以承受。為了通過這些難關，為了達到目標，捱這些苦是值得的，所以你一定得要學會苦中作樂。

「苦中作樂」講起來容易，實際上是一種極為豁達的人生境界。要以快樂的生活態度，用正面情緒來迎接各種苦難——在很辛苦的時候來個冷笑話，感到痛楚的時候大笑一下，難過的時候別忘了自我解嘲，幽自己一默。用這樣的態度過活，這些苦過得快，也就不會感覺這麼苦了。

當你苦盡甘來，達成目標的時候，就可以樂上加樂。你用快樂的心境穿越了這些歷程，這些歲月變成一種快樂的回憶，再加上完成目標的成就感，喜悅程度就會加倍奉還於你。

就好比生孩子，很痛苦吧？等到孩子生出來，那些痛就通通忘記了。結了婚，夫妻兩個總是吵吵鬧鬧，很痛苦吧？等到你們老了，還是陪著彼此一起走過了這段漫漫歲月，最後還是在一起相知相守。回想過去所有的爭吵、哭鬧，現在卻變成了甜蜜的回憶，自然是樂上加樂了。

學會苦中作樂，是生活中的一門藝術與修養，當你走過了，就是一片海闊天空。所以，你一定要為自己的幸福站台，為自己的理想奮鬥，只要撐過去，一切都會是你的，就算再辛苦也值得。

讀懂對方說話的意思

夫妻在溝通裡頭常發生的衝突，往往在於沒辦法理解對方說話的意思，尤其是出現負面情緒的時候，更是容易誤解對方所說的話。

當你去逛街買東西的時候，仔細觀察一下就會知道：會嫌的人才會買。如果有一個人打算要買對方賣的橘子，就會嫌橘子賣太貴、嫌水果賣相難看等等，那種態度就表示要買。做生意的人都明白這一點，如果客人開始嫌，就知道生意來了。這很好玩吧？

但是，不懂這個道理的人，聽個幾句就生氣了，根本讓人講不得，甚至板起臉不做生意，當然也賺不到錢了。所以，你要懂得接受人家的嫌。當對方嫌你的時候，你要明白那些話後面隱藏的意思是什麼。

千萬不要認為：「他這樣嫌我，一定是我們的婚姻不好。」大錯特錯！換成作生意的角度來看，如果客人想買你的鞋子，他第一個反應就是：「你這個鞋子品質不好啊。」一要是你第一句話就被打到了，馬上就洩氣了，那生意就不必做了。

如果不是一個老練的銷售員，聽到這樣的批評，會認為對方真是個爛客人，沒要買就算了，還唸個什麼勁兒？其實，讓對方嫌了十次之後，他就買了。但你心裡卻想：「哼！不買就拉倒，我才懶得甩你。」因為你很生氣，受不了被嫌，生意當然做不下去。

要是你夠聰明，在對方開始囉嗦之前，你就可以好好地回應他，講對焦的話，情況就會扭轉，而且還能找到空隙把他給扳倒，把這筆生意談下來！

所以，你要學會打太極，要懂得察言觀色，要明白對方話中的意思是什麼。如果你笨笨的，就會讓人家嫌很久，然後覺得自己很倒楣。

「到底是怎樣？為什麼我這麼命苦？」

「我只不過賣個鞋子，又招誰惹誰了？」

「你不買就不買，囉嗦個什麼東西？」

聽不懂的人就會這樣想，明白嗎？因為你太慢才把他扳倒，來不及化險為夷，沒把局勢扭轉過來。你要快一點把他扳倒，一切都會很圓滿，不管你做那一行都一樣。

譬如你是賣房子的，對方第一次進門就嫌這間房子不好。

「啊，這個風水不好。」

「哎呀，這個樓梯設計不好。」

「這個廚房不好。」

他會這麼說，就表示有希望，這就是做生意。可是，你不懂對方的心裡在想什麼，就會說錯話，會錯意，一直跟對方解釋為什麼風水不好、設計不好，講話的方向就錯了。

在婚姻裡，當對方嫌你，跟你說哪裡有問題，他才是真的愛你、在意你，因為他想要跟你好，才會跟你溝通。只是，一般人沒這麼聰明，反應也沒這麼快。當你意識到這一點的時候，已經錯過可以反應的機會了，所以就只好站在那邊聽對方囉嗦，越聽臉越垮，感情當然也好不起來。

到最後，你只好說：「那你不要跟我在一起好了。」

「……嗚哇！」

奇怪，他怎麼哭了？你被搞得莫名其妙，就覺得人生很痛苦、人性真的很難捉摸，因為你不知道對方在想什麼。其實，那是因為你完全會錯了意，講錯了話，才會把場子搞到烏煙瘴氣，以後甚至有話也不敢講出來，心裡當然不舒服。

如果能看透對方的心思，反應夠快，你就可以這樣說：「你愛我就說出來嘛，幹嘛嫌這麼多？」然後，他就會突然愣住，因為他知道你懂他要表達的意思了。你要懂得對方的心意，然後給予適當的回應。

不過，許多人常常是背道而馳。你不但不懂他在講什麼，還一直不說話，最後有一個哭起來，或是打人、摔東西了，才覺得為什麼自己這麼倒楣？怎麼都是遇到瘋子？為什麼老是遇人不淑？

答案很簡單：因為你不懂該怎麼說話。

我聽過一個很不錯的例子。每次當老婆生氣的時候，老公就跟她說：「啊，妳很生氣啊？」其實，老婆氣的並不是他，但不管發生什麼事，現在她就是生氣啊。然後，老公就說：「妳生氣啊？打我好了。你打我，我讓你打啊。」

「什麼鬼啊？幹嘛啦！」然後，兩個人都笑出來了，也不會氣到一整個晚上都沒話說。

不管生氣的理由是什麼，老公都會逗老婆開心，老婆就變得沒辦法生氣了，這就是一種能耐跟水準。如果懂得逗另一半開心，你能夠苦中作樂，就會樂上加樂，生活就算有再多的波折也會覺得很順心，也會覺得自己的婚姻還是很不錯的。

這當中的樂趣需要各人去修練，各自體會。一旦你能明白對方的心意，大家就能會心一笑，不僅日常生活有樂趣，愛情也可以無限甜蜜。

開始、改變、停止

如果要學會苦中作樂，得先知道任何一件事情，都會有這樣的發展：開始、改變、停止。

以婚姻來說，你得決定要開始，就是下定決心要結婚。在改變的過程中，就是穿越磨合期，你會有很多痛苦，必須咬著牙撐過去。至於停止，就是分手、離婚或是其中一個人死亡而分離，你不僅要能夠學會面對停止這件事，而且還得要能夠學會「說停就停」的本事。

舉個簡單的例子：跑步。跑步有什麼好？不是小腿痛就是大腿痛，一聽到要跑步，就覺得百般痛恨。當開始要跑步的時候，你就要苦中作樂。

「好，走吧，我們走。」假裝很好玩。有什麼好玩？要跑多遠？速度要多快？其實心裡很害怕，也不喜歡，但你就是要告訴自己：「沒關係，撐一下就過了，二十分鐘很短啊。」你要一直跟自己說：「不會死啦，會死的話，前面的人早死光了。」這樣就開始苦中作樂。跑到了某一個程度之後，人家叫你停，你甚至還會想再跑一下，想停都停不下來了。

所以，事情的一開始，就是要決定動起來，捲起袖子拼下去，遊戲就開始了。

如果你就是不能動起來，有很多事情不會改變——你不能改變自己的固執，不能改變你的懶惰，不能改變你的人際關係，不能改變思想的限制與猶豫不決的個性，在生活裡還是一樣無法進步。既然沒有進步，當然也辦法突破，不管學多少東西都沒有用。

如果你真的想要朝向更生存的路前進，怎麼可能不會改呢？這是有絕對關連的。

如果你不能決定要結婚，你的生活裡有很多是無法改變的。你不能改變單身生活的形態，不能突破堅持單身的固執，也不可能改變獨善其身的觀念。同樣地，如果你明明知道自己的婚姻出問題了，但你還是堅持不肯改變，就這樣一直撐到進棺材為止，是不是很悲哀？

一個人不願意改變，便停止了進步成長。他還停在過去十五歲、二十歲、三十歲的觀念跟態度，卡在那裡沒辦法進展，斷絕了自己結婚之後的幸福，也阻擋自己變成熟。他就像一個沒辦法成熟的果實，最後只能腐爛在枝頭上，死路一條。

不能改變，就像眼睜睜看著車子朝斷崖開去，你不轉方向盤或跳車就只好等死，完全沒有生還希望。如果不願意面對自己的問題，或是看到問題卻打死都不改，婚姻當然不會幸福，最後走上離婚一途也是活該。

不改的人，就算結婚也會離婚，再婚了也還是會離婚，就算沒離婚也不會幸福，最後變成孤單的老人，好比無法綻放的花朵，只能隨風凋零了。

決定「停止」，跟決定「開始」是一樣重要，而且是一體兩面的。如果你不能停止，想想看，會發生什麼事？

如果有一個人不能決定開始結婚，他就不能停止單身寂寞的日子，不能停止青春老去，不能停止騎驢找馬、猶豫不決的態度，不能停止找不到對象的恐懼……這有多痛苦啊？幾乎都要得憂鬱症了。

一個不能決定停止的人，就不能停止不正確的態度，不能開啟另一個改變的可能性，不能開始另一段感情，只好沉淪在痛苦的迴圈裡，永遠是一樣的痛苦。

如果不能夠停止，也一定不能夠再重新開始，當然也就沒辦法改變。

如果懂得苦中作樂，這些你吃過的苦，最後都將成為甜美的果實。你一定要學會苦中作樂，因為這些苦是絕對逃不掉的。不要整天想著走捷徑，一天到晚想著要怎樣避過這些痛苦。

不去面對人生的問題，整天只想著看電視、打電動、在公司加班，跟另一半不相往來，就這樣一直躲，一直躲……你以為躲得掉嗎？最後這些問題浮出檯面時，痛苦只會加倍奉還，讓你痛不欲生。

什麼時候需要苦中作樂？當你無法決定開始、當你不能改變、不能停止的時候，在這樣的時間點上就必須苦中作樂，把事情快一點處理，而不是放著擺爛不理它。只要願意處理，速度加快了，那些痛苦是不是就早些結束了呢？做快一點，牙一咬就過去了。

只要你走在正軌上，方向不是錯誤的，把這些痛苦撐過去，最後一定會走到幸福快樂的終點。如果整天都想著那些旁門左道，遇到問題就刻意逃避，不溝通、不處理、不面對，永遠都不可能會快樂。千萬不要害怕吃苦，把吃苦當吃補，認真努力地吃苦，在吃苦的過程中修練，學會苦中作樂；很快的，這些痛苦就不苦了，人生就順利許多了。

不過，不要以為人生就從此一帆風順！因為你度過一個難關之後，馬上又要遇到下一個階段的開始，你又得要想辦法改變，改變的過程一定會遇到痛苦。只要學會苦中作樂，這些痛苦就沒辦法把你擊垮，當痛苦過去了，你又感到無比快樂，表示又熬過另一個階段。

人生的挑戰就是這樣一個接著一個，開始、改變、停止，又再次開始、改變、停止……，不斷地重覆循環著。這當中有數不盡的悲歡離合，有說不完的喜怒哀樂，就如萬花筒般地絢爛繽紛，充滿無限的變化。

第八章

尋找另一片海闊天空

離婚到底是終結惡夢？還是另一個災難的開始？

「離婚到底是終結惡夢？還是另一個災難的開始？」這就要看你是怎麼處理離婚的。如果現在的痛苦，是因為你個人的問題，那就會永遠終止不了這個惡夢；就算你進入下一段婚姻，還是會有一樣的惡夢，就等於是另外一個災難的開始。這不只是你一個人的惡夢，而且也是別人的惡夢，不是只有你自己的災難，同樣地也是別人的災難。

有些時候，對方覺得：我不要跟你在一起了，我對你沒感覺。但是你覺得：我不想要結束啊！或是相反過來，你想離婚，但對方不想離，那該怎麼辦？

這就表示兩個人的步調跟觀念是不一樣的。有人覺得他很OK呀，他很喜歡你，跟你在一起很有感覺，可是你卻沒有這樣的感覺。換個角度來說，也有可能是他覺得你這麼做很討人厭，偏偏你認為自己這樣做也沒什麼大不了……所以，就是有一方受不了了，但另一方還是希望能夠繼續。

遇到這種情形，你要去想很多很多的問題。其實，這些問題你早就應該思考過了才對，卻從沒認真去面對，才導致現在如此的局面。你要去想：

1. 離婚的理由是什麼？
2. 對方是不是還有其他對象？
3. 對方覺得顧自己的興趣比較重要？
4. 他會不會覺得跟你在一起很無聊？
5. 他把什麼視為生活重心？

發生想要離婚的情況，就表示兩個人的步調不一樣。這時候，兩個人要一起看看，到底對於婚姻的態度是什麼。

如果婚姻對你而言，是這麼的不重要——很多人會說事業比另一半還重要，或是想要去實現他自己的夢想，甚至覺得另一半是他邁向成功的羈絆……，各式各樣的情況，要視每一個人的狀態，才能決定究竟是離婚好呢，還是不離比較好。

最重要的，是要去考慮兩個人對婚姻的態度到底有沒有共識。

當初為什麼決定要結婚的？離婚有很多的問題，並不是在當下才發生出來的，而是在於當初結婚的時候，兩個人的方向跟目標就有了出入，以至於影響到現在非離不可的狀況。

結了婚以後若沒有好好經營感情，兩人之間沒有足夠的溝通，也沒有一起成長；久了，問題就越來越大，最後一發不可收拾。當把問題拿到檯面上討論的時候，幾乎都已無法挽回了。

我們可以對此下一個結論：如果一開始就不知道什麼是婚姻，就永遠沒辦法找到繼續下去的理由。

當一方發生了想要離婚的念頭，那該怎麼辦？

當遇到這種狀況，你應該重新檢視當初結婚的理由，檢視你們結婚的目標，回顧兩個人在一起時的喜悅，你們之間的問題是什麼？你要很誠實的去回答自己：

1. 你對婚姻的未來有什麼展望？
2. 你們夫妻彼此的人生方向跟目標差別在哪裏？
3. 對於婚姻，你的想法是什麼？
4. 你希望的婚姻是什麼樣子？
5. 對方要的婚姻又是什麼樣子？
6. 你想要的人生，到底是怎樣？

7.你有盡心盡力在經營婚姻嗎？你是真心地愛他嗎？

8.你把另外一半放在哪個位置？

9.怎樣可以讓婚姻跟事業（或你想做的事）並行？

10.怎樣可以把彼此的目標，調成一樣的方向，一樣的速度？

11.在彼此可以接受的情況之下，你願意做出怎樣的犧牲（或付出）？

12.你到底有多愛對方？

13.怎樣去讓生活調整到一個彼此都可以接受的狀態？

這是很簡單的思考方向。當你確定這些步驟之後，就會很清楚地知道到底要不要放棄、到底要不要繼續，你應不應該留住對方，或是應不應該放棄對方？

一個人想離，另一個不想離，就是一個人走得快、一個走得慢；一個進步，一個原地踏步；一個人很愛，但另外一個人卻還在困惑自己到底愛不愛？有了這種想法，其實就是不怎麼愛，不認真愛，距離越來越遠，問題就會越多，兩人之間的縫隙也越來越大，再繼續撐下去，當然會有很大的問題。

婚姻是一輩子的戀愛。愛情是不講道理的，但也不可能完全不講理。如果你執意要任性到底，就好比又要馬兒好，又要馬兒不吃草；佔著毛坑不拉屎，得了便宜還賣乖。

有很多人嫁了人或是娶了老婆，有了名份，生了孩子之後就開始跩了起來，不再認真經營感情了，感情不如當初相戀時的甜蜜，不像當時追求時的熱切，不再可愛美麗，不再體貼溫柔，不管男的、女的都一樣，這就是婚姻會變成墳墓的原因。

有的男人在戀愛期間拼命展現體貼的一面，但婚後就冷卻了，彷彿變成另一個人似的。有的女人在還沒結婚前認真打扮，既甜美又迷人，但婚後就變成黃臉婆，生了孩子更是變成一副癡肥的模樣，叫人難以忍受。

為什麼我會主張「先結婚，再談戀愛」？因為不少人把那些體力與心思用在婚前的戀愛。但戀愛真正的美妙，絕對是像陳年佳釀一般越陳越香，而不在於一時的激情。

有一句廣告台詞是這麼說的：「不在乎天長地久，只在乎曾經擁有」，那種一瞬間的快樂就像吃冰淇林一樣，只是爽一下，跟真正的幸福還差得很遠。人生要的境界，絕對不是一瞬即逝的東西。尤其是愛情，如果只是曇花一現的狀態，一定是悲劇收場。

至於該如何讓愛情延續下去？別無他法，就是要認真。當你知道自己進入了婚姻，就應該準備努力談一輩子的戀愛，也得下定決心，隨時隨地都要進步成長，誠實的面對彼此，一起創造屬於兩個人的天地。

有建設性的離婚

一般人對於離婚的刻板印象都是很糟糕的。基本上，大家都會懷疑：離婚有可能比較好嗎？這種情況還是有的。

離婚最後會搞到雙方不歡而散，多半是態度不夠成熟的因素，而且往往是個人的問題。要讓「離婚」有建設性，雙方都要非常明理，而且知道自己在做什麼事情，了解離婚不是一時衝動所作的打算，而是平靜地經過溝通、討論之後，兩個人都知道問題在哪裡，離婚的選擇對彼此都比較好，分開之後大家應該還是朋友，可以很禮貌、很客氣的對待彼此，而不是一見到面就潑婦罵街、兩個人扭打拉扯，或是恨到咬牙切齒，這就是不好的離婚。

人生不一定所有的決定都是正確的。你很難保證每一次都能正確抉擇，就像選的學校有可能是不適合的，選的科系也有可能是錯的；在店裡選的衣服回家才發現穿起來不好看，在餐廳點的菜也不見得是自己愛吃的，對不對？這是常常會發生的狀況，所以，你要用平常心去看待。

當你發現結婚的決定是錯的，你第一次選擇的對象不是適合自己的人——這也沒什麼好悲哀呀！就像打靶一樣，不太可能每次都百發百中，也不是所有的人在婚姻上都會選到好對象，人生不是這麼一回事嘛！難免會遇到選錯的時候，發生錯誤也是很正常的事情。

不要認為結婚是終生大事，所以一步都不得走錯；也不要為了不敢犯錯而不去結婚，過與不及都不是好事。所以，不要對離婚的人有所歧視，錯誤本來在所難免，知錯能改，善莫大焉？我們應該要給予離過婚的人相同的空間與機會。

有時候，因為不了解婚姻，或是奉子成婚，或其他各種奇奇怪怪的理由，讓你的婚姻變成了一個錯誤。既然你已經知道這是錯誤決定了，就應該理性地把這個「結」給解開，給彼此重新開始的機會，再次面對自己的人生，這才是有建設性的。

如果你的婚姻是個錯誤，選擇「離婚」，就是放愛一條生路。不要因為選錯了，就一定要堅持錯到底，也不要因為做了選擇就要忍耐到世界末日，為這個錯誤決定付出一輩子的代價，沒有必要這麼悲哀。應該要離的時候，就要坦然的放手。

在我們的社會，老一輩有很多人還是受到傳統觀念的束縛，嫁錯了人也不敢隨便離婚，該離的卻又不能離，就這麼忍耐一輩子，不然就是選擇自殺，抹煞掉了許多人的幸福。不過，那是活在古代才有不能離婚的觀念，現代人則是動不動就說要離婚，決定的非常草率，這又是太過輕率、不經大腦所造成的問題。

既然身處在文明的年代，就應該表現出有智慧的樣子。我們應該要找出建設性的方法，而且是很理性、很科學的去看代婚姻這件事。

有些人的婚姻狀況非常糟糕，的確是離婚才比較生存，對於他做出這樣的決定，身為親友的人也不要用異樣的眼光去看。我遇過很多離婚的例子，就是因為身邊有太多莫名其妙的異樣眼光去看待這件事，把本來不很嚴重的事情不斷擴張，說離婚的女人很糟糕，離過婚的人就是別人不要的二手貨……搞到當事人連再次結婚的勇氣都沒了。講這些有損口德的話，對自己也沒麼好處，如果你不是當事者，就不該有批評與成見。尊重他們的選擇，給予祝福，才是正確的方向。

若是你身邊有離婚的朋友，千萬別去跟別人說他們的不是，也不要說離過婚的人一定不好——有時候就是選錯了，錯了怎麼辦？改過來就好了嘛！如果這場婚姻真的是個錯誤，那就把它結束掉，這就是有建設性的離婚。

有建設性的離婚，是在理智的情況下做出的抉擇；雙方是不吵架的，是和平共處的。

離——在生活上面的延伸

所謂的「離婚」，一般講的是在感情上面的分離，也就是兩個人的關係不再像以前那麼親密。若只是單純看「離」這個字，而不要加上這個「婚」呢，就比較不會有昏頭轉向的「昏」。

人有很多的悲歡離合，並不一定都跟情感有所牽扯，我們要把這樣的觀念再延伸出去——在朋友、團體之間，也有一種類似離婚的狀態。

好比在工作的領域，當你決定要從事這一份工作的時候，其實就是一種「合」的形式。也就是說，你已經決定了「我跟這個團體是結合在一起」的一種親密關係。

另外呢，跟朋友之間的關係也是一樣。如果你心裡這麼想：

「我不想再跟她做朋友了。」

「我要移情別戀了。」

或是在工作上，你想要跳槽了，這也是「離」的另一種型態。

不管是哪一種型態，在面對離開的時候都要做一個抉擇，而且都要遭遇一些不好的情緒，要面對一些前途的評估跟考量。

這些東西，都是在生活中一直不斷出現的情況，不是只有跟另一半才會發生——我們跟家人會有這樣的情形，跟朋友、跟團體、跟公司都會發生，自己曾經許下過的一個諾言，現在卻搖擺不定；我們可以看到很多的樂團或是球隊、政黨等等，都有這樣的情形，就是在決定結盟之後又決定分道揚鑣，甚至還會有背叛、毀約之類的情形。在經過這樣的分分合合的過程當中，產生很多動盪的起伏。

在人生旅途上，一定會受到這樣的考驗。結婚只是其中一種形態，離婚時的感受跟心路歷程，在其他領域裡也會遭遇到類似的情形。不需要覺得離婚有多麼可憐、多麼悲哀，也不必把這些痛苦的情緒放大。離開一個團體、離開你的原生家庭、與好友分離，或是不再保有同盟的關係，一樣都會有難過的感覺。只要懂了、理解了，就不必過度在意了。

那麼，怎樣的決定會是最好的？這也是一個耐人尋味的問題。你可以把它當成一個挑戰與訓練，用其他的角度來思考。把它想成愛情或兩性關係的時候，會有一種感覺，把這個關係延伸出去，又會有另一種感覺：

1. 你跟家人的關係。
2. 你跟朋友的關係。
3. 你跟夢想的關係。
4. 你跟工作的關係。
5. 你跟老闆的關係。
6. 你跟夥伴的關係。
7. 你跟團隊的關係。

8. 你跟你所屬政黨的關係。

9. 你跟你所屬民族的關係。

10. 你跟你所屬國家的關係。

還有很多不同的方向可以再去探討。當你把它反向過來思考的時候，就更能體會「離」跟「合」之間的關係到底是什麼。

至於要離還是不離？當你決定離了，成敗的機率各有多少？合，又有多少？當初的熱情、當初的結盟關係，現在變成怎樣？又影響將來什麼？這些都非常有意思。

當你仔細去檢視每一個狀態的時候，便能夠更清楚的分析每一個細節，幫助你了解離的理由是什麼，結的時候又是為什麼，就會有更理性的抉擇。當你想到該不該跳槽，這是關係到你的前途、經濟或是所謂的事業。但是，如果牽涉的是情感，大家就會想到骨肉分離、悲歡離合，又是不一樣的感受。

我們的態度是為了學習、為了進步，為了能夠擁有更好的生活，大家能更快樂、更自由地去面對人生，這是我寫這本書的初衷。我希望在探討的過程當中，沒有悲、恨的成分在，而是要很健康、很輕鬆地去了解什麼是離婚，它在你的人生裡加入不一樣的色彩。就好比一道菜的煮法是不變的，有辣跟沒有辣的差別只在於有沒有放辣椒，那只是另外一種風味。

離婚，並沒有絕對的好或不好，離過婚的人也不是全都沒希望，再婚的人也不一定會得不到幸福。幸福是自己去創造的，是自己追求的，然而走到最後，成功的人一定比較少，這也是頗為正常的現象，不過成功機會是大家都有的。

自古到今，人們都對人生的「悲歡離合」非常有興趣。那些悲歡離合不是只有講到離婚，也不是只有講到兩性，從各方面的角度去看「離」這件事情的時候，不僅重新詮釋了離婚，也讓自己更了解人生。

當你更了解人生，在離婚這件事情上就比較容易去做正確的選擇，也比較容易去面對。你可以更清楚地去選擇自己要的朋友，去想著怎樣去經營一個團隊，你會對於自己人生有更明確的選擇，這就是最好的生涯規劃。

人生就是不斷地選擇，這些選擇非常值得探討。畢竟不管怎麼選來選去，最後追求的還是快樂與自由，如果離婚是有建設性的，分開之後可以讓你找尋到真正的快樂與自由，那這個決定仍是生存的，值得你去經歷它。

第九章
Q&A時間

Q1：另一半總是試圖跟我爭辯究竟誰是誰非，怎麼辦？

A：關於到底誰對誰錯的問題，真的沒什麼好爭。

就算你對了，又怎樣？對了也不見得就贏了，是不是？錯了又怎樣？錯了也不代表完蛋啦！很多人就是一定要為了「對錯」兩個字，爭個你死我活。

其實，爭對錯是非常無聊的。既然他那麼在乎自己是對的，你就乾脆讓對方全部都對吧！就算他全都對了，你錯光了，人生還不是一樣要去面對柴米油鹽醬醋茶？還不是一樣要繼續工作，繼續生活？

所以，我奉勸各位不要浪費時間去爭誰對誰錯的問題。趕快把時間拿去做事，趕快生產賺錢、把該做的事情做好比較重要。如果對方硬是要爭對錯，就讓他通通都對，就算認個錯也沒什麼大不了，錯了也不會死，不必把是非看得這麼重要。

人活著的目的不是為了爭對錯，不必讓自己跳下這個陷阱。人生的輸贏在於你快樂的指數、幸福的成績，至於是對是錯，根本不重要。

當然，有些人是真的很愛爭辯。對付這種人其實也很簡單，因為他要的就是「贏」，你就讓他贏嘛，也不會怎樣。如果你喜歡跟人爭，偶爾玩一玩倒也無所謂；但如果爭得面紅耳赤，爭到要讓對方一敗塗地，然後他都不理你，婚姻品質當然會變得很不好，這種爭法對婚姻一點建設性都沒有。這時候，就要了解什麼是「吃虧就是佔便宜」。

如果今天這個愛爭對錯的人是你，要擔心的可就不是離不離婚的問題了。因為就算遇到下一個對象，也只有兩個選擇：繼續爭辯下去；或是要下一個人完全讓你。你愛爭，就算贏了也沒用，因為對方只會更討厭你。

你能讓別人，是最簡單的做法。然而，你要找到一個可以讓你的人，是非常困難的。所以最好的辦法，還是你自己學會如何去讓別人。若你硬是要爭，不管錯了、對了，都不會幸福，最後的結果都是不開心、討人厭，沒什麼好處。這種爭對錯的格調並不高，既不聰明，也不可愛。

如果是為了要開心，最好不要去爭辯。喜歡爭辯就是個人的問題，不是婚姻的問題，那是個人的不正常。如果是個人的不正常，就算對了也沒有用；你以為你贏了，最後還是輸了。

你贏了爭辯，輸了愛情、輸了婚姻，這樣爭對錯到底重要嗎？你是覺得離婚比較好，還是快樂的婚姻重要？這是你在爭辯之前必須要去思考的。在此奉勸各位讀者，不要浪費青春去爭辯對錯，還是把時間拿去說一些甜言蜜語還實在些。

Q2：父母離婚，孩子是無辜的。要怎麼樣做，對孩子才最好的？

A：父母選擇離婚，對孩子最好的方式，就是「誠實」。

孩子並不需要完美的父母，也不希望父母一定要為他們　牲。孩子不會這樣告訴你：「因為我是無辜的，所以你們得為我忍耐，你們一定要在一起。」

當然，孩子都會希望父母在一起，但是父母不見得滿意自己目前的婚姻，甚至不希望一定要在一起。孩子確實是無辜的，如果孩子接受父母離婚，其實也沒真的那麼不好——要是父母天天都不講話，甚至吵架、打架，怎能讓孩子有個快樂的家庭？

所以，當你決定要離婚了，最好平靜地跟孩子說出你的決定，用很正常的態度告訴他，現在爸媽的狀況是怎樣，接下來會發生什麼事，然後父母雙方都必須願意對孩子付出關愛。只要愛孩子，父母就算分居也不會造成傷害，因為有很多單親家庭的父母親，還是有能力把孩子教養得非常好。

只要你能好好跟孩子溝通，孩子會尊重父母親的決定。真正會對孩子有影響的傷害，是父母親不愛孩子，不關心、不照顧小孩，而不是父母不相愛或離婚。

當你確定離婚是比較正確的決定時，並不需要為了孩子的無辜就放棄這個決定，或是犧牲自己的人生，這是沒有必要的。父母親應該誠實地告訴孩子自己的感受，話語中不要帶任何負面的情緒與抱怨。你還是可以離婚，可是你必須要繼續愛你的小孩，這才是真正的重點。

Q3：有些人在離婚後存心不想撫養子女，就採取所謂的「焦土政策」，去工作、轉移名下的財產，讓法院無法強制執行……遇到這種人，難道我只能自立自強？

A：離婚以後不想撫養子女，問題是出在個人沒有責任感。法院是否要強制執行、要不要做什麼動作之類的，都不是真正的重點，有的小孩甚至是父母雙方都不要，變成孤兒或是丟給別人養，或是讓他們自生自滅，有很多人生了孩子卻不見得想要，就跟結了婚卻不想好好經營是一樣的態度。世界上就是有這種人，你見識到了，理解了就好，不必去生氣。

不管有沒有遇到這種極度偏差錯亂、不負責任的人，你都應該自立自強，把養育下一代的責任撐下來。當兩個人在一起的時候可以互相幫忙，當少了另外一半，就要全部靠自己，這也是一種人生的經歷，考驗著你是不是沒有了另外一半，就活不下去？

離婚的情況，也不過是另一個人不管，但至少他還活著。如果是死亡呢？狀況又不一樣了，反正就是不存在，幫不到忙。有些時候，在意外的狀況下失去了另一半，他並沒有刻意不幫你，但他就是不在人世了，你豈不是一定要自立自強嗎？

所以，不要不見棺材不掉淚。人本來就該靠自己，若有了好幫手，那就是福氣了。這個問題，並不是去想著碰到這種人該怎麼樣對付。當你碰到了，就是得去解決，這就是人生的考驗，沒碰到時，也要努力做到自立自強、自力更生，不僅可保證你的生活無虞，也讓身邊的人無後顧之憂。

Q4：我不想離婚，我也期望解決婚姻問題，但另一半就是要選擇離婚，我覺得自己好委屈。

A：你覺得很委屈，就要想辦法進步，讓自己心胸變得更開闊。你要去解決自己的委屈，因為你所吃的苦，不能夠靠別人來幫你解決，你受的委屈不能等別人來替你解脫。

如果你一直在等或是一直在抱怨，對你一點幫助也沒有，只是被動地期待環境改變，你的人生就完了——環境好，你就過得舒服；環境不好，你就很悽慘。很明顯地，你是被人牽著鼻子走的。

一直跟別人說自己好委屈，是很幼稚的動作。這表示你的心智不夠健全，不能夠獨立自主，也不夠有自信。你要想辦法解決婚姻裡的問題——不是委屈求全，而是要去溝通、去面對，最重要的是兩個人一起提升水準，一起進步成長。如果對方不願意跟你一起進步，這才是婚姻裡的最大問題。

結婚之前，什麼條件最重要？不是外表，不是個性，更不是錢夠不夠的問題，而是必須找一個願意進步成長、明理而且可以溝通的人，兩個人的婚姻才有進步空間；如果有一方不願意進步的話，就一定會出問題。

兩個心態不健全的人在一起，問題當然會很多。如果我們討論的重點放在這些不健全的問題該怎麼解決，其實不是很有建設性，最重要的是你變成一個心智健全、明理又能夠溝通，也能夠進步成長的人，這就是婚姻幸福最好的出路。

Q5：冷戰會不會比吵架好？

A：感覺上，冷戰似乎比較沒有殺傷力，但冷戰就比實際衝突的吵架來得好嗎？答案是：都不好。

吵架很傷體力，冷戰傷的是心力。吵架多了心情會煩躁，冷站多了人卻會生病，得癌症的機會就大了。

在婚姻裡，冷戰就是彼此選擇不溝通的模式，其實與「分居」的狀態無異。雖然兩個人的身體在同一個屋簷下，但精神上是分居的，這就是冷戰。既然處在分居的狀態，婚姻就等於有名無實了。

至於吵架呢？吵架就是把不滿的情緒表現出來，感覺上吵架講的話都很傷人，畢竟在氣頭上，講出來的話沒一句是能聽的，都是刺激對方的詞語比較多。這些都是氣話，一句話都不能相信，也不應該聽進去，你去研究對方說了什麼氣話，只是浪費時間而已。

以溝通的角度來說，吵架是一種比較劇烈的形式，偶爾為之還可以，但善後工作必須妥善的處理，花時間修復一下兩邊的關係。吵架也可以吵得有建設性，畢竟把心裡的話講出來還是比較健康。

所謂有建設性地吵架，意思就是心裏有什麼話就要講出來，但也要懂得怎麼去拿捏分寸。既然要講，就講合理的話，而不是去講氣話，否則對兩邊的傷害都很難以彌補。

冷戰是不把話講出來，吵架是把不滿爆出來，哪邊比較好？就實際上來說，吵架還是比冷戰有建設性，但前提是必須要懂得怎麼吵。如果你只是跟另一個人罵來罵去，講到最後彼此都只剩下破碎的心，感情再也救不回來，當然就不好。吵到沒有結果的時候，你要能夠冷靜下來，或是隔幾天再講，就會比較好。

但是，冷戰的狀態就是：兩個人不爽卻都不講，還把這個憤怒的狀態持續下去，這樣的情況對生活品質會造成很大的折扣，對彼此的感情也沒有什麼幫助，而且還會生病。冷戰對婚姻造成的破壞性，幾乎可說是全面性的傷害。

不管你選的方法是哪一種，還是要了解最後你要的結果是什麼。如果你抱著玉石俱焚的態度，那吵架的結果就是「心碎」；冷戰換來的就是「心寒」，至於你說哪邊比較好？那就見仁見智囉！其實兩邊都不好。夫妻在一起的目的，就是要幫助彼此互相了解、相親相愛，而不是找方法去傷害對方。

Q6：我的婚姻總是發生激烈衝突。我該相信會有雨過天晴的時候嗎？

A：衝突，是每一個婚姻都會發生的，每一對夫妻都會經歷這樣的過程。但是，這個衝突到底會有多激烈？就因人、因事而異——到底發生什麼事，會有這麼激烈的衝突？我當顧問這麼久，看過這麼多對夫妻發生的衝突，就算是遇到外遇這種激烈衝突，只要願意修復，也是有雨過天晴的時候啊！

不管相不相信會雨過天晴，你都要努力去化解衝突，經過溝通、面對、成長、協調，再去建立彼此的信任，讓這些事情船過水無痕。在修護之前，這些激烈衝突都會一直發生，要靠兩個人想要一起走下去的信念互相合作，才會雨過天晴，而不是坐在那邊什麼都不做，然後就求神庇佑、吃齋念佛，相信船到橋頭自然直。

天下沒有白吃的午餐，錢不可能從天上掉下來，你也不可能會平白無故就得到幸福。要有美好的婚姻，你一定要採取主動，努力想辦法讓自己成長、進步。不管怎樣激烈的衝突，最後都可以兩過天晴——如果你懂得處理，如果你會面對，如果你知道怎麼樣去好好地溝通、修復、彌補，婚姻就會變好。

方法有，機會也有，就看你自己上不上道，願不願意改。

Q7：離婚後，要如何走出陰霾？

A：走出陰霾不是用講的這麼容易，這裡面靠的全部都是基本功。你每天都要吃飽、睡好，補充足夠的維他命，維持自己身心靈都健康，才有辦法讓自己了解過去犯下的錯誤在哪裏。

對於一個人來說，最有建設性的事情，就是看到自己的錯誤。當你知道自己錯在哪裏、知道自己的弱點，才能比較容易從失敗的陰霾中走出來。當你知道上一段的婚姻到底發生了什麼事情，才可以把過去的痛苦　到九霄雲外，重新開始自己的人生。

如果你看不到這些問題，離婚之後還是一直感覺自己很委屈，一遇到朋友就有一大堆的抱怨，整天悶悶不樂，覺得自己很倒楣、很恐懼再次踏入婚姻，這種態度是絕對走不出來的。

專業的諮詢人員可以幫助你，你要對自己有信心；要不要走出來，其實你自己可以決定。重點是，你想不想走出來？

如果你想走出來，就不要靠藉酒澆愁、不要靠藥物治療、不要靠別人的安慰、不要找任何事情來麻醉自己，更不要給自己一些沒必要的傷害。你應該找出上一次婚姻的所有問題，把它一個一個都處理好，把那自己身上那些缺點一個一個都修正過來，找回一個有自信、討人喜歡的自己。

你現在身上所有的問題，只要是上一個婚姻遺留下來的，下一個婚姻一定還是會有，因為那是你個人的問題，會帶在身上一直走。只有真正地修正過之後，才有機會走出這個陰霾。如果你不改過缺點，重覆的問題還是會一直發生，永遠都只能活在自己的象牙塔之中，這是我們不希望看到的。

Q8：請親朋好友介入婚姻危機，會比較好嗎？

A：這答案是看情況的，不一定。

有些時候，親友的介入確實是可以緩和一下；但也有些時候，這些介入只會讓情況變得更糟。這得要看是怎樣的親朋好友，也要看調解人的個性、智慧以及溝通能力，要看這個人是不是有辦法說服你們。

如果你找來的親朋好友，只是會講一些風涼話，或只是站在某一邊的立場說話，立場是偏頗的，或是他別有居心，或是協調的能力不足，那找他們來只會火上加油，讓事情變得更嚴重，甚至連調解人都受到池魚之殃。

所以，最好還是另外找專業的協調者來協助。因為他的立場是比較中立、比較客觀的，而且他有專業協調的知識與技術，可以讓夫妻兩個人看到自己個人的問題，然後各別去處理，能夠挽回得成功機率會比較高一些。

藉著「親朋好友」的關係來從中協調，尤其是找家族中德高望重的長輩出面，常常會有一種狀況，這些長輩們會藉由權威或是說教的方式來逼迫就範，而不是讓發生衝突的夫妻了解自己有什麼問題。要是當事者自己沒有領悟，同樣的衝突還是會再度發生。

這些親朋好友，通常也比較容易會有自己的成見、有他個人的想法。他很可能會把自己個人的好惡、不正確的知識甚至是迷信的偏方介紹給你，這對你的婚姻不見得會有好處。當然，如果這位親友非常公正、非常正面，溝通能力也有一定的水準，這當然就有很好的緩衝作用。

不過，我個人認為，如果不是對婚姻有深度認知以及對人性相當了解的專業協調人員，並不適合做這種事情。畢竟「清官難斷家務事」，要是沒有好幾把刷子，只會愈幫愈忙，甚至枉做小人；再者，你真的要找到一個頭腦很清楚、明事理，又很會溝通協調的角色，並不是那麼容易。所以，專業的領域還是讓專業的人來處理，會比較妥善一些。

Q9：我是否該仿效別人的辦法，解決自己的婚姻問題？

A：這個問題的答案，很顯然是行不通的。理由很簡單：因為每一個人的狀況都不一樣。

別人穿這件衣服很好看，你是不是應該模仿別人也這樣穿？

別人吃什麼減肥，你是不是就應該照著別人的方式去減肥？

別人講話很有趣，你是不是應該去模仿別人講話的內容？

別人吃這帖藥方、吃這個劑量有效，你是不是跟他吃一樣的藥就會痊癒？

這些方法都不對。你只是一直去複製別人的模式，但你並不知道他怎麼思考、他為什麼這麼做、他是怎樣去解決問題的，你不知道你的情況跟別人有什麼不一樣，你也不知道他的解決方式有沒有什麼缺失，你甚至不曉得你跟他之間能力有多少差距。

所以，去仿效別人是一件非常危險的事情，千萬不要做這種事。

那麼，你究竟該怎麼做？

很簡單，做你自己。你有你自己的人生，你有自己的婚姻，有自己的志向；不管結果怎麼樣、快樂不快樂，都是個人決定的。這是你自己的標準，個人的感覺。你要做自己覺得對的事，你要做你自己喜歡的事，你要做你自己決定要去做的事。

Q10：夫妻已分居多時，婚姻有名無實，是否可以訴請離婚？

A：當然可以，看法院怎樣判定即可。至於如何訴請離婚這件事，是牽涉到律師處理的事務，這裡不多作討論。

想要離婚，還得看對方願不願意。如果兩方的條件談得合，應該是沒有問題。如果是有名無實，最好還是離婚，因為離了以後，你才能再去經營一個真正的婚姻，開始新的生活。

夫妻在一起是為了進步成長，婚姻在一起是為了學習、為了修行，如果大家可以在一起學習、一起成長，這樣的婚姻才是有價值的。有名無實——空有那個名，又有什麼用呢？就跟擁有一張首席學府的文憑，卻不會做事情是一樣的道理，拿到那張文憑又有什麼價值呢？

或許，這張文憑可以提高你的薪資，或者提供一些證明、得到某種程度上的好處，可是這都不是我們真正的目的。你之所以決定要結婚，目的就是為了幸福。若你的婚姻只是為了保有那張結婚證書，這一定不是當初你結婚想要的吧？

Q11：離婚時，女方一定可以獲得贍養費嗎？

A：不一定，要看個人的情況。如果男方沒錢，就算妳想要也一定得不到。如果法律不判，妳也是沒辦法。

我要提醒一件事：一心想要人家給贍養費，是很不健康的想法，這些贍養費最後能幹嘛？就算對方給了再多錢，都一定會花完的。如果你決定要離婚——離開，對妳而言才是最重要的吧。如果是錢這麼重要，那妳又何必離婚呢？所以，這個贍養費不是離婚應該討論的問題，也不是應該思考的方向。

一直想著要靠人家養，我個人是很不贊成的。妳應該要有獨立的經濟能力，能賺錢，就能生存。沒有生存的能力，就是一切問題的根源。

Q12：我先生經常精神外遇、性幻想，該怎麼解決？

A：這種狀況必須要有心理諮詢，因為這代表他在心理上有某些部分是不能滿足、不夠平衡的狀態，他有嚴重的偏差錯亂、有精神上的不自信，有可能是他不夠忙，或是飲食作息出了問題等等，這些都要靠專家的協助才能夠解決。

方法確實都有，但他自己要有意願解決才行。如果他沒有意願，不管老婆再漂亮、性生活多協調，他就是堅持一直要看A片，還是一直想要精神外遇，看到女人就想跟對方上床，這些都是個人心理上的不正常。

這些不正常都是可以處理的，先決條件是本人要願意改，要想進步成長，這是最重要的。

Q13：結婚後才發現另外一半是同性戀，離婚會比較好嗎？

A：如果他還是愛你的，如果你也是愛他的，如果他願意改進，願意去尋求正確的方法去解決這個問題，就不一定要離婚。

你要讓他了解這是個人的問題，個人的偏差錯亂是可以處理的。如果他不想改進，沒有意願去接受你，或是他已經不愛你了，你們在一起覺得很痛苦；或是他一定要找另一個同性伴侶，他自己也覺得這樣很委屈……那麼，何不放愛一條生路呢？他有他的堅持，你有你的人生，只要兩個人理智地坐下來溝通，就會有方法可以解決。

Q14：我很愛我先生，卻承受不住先生老是去嫖妓（或其他理由：性虐待、婚姻暴力、不能人道、或耍流氓……），該怎麼辦？

A：這些問題，都是不正常的偏差錯亂。這本《離婚黑皮書》的重點，並不是專門討論偏差錯亂要如何解決，可是我們可以理解為什麼有這麼多人有這麼多的難言之隱或痛苦，他為什麼必須要走到離婚的這個地步，因為人有非常多的偏差錯亂，有很多讓他人無法忍受的問題。

在這樣多的偏差錯亂之下，他自己沒有辦法解決這些問題，就會讓生活品質大受影響，而且快樂指數會很糟糕。如果一個人一直被家暴，回到家就感到害怕，被虐待久了，人當然也不會很正常，嚴重一點的甚至斷幾根骨頭，最後還可能會終生殘廢。

至於不能人道、沒有性生活或是不正常的性行為，本身就是一個很大的問題。

如果真的受不了，當然就要離婚了。不過，如果你還是很愛他，那你就要評估自己是不是有本事就這樣過下去？這樣的狀態是否可以改善？要是老公每天照三餐揍妳，妳還是願意愛他；他已經不能人道了，妳還是願意接納對方，換個角度來看，也是非常了不起的一件事。

有一個笑話說：有位先生天天打老婆，到了法院之後，法官判定離婚。太太說：「哎呀！法官先生，不必離啦！」

法官很好奇地說：「妳被打成這麼慘，還不離婚？」

太太說：「要是我老公願意每個禮拜只打一、三、五就好，其他時間我還可以喘一口氣，那就可以不必離婚了。」

如果太太是這樣想，就可以跟先生協議，看看他是不是願意只打一、三、五，其他四天休息？如果愛一個人可以愛成這樣，只要被打少一點就行，一個願打、一個願挨，這是你們夫妻倆的事情，其他人沒無權替你決定——就算法官判離婚，但你很不開心，這是你想要的嗎？

所以，離不離婚不是重點，開心才是最重要的。重點是你們倆的協議和溝通，怎樣才是對彼此最好的，也是對自己最好的？基本上，我們要的方向跟目標就是快樂。

至於該怎麼樣才能達到快樂自由？就得要靠彼此不斷地溝通、不斷地學習與修行，兩個人要一起朝向相同方向一起進步。如果做不到，那當然就會漸行漸遠，離婚就會是你最後一條路。離不掉，就要拼命溝通，找出自己的底限囉！

第十章

離婚案例探討

離婚案例❶：Christina

努力做自己，找尋幸福之路

Christina在正式踏入婚姻之前，曾有過一段很親密的感情，但兩人只是同居。他們完全有夫妻之實，卻沒有夫妻之名，以這樣的情形來說，還是沒有達到婚姻應該要有的方向。

同居跟婚姻還是有很大的差別。在同居的情況下，兩人之間並不是百分之百的夫妻關係，沒有辦法真正的去面對兩人之間的摩擦，心態上只是同居人，關係非常脆弱，也無法看見真正的事實。

人生裡所有的一切，都要跟事實有關。你的公婆會不會認定妳做他們家的媳婦？出了事情，你是不是有法律上的名份跟權益？如果你們的交往沒有變成真正的婚姻，就沒有進步成長的空間。這就像在紙上畫設計圖一樣，你可以天馬行空地發揮想像力，但想像與實際做出來的產品，畢竟還是有一大段差距。

所謂的事實，就是一件事情的真實層面是100%。如果這當中帶有一點點偽裝的成分，或是有一些感情沒有真正地被宣洩出來，那麼它所呈現的內容就不夠純了，就只剩80%、60%，甚至有時候只剩下20%，這是完全不一樣的層次。

雖然Christina和另一個人都住在一起了，但是這種同居模式，跟社會認知、法律關係以及彼此之間的認同度，還是跟實際婚姻有著非常大的不同。不要天真地認為同居就跟夫妻沒兩樣，錯！願意付出的程度不一樣，彼此信任的程度不一樣，負責的態度也不一樣，就算分手，也跟真正的離婚不一樣。

Christina在同居時，並不清楚兩人未來的方向，她在這段感情中也不是很滿足，最後就是不了了之。其實，社會上也有很多人經歷這樣的情況，他們並不知道為什麼要在一起，分手又是怎麼發生的，簡直是一頭霧水。Christina對於那段感情的結果感到非常恐懼，怕失去對方，但在一起又沒有未來，心裡非常痛苦又不知如何是好，只能一直哭泣。

後來，在她第一次正式的婚姻當中，男孩子希望跟她在一起的理由，是因為她看起來很乖、很聽話，以為跟她在一起就可以隨便擺佈，自己翹著二郎腿當個大男人。當然，這不是Christina要的生活；所以，結婚之後沒有多久，Christina跟對方就沒有辦法繼續走下去。最主要的原因，是他們兩個人的人生方向與目標是不一樣的；但在婚前就有欺瞞，因為並沒有講出到底要的是什麼，男生甚至用騙的，以為把女孩子娶到手就沒事，過河之後再想辦法拆橋，後來才發現自己拆不了橋，最後當然道不同，不相為謀。

那麼，他拆的是什麼橋？到底發生什麼事情？

在一開始結婚的時候，兩個人都應該講清楚為什麼要結婚，自己想要的婚姻是什麼樣子。雖然兩方都有講，彼此也都知道自己以後要幹什麼，未來要走的路會是怎樣，但是男方在一開始並不認同Christina選擇的路，卻又不信邪，他心裡認定這只是女方暫時的想法。

他認為結了婚之後，自己一定有辦法影響她，「老婆就一定會聽我的，一切就會照我的意思做，我就可以控制妳的一舉一動。」沒想到在結了婚之後，Christina並不像男孩子想像的這麼乖、這麼聽話，才知道踢到了一塊大鐵板！這就是我們所講到的「不誠實」——明明不喜歡卻沒有說出來，以為自己有辦法改變對方，那麼最後結了婚，男孩子才發現他改變不了對方！

女孩子也覺得自己被騙。因為她心裡會想：「我一開始就是跟你講我要這樣，如果你明明不同意，為什麼沒說出來？」等到衝突爆發了，男方才真正掀出了自己的底牌，讓女方看到真正的事實，兩個人才知道事情不是自己想像的那樣。

至於男孩子那邊，本來就不同意對方的目標，只是他沒有很誠實的講出來，他以為自己可以改變對方。這種不夠誠實的想法，在生活裡往往會造成很大的問題，因為沒有真正地去面對自己的不喜歡，就沒有辦法預料到後面的結果，想得太天真、太幼稚。

「我一定可以讓對方改變。」一般來說，我並不贊成有人抱持這種想法。你不認同對方，就應該直接把你的立場說出來，而不是心裡抱著一種「期待」——這就是一種不誠實。這種「期待」一定會破滅，你篤定對方一定會照著你的預期走，結果的發展卻讓你目瞪口呆；你不僅太高估自己的實力，也過於貶低對方。

如果你一開始就沒有很誠實的講出你的立場，而是等到衝突發生之後，才說：「我就是要照我自己的意思！」

「我一定有辦法改變你的想法！」

這樣的自以為是，只會讓兩個人都受傷。就算你有不認同對方的意見，你應該先想過，萬一不成功的話，應該要有怎樣的退路──Plan A 不成功，要有 Plan B、Plan C 來做為後備，而不是一意孤行地認為：「我一定會讓你認同我的想法」，到時候婚是結了，卻讓對方有一種被欺騙的感覺，好像以為你過了河，卻滿腦子想要拆了橋，這就是他的失算。這種失算不應該發生在婚姻裡，因為婚姻不是賭博，不是欺騙，更不是一個你以為可以控制對方的遊戲。

Christina 結了婚之後，男方就發現他改變不了 Christina，Christina 也很錯愕，覺得你跟我講的為什麼都不一樣？為什麼要欺騙我？

所以，差不多過了一年左右，他們就離婚了。

離了婚之後，Christina 還是想要嫁人。她在第二次的婚姻前就講得很明白，她先生也很清楚 Christina 要的東西，兩個人都有 100% 的意願。第二次結婚之後，一剛開始先生並沒有對她的表現很滿意，在磨合期的過程中發生很多問題，但他們一直到了第六年，感情就變得非常好，也懷孕生了小孩，愛情終於開花結果。

這雖然是梅開二度的例子，但只要你很誠實地照著自己的方向去走，你有非常明確的目標，也很坦誠地告訴對方自己要什麼，然後兩個人一起去追求共同的目標，一起建立婚姻的世界，終究會成功的。

Christina 的感情一路走來跌跌撞撞，可是這次婚姻就成功了，因為她能夠誠實，而且在經營婚姻上非常地努力。對於她的先生來說，雖然 Christina 一開始確實有很多的問題，可是她有很強烈的意願把問題修正過來，現在終於走過了最痛苦的磨合期。Christina 雖然是離過婚的女人，但她並沒有因此而灰心喪志，也找到了她自己的幸福。

這個例子讓人非常振奮，因為 Christina 證明了離婚不是這麼地可怕，離了婚的女人也不是就沒有人要，離婚對你的人生也不代表只有扣分。如果你的心理狀態很健全，讓自己保持良好的狀況，大部分的人就不會因為你是一個離過婚的人，而對你有很多的偏見與歧視。

一般人所認為離婚會帶來的一些不好的事，並沒有發生在 Christina 身上。並不是因為她特別幸運，而是她可以站得起來，而且有能力為自己站台。Christina 願意努力進步，也真正地做自己，過去的離婚並沒有給第二段婚姻帶來任何負面影響，甚至還有加分的可能。

所以，千萬不要把離婚當成自己心裡的陰霾，不要把這個失敗變成自卑，離婚沒有什麼大不了，就把它當成是買錯東西一樣，不適合就再換過，對吧？但也不能因此隨隨便便，一直想著換了下一個會更好。還是一句老話：失敗不可怕，可怕的是你不知道自己是怎麼失敗的；而且要是你沒有意願去把問題改進，那才是真正的可怕。

Christina現在的婚姻非常幸福。她當媽媽了，和老公的感情也非常地甜蜜。這是一個非常值得祝福也值得分享的個案。

離婚案例❷：Aggie

在無法愛的時候，懂得放手

Aggie的情況，是因為丈夫有了外遇，有另一個女人跟她搶老公。雖然Aggie的老公非常疼愛與Aggie所生的女兒，但他也沒有放棄第三者的意思，甚至也跟外遇的女人生了一個女兒。

老實說，Aggie談不上有多愛她老公。以她的心態來看，她只是不甘心搶輸別人，吞不下這股惡氣，看到老公愛上別人甚過於自己，簡直是天底下最嚴重的汙辱。再加上Aggie當時的身份是老闆娘，靠著老公會賺錢，有車有房，衣食無缺，生活優渥的程度也養成Aggie好吃懶做的個性。一旦決定離了婚就身無分文，無所依靠，所以Aggie說什麼都不肯放下這段婚姻。就這樣爭吵了好幾年，直到孩子都已經四歲了，都還是每天生活在戰火當中。

如果當時Aggie的老公仍然愛著她，而且願意和Aggie溝通，兩人願意努力修復婚姻，為家庭的幸福合作改善，那就有機會救得回來。但事實是，Aggie的老公堅持腳踏兩條船，擺明一定不會放棄第三者，甚至還偏袒外遇的情婦，完全沒有結束這段婚外情的打算。至於那位情婦，更是堅持要繼續玩下去，絕對不肯罷手。

在這樣的情況之下，Aggie一點勝算也沒有。基本上，她只是有名無實的妻子，雖然有名份，有小孩，有一個家庭，但在感情世界裡反倒成了一個「外人」，在老公的心目中完全沒有地位。雖然夫妻是有法律的名份，一旦沒有了愛情之實，這個婚姻就名存實亡了。

Aggie這樣鬧下去，不僅有人要得了精神病，對任何一方都沒有好處。在無法挽回的情況之下，我奉勸Aggie放手，不要再做無謂的鬥爭。長痛不如短痛，不如決定離婚，成全他們的愛情。既然老公已經不愛自己了，也不可能回頭，何必要打一場沒有勝算的戰爭，搞得三敗俱傷呢？

在我苦口婆心的勸告之下，Aggie終於決定無條件離婚。她沒有拿對方任何一分錢，也沒有要求任何的贍養費，連孩子都讓給對方。從決定離婚的那一天起，她孑然一身地跟著我一起邁向茫茫人海，再也沒有回頭路。

從那天起，Aggie 一路走來可說是一步一腳印。她一個接著一個課程的學習，一滴接著一滴的眼淚往肚裡吞，這當中有無數不足為外人道的痛苦與不甘。我陪著她一天一天過，現在的 Aggie 亭亭玉立，健康又有能力，和十幾年前的她不可同日而語。

不過，當初是我勸 Aggie 離婚的，因此我還欠了她一個丈夫。最後終於皇天不負苦心人，十幾年後終於幫她找了一位如意郎君，Aggie 也終於懂事、成熟，等到了自己的第二個春天。

如今，Aggie 的孩子也即將成年了，回到了媽媽的身邊，母女情深無話不談，感情非常好，和繼父的關係也非常和諧，讓孩子覺得幸福無比。Aggie 能夠找到自己的幸福，完全是她有心為自己的人生再次奮鬥，才有今天的成績。

每回提及此事，Aggie 自己也非常感動。她從當年一個處處要依賴對方才能生存的寄生蟲，變成今天能夠獨立自主、獨當一面的人，不僅見識到自己真正的能力，也體會到真正的人生。這一路真的沒有白走，相當地令人動容。

不過，Aggie 之所以花了十年才找到第二春的原因，是因為她一直不肯去面對自己的問題。

她在第一次的婚姻失敗，雖然沒有影響到第二次的婚姻，但為什麼會用了十年的時間才找到對象？就是因為她很難突破自己的瓶頸。所以，所有我幫忙作媒的人，在他們結婚之前，我都會希望他能夠對自己做一些改進，能夠讓自己有一些突破。

所謂的改進跟突破，講白一些，就是必須去正視自己的缺點。你要很誠實地去面對自己的問題，而不是完全不在乎地一意孤行，或是很任性地堅持不改，這是一個很糟糕的問題。

那些在情路上走得很坎坷的人，都是因為自己的問題。如果你希望在情路上可以走得更順利，你就應該要虛心地接受，去面對自己的毛病，去聽人家的勸解，而不是要一直堅持自己是對的，然後想著換一個對象一定會更好。不管你怎麼換，你沒改過來的問題永遠都存在，只是呈現出來的狀況不見得完全一樣，換湯不換藥。

Aggie 這麼一改就改了十年。十年之後，她的親子關係也改變了，她跟她自己女兒就變得非常地不一樣，也得到女兒的尊敬。如果大人不做好榜樣，上樑不正下樑歪，還是會讓人看不起。

為什麼有很多的孩子看不起他的父母？因為父母自己有很多的問題沒有辦法改，

又讓人講不得——人有問題，其實不是什麼可怕的事情，你有的毛病，大家幾乎都有，沒有什麼丟臉或大不了的，畢竟人不是十全十美的。只要願意改，大家都會再度接受你，如果你願意接受別人的建言，願意面對自己的毛病，這樣就會有救，未來也才會有希望。

一個會不斷進步的人，就不會被人家討厭。一個永遠不進步的人就是顧人怨，讓人覺得沒有辦法接受。希望每一個人都可以記取人生遭遇過的問題，而且要面對問題，找出改進的方法，你一定要願意聽人說，讓人講，不要怕被罵，要勇於認錯，勇於改過，不斷、不斷地進步成長。

Aggie 在這十年，磨平了很多個性上的問題，所以贏得了孩子的尊重與情感。第二任的丈夫跟她的關係也非常好，並沒有因為 Aggie 是離過婚的原因而挑剔她，可是她自己卻變成了有些自卑，這是她可以再改進的地方。離婚並不可恥，只是你之前做錯了一件事，做得不夠好，只要再改進就可以了。

Aggie 經過十年的改造，唸書、修鍊、個人諮詢等等，終於走出來了。在她第二次的婚姻裏也確實進步很多，可見不是一次的失敗以後就永遠註定要失敗，也不會因為一次失敗就永遠爬不起來。除非你執迷不悟，缺點沒有任何的修正，就算再嫁個一百次也不會找到幸福。

對Aggie來說，走過這十年真的不容易，可是該付出的、該改的就應該去面對，不要太過執著於過去，過去了就過去了，不需要後悔昨日做了哪些事，應該要看的是你的未來。Aggie花了十年，把她的自卑改成自信，重新開始新的人生，也是一個讓人家覺得很驕傲的事，花了這麼久的時間仍是值得——因為她找到了幸福。

離婚案例❸：Chole

換一個人，一定就能保證快樂嗎？

Chole是結過兩次婚的女人。在第一次的婚姻裡，她並沒有很認真在經營；但糟糕的是，她誤以為自己非常地認真，而且認為自己當妻子的表現簡直是棒透了，完全是活在自我感覺良好的世界裡。

她一直覺得自己跟丈夫的相處是「話不投機半句多」，然而，她先生在一般人的眼裡不但一表人材，而且修養又好，是高學歷、高薪水的社會菁英，家裏衣食無缺，經濟狀況非常地好。婚後買了房子，養育兩個小孩，是一般人所稱羨的家庭。

但是，Chole一直都很不開心。她一直以為這個先生是有問題的；譬如說：他很喜歡打電動、很喜歡看球賽，而且他並不是很在意兩個孩子的成長……其實這只是Chole自己的看法，也不盡然是事實。

就像孩子去學鋼琴，Chole的先生也還是負責接送，這些該做的事情他還是有做，只是有時候先生工作必須出差，待在孩子身邊的時間沒那麼多，這都是一個現代家庭經常會發生的情形，沒有什麼大不了的。若要針對這樣的情況大做文章，就等於是雞蛋裡挑骨頭，根本就是找碴。

但是，Chole就是一直覺得自己的婚姻很不快樂，這就是她個人的問題。

我常常在強調：婚姻裏的問題，是個人的問題而不是對方的問題，這是每一個人要自己去驗證的事。如果你是一個很正常、懂得檢討、做事有分寸的人，就不會一天到晚認為錯的都是對方——其實錯的永遠都是自己，要改的人，永遠都是自己。

以Chole來說，她先生當然不是完人。但Chole自己卻從來沒想過如何去給對方滿意的服務，做好自己一個妻子應該盡到的本分。這些本分，可不是洗衣、煮飯、帶小孩而已，還包括了撒嬌、可愛、體貼，甚至還要有能力應付公婆、處理家裡的大小事物問題等等。

不過，Chole非常任性、野蠻，她就是一口咬定是先生不好。她認為先生不好還不打緊，糟糕的是她自己還碰上了外遇。外遇越久，Chole批評自己丈夫越兇，爭吵的情況也愈激烈。

在婚姻裡，一定不可以做出對不起對方的事情。一但某一方有了出軌的行為之後，這件事就會成為你們互相批評、辱罵、爭吵的癥結。就像Chole有了外遇，她會把這件事隱瞞起來，但她並不會因此而感到愧疚，反而會不斷地批評另一半，處處吹毛求疵，把對方的缺點放大，把優點說得一無是處，這等於是為自己犯下的錯誤找一個台階——因為老公不好，所以我外遇是應該的。

當我遇到Chole在抱怨的時候，就覺得情況不太對，因為她先生並沒真的像她講的那麼不好。但是一般我們不會去察覺到她挑剔先生的理由，是因為她自己有外遇在先，我們只會聽她說先生有多麼地糟糕，聽她說兩個人在一起有多痛苦等等的事情。

不過，當深入了解事實之後就會發現，Chole在家裏常擺臭臉又不體貼，公主病的特徵非常明顯。她常跟先生主動挑起戰火，脾氣一來就不履行夫妻義務，換言之，她是一個非常不可愛的女人，不但不活潑、不撒嬌，簡直就是橫行霸道，對小孩子也經常會破口大罵，簡直像個神經病，Chole的丈夫能忍受，其實已經是非常有修養了。

Chole一直以為自己是個好媽媽、好老婆；其實她所了解的「好」跟事實上應該要有的程度，距離還差非常遠呢！這就是一個非常悲哀的問題。所以，在她堅持離婚的情況之下，她先生仍一直想要保住這個婚姻，但她堅持一定要離婚。就這樣拉扯下來，大概過了兩年，最後終於還是如她所願，感情一刀兩斷，覆水難收。

其實，在眾人的眼裡，Chole 的離婚簡直是匪夷所思。她在婚姻裡的一切條件都那麼好，為什麼要離婚？偏偏 Chole 認為，她對這段婚姻完全沒有感覺，她也沒興趣跟這個老公繼續下去，就算在一起也沒什麼希望。事實卻不是這樣，除了她沒努力經營婚姻之外，也完全沒有修改自己的問題。

我前面也提過，有很多人在離了婚之後呢，他們都覺得原來第一任的老婆（或老公）是最好的，因為很難找到比對方更好的。那 Chole 堅決離婚之後，毅然決定要跟外遇的男人結婚，婚後孩子就歸第一任的丈夫，但她也才發現，後來一切的生活並沒有以前那麼好，第二個先生並沒有像以前的先生那麼照顧她。

當然，Chole 不會說自己後悔，但藉由離婚的決定，她看清了自己婚姻不幸福的問題出在哪裡。

如果是個人有問題，個性上有不良的缺陷，要是不改過來，不管嫁多少次都不會幸福，不管遇到誰，對方都不會是妳的白馬王子，因為妳的心態是不健康的，是不快樂的。所以，Chole在第二次結了婚之後還是很不開心，她又非常傾向於放棄、離婚的路線。

那麼，一路這樣一直離下去，其實是沒什麼道理的，因為Chole不改自己的吹毛求疵的個性，下一個男人一定會相處得更糟糕。Chole的年紀也大了，又一直這樣離婚，離到最後，就會變成沒人要的黃臉婆。最可怕的是，她想要的白馬王子根本不會想要跟她在一起，因為她不並不是對方心目中的白雪公主。

你要明白，並不是每一個人都有本錢可以梅開好幾度，老了還很有魅力、很有錢，或是有再婚的膽識。只要你敢，確實可以一直結婚、離婚、再結婚、再離婚，這樣做並不是不可行。可是，換一個人就能保證一定快樂嗎？再結婚就能保證一定會幸福了嗎？離了一百次婚又怎麼樣？只要最後能夠幸福，你就贏了。但如果你還是不很開心，那離婚的決定又能代表什麼？

每個人都想要幸福。然而，通往幸福的路，是不是一定要走成這樣？

關於幸福，你應該要做的是真正地改變自己。做一個可愛的女人，要學會撒嬌，學會怎麼去愛一個人；要懂什麼是愛情，要去學怎樣去經營婚姻，怎樣去做好一個妻子的角色。如果沒有把這些東西學會，你永遠不會開心，視野不會開闊，你沒有辦法擁有幸福的婚姻，也沒辦法經營真正的愛情。

Chole就是沒有學到教訓，沒有改掉自己的毛病，所以永遠卡在自己跌倒的地方，沒有辦法再站起來。她人生裡的這些坑坑洞洞，多到根本來不及補起來，就算再結一次婚還是不會完整，不管再找一個條件多好的男人，最後一定還是不夠完美——因為她自己並不完美，卻要求一個完美的對象。

我希望每一個人都能夠真正地去面對自己的問題，把自己的任性、缺點改掉。只要你的個性是比較完美、開朗的，你是會撒嬌的，你的幸福度是一定會增加的。至於嫁給誰，還是其次的問題。你有決心好好地去愛，找一個真正地願意跟你一樣進步成長的人，你的婚姻就會成功。

有些好高騖遠的人非白雪公主不娶，非達官貴人不嫁，一定要這些冠冕堂皇的地位或面子。然而，真正的幸福並不需要這些條件。當你能改正自己的問題，好好地做自己，才是婚姻成功的主要因素。

在我的輔導之下，我告訴Chole：妳一定要改。妳不能夠一直以換丈夫的方法，以為這樣人生就會更好。我也不贊同妳一個人過生活，這也不是真正的人生方向。妳還是一樣要有丈夫，因為人生是來學習的，不是來這個世界上只是享受或是逃避的。一定要面對問題，否則永遠不會快樂。我們要以進步成長的心態去經營，所以Chole應該要在接下來的婚姻裡，好好地把兩個人該修的、該補的，全部做到完。

有些時候，一個人的任性跟不理智，會讓自己的人生變得很淒慘。其實，你不一定要跟一個你不適合的人在一起，可是，為什麼你會選擇跟一個不適合的人在一起？為什麼會挑錯人、選錯郎？為什麼總是「眼睛糊到蛤仔肉（台語，表示瞎了眼，做了不該做的事）」？這就是一個很大的迷思，也是值得反省的地方。

我現在就可以告訴你原因。你會挑錯人，正是因為你個人的問題，因為你的性格不完整、思想的不成熟、知識上的缺乏，導致你的人生走向這樣的悲慘命運。因為你選擇對方的出發點就是錯的——要嘛投機取巧，要嘛自以為是，判斷出了問題，看事情的角度就會有盲點。

就好比說，在打球的時候，為什麼會打得不好或是失誤？因為看不到什麼動作是不正確的，判斷就會是錯誤的。所以你會在不適當的時機做出不對的攻擊，或者是站在不對的位置防守。另外一個理由，就是你沒有能力去救球，你沒辦法把球投到正確的位置、沒有足夠的體力打完全場，或是沒有足夠的訓練、足夠的技術去檢討自己的過失。

所以，一方面是判斷的錯誤，一方面是能力的不足，這兩個缺失造成自己的失敗。然而，這些失敗是不需要發生的，如果你能判斷——要仰賴你的知識、你的觀察，還要靠你的智慧。

關於技術方面，就是所謂的能力不足的部份，你必須要訓練培養起來，要非常有耐心地去磨練，才能夠把自己的能力增加起來。實力如果沒有把強化起來，你永遠都只能當個失敗者。

常言道：「沒錢，萬萬不能」，事實上不是如此，而是因為沒有能力，所以一事無成。「無能」是你欠自己最多的債務，因為你從不正視自己的問題，所以這個洞永遠補不起來。

奉勸各位，你一定要讓自己做一個有能力的人，這是生活裡非常重要的目標。

Chole 必須要改變的是她的能力。當她改變自己的心態，把自己的能力補足，她的婚姻才會真的快樂。即使現在這個男人沒有辦法讓她真正地開心，換個男人或許會更好一些，但她要修的並不是怎麼挑男人，而是先讓自己成為一個可愛的女人，做一個有能力的太太、做為一個能夠去愛、能夠經營婚姻、能夠面對愛情，把一個好情人、好老婆的工作做好之後，才有機會去享受愛情。

離婚案例❹：Bob

終其一生，都在尋求解脫之道

Bob是一直想要離婚的人，而且是一輩子都在想這件事。

在五十年的婚姻裡面，他屢屢出奇招，但是，不管他怎樣地去搞外遇、怎樣地把錢拿去玩女人，或是怎樣地搞失蹤、搞出那些所有離奇的家暴事件……在旁人眼裡非常稀奇古怪的各種方法，他幾乎都用過了，也申請離婚大概二十幾次，但最後還是沒有離成，因為他老婆就是堅持不願意離婚，而且所有的家庭聚會、親朋好友的活動，一律都要被迫參加。

基本上，我們很清楚到底發生什麼事。他老婆在傳統禮教思想之下，非常怕離了婚面子掛不住，其實壓根兒就是死都不肯放手，無論如何都要終老一生。

以現代社會的眼光來說，有許多人並不認為離婚有什麼好丟臉的，甚至還會對有勇氣離婚的人刮目相看，但這並不表示離婚就很正常，而是社會比較能夠接受這樣的想法，時代已經不同了。

Bob的老婆在心態上就是非常保守，堅持結婚之後一定不能離，如果離婚，她會覺得很沒面子，好像要她去上吊一樣，而且她的態度又很強勢，說不准離就是不准離。她也為此付出了非常大的代價，忍他人所不能忍；但追根究柢，是她自己選擇要這樣「從一而終」，絕不改變，也絕不屈服。

基本上，這是個人固執的堅持，並非是為了顧及面子。若要講面子，在這樣失敗的婚姻裡，面子早已蕩然無存了。但太太堅持不離婚，就是她還有愛的證明——只不過她愛的是自己，而不是對方。

Bob的太太並沒有讓自己成為一個老公喜歡的老婆，也沒有想盡辦法讓婚姻變得更好、更幸福，她只是把最後的籌碼緊緊握著，死都不肯放開，就算要死，也要和對方一起同歸於盡。

在這樣的情況之下，既然Bob選擇委屈求全，那就只好去找別的方法讓自己開心，看看怎麼可以快樂一些。但是經常還是要發生打架、吵架、冷戰等等各式各樣的衝突，這些不愉快還是會一直持續下去。

當然，年紀愈老，打架、吵架發生的機率會愈少，畢竟沒體力了，甚至連鬥嘴都懶，這麼一鬥下來，搞不好有人心臟病發、中風，就會被送進醫院。別以為進醫院之後耳根就會清靜些，在醫院裡還是要有人要照顧，很多的親友會過來八卦，很多的話題都會讓Bob非常無奈。雖然過年過節、慶生、各種活動還是都參加，卻讓他苟延殘喘地活著，走一步算一步，日復一日、年復一年地過下去，直到死亡為止。

這當中有很多的忍耐，有很多的同情、不願翻臉的好意，這麼磨下來，也有相當程度的修養。話說回來，這兩個人也剛好是個絕配；一個願打，一個願挨，要不然也不會成為夫妻。

這是生命上的一種現象。古時候很多人不能離婚，也是這樣過下去的，有的人受不了就離家出走；我有一個朋友就受不了，逃到南洋去避風頭，再也沒有回來了。這些人就用各式各樣的方式，去逃避一輩子。如果離不了婚，又不能面對這樣的婚姻，就等於是踏進墳墓的一半了。

我可以告訴你，解決的方法還是有，但不見得每個人都會選擇這樣的方法。就好比把菜煮好，有很多技巧是可以學的，但是很多人不願意這樣去做，不願意多花一道手續去川燙、不願意去蒸、去滷、去炸，不願意先醃個三天三夜，結果就是沒有辦法做出味道這麼好的菜，是不是？你要做出一道好菜，就要付出這樣的代價。

這就是公平的交換，也就是俗話說的「一分錢，一分貨」。

但是，在婚姻的立場上來看，如果你一點都不願意付出，不肯下定決心進步、改變，就讓它這樣一直拖到死，或是你就是要堅持己見，一直要照你的方法逼迫對方就範，什麼事都一定要聽你的、一定要乖乖服從、為了反對而反對……，根本是浪費時間。他要嘛受不了，不然就只好無奈地忍耐下去。就算有一方吞了下來，表面上相安無事，其實暗潮洶湧。

說穿了，這還是個人的問題，問題在哪兒？在於自己的無能——不能面對，無法溝通，就算想離，也沒有說離就離的魄力。而這樣尷尬的情況可以撐這麼久，兩個人都沒有進步成長，就是兩邊都不願意進步的下場。

要解決的方法一定有，但對當事人可能不願意，甚至覺得極度痛苦，乾脆選擇睜一隻眼、閉一隻眼過完一生，非常的阿Q。然而，這是個人的選擇，一切都是你自編自導的戲碼，你不需要悲傷，也不需要別人的同情。

我希望你不要走上Bob這條路。他離不了婚，現在年紀都這麼老了，是不是還要離呢？有的人撐到生命的最後一天還是堅持要離婚，至少離了婚他就覺得心情爽快。有的人則是不管另一半開不開心，他就是堅持要跟你躺在同一個棺材裡，人各有志。重點並不是要討論誰對誰錯，而是要告訴你一件事：人生的各種情形都有，你這齣戲到底要怎麼演？

到底要歹戲拖棚呢，還是要演一部精彩的戲？

愛情對你來說重要嗎？

生活品質對你而言重要嗎？還是隨隨便便就可以矇混過去？

如果你要把生活視為一種藝術，所有的細節你都要注意，你都要管。如果你不想管，它當然就是爛給你看。沒有什麼對不對的，這就是你個人的選擇囉！

把這個案例提出來是要讓你知道，婚姻也有這種類型的。你喜歡哪一款，你自己要去製造，你要去創造你喜歡的老婆，你去培養你喜歡的丈夫，這些都是可以教育、可以學習的，但是兩方都必須要有意願。

有意願的人會快樂自由；沒有意願的人就活該倒楣，因為這世界就是弱肉強食。

無能的人就只好一直沒自信，就只好繼續吃虧、任人蹂躪，這也是「人不自懲，天懲」的自然法則。

從這個案例，大家可以看到你也不是最慘的，你也不是最好的；但是，我們永遠都可以變得更好。直到你改變了，厄運才會停止。

離婚案例❺：Jacqueline

離婚兩次，讓她深刻體會怎麼當一個女人

Jacqueline是離過兩次婚的女人。在第一次的婚姻裡，她接受到嚴重的挫敗，知道自己有很多要修正的地方。在第二次的婚姻裡，她在經營感情的能力上已有明顯的進步，但最後還是失敗了。我們來討論一下她到底發生什麼事情。

在Jacqueline第一次的婚姻裡，她表現出來的樣子是一個自私自利的人，非常不可愛，處處挑剔對方、嫌東嫌西，不管發生什麼事都是別人的不對；更糟糕的是她根本不會溝通——講出來的話不管是不是好意，讓人聽了就是不舒服；也沒有辦法真正地去照顧對方、愛對方。

既然Jacqueline沒有辦法讓人覺得相處很舒服，另一半就不可能跟她講內心話，再加上她不可愛、不撒嬌，還常擺臭臉——再美麗的女人，不管打扮地有多麼漂亮，都敵不過臭臉的給人感覺的難受與恐怖。在這樣的情況之下，她先生到最後忍無可忍，還是

選擇跟她離了婚。

Jacqueline第一次的離婚，表面上似乎是先生有了外遇，雖然她先生並不承認這件事情，不過，當時她先生確實喜歡上另一個女孩子，在離婚之後，也跟這個女孩子在一起。

嚴格來說，Jacqueline的前夫之所以會外遇，是因為他們兩個人的關係不夠好。這裡並不討論誰對誰錯的問題，重要的還是個人的問題——要對自己負責。Jacqueline本身就是不可愛，也不是真的關心、照顧她的先生，日子久了，彼此感情狀況不佳。在這樣的情況之下，她失去了第一個婚姻。

後來，Jacqueline又再次結婚。第二任丈夫一開始是主動追她的，他表明心意是願意愛她的。Jacqueline答應了，而且也頗開心自己有再婚的機會，畢竟離過婚的女孩子還有人追、有人愛，一定是心花怒放的。

然而，第二任丈夫的條件並沒有第一任丈夫那麼好，因為第二任丈夫是離過三次婚的。雖然如此，Jacqueline在第二次的婚姻中，還是很努力讓自己比較可愛，也比較注重打扮，讓自己更進步；也享受到了愛情甜蜜的滋味，整個人也開心了許多。可是，她個性裡的暴躁、任性跟自私，還是沒有在第二段婚姻裡被磨平，常讓她丈夫氣得半死，以至於到了最後，還是以離婚收場。

Jacqueline 個性上的問題非常明顯，要去掉這些稜稜角角，才能準備第進入第三次的婚姻。她再婚的意願還是很高，我也不斷鼓勵她、幫助她。不過，在 Jacqueline 這樣的例子裡，我要強調的是：當你沒有足夠的能力去了解對方，也不懂如何跟人溝通，講話不可愛又不懂該怎麼撒嬌，沒有能力去照顧對方的生活，都會造成婚姻失敗。

在愛情裡，雙方都渴望有高度的甜蜜。你必須要有能力去創造，知道怎麼樣去做對方想要的事；你必須要很有意願地去愛對方，讓自己變得可愛，讓對方覺得跟你在一起是一見很自在、很享受的事情。如果沒有這樣的創造，愛情是很乾澀的！

想要獲得甜蜜的愛情，不是順其自然就會發生。這也是一般人對於愛情的誤解，以為只要兩情相悅就足以廝守一生——兩情相悅只是邁向幸福的第一步，離真正幸福的距離仍很遠。

在 Jacqueline 的身上，破壞愛情的能力仍大於經營愛情的能力，在沒有改正過來之前，就算進入下一段婚姻還是一樣不會甜蜜，還是會以失敗收場。值得開心的是，

Jacqueline 在這兩次的婚姻裏面記取了慘痛的教訓，也成長了許多。她看到自己身上更多的不足，體會到什麼是愛、什麼是付出，也更清楚她喜歡的是什麼，應該要怎麼做。這樣的失敗就是值得的，至少你知道為什麼失敗，只要把它改過來就好了，讓你過去的離婚變得更有價值。

Jacqueline 的狀況一次比一次好，並不是因為嫁得好或丈夫條件好，而是她身為一個女人（或是妻子）的「條件」有所進步，但目前還是不及格。若把它量化來看，第一次也許只有二十分，但現在有四十分，若下一次婚姻只能達到六十分，那就免不了還要再離一次婚，除非 Jacqueline 非常努力，讓自己爬到八十五分的水準，才能算是勉強及格。

Jacqueline 在當一個「女人」的成績太差，所以離了兩次婚還不夠，這跟她嫁的對象好不好一點關係都沒有。如果她在婚前就有八十五分的水準，結一次婚就可以搞定了。若沒這樣的實力，就只好拼命學，但速度一定要快！越早累積到及格的分數，才不會有了婚姻卻撐不下去，甚至連孩子都來不及生出來，就宣告婚姻失敗了。

在一般人眼中，Jacqueline 是高學歷的菁英份子，論智商、學習能力，一定沒有什麼問題。但為什麼她會學這麼慢？這只能怪她自己太驕傲，不夠努力，且錯估了自己的實力，以為自己很有本事能罩得住對方，但事實上卻非如此，等到罩不住的時候就栽了跟頭，才發現自己在婚姻裡竟然連半把刷子都拿不出來。

由成長的角度來看待 Jacqueline 的離婚，就不是什麼太糟糕的事。如果一個人必須要靠著離婚才願意去學、願意進步，雖然勞民傷財，但真的成長了，人生也就值得了，下一次一定會更好。所以，我一直強調認真生活，用心學習，才不會經歷這麼多慘痛的經驗，要花那麼久的時間才能學會教訓，是嗎？到底一個人要失敗多少次才會覺醒？你又有多少青春、多少機會去撞得滿頭包，再重新爬起來？

Jacqueline 的最大毛病就是不信邪。不但講不聽，還非常的自以為是，等到摔得頭破血流，才驚覺自己不如想像地那樣有本事。她所有的幸福都被自己卡光光，最後人老珠黃，實在讓人無奈。

婚姻是個物競天擇的遊戲。條件優秀的、本領強的人，先選先贏；等到條件好的都被挑走之後，剩下來嫁不出去、娶不到老婆的人，當然一定有他自身的問題，要是眼光太高就是錯估情勢，或總是和別人合不來，等到適婚年齡過了，就是個非常現實的問題。

尤其是女人，一定要明白「年齡」這個條件。過了三十歲之後，過去所有的優勢都會因為歲數而改變，有時甚至連逆轉的機會都沒有。如果你還沒結婚，一定要趁年輕趕快把自己嫁出去，重點不是一直在尋覓對象，而是要讓自己成為一個有「能力」的女人，否則就算有機會結了婚，還是會遭到退貨的命運。

我所說的「能力」，並不是指賺錢或工作的能力，而是身為一個女人的本質。你要知道男人需要的是什麼樣的女人，而不是讓自己冷若冰霜或利如鋒刃。有些個性上的表現是個人特色，你可以有自己的風格，但你一定要具備身為一個「女人」的基本水準，才會對戀愛或婚姻有所幫助！

其實，Jacqueline 相當能幹、聰明、美麗，這些條件都不是問題，偏偏和她相處起來就是沒那麼有趣，這就是她最大的致命傷。所以，身為一個女人的「能力」並非才華或工作上的條件，而是讓另一個男人能夠欣賞、能夠無怨無悔地愛著妳的本質。

關於離婚，我們不要把它當成一種悲哀或不可原諒的錯誤，應該把它視為經過的一場災難，災後的復建才是有意義的。我希望 Jacqueline 可以站起來，可以從她過去的失敗裡學習到一個女人應該要有的能力，而且願意去付出、去愛。希望下一次她可以找到真愛，而且能夠永浴愛河。

離婚案例❻：Scarlett

只要能進步，就永遠值得被愛

Scarlett是結過第二次婚的女人。雖然她先生並不在乎她是一個離過婚的女人，但基本上，在她過去婚姻裡有很多的苦頭，是Scarlett自己造成的。

以我觀察到的情形，我認為Scarlett的性格相當地任性。她有很多地方是非常野蠻的，若以這樣的態度經營婚姻，先生當然會比較受罪，但還不至於會到離婚的情況。為什麼？因為Scarlett有可愛的地方，有美麗的本錢，她對先生還是有很多的溫柔、很多的關照、容忍、幫助與付出，這些條件都會讓另一半願意繼續跟她走下去。

那麼，她第一次離婚的理由是什麼呢？

Scarlett的離婚，跟Christina有點類似。第一任的先生認為在一起之後，他就有辦法改變Scarlett的想法，犯了一樣的錯誤——是用欺騙的，不是真正地坦白、誠心誠意地講出自己到底是要什麼，所以就會讓人以為是可以結婚的。

當時，Scarlett 的先生還受到外人的挑撥，再加上男方媽媽常說 Scarlett 的壞話，讓兩人的感情每況愈下。

Scarlett 在第一段婚姻裡確實是全心全意地投入，但老公卻不認為 Scarlett 的目標是他要的——如果這個丈夫照著婚前雙方約定的方向去走，幾乎不會有什麼問題。但如果是因為個人的不誠實，造成婚後人生目標的不同，就會沒有辦法在一起。

這裡我稍微解釋一下，「目標」跟「婚姻」之間有什麼關係。假設兩個人都講好要一起去爬玉山，但之後才發現你要去阿里山，而不是要去爬玉山，那最後兩個人就分道揚鑣了。

基本上，一開始在溝通的時候就要誠實，婚前有很多基本上的人生目標跟方向都要講清楚。這個方向決定了夫妻的生活方式、人生價值以及如何去分配兩人之間的資源、體力、精神、財產等等。像這樣的人生方向要是沒有確定下來，最後一定會出事。

結婚之後，如果兩個人坦誠地交往，就算要改目標也可以一起討論，去找到一個不至於太離譜的平衡點，不是一旦決定後就不能改變。可是在一開始，你必須對另一個人誠實，要是一開始就不誠實，後面掀底牌的時候就會相當麻煩，要花很多的力氣去溝通協調。

在婚姻裏面，兩個人的人生目標非常重要。咱們兩人要的是怎樣的目標？我們要的是怎樣的生活方式？我們希望的是怎樣的人生？這些在婚前都得先講好，你得很清楚知道自己要的是什麼樣的生活。所以，兩個能夠獨立自主的人在一起，婚姻才會好。

大部份的離婚情形，有85%是個人性格上的衝突——尤其是沒辦法跟人溝通，除此之外，還有不能理解對方的需求、不願意付出、過度自私、不懂得愛、不願意幫助、不願意支持等等，這些問題都會產生「不得不離」的現象。

舉例來說，老婆的態度是不願意出去工作，就是要老公賺錢養她。其實這也沒什麼關係，但重點是老婆要先講出來讓對方知道，至少讓兩個人都了解彼此的想法。如果老婆希望要讓老公養，一開始就不該假裝自己要打拼、要賺錢的樣子，結了婚之後才擺爛不做事，茶來伸手、飯來張口，就只等著對方來養她，這樣當然會出問題！當婚姻裡有欺騙的成分在，當然是沒有辦法接受的。連人生方向都不一樣，最後就只好走上離婚一途了。

Scarlett第一任的丈夫，一開始就知道Scarlett喜歡工作，而且Scarlett也清楚地告訴對方自己一定會工作，但也會兼顧家庭，丈夫都答應了。但結了婚之後，丈夫就要求Scarlett不要去外頭工作，逼著她回家幫忙家裡頭經營的小生意。

對Scarlett而言，她在外頭打拼事業是婚前雙方就說好的協議。但婚後婆婆對Scarlett施加壓力，警告她若不放棄外頭的工作就離婚，而丈夫也跟婆婆同一鼻孔出氣。最後，這場婚姻就這樣硬生生地被撕裂了。

其實，Scarlett的先生一開始就不贊成她在外頭工作，但他在婚前並沒有老實說出自己的想法。他認為只要Scarlett過了門，量她不敢不順從夫家的意見，自以為很有把握，沒想到一翻兩瞪眼，Scarlett寧可選擇離婚。

現在Scarlett第二次的婚姻裡。雖然在性格上還是有些問題，但還不至於到離婚的地步，因為Scarlett有很多的優點，而且她願意進步。

如果妳的優點屈指可數，離婚的機率就大了；如果妳很有女人味，還是很可愛，就算妳有很多的毛病，只要妳有持續在進步，只要妳有讓對方滿足的優點，還是可以讓對方認為愛你是值得的，這些問題是可以被容忍、被接受的，這樣婚姻就還能維持下去。

只是有些時候難免會不愉快，不過還是可以包容。但這並不表示說：「愛，就是無限的包容！」這種說法未免也太矯情。有些缺點確實是可以容忍，但也有些是不能接受的；每一個人可以容忍的程度是不太一樣的，但這些都可以調整。

不過，一旦涉及人生的方向、性格上的嚴重缺失，或是一些如吸毒、賭博之類的壞習慣，是沒有辦法讓步的。在這種情況當然讓人無法接受，最後一定會離婚。

兩個人之所以會離婚，有它一定的極限。並不是我們兩個很任性、脾氣都很衝就會離婚了；而是要有一方必需要任性到一個程度，或是有一個缺點糟糕到完全不符合生存，才會發生離婚的情況。

結了婚之後，要繼續走下去其實也沒那麼難，離婚也不是隨隨便便就會發生的。你可以仔細觀察，大有那種天天吵架卻相安無事的夫妻。會走到離婚，一定有非常幼稚的缺陷存在，或是兩個人方向不同，否則一般人不會那麼容易就決定要離婚的。如果你的個性非常糟糕，你有人格上面嚴重的偏差錯亂，或是有一些讓人難以忍受的不良嗜好，離婚的機率就相當高。就算沒有離婚，也是天天過著同床異夢、貌合神離的日子。

離婚到底會不會發生？就看你改不改。你願意改，婚姻就有希望繼續維持下去，你不想改，就永遠沒有明天。

附錄

現身說法

訪問對象❶：Jacob

婚姻狀態：第一次結婚，老婆離過婚。

Q：跟一個離過婚的女人結婚，你有沒有甚麼特別的想法或感覺？

Jacob：說真的，當時我倒是沒有特別的去想過這個問題。不過現在想想，我覺得自己還滿有勇氣的，可以去接受一個離婚女人。

在決定和她結婚的時候，她有沒有離婚，對我來說沒有那麼重要。但是我很好奇她為什麼會離婚，甚麼原因會讓她離婚。

她的離婚對我來說……有一點可惜吧。我會有些遺憾，為怎麼沒在她未婚之前娶到她，為什麼在她離婚之後，我才遇到她。

當然，可以跟她結婚還是很好的。除了往後的生活可以學習到很多事情，而且人生會看到不一樣的東西。有時候，我也很難想像自己為什麼會娶一個離過婚的女人。並不是愛上一個離過婚的女人是不好的，但我本來可以有其他的選選。

愛情是沒有條件的，愛到就愛到了，也是自己的決定的。有句話說：「擇汝所愛，愛汝所擇」嘛！在我跟她相處、相愛以後，我發現反而是我自己配不上她。姑且不論她是不是離過婚，她仍是非常值得我去追求、值得我去愛的女人。

Q：親朋好友有沒有給你壓力？

Jacob：爸媽給我的壓力比較大。他們沒辦法諒解為什麼我會去愛一個離過婚的女人，甚至也非常反對當初我要跟她結婚。我覺得他們當時非常不尊重我的決定，也不信任我有能力經營這段感情。

不過，後來我才發現，為什麼我會讓他們有這樣的感覺？其實是我對爸媽也不是那麼尊重。從小到大，他們對我就是非常不放心，不管是唸書、工作，還有經濟各方面，我的表現不足以讓他們信任。所以，他們會對我娶一個離過婚的女人有所顧忌，這跟我老婆其實無關，而是我自己過去營造出來的不好印象。

朋友也是有很多疑問，我對他們的回應就是：愛情本來就沒有道理的。基本上，跟我夠熟的朋友都可以了解我的理由。

Q：老婆離過婚，你對她有沒有甚麼成見或偏見？

Jacob：老實說，當然是有啦！這就是我們之間最大的問題。

我會認為：我都可以接受妳是離過婚的人了，那妳還對我有什麼要求呢？而且我會覺得，不管什麼事情我都是占上風的，我要幹什麼都是理所當然的，所以妳應該對我怎樣、怎樣。

所以，我一定會貶低她，譬如愛面子、管東管西的，從來都不要求自己的門面，也沒有為我煮過飯、洗衣服的，有時候態度太過強勢，咄咄逼人、很霸道，她想怎樣就怎樣，這就是我對她的成見。

不過反過來說，她也很愛挑剔我。就算是我做錯了，那到底要怎樣呢？我們常常就是這樣互相評估貶低，然後又覺得：為什麼你都不能了解我？我覺得我們兩個感情沒辦法好，就是因為這個原因，光是卡這個就卡了三年多。

直到後來，我才看到一件事。當我覺得她在評估我甚至是貶低我，那是因為我就是這樣去對待她的。不然她也可以很可愛，為什麼我看到的都是她最不可愛的一面呢？其實說穿了，跟她一點關係都沒有。

我從這一點裡面看到自己婚姻最大的問題就是不愛溝通，而且我是很愛冷戰的那種人。她只要講話口氣稍微有點不好，我就不想理她，拒絕跟她溝通。表面上看起來沒有很嚴重，但是私底下都暗潮洶湧。

我覺得夫妻之間不管再怎麼樣都要講話，至少吵架都比不講話來得好，至少把問題攤出來。如果你都不講，那最後真的只有死路一條。

Q：你老婆在前一段婚姻有小孩，對你有沒有影響？

Jacob：會啊。以前她常常要去看小孩子，我覺得那不是屬於我們的世界，甚至會覺得她的小孩占了我們兩個相處的時間，有點像是自己的世界被別人干擾了，好像婚姻之間有第三者進來的感覺。

雖然孩子並不是真正的第三者，但還是會影響到我們兩個人的生活。尤其是剛結婚的時候，應該培養自己的感情，但她常要回去看孩子，就會覺得受到干擾。不過，這種感覺現在已經好多了，因為畢竟我愛她，也會愛她的小孩，包容她的一切。

Q：如果她跟前夫吃飯，你有甚麼樣的感覺？

Jacob：如果是剛結婚的時候，我會很激烈的反對。我認為：既然妳已經跟他離婚了，為什麼還要跟他吃飯？妳跟他吃飯要幹嘛？你們到底有什麼問題嗎？我會這樣想。

不過，我老婆並沒有發生過舊情復燃的事情。所以，對於這點，我還是滿欣賞她的。她在結婚以後，很在乎我的感受。就算去看小孩子或是處理所有感情上的事，她也會先詢問過我。因為他完全尊重我的想法，讓我覺得非常感動。

Q：目前你們婚姻過程出現的問題，有沒有出自於對方之前離婚的問題？

Jacob：直接的沒有，但間接的有。

譬如剛開始在一起的時候，她會說，有些事情我怎麼沒辦法說到做到？然後就會提到她的前夫，說：「雖然我跟他離婚了，但在這一點上，他會怎樣怎樣……」我就會覺得受到傷害，現在拿我跟他比，到底是怎麼一回事呢？你的老公現在是他，還是我？心裡很不舒服，可是又沒辦法講出那種感覺。

我最大的敗筆就是輸在溝通上，不會表達。我覺得事實是這樣沒有錯，但啞巴吃黃蓮，有苦說不出。雖然她講得很難聽，但也是事實啊。

我從老婆過去的婚姻，看到很多她不負責任的地方。她為了要逃避原生家庭，才跟前夫結婚，卻又因為不是真的愛這個男人，又跟他離婚。所以，我發現一個人連自己是不是喜歡的東西都搞不清楚，就會做出錯誤的選擇。她的過去經歷也讓我學到，這些是可以不必要發生的。以愛情這個議題來說，最重要的還是自己有沒有了解自己真正要的是甚麼、真正愛的是甚麼。

陳顧問觀點

與離過婚的人結婚，其實沒有什麼特別的地方。重點是，若一個人沒有真正地面對前一段感情出現的問題，不管他有痛恨、傷心、懷念甚至是不甘心的感覺，有任何的創傷沒有修護完全，必然會影響到下一階段的感情。

有時會觸景傷情或特別敏感，隨便一句無心的比較或讚美，都有可能引起現任配偶的吃醋或不高興。這些相處上的細節，就要看個人的修養與另一半明理的程度。如果你離過婚，沒必要去談前任的配偶的優點，更不要去比較兩任配偶有什麼差別，一不小心就會傷害到對方。

所以，你得要學會怎麼趣說話。沒把話說好，讓對方誤解你的本意，不僅傷人、傷心也煞風景。雖然夫妻之間不該有隱瞞，但有些不必要談的內容，沒必要拿出來造成衝突；學著放聰明點，了解溝通的真諦。

離過婚的人，自己得要知道是否有傷要療。有病就要醫，不要狂妄地自認百毒不侵，到時候你以為自己撐得住，最後不但受不了，還讓人捏把冷汗。要醫的、要修復的，還是要勇敢去面對，才不會拿石頭砸自己的腳！

愛情，像一件高貴典雅的藝術品，讓人心醉神迷。你，就是成就愛情的材料，材料要有品質、做工要細緻，用心雕琢出生活裡每一個細節，這就是人生的境界。

訪問對象❷：田易

婚姻狀態：結婚五十年，一直希望離婚

Q：你為什麼會渴望離婚？

田易：因為婚姻把我的人生壓扁了，讓我喘不過氣來，每天都奄奄一息；只有離婚才能讓我得到解脫。所以，我當然渴望離婚。

Q：你想離婚卻一輩子都沒成功，有什麼想法？

田易：離婚遲遲無望，我的心得是：那是我的命，又能如何？

台灣諺語說：「找鬼哭無爸」，那是無可奈何的事。我只好認命，無話可說。

Q：若你離了婚，是否真的可以過得更好、更快樂？

田易：離婚若能成功，當然會海闊天空，快樂得不得了。車子走錯路，對照地圖，繞來

繞去，問來問去，遲早都可以達到目的地。但是，車子一旦走入死巷，沒有迴轉餘地，只有倒退，沒有其他辦法。失敗的婚姻，只有離婚才能起死回生。

Q：到現在已經確定不會離了，接下來你要怎麼辦？

田易：我的結論是：只好陪她到世界末日，直到死去為止。我一開始發現是死巷就告訴她，但她卻固執地認為繼續走下去一定有出路。等到了死巷底她才認輸，卻為時已晚，只好一起死了。

Q：你對離婚的看法是什麼？

田易：失敗為成功之母，離婚為婚姻快樂之母。

以前的女人不能隨便離婚，多麼可憐？一旦嫁錯丈夫，就一輩子注定完蛋了。現在的女人多麼幸福，發現嫁錯人，隨時可以離婚。可是，還是有少數人把離婚看作「判死刑」一樣，若對方一提到離婚，就要殺人、鬧自殺或要放火，非常恐怖。或許她的打扮是現代摩登的，可是她的頭腦卻是封建思想，滿腦子想著：「離了婚，哪有臉去見人呢？」寧可選擇過著地獄般的生活，死也不答應離婚。

Q：沒有離成婚，這幾十年一路走來，你的感想如何？

田易：我想到日本海軍聯合艦隊司令長官山本五十六。他在戰前就曾表示：「跟美國打，是穩輸的！」可是沒有用，一大堆糊塗的日本軍閥上司，相信日本大和魂一定能戰勝美英兩國魔鬼畜生，所以完全不理山本的建言，而執意發動戰爭。山本只好奉命，打到戰死為止。

「我死了，就可以了吧！」

義和團也一模一樣，一定得要輸得一塌糊塗，才知道機關槍的厲害。

一路走來，我的感想是：「賠掉一生，總可以了吧！」

陳顧問觀點

有人一直希望離婚，所以生活中不斷地吵架、打鬧，不斷地批評或貶低對方，也一直說些難聽的負面話語。這種生活簡直就是烏煙瘴氣，非常不健康。

那麼，為什麼不就一刀兩斷，切得一乾二淨呢？這就牽涉到性格及教育的問題。

性格，一般來說是個人弱點。妳有無法面對或不可被傷害或不能忍受的弱點，就是一個你會投降的底線。

比如說，「你要離婚？可以。但孩子不能給你！」

「我一毛錢都不會給你！」

「妳爸一定會氣死！」

「你要是跟我離婚，我就死給你看！」

也就是說，有個理由讓你不敢、不想去處理面對，所以只好繼續忍耐下去。有非常多的人，因為被對方抓住這樣的弱點，一再地讓人欺負又無可奈何。

另一個問題則是教育。當然，這些教育是錯誤的，對人有負面影響。一個人有非怎樣不可的固執，正是來自一些不正確的教育思想。例如：

「子女絕對不能違背爸媽的意思。」這就是所謂的「愚孝」。

「離婚便是失德，會被街坊鄰居看笑話。」有些觀念，是上一代的人不這麼做，他們也不讓下一代的人這麼做。

「寧可人負我，我絕不負人。」也就是當對方提出離婚時，我可以接受，但我是絕對不會主動提離婚的。

像這些固執的思想，就是一個人根深蒂固的教育造成的。不管他是怎麼被灌輸這些觀念的，反正他就是不會改，怎麼勸導都沒有用。

如果這個人願意進步，努力學習就有機會改變命運。當他成長了，就不會如此地固執下去，但當他沒有意願改變時，一切的問題都是無解的，這些根深蒂固的想法就只能一輩子繼續下去。有沒有機會改變，就要看個人的造化了。

訪問對象❸：Jeffery

婚姻狀態：第二次結婚，老婆也離過婚。

Q：你老婆是離過婚的。你跟她結婚，有沒有甚麼想法？

Jeffery：跟離過婚的女人在一起是無所謂啦！兩個人可以過一輩子，才是比較重要的事。至於有沒有離過婚，我認為這不是一個重要的問題。我比較在意的是：她嫁給我，可不可以開心地過一輩子？這才是比較重要的。

Q：你老婆有小孩，偶爾也會去見前夫，會不會對你的生活有所影響？

Jeffery：不會，完全不衝突。很難想像有甚麼衝突。看小孩是人之常情，如果看前夫的話，那也要看她是什麼樣的心態。

我老婆去見過他前夫很多次，不過她每次都有跟我講要去幹什麼，我都可以接受。那當然，如果還有餘情未了，那我當然是不能接受啊。

其實沒甚麼好擔心，我還滿信任她的。她跟我之間很坦白，就沒什麼好擔心啦。

Q：你跟你老婆都是離過婚的，會不會覺得其他人的婚姻有什麼不一樣？

Jeffery：我跟沒有結過婚的人結婚，或是跟結第二次甚至是第三次的人在一起，其實都沒甚麼不一樣。婚姻只有好或不好，跟結幾次婚沒有什麼關係。

如果硬要說有什麼影響，一剛開始可能會有。可能對方會在意你對以前的老婆怎麼樣怎麼樣。但就算第一次結婚的人，老婆也可能會問你對之前的女朋友怎樣怎樣，完全是一樣的意思嘛！

老婆會問一問，然後可能會說：你都對她比較好，對我就沒這樣……就會開始比較起來。但也不是吵架，只是這樣開玩笑。

Q：心裡面會不會有什麼不舒服？

Jeffery：不會。

Q：你覺得，你有可能跟你老婆離婚嗎？

Jeffery：不可能。她對我這麼好，我幹嘛要離婚呢？

Q：她對你好到什麼程度？

Jeffery：會讓我覺得，就是有人愛。時時刻刻有人關心我，在意我。那一種感覺是以前在母親才有的。可是現在老婆也是這樣對我，這是別的女人沒有辦法做到的。

Q：你剛剛說，之前沒有在別的女人身上感覺過這種感覺？

Jeffery：沒有。在別的女人身上，我感覺到的是：就算她表現地再親熱，也不可能跟我這樣長久下去。有時你覺得很好，可是這種好就只是一下子，沒辦法永遠；可能以後就變成吵架、批評、冷戰，感情就漸漸淡薄了。

我那個時候的感覺，就是應該不管跟誰在一起都會這樣，前面感情很好，但是後面就會一直吵架，前面只是一點點的破裂，到後面就會越來累積越多。

但是，現在老婆給我的感覺不是這樣。我們也會吵架，但每一次吵架她都會讓我知道，我們的關係會變得更好，而不是更疏遠。

Q：對於離婚，還有其他的想法嗎？

Jeffery：離婚，其實也沒甚麼大不了。最主要的是，跟可以和自己很舒服的人在一起，比較重要。我覺得，就算一個女生長得美若天仙，但她沒辦法跟你溝通，在一起真的很痛苦。

Q：你有經歷過那種痛苦？

Jeffery：有。那真的很痛苦。要離沒辦法離，你會把自己弄得很悲情，甚至根本懶得理她。所以才會有外遇嘛。

Q：如果要你再次結婚，你會不會有所擔心？

Jeffery：不會。我覺得，就算再結幾次婚，對我都沒有什麼影響。

訪問對象❹：Murphy

婚姻狀態：第一次結婚，但老婆曾離過婚。

Q：你跟一個離過婚的女人結婚，沒有任何擔心嗎？

Murphy：擔心倒是不大有。可能結婚前會有一點點擔心親人的眼光，可是只要他們不問，我也不會說，就沒人知道。就算他們問，我就堅持這是我喜歡的人，這是我的選擇，又有誰能阻擋呢？

我唯一覺得比較可惜的是，我最愛的女人的第一次不是給了我。

Q：你覺得跟一個離過婚的女人結婚，跟一個沒結過婚的女人在一起的感覺，有任何的差異嗎？

Murphy：這個我真的不知道，因為我沒有和沒離婚的女人結婚的經驗。我心中倒是覺得，和離過婚的女人結婚，比較不會有兩人生澀、尷尬、呆呆沒經驗的感覺，不論是做愛或是兩人的相處都比較容易進入情況，這樣應該算是優勢吧！

Q：你的婚姻如何？有什麼感受或收獲？

Murphy：我的婚姻也是經歷過許多的波折，酸甜苦辣都有，差不多走了三、四年的磨合期。你問我走過來的感覺，現在是一種很舒服、很甜蜜、很穩定的感覺。

我自己本身也因為結婚變得成熟非常多，參加同學會的時候，有同學說我整個人從頭到腳都變了，哈哈！但是我的穿著，跟當初唸大學時和他們一起打球、上課的服裝都完全一樣！

Q：你對老婆的愛，會因為她離過婚而有任何不同嗎？

Murphy：我不大會想到這個問題。我只在意她現在站在我面前，夠不夠美、夠不夠火辣、夠不夠可愛，夠不夠會講話、夠不夠吸引我。如果她能做到，我就愛她，她沒做到，我就不愛她。她有沒有離過婚，都不會影響這個判斷的標準。

Q：你老婆會因為她離過婚，在面對你或婚姻時有任何不一樣的地方嗎？

Murphy：我覺得沒有。倒是她父母婚姻的不幸福，對她影響比較大，也常影響我跟她的相處。她自己過去婚姻的失敗，幾乎沒有任何事會影響到我們兩個之間的感情。

訪問對象❺：Jacqueline
婚姻狀態：離過兩次婚，目前單身。

Q：跟一個離過兩次婚的男人結婚，妳會怕嗎？有什麼擔心或不安嗎？

Jacqueline：我第二任的老公離過兩次婚。一開始和他結婚的時候，其實沒太多想法，反而天真的以為這樣的人會更珍惜婚姻。但我想，這或許因人而異吧！我認為他並沒有更珍惜這一段婚姻，相反地，他似乎把「不合則離」視為一種理所當然之事。

這或許是針對個人的批評，但這讓我覺得當一個人沒有想要改變的時候，以同樣的態度去經營下一段婚姻，再一次的離婚就成了必然的結果。

要是再和一個離過好幾次婚的人結婚……嗯，我想我不會再這麼做吧！除非這個人是真心願意和我一起成長，真心想和我一起經營婚姻。

不諱言，我也是個離過婚的人，婚姻經營困難，要花的心力遠超過想像。過去的我確實沒做到，以後是否也能做到，我相信只要對方也抱持著那一點點的心，我就願意去做。但若他並不想改變，只是口頭說說，我真的覺得那是一場幾乎沒有勝算的仗。

Q：你與前夫的感情如何？你們的婚姻如何？

Jacqueline：和前夫（第二個）是閃電結婚。他喜歡我，而我也想結婚，於是我們就結婚了。確定結婚之後，他很努力的迎合我，甜言蜜語，攻勢很猛，叫我招架不住，因此我確實也享受了一段美好的戀愛與被追求的甜蜜過程。

一直到婚後的一個月，因為我自己的盲目，愛耍大小姐脾氣，而且得理不饒人，把他惹到很不開心，還甚至因此出了車禍，我們的感情急轉直下。他產生了離婚的念頭，認為我們的婚姻不可能持續，經過了我苦苦的哀求，並且信誓旦旦的承諾要改變之後，他再次接受了我。然而，感情已不若初始了。

接下來的幾個月裡，我試著改善我的大小姐脾氣，雖然偶爾還是會出現一下。只是當我每一次撒野之後，面對的是他提出離婚的威脅——這也不錯，讓我學乖得很快！原本我並不覺得我很愛他，但在這段尋求改變、維持婚姻完整的努力之下，我發現我真的愛上了他，而且是發自內心的。

但是，對前夫而言，似乎對我愈來愈難以接受，我們的婚姻也離他心目中的理想愈來愈遠。直到最後，他毅然決定分手。

Q：你對自己兩次的離婚有什麼心得？

Jacqueline：對於自己第二次的離婚，一開始當然是很不能接受。我總天真的以為我們還是可以繼續，我還可以更好的，但時不我予，一個人能夠忍耐的程度是有極限的。當自己改變得不夠快、不夠好，就是會遇到對方的極限，而當兩個人不願意突破這個極限時——離婚，我想是一個無可避免的選擇。至少有一方可以因此而解脫，不必再去忍受。

我想，我的離婚是這樣的情形，他已經到達了他所能忍受的極限，離婚是一種解脫，既然如此，何不就讓他解脫呢？若這樣他會快樂，真的，就離婚吧！

另一方面，我知道這個婚姻也是一直在挑戰他的底限。我也有我的底限，例如我的某些生活方式，他試著要讓我在這些方面改變，但不成功，於是他選擇離開，因為他看到了我固執的一面，也知道我不會改變，再繼續下去確實只是耗時間，這樣的生活不是他要的。從這方面來看，我覺得離婚也好，畢竟如果兩個人要的不一樣，不如退一步，海闊天空！

至於第一次的離婚，我的感覺已經比較平淡，也或許是被第二次沖淡了吧！第一次的離婚，我原本以為只是觀念上和對方有所差異，但直到後來的蛛絲馬跡，我才發現是我自己太不像女人了，把老公氣炸了，我還蠻不在乎地認為是他的錯，唉！難怪最後他會離開。

在第二次的婚姻裡，我更清楚的看到了第一次婚姻無法持續下去的理由。其實最後會離婚只是個引爆點，早在那之前就已經埋下了許多的地雷，等待某個觸發的時機。

離婚，是一個結果，在那之前，早有太多太多沒有修復的傷口，一再地被刻意隱藏起來。離婚只是表面的一個動作，婚姻裡有太多的不誠實、不在意，才是真正的關鍵。我想要做一個好老婆，卻不斷地去違背，心口不一，最後一定不可能做一個好老婆的——甚至連做老婆的機會都沒有了！

Q：當你第二次結婚後，第一次的離婚影響妳嗎？在第二次甜蜜的戀愛中，你是否走出第一次離婚的痛苦？

Jacqueline：因為我第一次離婚時已經三十四歲了，接下來要再找對象，已變得不太容易，當然，我並不是一個很會保養，也不是一個可愛的女人，這也有很大的關係。但除此之外，第一次離婚的影響真的不大。

若要說第一次離婚的影響，或是對第二次的影響，我想有一部分是在性生活方面吧！我的前夫頗重視性生活，我也因此享受到愉快的性生活。但問題是，他有時就會問我，他的表現跟第一任老公比較起來如何？真的讓我很難回答。不過這是在一開始而已，後來的婚姻裡就完全沒有第一段婚姻的影子了。

若是針對第二次的甜蜜婚姻，是否讓我走出第一段婚姻的痛苦？在心靈上是否有幫助？我想，那是一個身為女人的「真實感」的感覺吧！

在第一次離婚之後，我以為我是個不會愛人、不懂什麼是愛的女人，尤其每當回想起過去，我的父母親以及許多愛我的人都曾被我搞得很火大，非常受不了我。但在第二次的婚姻，我終於了解什麼是愛，尤其是男女之間的愛，我也了解如何去愛另一個人。

老實說，我的婚姻真的經營地很不好，但我體會到了該怎麼做。我相信有了一次，就可以想辦法再複製第二次、第Ｎ次！真正的去好好的愛一個人，而不是再把他趕跑。

Q：離過婚對你有什麼幫助或好處？

Jacqueline：我覺得離婚的幫助，挺有趣的，使我更像一個女人。

在我的人生裡，我扮演女人這個角色的分數一直不高，直到第二次婚姻的後期，才真正學到如何做好一個女人、一個老婆。

我想，這兩次離婚，將會幫助我在第三段婚姻裡，能真正成為一個好女人，好老婆。我甚至有一個天真的想法——我相信這一切，都是為了成就我下一段更美好的婚姻。

Q：有什麼痛苦或後遺症嗎？

Jacqueline：至於離婚的後遺症或痛苦，我想，就是那些免不了的失落吧！第二次離婚的傷痛遠甚過第一次，除此之外，有時我會變得沒有自信，我覺得自己變得沒有資格，也不好意思再去尋找未婚男子，會擔心對方家長指指點點，有時甚至覺得自己很丟臉，怎麼會這麼「遜腳（很糟糕）」！婚姻都經營不好，還離兩次婚，我想這都是後遺症吧！

另一個後遺症，是每當看到別的夫妻很開心，在一起很甜蜜時，就會提醒我過去的失敗，好像是一種刺激。偶爾我會莞爾一笑，但更多的時候也告訴我，我也要再一次的得到幸福！

另一方面，也會遇到一些人，當我提出想再婚的念頭，他們會說：「這傢伙真是想不開……」這也算是另類的後遺症吧！

有時回過頭來看看自己的人生，兩次離婚，會陷入一種「我怎麼這麼命苦」的感覺。但再想想，又會覺得自己有什麼好哭的？那都是自己作的孽。

換一個角度來看，我也覺得自己真是夠厲害的，離了兩次婚居然還沒死！我的人生就像坐雲霄飛車一樣，是不是太精采刺激了呢？有這樣經歷的人也真是不多，似乎也可以為自己感到驕傲一下……不過，這也是挺可笑的。

因為離婚，同時也發現到自己周遭環境中離婚的人似乎還不少，偶爾也會注意一下離婚的消息，現在的離婚率真的頗高的。

然而，若問我結婚好不好？我會說：結婚很好，我還是想再結婚，因為我真的嘗過美麗的婚姻對生活加分的感覺，那種甜蜜的滋味真的很令人動容。我更堅定的相信，真的要在結婚之後才談戀愛，以避免承受再一次的失落跟打擊。

我想，有些人進入錯誤的婚姻，離婚是在所難免的，因為兩個不同方向的人相處在一起真的非常刺激，有時可能真的太過刺激而無法忍受。我知道我的婚姻甜蜜指數根本還很低，因為出現幸福的頻率太低了！

如果還有機會去創造那樣的甜蜜時刻，我很願意再一次嘗試，更希望再次擁有婚姻生活。少了這個甜蜜，人生失色太多太多了！我不想再一次離婚，我要好好經營，在人生中找到一個永遠的伙伴，一起努力下去，成就一個圓滿的人生。

陳顧問觀點

一樣米養百樣人。就算同一種類似的經歷，不見得每個人的感受都會一樣，因為每個人的性格跟狀態都不相同，得到的結果，當然也是因人而異。

重點是，你要了解自己發生了什麼事？如何去改掉自己的毛病？因為是缺點，誰都不能忍受，不管是換了第幾任的配偶，缺點仍然是缺點。所以，你只能不斷地改變自己，讓自己更喜歡現在的你，別人就會喜歡你，這也就是我一再主張的「進步成長」。

對於離婚，不必太悲觀，相反地，要樂觀地進取，相信自己做得到。若不慎真的離了婚，要相信下次一定會更好，給自己打氣，讓自己更成熟。

不必害怕，因為你越害怕的事情就一定會發生。只要全心全力認真地對待別人，誠實地面對自己，好好用心經營，人生就會越來越好。

後記

想要有一個幸福的婚姻，一定要去了解婚姻的本質，才能真正擁有。

換句話說，如果你知道在什麼情況之下該做什麼事，怎麼樣能讓兩個人相處的更甜蜜、更美好，或是當你了解經營婚姻需要哪些條件、需要怎樣的能力、如何去扮演自己的角色……，在這樣的情況之下，你才會真正地擁有婚姻並享受它的美好。

當擁有了婚姻之後，你才知道要怎樣去享受這一段路程，這才是真正的「合」。當你了解了「合」，你才可以知道什麼叫「離」。如果你不了解「合」，你也沒有辦法了解「離」；相同地，如果你沒有真正地了解「離」，你也不會真的很珍惜這個「合」。

一樣都是婚姻的議題，你懂得如何經營婚姻嗎？還是最後會走到離婚的地步呢？這就相當考驗著一個人的智慧。

一般人不太知道「離婚」到底是怎麼一回事。我有諮詢過一對情侶，他們結婚之後，就是這樣一路吵吵鬧鬧、分分合合，一樣經過結婚的磨合期，先生一直很愛老婆，老婆也是很愛先生。可是，在四年後的某一天，老婆突然說：「我們離婚吧！」那先生聽了下巴差點掉下來，因為他從來沒有想過這件事情，他也沒料到老婆會講這句話，也從來沒有想過有一天自己的婚姻會亮紅燈。

那麼，這四年多來，到底發生了什麼事情？

就是在提到離婚的這一刻，他在心裡突然：「哇！」地吶喊了一聲，彷彿遇到了十級的大地震。這個丈夫的感覺是很突兀、很莫名其妙，而且非常地震驚、非常非常地錯愕。他心裡有很多的對白：

「我是真心愛妳的。我對你這麼好，我做錯了什麼？」

「我給妳這麼多錢，每天接送妳上下班，我為妳付出這麼多，無怨無悔……」

「我工作這麼忙，每個週末還是都跟妳在一起，每個晚上都跟妳同床，我每天都迫不及待回到家跟妳在一起……」

過了這麼多個日子之後，突然有一天，對方莫名其妙地說：「唉～我們離婚吧！」這就可想而知，發生什麼事情。

可見呢，先生從來沒有想過離婚這件事情，也沒有真正地了解過離婚，也因為這樣，他也相對地沒有真正地珍惜過結婚這件事情，也沒有真正地了解過到底什麼叫做結婚。

什麼是老婆要的？

什麼是老婆心中想的？

怎樣的婚姻才是讓兩個人都滿足的？

日子過得好好的，你也很愛她，怎麼她會突然有一天這樣說呢？

在婚姻裏面，有很多的漏洞、很多的錯誤，是過去未曾發現的，所以當要面對離婚的時候，你才會覺得非常地突兀。這塊你未曾注意的地方，也是我們真正希望去探討的部分。我希望藉著這樣的探討，讓讀者真正了解什麼叫離婚，同時也才能夠真正地了解什麼叫結婚。

千萬不要不見棺材不掉淚，等到已經挽救不了的時候，才來想該怎麼救的問題。如果平常就注意這些細節，就不會有這種「出乎意料」的亮紅燈，就跟健康的問題是一樣的。如果你知道要吃飽睡好，知道在怎樣的狀況身體會出什麼問題，怎麼保養身體才會健康，就應該明白怎樣去照顧身體。在好好照顧身體的情況下，人應該是健康的，氣色是對的，身體是運作正常的，你的感覺應該是很舒暢的，相對之下，體重、血壓、肝指數也在控制範圍內。

如果你平常都不管它，天天抽菸、喝酒、熬夜、亂吃東西，那些不應該做的事情全都做了，等到有一天健康檢查開了紅盤，什麼高血壓、糖尿病、癌症等等都來了，才在想該怎麼辦，叫天天不應，叫地地不靈，那時候就準備見棺材了。

維持婚姻的道理，跟維持健康是一樣的。當你能夠了解什麼樣的狀況下婚姻會出問題，多多少少會有警覺作用。有一些常識還是比較重要的，這些知識是很穩定的力量，能夠了解離婚，你才能夠真正擁有幸福的婚姻。

離婚黑皮書

讀者回函卡

對我們的建議：

郵票請帖於此，
謝謝！

台北郵局第118-332號信箱
P.O. BOX 118-332 Taipei
Taipei City 10599 Taiwan(R.O.C)

創意出版社　收

封 口

離婚黑皮書

讀者回函卡

謝謝您購買我們出版的書籍，請您抽空填寫這張讀者回函，並延虛線剪下、對摺黏好之後寄回，我們很重視您的寶貴意見，謝謝！

@基本資料

◎姓名：______________________________

◎性別：☐男　☐女

◎生日：西元 __________ 年 ________ 月 ________日

◎地址：______________________________

◎電話：__________　E-mail：______________________

◎學歷：☐小學　☐國中　☐高中　☐大專　☐研究所（含以上）

◎職業：

☐學生　☐軍公教　☐服務業　☐金融業　☐製造業

☐資訊業　☐傳播業　☐農漁牧　☐自由業　☐家管

☐其他______________________

◎您從何種方式得知本書？

☐書店　☐網路　☐報紙　☐雜誌　☐廣播　☐電視　☐親友推薦

☐其他

◎您喜歡閱讀哪些類別的書籍？

☐商業財經　☐自然科學　☐歷史　☐法律　☐文學　☐休閒旅遊

☐小說　☐人物傳記　☐生活勵志　☐其他

◎您對本書的意見：

內容：☐滿意　☐尚可　☐應改進

編排：☐滿意　☐尚可　☐應改進

文字：☐滿意　☐尚可　☐應改進

封面：☐滿意　☐尚可　☐應改進

印刷：☐滿意　☐尚可　☐應改進

國家圖書館出版品預行編目(CIP)資料

離婚黑皮書 / 陳海倫作. – 初版. –- 臺北市 ：
創意, 2012. 03
（創意系列；16）
ISBN 978-986-87321-5-5（平裝）
1.離婚

544.361 101003538

創意系列｜16

離婚黑皮書

作者｜陳海倫
責任編輯｜劉孝麒
美術編輯｜王尹玲

出版｜創意出版社
發行人｜謝明勳
郵政信箱｜台北郵局第118-332號信箱
P.O. BOX 118-332 Taipei
Taipei City 10599 Taiwan(R.O.C)

電話｜(02)8712-2800
傳真｜(02)8712-2808
E-mail｜creativecreation@yahoo.com.tw
部落格｜first-creativecreation.blogspot.com
印刷｜世和印製企業有限公司

定價｜380元
2012年3月初版

創意書籍1

總裁說

這是一個什麼樣的團體？為什麼充斥著三教九流的「流氓」，路上撿來的「破銅爛鐵」，最後是矢志守護彼此「情同手足」，而且以服務為人生目的？這是一個怎麼不一樣的總裁，讓員工每天不停的說謝謝？這是一個怎麼不像總裁的總裁，讓員工說她是「媽中媽、娘中娘」？
想看見真正「待員工如家人」的老闆，想知道世界上真的有人不折不扣的做到，千萬不要錯過這本書——你會看見世界上真的有奇蹟。

創意書籍2

世紀大媒婆

情深似海的世紀大媒婆，將告訴你（妳）——為什麼你不想結婚？為什麼結婚之後，可以開始真正自由？為什麼婚姻不好，人生不會真正好？為什麼戀愛是結婚以後的事？作者陳海倫女士，多年來促成對對幸福佳偶的豐富經驗，讓她成為「作媒」這門藝術的專家，並且有一套獨特的婚姻哲學、以及經營美滿婚姻的方法。許多朋友殷殷垂詢，現在陳海倫女士終於完成這本書，讓更多對這個人生重要課題，有探索需求的朋友，可以更立即得到回覆。

創意書籍3

從友達到心橋

一位身價千萬的友達工程師，從惶恐的社會新鮮人，一路踏進當今最夯（厂尢：流行，熱門的意思）的產業，一步步看到這個領域的生態、工程師的特性、高科技生活的真實意義；最後驚覺人生方向，已無法與工作結合。目前的工作所形成的生活型態，你滿意嗎？你有沒有忠於自己，去從事一個喜歡的工作？你有沒有想過在三、四十年之後，你的人生會是什麼樣？如果你一直找不到一個可以安身立命的地方，歡迎你來翻翻這本書，相信你最後也會找到屬於你自己的答案。

創意書籍4

我的爸爸陳宗顯

妙不可言的陳宗顯，在岳父眼中是讓人傷透腦筋的懶惰鬼，和妻子春江宛如頑童與訓導主任的關係，在小女兒的眼中，卻是天下最帥氣、最完美的父親。
在小女兒的眼中，她看到了什麼？碰觸到了什麼？兩個獨立的生命，在不滅的心靈淨土互相交會，了解彼此，譜出綿綿細長的人間之愛。
想知道什麼是「愛」，請你不可錯過這本書。

創意書籍5

陳顧問時間

顧問 這份工作就像叩鐘。對方敲下去的力量有多重，回應的聲響就會有多大；所以，很多問題的答案要看問問題的人怎麼問。
在這本書裡，作者陳顧問將曾經被回答過的部分問題，蒐集被諮詢者的一些資料讓大家參考。你會發現不同的人問一樣的問題，可能會得到不一樣的解答，重點是在於每一個人都有他的空間，並找到屬於他自己的答案。人生有很多問題不是數學題，不是套公式、計算 物線一樣，用同一個公式就能把答案套出來，這一點是作者要特別強調的。

創意書籍6

新娘訓練班

《新娘訓練班》是塑造一個婚禮女主角的過程解說。書裡節錄了十四位新娘的故是，把塑造過程分析、展現出來，給觀眾了解每位新娘演這部戲的過程，在結婚之前是經過怎樣的努力、如何的訓練，造就之後她在婚姻上的成績。過程自然因人而異，每個人有每個人的特色，每一個新娘都有她自己的 心酸血淚 ，書裡都會把它記錄下來。 新娘訓練班 的存在，讓單身者至少對於「嫁娶」有了方向，也增加許多信心，不會完完全全地那麼絕望，連想學都沒地方學。

創意書籍7

媒情舞台

媒情，主要的意思是指作媒的這份感情，也是指作者對於作媒的這份感情非常深厚。至於舞台，是因為作媒所創造出來的一個平台，不管是空間上、平面上、心靈上或實際人生的領域，當這個舞台創造出來之後，就會有很多的男女主角出現。
《媒情舞台》要讓許多想走進婚姻的這些男男女女，不管是單身的、離過婚的、有戀愛經驗或沒戀愛經驗的這些人，經過這個舞台，第一次或是再一次跨進婚姻這道門檻裏面，得到幸福。

創意書籍8

陳顧問時間2

當你閱讀這本書之後，你會發現自己本來就有很多的問題。然而，在進步之後，又會發現更多的問題，因為這些問題你以前沒看到。
「那我如果變得比較厲害一點，我一定就沒問題了。」錯！當你更有能力的時候，你的問題就更大。就譬如說，當你有能力可以飛到月球的時候，你就會想飛到火星，你就會想下一步，那問題就更大。
人生的重點，不在於你沒問題。解決大問題，獲得大幸福；解決小問題，獲得小幸福；沒問題的人，也不會有幸福。

創意書籍9

我是如何失敗的

擁有超過二十年企業管理經驗的陳顧問，事業成功，婚姻美滿。很難讓人想像，也曾經窮困潦倒到身無分文，甚至婚姻愛情亮起紅燈，偌大的公司卻無生意上門。這些經驗，她決定藉由新書《我是如何失敗的》，提供讀者作為借鏡，並以十年作為一個階段，告訴你：成功有它的條件，失敗更有它的原因。有的人失敗一次，便一敗塗地，有的人卻越挫越勇，將危機化為轉機，成就下一次的成功。一樣的失敗，不一樣的人生。《我是如何失敗的》要告訴你：失敗並不可怕，可怕在於你不知道你為何失敗。

創意書籍10

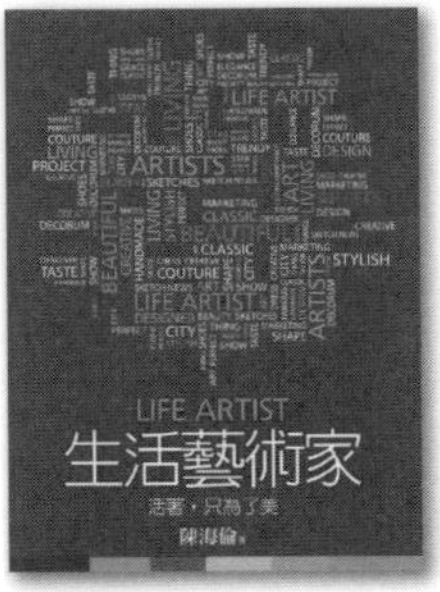

生活藝術家

這本書裡，有很多陳海倫顧問個人的看法與詮釋。身為一個生活藝術家，作者倡導每一個人去享受生活，鼓勵每一個人以藝術的態度跟眼光去看待人生。在這個物慾橫流、經濟跟金錢掛帥的社會環境下，非常努力地鼓勵人們從各個層面上去感受生活，並且表達出每一個人生活上的感受，作者用各種所知道的層面來跟讀者分享，希望把生活藝術家的態度跟精神推廣出去，鼓勵大家享受生活，在生活裏面有更多的空間去進步成長，把生活變得更美麗，而不是一種水深火熱的痛苦，這也是身為一個生活藝術家的使命。

創意書籍11

等你一千個日子

這個「一千個日子」，只是代表性的字眼，是兩個人之間的真實故事；是作者陳海倫跟另外一個人之間產生的生命火花，是屬於她與本書裡二十二個人之間非常特別的等待日子。

這種等待的心情，雖然常常只是一廂情願、毫無條件的等待，最後往往卻有無以言喻的收穫，價值連城。在等待的日子裡發生過的感動，當中有許多説不盡的情感，有許多人與人之間的情誼；為了要讓這個美麗的過程留下來，所以，這本書就這樣出現了。

創意書籍12

如何撒嬌

人之於生活，就像是魚在水裡。有一種人，他明明在水裡，可是他不覺得自己在水裡，他跟這個世界彷彿是分隔開來的。當不能與生活融合的時候，人是不能感動的，你會覺得溝通是冰冷的，人與人之間親近不了。人與人之間的相處，不是靠學歷或是金錢或是講道理才能親近，而是「舒服」兩個字，最好的方式，就是「撒嬌」。在這本書中，作者除了告訴你該如何撒嬌、撒嬌有什麼好處，也讓你知道你為何不敢撒嬌，徹底擊破你內心深處的那道防線，讓你恢復人際關係更圓融的能力。

創意書籍13

有情人

《有情人》這本書的目的，除了要處理結婚的課題之外，還延伸到兩性之間的範圍，包括結婚之前要處理的問題，以及婚後的生活。

對於還沒結婚的人來説，這本書的目的很簡單，就是要你鼓起勇氣去結婚。至於新婚的人，也許正處在強烈撞擊的磨合期當中，這本書也能夠幫你釐清千頭萬緒，看清楚前所未見的事實真相。藉著《有情人》這本書，你可以解決許多感情上的問題，找到感情幸福的真諦！

創意書籍14

有情人II

我們所學的所有知識，都只為了探討人生的真相，都只為了知道事實，但是為了探究這些事實，確實是很昂貴的，你要付出很大的代價。也許你花了一輩子的時間，還不知道自己是怎麼失敗的，甚至在有些時候，害你的人是你過去以為人生中的恩人，或是對方是真的很愛你，但是他用錯誤的方法愛你，反而變成害你。如果對愛情的真相了解甚少，你當然會失敗。《有情人II》讓你真正的去體會愛情，慢慢的去抽絲剝繭，找到愛情的真相。

創意書籍15

敗犬站起來

在敗犬的內心深處，不斷地眺望著幸福的彼端，卻又怎樣都沒辦法踏上那條康莊大道。這些人把自己關在一個自己設計的監牢裡面，有著難以攻破的心防。可想而知，敗犬們的內心是非常痛苦的。可悲的是，許多的敗犬並不會承認自己有什麼失敗。這些感情生活上不斷在拉警報的人們，心中的焦慮跟徬徨與日俱增，卻又找不到出口；明明很生氣、很抑鬱，卻又查不出理由。所以，藉由這本書，特別針對這個普遍的社會現象來探討一下，敗犬們到底發生了什麼事情。

創意書籍16

離婚黑皮書

關於婚姻，你要先了解一件事：既然你能結，就能夠離。如果你沒有真正地思考過「離婚」這件事，你並沒有完完全全擁有婚姻。這是另一種逆向思考——當你真正地想過「離婚」，當你可以坦然面對「失去」的時候，你才可以真正的「擁有」。可是，就算你對婚姻的態度很認真，還是可以去了解「離婚」到底是怎麼一回事。了解「離婚」，不管對一個結過婚的人或是沒有結婚的人，都是非常正面的態度，這也是我要出這本書的主要原因。

400年

占星藥草千方

西方順應自然之道的疾病療治實踐

尼可拉斯·寇佩珀（Nicholas Culpeper）/ 著
林柏宏 / 譯

Culpeper's English Physicran, and Complete Herbal

Mystery.47

400年占星藥草千方

西方順應自然之道的疾病療治實踐

原著書名 Culpeper's English Physicran, and Complete Herbal
原書作者 尼可拉斯・寇佩珀（Nicholas Culpeper）
譯　　者 林柏宏
書封設計 林淑慧
特約美編 李緹瀅
特約編輯 王舒儀
主　　編 劉信宏
總 編 輯 林許文二

出　　版 柿子文化事業有限公司
地　　址 11677臺北市羅斯福路五段158號2樓
業務專線 （02）89314903#15
讀者專線 （02）89314903#9
傳　　真 （02）29319207
郵撥帳號 19822651柿子文化事業有限公司
投稿信箱 editor@persimmonbooks.com.tw
服務信箱 service@persimmonbooks.com.tw

業務行政 鄭淑娟、陳顯中

初版一刷 2023年07月
定　　價 新臺幣499元
I S B N 978-626-7198-46-9

網路搜尋 60秒看新世界

～柿子在秋天火紅 文化在書中成熟～

國家圖書館出版品預行編目(CIP)資料

400年占星藥草千方・西方順應自然之道的疾病療治實踐 / 尼可拉斯・寇佩珀（Nicholas Culpeper）著；林柏宏譯. -- 一版. -- 臺北市:
柿子文化, 2023.07
面；　公分. -- (NewLife；47)

譯自：Culpeper's English Physicran, and Complete Herbal

ISBN 978-626-7198-46-9(平裝)

1.CST:藥用植物 2.CST:植物性生藥

418.52　　112004692

我諮詢了我的兩個兄弟
「理性博士和經驗博士」，
並乘船去拜訪了我的母親「大自然」，
透過建議，加上「勤奮博士」的幫助，
我終於實現了我的願望；
並且，在我們這個時代的陌生人
「誠實先生」的警告下，
將它發布給全世界，我做到了。

導　讀

《400年占星藥草醫典》與《400年占星藥草千方》是成書於近四百年前的跨領域著作——占星學和藥草學兩大學科的結合，為十七世紀大學者尼可拉斯・寇佩珀一生的研究成果和代表作。當時正處「榮光女王」伊莉莎白一世時代，大致是英倫學者匯集的初期，不久後出現正式的皇家學院，像是仍然篤信占星學和煉金術的牛頓即為其中的院士。

尼可拉斯・寇佩珀是一位道地的占星師，他和占星史上著名的占星師威廉・李利（William Lilly）合作發表過一些預測。當然，尼可拉斯・寇佩珀最負盛名的是，身為當時的權威植物學家和醫藥學家，他以豐富的學識寫下廣為流傳的全民藥典，影響了當代，也引領後世，在藥草界奠定了不可動搖的地位。至今仍然是最完整記載藥草及其特性和療效用途的文獻，現代研究西方傳統藥草學或自然醫學者，都需要拜讀這部經典。

遠於兩千多年前，西方「醫學之父」希波克拉底即有名言：「缺乏占星學知識的醫生，沒有資格自稱為醫生。」這句話開啟了醫學和占星學結合的觀念，只是一直沒有形成完整和具體的系統。

倒是淵源久遠的「四體液學說」以及古希臘哲人提出的「人體三種靈氣論」，流傳和盛行在醫學界中。這些理論經由古羅馬的醫學家和思想家蓋倫（威名遠及後來阿拉伯世界的「醫聖」）發揚光大，將四體液說進展為「氣質論」，將人體靈氣結合生理構造和解剖學，並認為生命之源是以類似「氣」的形態活動。

直至尼可拉斯・寇佩珀，不僅集前人之大成，也突破傳統而創新，將蓋倫的醫學體系和占星學巧妙地融合，所有植物都分別對應明確的行星統轄，行星和星座掌管的人體部位更細節化，甚至連疾病也有占星上的屬性。

如此，終於完成最初希波克拉底的醫學理想，也樹立了植物學、藥草學和醫學的里程碑。對占星界來說，也是在他之後，藥草學奠立了完整而直接的占星學配置。此部近代歐洲最詳細的醫學占星術原理和實踐文本，於是被視為占星史上的經典著作。

如果只瀏覽目錄，或許找不著占星學的成分，實則已融入於細項當中：

《400年占星藥草醫典》的主要內容是第一單元《認識藥草》，羅列了三百多種藥草並詳盡解說，幾乎就是完整的藥典。從藥草植物名稱的說明開始，在「形貌」中詳細描述構造和特徵，確保讀者能正確辨識。重視植物生長環境的時空作用，「生長地」詳載植物的產地和生態，和對藥性作用的影響。「生長期」描述成長周期和應用時的採摘時節。「藥性及主司星辰」這個項目是要點所在，完整介紹藥草的藥理和屬性，述及滋補和療效，就連香氣也沒有遺漏。最重要的是，每種植物的占星歸屬配置，並詳及摘採、製作和施用時如何配合星象的方法。

第二單元《藥方的製作》統合說明，如何從植物轉變成為藥草製品的方法。在〈單方藥草及其汁液採集、乾燥與保存〉這章中，以植物的部位歸類，花朵、根莖、葉片分別有不同的方法。接著進入〈複方藥劑的製作與保存〉一章，由於真正實際應用的藥劑都不會是純粹的單方，所以這章節便從各種藥劑的形態和分類（蒸餾液、湯劑、糖漿、藥油、軟膏、藥錠等等）來歸納製作和應用方式。如此便完整的統合了藥草學基本知識，這部分的內容比例不是很多，但仔細研讀後，會學到非常豐富的知識和概念。

《400年占星藥草千方》著重於原理，第一單元《人體本能與藥物治療》是最重要的體系設定，講述人體本能和部位所歸屬的行星，疾病也有不同屬性而配置給行星。於是能與《400年占星藥草醫典》的藥草行星屬性相對應，幾個環節結合成為一個體系，並且據以應用。〈占星醫療與人體本能〉論述各種〈本能〉和〈司轄〉與行星的對應。最後，繼續以「藥品配置」統合醫療應用法，也就是如何判別疾病，再選取不同的藥物來治療。主要理論是：根據患病處找到該人體部位統轄行星的對應藥草，而疾病屬性則求以對立的行星加以抗衡，附帶述及其他使用原則。〈藥物的療效〉則列舉各種類別草藥的適用疾病或症狀。

第二單元《單方藥劑》其實是更細的講究藥草理論，在前面占星和療法學理講述完後的進一步闡發。分以〈根部〉、〈樹皮〉、〈花朵〉、〈果實〉，〈種子〉、〈動物〉、〈礦物〉等章節，各自以學理將單品植物分類歸於更細的「種類」，「寒熱屬性」項目則以「寒」、「熱」、「濕」、「燥」四種屬性加上等級，將歸屬的植物藥草羅列其中。「身體部位的適用性」就不同部位列出適用藥草。「醫療作用」項目是以藥性作用方法：「收束」、「緩和」、「分解」、「祛風」、「利尿」、「抗毒」等分類羅列藥草。

接下來的第三單元《複方及其他各類藥劑》述及更詳細的複方藥品，有〈酊劑〉、〈精油〉、〈藥酒〉、〈藥丸〉、〈藥錠〉、〈蠟布〉、〈藥膏〉等等，分章敘述各種藥品特性以及應用「功效」。

最後是第四單元《蓋倫的醫療法要點》醫學上的一般應用，內容其實是理論的統合，使用的原則方針和注意事項。〈關於藥物的屬性〉理論性地闡述「平性」和「寒性」、「熱性」、「濕性」、「燥性」各級藥物的不同用途與效果。〈關於藥物的適用症狀與身體部位〉則講述該怎麼根據行星配置和藥草屬性選取藥物。〈關於藥物的應用效果與作用〉論及藥物「收束」、「緩和」、「分解」、「祛風」等不同的作用方式應如何使用。〈最後的補充建議〉則是根據各部位不同疾病的屬性論斷藥物療法。

至此即能明瞭，兩冊書中看起來頗似有重複的部分，其實是理論與應用層面相互呼應。《400年占星藥草醫典》是最基礎與後端知識，《400年占星藥草千方》是理論運作和前端應用，兩冊可視為兩門知識，相互分工又缺一不可，融為完整的體系。個人建議也可以倒著章節順序來閱讀，尤其適合在初步瀏覽時，對於了解全貌重點和加深興趣會有幫助。之後重新閱讀的深刻學習，則按照前人既定的順序來閱讀。

對於學習科目，以歷史上重要著作打底是很重要的，本書的出版也有助於完成占星傳承的歷史拼圖，由此了解到占星學的博大精深，見證占星理論的應用和思想的融入各領域。

從其中細節也能有更深理解，例如

書中的重要原理都是和占星理論結合在一起的，藥性相關的章節也揭露較不為人知的占星發展環節——「寒」、「熱」、「濕」、「燥」四種性質的綜合應用，占星的四元素（星座的四象屬性或三方宮）在古典時代就是四種屬性的再組合，原來這套觀念早就深入許多領域，並形成連貫。

這部著作本身就是藥典，有如西洋版的《本草綱目》，而主要玄學理論是占星，有如中醫以五行為根據。然而，卻又不只是藥典，經過作者加以理論化和系統化，西方傳統醫學和藥草學統合為一個體系脈絡。由此，也能體悟人類思維的演變，一窺人類歷史上醫藥進展的某個進程，明瞭傳統和現代的轉折在於觀念演進而不是截然劃分的。

玄學和科學之間的分際也是一樣，在作者的時代雖然仍是模糊的，但當時的大學者都身懷占星絕技，縱使現今被視為科學領域內的學者也不例外，作者和牛頓便都是典型的範例。如同這部著作對於藥草信息的記載，歷經數百年的時間驗證而仍熠熠生輝，並為當今許多知識的基礎。書中的許多內容或觀念，並不牴觸現代藥物學發展，而是成為轉折依據和關鍵。

如果你想了解更多關於藥草或自然療法知識，甚至尋求學習和應用，都是這些領域的重要資源。對植物、藥草及其各式用途感興趣的人來說，像是精油、芳療領域，甚至研究藥草塔羅，這都是重要的參考書。占星學研究者、喜愛泛藥草領域和沉浸身心靈領域的大眾，都應該來讀這套書。

星宿老師Farris Lin林樂卿

占星協會會長

推薦序

藥草學習者們一定聽過寇佩珀說過的「缺乏占星理解的醫療，就像無油之燈」這句話，但對於藥草與占星的結合，許多人仍不得其門而入。看到《400年占星藥草醫典》與《400年占星藥草千方》中譯本出版，令我雀躍不已。我想這套書將會為古典占星醫學吸引來更多學習者，尤其是手上能夠有這一本十七世紀的原典，是很幸運的事。這套書的上冊《400年占星藥草醫典》收錄寇佩珀所收集的各種藥草用法、行星屬性、藥方製作，下冊《400年占星藥草千方》記載各種醫療概念、藥劑複方應用，交織兩冊書之中的臨床處理實例，都是實踐藥草療癒者的參考素材。

但私以為《400年占星藥草醫典》與《400年占星藥草千方》這兩冊最精華之處，在上冊最後一頁，短短一段文字描述占星醫學的七個要點，提點占星術者如何連結占星與藥草。即作為療癒工作者，必須理解個案的出生命盤，容易生什麼病，可以利用上升星座主星的特質來補強身體，並理解個案症狀的行星屬性，病灶在什麼器官，是由哪個行星主宰，該行星落在個案的哪個宮位。也就是說，星盤給予療癒者一個個案體質的藍圖，作為推敲配方的出發點。

例如，個案主訴發炎熱如火星，那麼以冷靜的月亮或金星藥草予以降溫消炎；又或者病灶在消化道，是因命盤中月亮在六宮使然（六宮代表導致健康受損的因素），易因情緒緊張胃痛，此時運用反感醫學（anti-pathetic medicine）概念，選相對的行星屬性藥草；緊張胃寒，就用熱性的太陽、火星藥草（香料類）暖腸胃，反向操作恢復平衡。

讀到這裡，讀者或已聯想到這與中醫「調體質」概念相近。確實，在十七世紀之前，理性主義與現代實證醫學尚未興起時，西洋醫學哲學其實與國人熟悉的中醫非常近似。寇佩珀主張包括採收、用藥，甚至治病擇時都應參考星辰相位，這些也與中醫衡量經絡運行、子午流注，以紫微斗數推命看健康或疾病有異曲同工之妙。

占星醫療的精神，最終回到全人醫學觀——「As above, so below.」天象與人體有所對應。藥草師治療的不是病，是人，是個案身體在失衡時呈現的狀態。療癒者工作目標在於幫助個案恢復平衡，星盤則是協助療癒者找到使力點的工具。

本套書中記載的是十七世紀的寇佩珀顛覆當時醫界，把被壟斷的專業內容重新以白話文撰寫的豐富醫學知識，讓身體有病痛的一般人也能自己摸索開出配方。相信有志獻身於藥草療癒工作者的大家，也能透過此書更上一層樓。

女巫阿娥
芳香療法與香藥草生活保健作家

我第一次接觸這套書，其實是在二十二年前，但直到今天，它仍舊是重要的案頭參考書，甚至改變了我個人對療癒的觀點。對身處芳香療法領域的人而言，寇佩珀的大名如雷貫耳，絕對是重量級的存在，中譯本能在初版三百七十多年後成功問世，不僅是意外的驚喜，也符合作者的原始動機：知識不應該被少數人獨佔把持。

如果你對寇佩珀感興趣，卻礙於語言門檻，之前遲遲無法接觸原典，千萬不要放棄閱讀中譯本的機會。事實上，十七世紀的人們也有著一樣的煩惱，過去一切醫療典籍全用拉丁文撰寫，必須受過高等教育才看得懂，而以白話英文寫成的這套書（《400年占星藥草醫典》與《400年占星藥草千方》）完全打破了壟斷局面。

這是以普羅大眾為對象的自救指南，通俗易懂，好似作者本人對著你說話。寇佩珀深信「每個人都是自己最好的治療師」，他放棄艱深術語，用詼諧、諷刺的筆風，系統化介紹天然藥劑，甚至完整描述製作方法與流程，甚至連用法和劑量，都鉅細靡遺。由於曝光太多業界機密，其他醫師和藥劑師簡直氣到跳腳。

為何寧願槓上公會，也堅持寫這本書呢？他是小蝦米對抗大鯨魚的革命家，徹頭徹尾的反權威人士，是充滿反叛精神的先驅，總之非常Rock。他最討厭巨獸般的組織規條，也不贊同有什麼不破的理論。後世用「權威」或「經典」來形容這本書，其實反而過譽了作者初衷。

雖然說話尖酸得罪一堆人，他卻為貧困平民開設門診，只賺微薄藥錢，甚至不收分文。這套書呈現了大量臨床醫案的經驗累積，對植物也有深入且全面的實際觀察。

寇佩珀主張「一方土養一方人」，一塊土地自然會長出最能治療當地居民的花草，與其仰賴昂貴的進口神藥，還不如認識自己腳邊的本土植物，為此他走訪英國各地，從農人和耆老那裡，收集和藥草有關的鄉野習俗，將民間智慧保留下來。這些看似混亂的大量資訊，最後被拿來對應占星術，整理成一套完整的治療體系。

寇佩珀說過：「缺乏占星理解的醫

療，就像無油之燈。」而他也承認，占星模型可以幫助我們記憶藥草特質，並且系統化的認識人體和大自然如何運作與互動。在他眼中，占星並非古老迷信，而是理性主義的象徵。

寇佩珀只活了短短三十七歲，卻塑造出現代自然療法的整體風貌。不曉得這位菸酒不離手、大膽浪漫的熱血青年，在仰頭觀察星空、低頭觀察花草之時，是否曾經預見自己的著作，居然會在三百七十多年後，還持續在影響後代的我們呢？

許怡蘭Gina Hsu
華人芳療圈知名講師及作家

原版序

尼可拉斯・寇佩珀致讀者的信

許多談論藥草特性的作者，皆完全未解釋為什麼該將某藥草用於人體的某一部位，也沒有指出它為何能治癒該疾病。老實說，我自己本身病弱，也因此我理所當然能夠了解，健康是塵世間所有福祉中最為寶貴的，未曾生病的人確實難以體會。

有此認知後，再加上我認為所有藥物都是由藥草的根部、花朵、種子等製成的，這樣的想法使我開始先著手研究單方草本的性質，而其中大部分我以前就已識得其外觀了。

確實，我能讀到的所有書籍都令人不甚滿意，或者可說是毫無認同之感。他們的話語不能令我信服，也無法因為他們所說的而去相信某件事，真希望每個人能同理我心，努力為他們所說或做的每件事找出合理的說法。他們說理性使人有別於野獸，如果是這樣，請問他們為何不自己做理性評判，而只是引用前輩學者的話？

這些作者之中，也許有些人知道自己引述的原因，也許有些人並不明白其中因由，但那對我們來說代表了什麼？我們自己知道嗎？

我一開始寫這本書的時候，為了滿足自己的求知欲，便從我曾擁有或可能得到的論述文獻中，找尋最好或最受認可的來索求解答，以汲取凡俗常見之藥草、植株和樹木等植物的療效知識。

這樣做之後，我開始研究起它們背後的原因。

我很清楚這整個世界，及其中的每件事物都是由對立元素組成的，而它們能恰如其分地處於協調的狀態，即顯示了至高上帝的智慧和力量。我也很清楚，這受造的一切雖然由矛盾構成，卻是一個整體，人類是其縮影；我知道人在疾病和健康方面發生的各種作用是自然產生的（儘管上帝可能還有其他神祕的旨意），來自於小宇宙（The Microcosm）的種種變化影響；而且我也清楚，病因是這樣，治療方式也必須如此。因此，懂得草藥施用之道者，也必須以占星學者的眼光抬頭仰望星星。

我總是發現病症會隨著星星不同的

運動而變化。人們認為，藉著這樣交互影響，就足以教人明辨疾病成因，然後找出藥草、植物等發揮藥效的原因。但是，在我所讀的東西裡幾乎找不到這樣的作者，反而盡說些「雞蛋裡充滿肉」之類的胡謅矛盾之語；這實在很令人不快，更別說有任何用處。我向兩位親愛夥伴——理性與實證，尋求建議，並造訪天生自然的萬物之母，在她的建議以及勤奮之力的幫助下，我終於達成了自己所希望的——誠實，而今生早已與我形同陌路者向我提出了忠告，要我將研究成果向世界發表，這我已經做到了。

但是你或許要問，既然有這麼多赫赫有名和學識淵博的人已經為這主題進行著述，遠比我做的還要多，究竟還有什麼需要我寫呢？

對於這個問題，我的回答是，無論是傑拉德（Gerrard）還是帕金森（Parkinson），或者任何曾經寫過類似著作的人，都沒有為他們寫的內容給出嚴明的緣由解釋，除了在傳統的學院中訓練醫科新手，教他們像學舌鸚鵡般因襲前人外，就別無其他了：書的作者這樣說，因此就是真的。

如果所有的作者所說皆為真，那為什麼他們會彼此矛盾呢？

在我的書中，如果你用理性的眼光來看待它，那麼你將看到被寫下來的一切都有其原因，進而可以讀到醫學的基礎和依據。你可以了解自己在做什麼，以及為什麼要這樣做；我是這種做法的創始者，（就我所知）在這世上以前從未有人如此做過。

我現在只寫兩件事，然後就可為此序言作結：

第一，本書帶來的好處和利益。

第二，本書的使用說明。

從第一點來說，此書可提供的好處利益不少，或可說一個聰明的讀者能從中受惠良多；關於其優點的所有細節，若要我全數列出的話，恐將使我這封信和我的書一樣厚重。在此，我僅列舉一些主要重點：

1. 在本書中可以看到造物令人讚嘆的和諧，從星辰對藥草植物和人體的影響可見，造物的一部分是如何為另一部分服務，而一切都能為人類所使用，在這受造的一切中彰顯了上帝無限的力量和智慧；《聖經》將為他們驗證，〈羅馬書〉第一章第二十節有言：「自從造天地以來，神的永能和神性是明明可知的，雖是眼不能見，但藉著所造之物就可以曉得，叫人無可推諉。」或者詩人勸誨之言更好：「因為神未曾稍逝於你的念想，一草一葉皆遍印其形象。」
的確如此，上帝已將祂的形象鐫印在每個生物上，因此虐待生物是巨大罪孽，但如果我們細思每一種藥草的優點和作用中都有造物的和諧，那麼還會有多少上帝的智慧和卓越對我們顯示呢？
2. 據此，你便可知道亞當在純潔無罪時所擁有的知識是怎樣無窮無盡，他每觀察一生物，就能夠根據其性質為其命名。知道了這一點，也許就明白自己已多麼墮落，但你也能因此更加謙卑，因為你對此是如此愚昧無知。
3. 如果你想從正確的起點開始，那這裡就是你從事醫療研究的正確入門之法，因為你可從本書獲得所有醫術的原理。我之前已在一些占星術講義中寫過這些知識，我審讀後印製了《占星疾病論》（*Astrological Judgment Of Diseases*），其中講述什麼行星會導致哪種疾病，以及如何找出致病成因來自什麼星辰；在本書中，你會知道藉由什麼行星的交感作用或反感作用來治病。從這裡導向我最後要說明的，即本書的正確使用方法。

第二，本書的正確使用方法。

在此讓我以幾句話表明前提，這本書所列藥草、植物等都在與其行星和諧對應的狀態。因此——

1. 首先，考慮什麼行星導致了這種疾

病。你可以在我前述的《占星疾病論》書中找到參考依據。

2. 再者，考慮是身體哪一部位受此疾病困擾，以及病痛是發生於肉體、血液、骨骼，還是心室中。
3. 考慮身體的患病部位是由哪顆行星主管的。我的著作《占星疾病論》也能提供此資訊。
4. 知道了引起疾病的行星，你就可以用與之對立相沖的行星所主司的藥草來對抗疾病；就像水星藥草可治木星造成的疾病，反之亦然；發光星體（The Luminaries）所致疾病可由土星藥草來醫治，反之亦然；金星藥草則可治火星引起的疾病，反之亦然。
5. 有時可以透過交感作用來治癒疾病，如此每顆星體都可治癒自己相關的疾病。例如，太陽和月亮用它們的藥草治療眼疾，正如土星之於脾臟，木星之於肝臟，火星之於膽囊和黃膽汁疾病，以及金星之於生殖器官疾病。

尼古拉斯·寇佩珀

1653年9月5日，於自宅

斯皮塔佛德區著名的紅獅子旅店旁

致愛妻

愛麗絲・寇佩珀夫人

親親吾愛：

我向全世界發表的作品（儘管遭到一些無知的醫師忌妒）已獲得認同讚譽，所以妳可放心繼續出版我留下的任何東西，尤其是這本傑作，可確保我的朋友和同胞能因此受益，就像我的《倫敦藥方》（*London Dispensatory*），以及那無與倫比之書《天空徵象》（*Semiotica Uranica Enlarged*）擴充版和《英國醫療》（*English Physician*），所帶給他們的一樣。

這些是至高的祕寶，多年來我一直將之保守在自己的心中，然後我通過不斷的實踐習得這些，並藉此在世上維持不墜的聲譽，我深信世人會因為妳向他們提供這些知識而敬重妳。儘管我的生命和研究工作即將告一段落，但今後我的名望將延續且日增，現在我必須對所有陽光下的事物道別了。

永別了，我親愛的妻子和孩子；別了，我深愛的藝術和科學；別了，所有世俗的榮耀；再會，讀者們。

尼古拉斯・寇佩珀

寇佩珀簡介

人民的藥草師

本書作者尼古拉斯·寇佩珀為牧師尼古拉斯·寇佩珀（Nicholas Culpeper）之子，男爵托馬斯·寇佩珀爵士（Sir Thomas Culpeper, Bart）之孫。他曾經於劍橋大學求學，不久之後就成為藥劑師的學徒。他將自己所有閒暇時間都投入醫學和占星學研究上，後來精通此道，並在斯皮塔佛德區的紅獅子旅店——以前據說是伊斯靈頓（Slington）和斯特普尼（Stepney）之間的中途歇腳客棧（如下圖所示）旁開業。他在此行醫經驗頗豐，許多人向他尋求建議，他會免費為窮人診治。

占星術醫生歷來備受推崇，我們的作者似乎特地鑽研過的那些早期著名醫師，希波克拉底（Hippocrates）、蓋倫（Galen）和阿維森納（Avicen）都認為，如果對占星術一無所知，將會誤人性命。事實上，帕拉塞爾蘇斯（Paracelsus）的做法更進一步，他宣稱，醫師的天職即是治癒病人，應細查星相，在最正確的時刻採集植物等等。

寇佩珀有撰述與譯著數本，其中最為世人稱道者即其《藥草大全》（即《400年占星藥草醫典》與《400年占星藥草千方》），「以占星醫療論述本國（英國）民俗藥草，包含完整的醫療理論或實作方法，從而幫助人保持身體健康，或在生病時為自己診治，由於僅討論英國才有的藥草，所以最適合英國人體質。」

這位名醫聖手於1654年在其位於斯皮塔佛德區的家中去世，而本書將其巧藝與偉業繼續流傳於後世。

* * *

「寇佩珀，此君穿梭林野、翻山越嶺，以求療癒健身之草藥，無疑值得後人感佩。」

——約翰遜博士（Dr. Johnson）

Contents…

Part3 複方藥劑及其他各類藥劑

Part4 蓋倫的醫療法要點——醫學上的一般應用

本書製藥計量單位與公制單位換算
1打蘭：約3.4克
1格令：約0.065克
1吩：20粒，約1.18毫升

Part 1

人體本能與藥物療效

Chapter 1

占星醫療與人體本能

人類本能中除既有的主要本能——繁殖和保育，還有屬於司轄的部分，如吸引、消化、蓄積與排除。

保育本能分為生機、天然和活動的。天然本能孕育出血液、黃膽汁、黏液和黑膽汁。活動本能是理智的和感受的，理智包含了想像力、判斷力和記憶力；感受則包含普遍的與具體的，而具體的感受就是視覺、聽覺、嗅覺、味覺和觸覺。

本文論述的目的是，使人保持思想和理解力的健全活潑；冀求增強大腦功能，維護身體健康，授予人們能力，使其順應自然之道，與之攜手抵抗和驅除疾病。我只論及身心的主要能力，身心若能維持在合適程度，便可使身體保持健康，使心思充滿活力。

繁殖本能

繁殖本能出於原始本性的欲求，不僅要保護個體自己，還要生產出與自己相似的個體，使種族存留在物種中。

此能力蘊藏於「生殖器官」，主要受金星的影響。金星的力量，以及祂的藥草、根莖、樹木、礦物等等，都會使之增強增多。它會被火星及其相關物質削弱和排除，而土星之物更是會將其消滅。欲加強之，則需細察金星的時辰與藥物；欲滌清之，便觀察火星；若要消除之，就要看土星。

保育本能

保育本能分為生機的、天然的與活動的。

如太陽般的生機本能

生機之精氣儲於心臟，由動脈驅動傳輸，受太陽主宰。心臟的精氣對身體而言，就像太陽對上帝所造萬物一樣重要；心臟在小宇宙（Microcosm）中的地位正如同在大宇宙（Megacosm）中的太陽一樣：為受造物賦予生命、光明和動力，對身體的作用也是如此。因為作用相似，所以被稱為身體的太陽

（Sol Corporis），相對的，太陽的別稱則是「天空之心」（Cor Cœli）。

對這種精氣有害且具有破壞性的是土星和火星，而太陽屬性的藥草與植物，對於強化它的效果極佳。

滋養身體的天然本能

天然的機能或本質存在於肝臟中，通常由彷若慈愛之父的木星支配；它的作用是滋養身體，並通過靜脈散布至身體各處。由此滋生了四種不同的體液，即血液、黃膽汁、黏液和黑膽汁。

血液

是由木星掌管，蘊涵於優質的肉體之中，是一種又熱又溼的體液。⅓的血液會轉化為身體的血肉，剩餘的成為精子或卵子養分。血液包含於靜脈之中，由靜脈輸送，傳遍全身。

黃膽汁

更是與血肉緊密相關。它是血液的泡沫，能澄清所有體液，使身體發熱，孕育思慮，正如血液能影響決斷力。黃膽汁性乾熱，如同血液能幫助消化系統一樣，黃膽汁會增強吸引力。它賦予人們勇氣，激勵人們行動。膽汁儲藏在膽囊之中，由火星掌管。

黏液

是從消化不完全的肉所產生的，它增強了排除的本能，可潤滑身體，利於排泄。因為它與大腦的相似性而能強化大腦，但由於反感作用而可能破壞思慮。它會弱化膽汁作用，使心臟清涼溼潤，從而維持心臟和整個身體運作，免受持續不斷運動所產生的熱能影響。存放它的容器是肺部，由金星主掌，也有人說是由月亮掌管，也許它也可以由兩者共同控制。性質是冷而溼的。

黑膽汁

來自血液的沉澱物，涼冷而乾燥，增強了蓄積能力和記憶力；使人清醒、專注而穩定，適合從事研究學習；可抑制住血液使人活潑放縱的作用，壓抑晃蕩不羈的思想，並將其收束於中心。它的容器為脾臟，由土星控制。

這些體液中，最主要的是血液，其餘都是血液所衍生的；但它們都是身體必需的，沒有它們，人就無法生存。就元素屬性而言，黃膽汁為火熱衍生物；黏液是水質的；黑膽汁則屬土地。

影響大腦的活動本能

第三項本質——即活動本能，它位於大腦，水星是其主要象徵星。托勒密認為是月亮象徵著活動本能。我認為，水星和月亮都對它有影響力，理由是：

一，因為當兩者都在本命星盤上，若非加強腦部，便是在阻礙它。

二，無論是來自兩者的或朝向它們的不良導向，都會造成腦部的痛苦，而其良好導向則對腦部有幫助。

月亮的確主宰了腦子的大部分，還有感受的部分；水星則控制智性部分，也就是理性。

如果在本命星盤上的月亮比水星更強大，通常感官就會壓倒理性；但若是水星強而月亮弱，那麼理智常居主導地位，而不受感官箝制。

活動本能分為理智和感受。

理智

理智駐留在大腦裡，在軟腦脊膜（Pia mater）中，通常由水星控制。它又分為想像力、判斷力和記憶力。

想像力位於大腦前端部位；性質乾熱，靈敏而活躍，持續運作著；它從心臟接收蒸汽，將其轉化為想法；無論人睡覺或醒著，想像力從不止息，持續運作。只有當判斷力覺醒時，它才能調節想像力，想像力在判斷力沉睡時隨機且無序地發生，並根據輸送給它的蒸氣性質來形成念頭。水星毫無疑問地是想像力的主宰者。

人可能很容易地清楚感覺到當自身的判斷力沉睡著時，自己的思緒會如野馬般亂跑。

人睡著的時候，判斷力也總是停工，但想像力從不睡覺；記憶有時在人們睡眠時會止息，有時卻不，於是當記憶醒來，而人處於睡眠中時，記憶便回想起思慮生產之物，這就形成了夢；如果記憶沒有醒來進行回想，思想便會保持原貌未變。

這些念頭的構成（睡眠的本質是純自然的）一般受到稱為質性（complexion）的體液特質影響，在人體中占主導地位。如果體液是令人討厭的，它將會一直如此。

因此，通過一個人的夢去確認他的質性是最可靠的規則之一——我的意思是指一個專注或深入於思考的人（這是水星影響想像力最有力的證據，也因為它是反覆無常的，可以套用到任何事物上，就像水星的本性一樣），因為做夢時，想像力將依循其舊有的傾向。若一個人專心在某一事務上，他的思慮將在睡著時發揮作用，並在憂心中發現和他清醒時所知一樣多的事實——也許甚至更多，因為在那樣的情況下，思慮不會受到睜眼所見事物的干擾。

想像力受水星支配並被其影響力增強，這就是關於想像力的說明；而水星在本命星盤的強弱也決定了想像力在人體中的強弱。

判斷力位於大腦中間，這顯示了它應對所有其他機能擁有控制力：它是那小小世界的法官，批准它認為是好的事物，拒絕那些不良的。

它是理性的所在地，是行動的指導者；因此，人行為的失誤都是由於判斷力軟弱失常才發生，因它沒能力正確地辨別事實和表面上的善。它又熱又溼，受木星影響。

記憶力位於大腦後半部的細胞中，是這小世界的重要簿記；作用是記錄已完成、發生過，及尚待執行的事情。

它的性質乾燥、寒冷、抑鬱，因此，憂鬱症患者通常擁有最好的記憶，且在各個方面都最頑固執著。記憶力在土星的統治之下，並受其影響而得以加強，但會被太陽與月亮等發光體清除。

感受

活動本能的第二部分為感受，可分為普遍性與具體性。

普遍感受是一個虛構的術語，它將內在本能賦予所有具體性感受，並將它們編織在一起，整合在軟腦脊膜中。它受到水星的管控（也許這是男人如此善變的原因之一），其作用是維持感官之間的和諧。

具體感受有五，即視覺、聽覺、嗅覺、味覺與觸覺。這些感覺藉由普遍感受力在大腦中統合為一，發揮作用時則分別處於各自所屬部位與留駐器官。

視覺停駐在眼睛中，尤其是在水晶體中。它的性質寒冷潮溼，由日月兩發光體主宰。出生時命盤中太陽與月亮勢力較弱的人，其視力也總是較弱；如果僅發光體其中之一如此，那麼只有一隻眼睛衰弱。

聽覺駐留在耳朵中；歸土星統治，性質屬於乾燥、寒涼、抑鬱。

嗅覺留駐於鼻子，呈乾熱、膽汁質，這就是為什麼像狗這類凶暴的生物具有良好的嗅覺。它是受火星影響的。

味覺位於味蕾中的舌根處，目的在於辨別哪些食物適合胃，而哪些不適合，就如同腸繫膜靜脈之存在是為了辨別哪種營養適合肝臟轉化為血液。在某些少數人之中的極少數情況下，味蕾與腸繫膜靜脈這兩者並不同調，這就是為什麼有些人嗜吃會令他們生病的食物；這些食物令他們垂涎，而腸繫膜靜脈卻偏偏排斥它們。味覺其性質溫潤，由木星主管。

觸覺被認為沒有特定的承擔器官，而是散布在全身表面，具有各種特性，包括熱、冷、乾燥和潮溼，並且指示出所有具體可觸之物；因為如果僅具單一性質，例如熱，就無法感覺到相反的性質，也就是冷，這對其他性質亦同。它由金星主宰，也有人說是水星，但在水星之下的機率非常低。

四項司轄

四項司轄本能為吸引、消化、蓄積與排除。

吸引

吸引的特性是熱而乾燥的，熱為主

要性質而活躍突出，這是顯然無疑的，因為所有熱量的源泉——太陽，即是具吸引力的。乾燥性質則較為被動，或者算是熱性的效應所致；它的作用保留在體內，呼求體質所需的物質。

學者們說，這本能受太陽影響，而非火星，理由是火星本質為腐蝕。然而，若我們根據經驗客觀來看，就會發現，火星屬性的人食欲不輸人，酒喝得比其他人都多——儘管常因此傷身，所以我覺得有理由認為，與太陽性質相同的火星也應有其影響力。若以火星會造成不良影響為由，斷定其不應該執掌這種本能，這樣的反對意見是無說服力的，因為如此一來：

1. 按照同樣的道理，火星絕對不應主宰人體任何部位。
2. 人類所有的本能天生都不是善的，都因亞當的墮落而敗壞。

當月亮處於白羊座和射手座這些火象星座時，吸引本能應受加強，但不是獅子座，因為這星座太兇猛，月亮在該處時不應施予任何醫療用藥（獅子座會如此，並不令人意外，這是所有星座中吸引力最強的，這也是為什麼出生命盤上獅子座上升的人都頗貪食）；如果不能等到月亮出現在白羊和射手其中一個星座中，那麼只要在你服用藥物時，其中一個處於上升即可。

消化

消化的本能是溼熱的，是所有本能中最首要的，其他本能則像女僕一樣為其服務。

吸引本能吸收了前者應該消化的東西，並不斷地為它提供食物。蓄積本能使物質得以保留，直至被完全消化。

排除

排除本能會排出消化之後多餘的東西，它受木星的影響，受其藥草和植物強化。

在強化此本能時，須待月亮出現在雙子座、水瓶座，或者在天秤座的前半部分，或者如果情況緊急，不能一直等到那個時機出現，就在它們其中之一上升時進行，若能有兩個一起處於上升會更好，只要月亮不在上升中即可。如果月亮得到適當守護，處於她喜歡的宮位，我不認為月亮會像他們所說的那樣與上升星座相剋。

蓄積

蓄積的性質是乾冷。說其寒冷，是因為寒冷會傾向壓實緊縮，看看冰塊就知道；乾燥則是因為保持乾燥可維持已壓縮的狀態。這項本能受土星影響，這就是為什麼土星屬性的人常會如此貪婪且固執。

排除本能寒冷而潮溼。寒冷，因而能包圍過剩多餘之物；潮溼會使身體滑溜而宜於將物質排出，並促使其排放現象發生。

蓄積本能在月亮的統治下，你可以將她與金星連結在一起，因為它們都具有相同的性質。想強化它，請使用土星藥草和植物，並且在月亮出現在金牛座或處女座之時施用。學者們說，到了摩羯座就不是那麼好（我也說不出理由不這樣做）；不要讓土星或其不良相位危害上升星座。

與之前已說明過的相同，關於行星的性質，要注意，相同性質的恆星起著相同的作用。

為了強化這一本能（在所有排毒淨化療程都應這樣做），讓月亮處於巨蟹座、天蠍座或雙魚座中，或者讓其中一個星座處於上升狀態。

專門術語之解釋

儘管我在整本書中竭盡所能以所有人都能理解的語言闡述自己的想法，盡可能避免使用專門術語，但是，1.一些必要的詞仍參雜其中，需要解釋。2.在每項配方的末尾一遍又一遍重複藥方的服用方式、服藥後的身體作息方式或關於混合配方的說明，這將會非常繁瑣單調，只會使本書充滿重複贅言。解決這兩個問題是我目前的任務。

首先，在我眼中顯見需要說明的詞語如下：

1. **蒸餾法**，是一種常見的水中蒸餾法。將裝著待蒸餾物的玻璃器皿放在合適的盛水容器中，水還沒熱時，（為了防止破裂）在其下放一小撮稻草或類似之物，將其與容器底部隔開，將水燒開，便可以蒸餾出醇劑。為了避免破裂，水再次變冷前，請不要拿出玻璃器具。一般人無法學會如何進行，除非親自觀看操作。
2. **馬尼卡希波克拉底（Manica Hippocrates）**，意為希波克拉底的袖套，是將一塊全新的潔白羊毛布縫成錐形的形式。它的用途是將糖漿或湯劑倒入其中過濾，讓糖漿或湯劑在不壓榨或扭擠布塊的情況下滲流過去。
3. **煅燒**，是指在坩堝或其他此類好用的耐熱容器中燃燒物質。

   坩堝就是金匠用以將銀融化來鎔鑄金屬的容器。你可以將坩堝放置在火中，並於它的上方、下方和每側擺上煤炭。
4. **濾清**，是使液體通過棕色的紙進行過濾，將紙塑成漏斗狀，然後將其放在漏斗中，再將漏斗和其中的紙放入空杯子中，倒入需要過濾的液體，讓它緩緩通過。
5. **凝固**，是指結塊或硬化，在醫學中是利用火的熱度使液體降低流動力而變硬。

6. 儘管你經常在提及本能或處方的文字中看到生機、天然和活動的精氣，我還是應該對其含義及在人體內的作用做些解釋：

活動精氣發揮的作用為感受及行動。

感受分為外部與內部。

外部感受是視覺、聽覺、味覺、嗅覺、觸覺。

內部的感受則是⑴想像力，用來理解事物。⑵判斷力，以進行評斷。⑶記憶力，記取儲存之。

所有這些都位於大腦中。

生機精氣源自於心，會因自然或不自然的加熱引起人類的歡樂、喜悅、期盼、信任、和善、溫柔、勇氣等，以及與之相反的情緒，如悲傷、恐懼、憂心、感懷、絕望、嫉妒、仇恨、固執、憤懣等。

天然精氣滋養整個身體（就如同生機精氣提振身體，活動精氣賦予身體感覺和運動的能力），天然精氣的作用是將食物轉變成血液，血液轉變成肉，然後形成、產生、滋補身體，使之增長。

7. **浸泡**，將一物浸入某種液體。
8. **湯劑**，是指在液體中置入任何東西煮沸後的產物。

至於在服用逼汗、排毒的藥方、藥丸等類似藥品後應如何安排身體作息，在本書的不同部分會有說明。

藥品配製

藥品的配製形式不同，有的製成糖漿，有的製成乾藥糖劑、藥丸、錠劑等，其部分理由是為了迎合人們各異的味蕾，可能使服藥更愉快，或者至少減輕負擔。你可以按照自己喜歡的形式配製它們。

眼下為了讓你更清楚理解，請讀以下這些文字。

1. 請記住，所有疾病都可用它們的對立相反物來加以治療，而身體各部位皆可以其類似性質之物來維護。那麼，如果熱是引起疾病的原因，就針對它開立寒性藥物；如果是風的話，就看看有多少種適合該疾病的藥物可以祛風，並用之。
2. 請注意，不要對身體某部位施用適合另一部位的藥物，因為如果大腦過熱，而服用使心臟或肝臟清涼的藥物，可能會搞砸一切。
3. 如果你的某病症以某種藥草的蒸餾液對治最有效，則用該藥草混製的糖漿也是合適的，或者是製成可沖泡為飲品的乾藥糖劑；如果沒有蒸餾液，請使用湯劑。
4. 當疾病發生於離胃腸較遠的身體部位，想立即消除病因是徒勞無功的，因此最好逐步進行。藥丸和諸如此類讓身體費力消融的藥物最適合此情況，因為它們要花最長時間來消化。

5. 如果溫和藥劑就有助於病情好轉，就不要使用強效藥物，太弱的藥劑服用過量，都比多服了一丁點藥性過強的東西好。
6. 要考慮病痛的身體部位其天然調性，並依此狀態養護之，否則就會消滅本質，像心臟為熱性，腦部則寒涼或者至少是身體中最冷的。
7. 熱性最低的藥物對我們的身體來說是最能夠適應的，因為接近血液的熱度。
8. 所有打通阻塞的藥物，如利尿、促進月經或碎結石的藥物，都可以搭配白葡萄酒服用，因為白葡萄酒本身有暢通的性質，可以清潔靜脈。
9. 所有的止瀉停漏藥物都要在進食大約一個小時前服用，這樣它們就可以在食物進入胃之前加強消化和蓄積能力。而容易反胃嘔吐的人，讓他們吃完飯後立即服用防止嘔吐的藥物，以使胃的開口關閉；這也就是為什麼人們通常在吃完餐點後會吃一點奶酪，因為它的酸味和收束力能夠關閉胃部開口，阻止打嗝和嘔吐。
10. 在進行排毒時，請務必小心，並遵守以下規則：

⑴思考一下造成不適的體液為何，服用藥物應是用來滌清該體液的，否則削弱的會是自己體質，而不是疾病。

⑵請注意，如果你要清除的體液很稀薄，使用溫和的藥物便可達成目的，但是如果它頑強而黏稠，則可以在進行清除的前一晚服用有削剔力與疏通性的藥物。

⑶清除頑固的體液時，應盡可能先避開那些具有收束效力的藥物。

⑷身體固澀時進行排毒要小心；最好的方法是先藉由灌腸來使身體暢通。

⑸在服用通阻藥物時，在晚上服用安全無虞，只不過應在三、四個小時前吃一點餐點，第二天早上喝一口溫暖的奶酒，你不必擔心會有什麼影響。

以這種方式，你可以服用鎮痛乾藥糖劑、Diacatholicon（淨化系統中含不同成分的瀉藥）、桂皮漿和類似的溫和乾藥糖劑，以及所有不含旋花根樹脂（Diagrydium，用作瀉藥）與葫蘆科（Colocynthus，又稱為苦蘋果，可作瀉藥）的藥丸。但是所有劇烈的排毒療程都需要對身體做出適當的作息安排；應該在早上起床後服用，服藥後不要睡覺，在它們發揮藥效前都不能睡，至少要等到晚上才睡；服藥後2小時，喝1杯溫熱的奶酒或肉湯，6個小時後吃些羊肉，要時時在屋裡走動；室內要有溫暖良好的火源，直到排毒完成之前都別出門，或者直到第2天才離開室內。

最後，服用逼汗藥物時請臥床休息，注意保暖，在出汗時盡可能多喝些熱奶酒。如果你發燒盜汗，可在奶酒中加入酢漿草和紅色鼠尾草滾煮，如果體力允許，讓自己出汗超過1小時，然後（室內須保持非常溫暖）除了頭部外，更換全身衣物，頭部（流汗時戴的帽子仍然留著）裹上著非常熱的巾布，以封住蒸汽。

我想這些說明都可以在書中的某處或其他地方找到，而我也不喜歡重複談相同事物，但是考慮到這樣做可能對大眾有益，我在此處插入這些說明。儘管如此，若有任何人還是不理智地對自己造成了損害，則錯不在我。

Chapter 2

藥物的療效

花朵

琉璃苣和牛舌草的花朵（Borage and bugloss flowers）：可增強大腦功能，治療發燒。

洋甘菊（Chamomel flowers）：會加熱並舒緩腫脹、腸發炎、消解脹氣，用於灌腸或飲用，可治腹痛或結石。

番紅花（Saffron）：消解的效力強，能排出任何損害人體的體液，抑制發炎。外用會挑動性欲，並利尿。

康乃馨（Clove Gilliflowers）：可對抗瘟疫，補強心臟、肝臟和胃，並引起性欲。

薰衣草花（Lavender flowers）：可抵抗大腦的所有寒疾、抽搐、癲癇病，為寒冷的胃部補強，疏通肝臟阻塞，且促排經血，讓孕婦順產和排出胎盤。

啤酒花（Hops）：打通腸子阻塞，啤酒（beer）的效力勝過麥芽酒（ale）。

香蜂草花（Balm flowers）：使心臟和精神振作，增強胃部。

迷迭香花（Rosemary flowers）：增強大腦的效果極佳，能防止癲狂；使視線清晰。

桂竹香（Winter Gilliflowers）：有助於治療子宮發炎，促排月經，並治口腔潰瘍。

忍冬（Honey Suckles）：利尿，減輕脾臟的疼痛，舒緩呼吸困難。

錦葵（Mallows）：治咳嗽。

紅玫瑰（Red Roses）：涼爽，有收束力，增強生機和活動本能，恢復並增強結核病弱體質。它的混合配方太多了，我在單方草本治劑這裡簡單帶過。

紫羅蘭（Violets，指的是藍紫色品種）：性質涼爽、溼潤，促進睡眠，放鬆腹部，防止發燒，治療發炎，調整黃膽汁熱量，緩解頭部疼痛，治療氣管粗糙、喉嚨疾病、胸部和體側發炎、胸膜炎，打通肝臟阻塞以及治療黃疸。

菊苣（Chicory）：可以冷卻並增強肝臟，苣蕒菜也是如此。

睡蓮（Water lilies）：緩解因黃膽汁和熱量引起的頭部疼痛，促進睡眠，冷卻發炎和發燒症狀。

石榴花（Pomegranate flowers）：乾燥且有收束力，止下痢和月經。

黃花九輪草（Cowslips）：能大大增強大腦、感官和記憶力，可以抵禦所有相關疾病，如抽搐、癲癇、痲痺等。

百金花（Centaury）：清瀉黃膽汁和劣質體液，治療黃疸，打通肝臟梗阻，治療脾臟疼痛，促排月經，使生產順利，排出產後穢物。

接骨木花朵（Elder flowers）：治療水腫，清血，清潔皮膚，打通肝臟和脾臟阻塞，治療由此引發的疾病。

豆子的花朵（Bean flowers）：可以清潔皮膚，阻止體液流入眼睛。

桃花（Peach tree flowers）：清瀉效果溫和。

金雀花（Broom flowers）：清瀉水質體液，治水腫。

以上這些花朵與其藥草的性質差異微乎其微，幾乎相同。

在此我不提花朵的使用方式，因為它們大多數都可以製成醃漬物，也通常被這麼處理，可在早晨服用約1顆肉豆蔻的量。它們乾燥後都可以保存1年，並與其他有助於其療效的草藥同煮。

果實及其嫩芽

綠色無花果的汁液（Green Figs）：被認為是有害健康的，但還好我們在英格蘭不太有這種困擾。乾燥無花果治療咳嗽，清潔胸部，治療肺部疾病、呼吸短促，使腹部放鬆，清瀉腎部，治療肝臟和脾臟發炎；外敷可以溶解腫脹。

松子（Pine nuts）：恢復結核患者體力，改善肺部衰竭，消解黏液，但是對頭痛無效。

海棗（Dates）：有收束力，能抑制腐蝕潰瘍。它們對胃虛弱的人非常有好處，因為它們可加速消化，並產生良好的營養滋補，可治療腎部、膀胱和子宮等部位的疾病。

日曬葡萄乾（Raisins of the Sun）：治療胸部和肝臟的疾病，可恢復病弱體質，能溫和清潔體內並從解便中排出。

核桃（Walnuts）：殺死蠕蟲，抵抗瘟疫（此處指的是鮮綠核桃，而非乾燥的核桃）。

刺山柑（Capers）：飯前食用，會引起飢餓感。

肉荳蔻（Nutmegs）：增強腦、胃和肝，利尿，減輕脾臟疼痛，止腹瀉，緩解頭痛和關節疼痛，補強身體，消除風寒引起的體質虛弱，並治口臭。

丁香（Cloves）：治療消化不良，止腹瀉，激發欲望，使視力敏銳。

胡椒（Pepper）：有收束力，祛風，治療腹痛，治療寒因性消化不良，溫暖胃部。

梨子（Pears　）：對胃部有益，乾燥，因此可治療下痢。

味酸而有刺激性的李子（Plums）：具有收束力，其中味甜者可解便祕。

黃瓜（Cucumbers）：使胃部清涼，有益於治膀胱潰瘍。

五倍子（Galls）：擁有很強的收束力，可治療口中的潰瘍、牙齦萎縮，減輕牙痛，治療子宮和肛門脫垂，並使頭髮變黑。

南瓜（Pompions）：是一種性質溼冷的水果，營養少，利尿，外敷時，其果肉有治療發炎和灼傷的功效；塗在額頭上，可治療眼睛發炎。

甜瓜（Melons）：其他優點很少。

杏桃（Apricots）：對胃部非常好，能使胃部體液乾燥。桃子被認為有類似功效。

蓽澄茄（Cubebs）：三級燥熱，祛風，並清洗胃中難除的黏液，減輕脾臟疼痛，治療子宮的寒性疾病，能清除頭部的黏液並增強大腦，使胃部溫熱，並挑起性欲。

苦杏仁（Bitter Almonds）：熱性一級，乾燥二級，它們滌清、削減濃厚的體液，清潔肺部，每天早晨食用，可以防止醉酒。

月桂樹果實（Bay berries）：性熱，祛風，可減輕疼痛，改善子宮虛寒和水腫症狀。

櫻桃（Cherries）：因口味不同而品質各異，味甜者消化最快，味酸者對於胃熱有益，使人胃口大開。

歐楂（Medlars）：能增強胃部，有收束力，鮮綠色的比腐爛的更有收束力，乾燥的又比綠色的有更強收束力。

橄欖（olives）：寒涼，有收束力。

英國醋栗（English Currants）：能使腸胃涼爽，利於治發燒，它們能解渴，抑制嘔吐，冷卻黃膽汁的熱，激發食欲，對體質熱的人有益。

花楸果實（Services）：具有歐楂的性質，但作用較弱。

刺檗（Barberries）：止渴，冷卻黃膽汁的熱量，抗瘟疫，抑制嘔吐和下痢，止月經，殺死蠕蟲，治療吐血，鞏固牙齒，增強牙齦。

草莓（Strawberries）：具有使胃部、肝臟和血液清涼的功效，但是對瘧熱患者有害。

酸漿（Winter Cherries）：利尿效力強，能打碎結石。

阿勃勒（Cassia Fistula）：性質溫和，能溫和地清瀉黃膽汁和黏液，淨化血液，抗發燒，清潔胸部和肺部，冷卻腎部，從而防止結石滋生，具利尿的功效，因此有利於治療男性遺精和女性的白帶。

各種欖仁（Myrobalans）：可為胃部清瀉排毒；印度欖仁（the Indian Myrobalans）被認為清瀉黑膽汁效果最好，其次為黏液。但是請注意，不要將它們用於腸道阻塞患者：它們太寒燥。可以增強心臟、大腦和筋骨，補強胃部，緩解感官緊張，消除顫抖和心臟不適。它們很少單獨使用。

乾梅子（Prunes）：有冷卻和鬆弛的效果。

羅望子（Tamarinds）：性寒，二級乾燥，能清瀉黃膽汁，使血液涼爽，抑制嘔吐，治療黃疸，止渴，冷卻胃熱和肝熱。

我略過了這些果子的使用方法，原因就像對自己三歲的孩子有足夠的信心，如果你要給他葡萄乾或櫻桃，不會問應該如何服用它們。

種子或穀物

芫荽種子（Coriander）：燥熱，祛風，但對頭部有害；會將損傷健康的蒸氣送至腦部，對精神病患有危險。

葫蘆巴種子（Fenugreek）：具有軟化、消解的性質，抗發炎——無論是體內還是體外；搗碎後與醋混合，可以減輕脾臟疼痛；外敷於體側可治療子宮硬塊和腫脹，煮湯煎服可治療頭疼。

亞麻籽（Lin seed）：與胡蘆巴具有相同的醫療優點。

紫草種子（Gromwell）：利尿，治療腹痛，打碎結石，祛風。應用白葡萄酒煮，但記得先搗碎。

羽扇豆（Lupines）：可減輕脾臟疼痛，殺死蠕蟲並將其排除。外敷可清潔骯髒的潰瘍和壞疽，治療疥癬、瘙癢與發炎。

蒔蘿種子（Dill）：使乳母增加泌乳，祛風，抑制嘔吐，利尿；但會使視線模糊，並且不利於生育。

野芹種子（Smallage）：利尿且促排月經，祛風，抗毒，減輕體內疼痛，打通肝臟和脾臟及身體任何部位的阻塞，但對癲癇患者與孕婦卻有害。

芝麻菜種子（Rocket）：利尿，挑動欲望，增加精子，殺死蠕蟲，減輕脾臟疼痛。使用方式皆類似。

羅勒種子（Basil）：如果迪奧科里斯和克雷森蒂烏斯（Crescentius）值得相信，那麼這種種子能夠使心臟振作，並且還能補強潮溼的胃部，驅散黑膽汁及利尿。

蕁麻種子（Nettle）：挑起性欲，打通子宮阻塞，治療體側和肺部發炎；為胸部清瀉排毒；（搗碎後）在白葡萄酒中煮沸。

羊角芹（Ammi）：或稱主教草（Bishop's weed），其種子乾熱，治療滯尿與腹痛、有毒生物咬傷；促排月經，可滌清子宮。

洋茴香籽（Annisseed）：性熱而乾燥，緩解疼痛，祛風，改善口臭，治療水腫，抵抗毒素，增加泌乳，並抑制女性的白帶分泌，引起性欲，緩解頭痛。

小荳蔻（Cardamoms）：性熱，殺死蠕蟲，清潔腎臟且利尿。

茴香籽（Fennel seed）：消脹氣，利尿且促排月經，增加乳母泌乳。

孜然籽（Cummin）：性熱，有收束力且乾燥，止血，祛風，緩解疼痛，治療有毒生物咬傷。外敷（在膏藥糊中使用）具有消解的性質。

胡蘿蔔種子（Carrot）：易使人脹氣，極易激起性欲，並增加精子，利尿和月經，使陣痛的孕婦迅速分娩，並排出胎盤。針對以上這些目的，在白葡萄酒中滾煮煎服後均可見效。

黑種草（Nigella）：用油滾煮，塗抹額頭，可緩解頭部疼痛，消除痲瘋疹、瘙癢、頭皮屑，並治療頭疼；內服可驅除蠕蟲，有助利尿和經血排出，治療呼吸困難。

斯塔維翠雀的種子（Stavesacre）：又稱滅虱草，能殺死頭上蝨子，我認為不適合內服。

乳香（olibanum）：熱而有收束力，能使潰瘍處長出肉來填補創口，止血，但是對精神病患來說卻是極其有害的。（先將乳香打成粉末）與等量的閹豬油脂混合後一起煮，可製成一種藥膏，可用來殺死兒童的頭蝨，常患此症的人就不會再滋生頭蝨。這是一種廉價、安全且確定有效的藥物，可以免除頭部的病痛煩惱。

水田芥種子（Water Cresses）：性熱，卻會給胃部和腹部帶來困擾。減輕脾臟的疼痛，對孕婦非常危險，但卻會激發欲望；外敷可治療痲瘋病、頭皮癬和落髮，以及關節的潰瘍和冷瘡。

芥末籽（Mustard）：可溫熱、舒緩大腦並從大腦吸收水分。頭部剃髮後用芥末塗抹，是一種治嗜睡的良方，它可治療骯髒的潰瘍和口腔中的硬腫脹，可治療寒因性的長年疼痛。

法國大麥（French Barley）：可冷卻、滋補並增進泌乳。

酢漿草種子（Sorrel）：能有效抵抗毒藥，治療下痢和厭食反胃。

菊苣種子（Succory）：可以冷卻血液的熱量，消除性欲，打通肝臟和腸道阻塞，可以減輕身體的熱量，並使膚色良好，補強胃部、肝臟和腎臟。

罌粟籽（Poppy）：減輕疼痛，舒眠。最好的使用方式是將其與大麥茶一起製成乳液。

錦葵種子（Mallow）：能夠減輕膀胱的疼痛。

鷹嘴豆（ChicK Pease）：易使人脹氣，引起欲望，使乳母的泌乳增加，促排月經，外敷可治療疥癬、瘙癢和睪丸，以及潰瘍等等。

白虎耳草種子（White Saxifrage）：利尿，祛風，且打碎結石。在白酒中滾煮後服用。

芸香種子（Rue）：治療漏尿。

萵苣種子（Lettice）：可以冷卻血液，抑制性欲。

葫蘆、西瓜、黃瓜、甜瓜、馬齒莧和苣

蕒菜的種子（Gourds, Citruls, Cucumbers, Melons, Purslain, and Endive）：都可以冷卻血液及胃部、脾臟和腎部，並能減輕發燒的熱量。使用方式像罌粟籽一樣。

土荊芥種子（Wormseed）：祛風，殺死蠕蟲。

白蠟子（Ash tree Keys）：有助於減輕身體側邊的疼痛，治療水腫，減輕勞動者的疲累感，還能挑起性欲，並使身體更苗條。

芍藥（Peony）種子：治療夢魘，或俗稱噩夢（Mare）的疾病，以及子宮抽痛和其他子宮不適症狀，可阻止月經，治療抽搐。

金雀花種子（Broom）：利尿效果強，能打碎結石。

香櫞種子（Citron）：增強心臟，振奮精神，抵抗瘟疫和毒藥。

樹脂泌珠、樹汁與松香

鴉片酊（Laudanum）：有溫熱、舒緩的性質，打開通靜脈通口，防止掉髮，治療耳朵痛和子宮硬塊。只用於膏藥糊形式的外敷。

阿魏（Assaf tida）：常用來嗅聞，可舒緩子宮抽痛；據說內服可引起性欲，且祛風。

安息香（Benzoin）：可製成很好的芳香劑。

龍血樹脂（Sanguis Draconis）：冷卻和收束效力極強。

蘆薈（Aloes）：清瀉黃膽汁與黏液，由於其藥效和緩，通常用來中和其他清瀉劑的猛烈作用，它可以維持感官能力並改善思慮，可增強肝臟及治療黃疸病。然而，對於痔瘡或瘧熱患者，這藥草是沒有用的。我不喜歡生吃。參見蘆薈玫瑰藥丸，它什麼藥效都沒有，但搭配玫瑰汁有洗潔效果。

甘露蜜（Manna）：溫熱適中，有很強的擴張性，易使人脹氣，能溫和清瀉黃膽汁，還可清潔喉嚨和胃部。若有孩童身上長滿疙瘩，可一次將30公克加入牛奶並在濾掉浮渣後服用。

旋花樹脂（Scammony）：是一種極為危險的清瀉劑，由於旋花樹脂性熱，容易使人產生脹氣，且具有腐蝕性——或說損耗力，作用猛烈，會對身體造成傷害。我建議諸位不要再使用它了，它會像醫生掏光你們錢包一樣快地掏空你們的身體。

紅沒藥（opopanax）：具有加熱、緩和及消化的效用。

欖香脂（Gum Elemi）：對顱骨骨裂以及傷口都有很好的療效，因此，為此用途可將其用於膏藥糊中。

特拉卡甘膠（Gum Traganth）：或稱黃蓍樹膠（Gum Dragon），治療咳嗽、聲音嘶啞和體液逸流至肺部症狀。

求求羅香（Bdellium）：能加熱並軟

化，可治療硬塊腫脹、疝氣、體側岔氣疼痛、筋骨僵硬。

白松香（Galbanum）：燥熱，有分解力；敷於子宮處可加速胎兒和胎盤排出；敷在肚臍上能消除常被稱為子宮抽痛的子宮勒絞疼痛；治療體側疼痛和呼吸困難，拿來嗅聞可治療眩暈頭昏。

沒藥（myrrh）：有加熱及乾燥功效，疏通並軟化子宮，使胎兒和胎盤順暢排出。內服時，可以治療長年咳嗽和聲音嘶啞、體側疼痛，殺死蠕蟲，治療口臭、牙齦消退，鞏固牙齒。外敷可治療傷口，並使潰瘍處長出肉來填補。一次可服用一打蘭。

薰陸香（Mastich）：大大補強胃部，治療吐血或血沫，咀嚼之可鞏固牙齒，補強牙齦。

松脂（Turpentine）：可清瀉、清潔腎臟，治療遺精。

蘆木香脂（Styrax Calamitis）：治療咳嗽、肺部滲流、聲音嘶啞、發聲困難、子宮硬化，但對頭痛患者有害。

氨草膠（Ammonicaum）：敷於體側，可治療脾臟硬化和疼痛。

樟腦（Camphire）：可減輕頭部的熱因性疼痛，消除發炎，敷在任何部位都可使之冷卻。

汁液與草木上附生之物

所有草木汁液的優點都和其製成原料的藥草或果實相同，我想沒什麼人會反對這點，因此我只列舉其中一些，並簡要地說明一下。

蔗糖汁（Sugar）：被認為屬於熱性一級，能增強肺部功能，去除喉嚨的粗糙感，滋補腎部和膀胱。

香櫞汁（Citrons）：可以冷卻血液，增強心臟，減輕劇烈發燒。

檸檬汁（Lemons）：能起到與前相同的作用，但效果沒那麼強。

甘草汁（Liquorice）：可增強肺部，治療咳嗽和傷風感冒。

草木附生之物大多已介紹過，以下尚未說明的是：

蕈菇（Agaricus）：傘菌。可清瀉腦部、神經、肌肉、背部脊髓（或更正確地說應是大腦）的黏液、黃膽汁和黑膽汁，可清潔胸部、肺部、肝臟、胃、脾臟、腎臟、子宮及關節；可利尿和月經，殺死蠕蟲，治療關節疼痛，並使氣色良好；幾乎不會單獨使用。參見添加傘菌的玫瑰糖漿。

動物

千足蟲（Millepedes）：雖然名稱如此，但此蟲未必真有千足。與豬蝨、潮蟲一起搗碎後摻合在酒中，可利尿，治療黃疸。在油中煮沸後，滴入耳中可治療耳朵疼痛。

毒蛇肉（The flesh of vipers）：食之可使視線清晰，治療神經的毛病，抗毒效果極好，要治療毒蛇咬傷，將咬傷人的毒蛇頭部搗碎敷於傷處，並食用其肉，世上沒有比這更好的藥方，一次不需吃超過1打蘭，像在蝰蛇藥錠（troches of vipers）所教的一樣來處理牠。治療蜜蜂和黃蜂螫刺也一樣，將傷人的該隻蜂蟲打碎敷於傷處。

陸地蠍子（Land Scorpions）：也可用來以同樣的方法治癒其螫傷。燒過的灰燼利尿效果強，可碎結石。

蚯蚓（Earth Worms）：敷於傷處，用於治療神經切割傷絕佳。可利尿；參見其藥油。有一件米薩杜提過之事值得注意，那就是，將牠們磨粉放入蛀空的牙齒中，會使牙齒掉落。

要沒有疼痛地拔牙，請在土製的坩堝中裝滿螞蟻、雞蛋等所有材料，焚燒之後保留那灰燼，以此灰去抹牙齒，便能使牙齒掉落。

鰻魚（Eels）：放到酒或啤酒中，讓牠在其中浸泡悶死，喝過這種酒的人就再也不敢喝這類酒了。

牡蠣（oysters）：趁牠活著時敷於瘟疫腫脹處，可將毒液吸出到牠們身上。

螃蟹（Crab Fish）：燒成灰燼，每天早晨吃1打蘭，可治瘋狗和所有其他有毒生物咬傷。

燕子（Swallows）：食之可使視線清晰，吃掉牠們（燒掉後）的灰，可防止醉酒，敷於咽喉處則可治療喉嚨疼痛及發炎。

蚱蜢（Grass-hoppers）：食之可減輕膽汁和膀胱的疼痛。

籬雀（Hedge Sparrows）：用鹽醃製，或烘乾，或者就生吃，對結石是一種很好的藥方。

乳鴿（Young Pigeons）：可治療腰部疼痛，及被稱為裡急後重的病症。

動物的身體部位&排泄物

麻雀腦：吃了麻雀的腦子可大大地催情助性。

烤過的野兔腦：吃烤過的野兔腦可治療顫抖，用來摩擦牙齦，可使兒童的牙齒容易長出，用來抹頭部，還能治療頭皮癬、落髮。

鳶鳥頭：將年幼的鳶鳥頭部燒成灰，每天早晨配水中服用1打蘭，對痛風的療效令人讚嘆。

螃蟹眼：可用以打碎結石，並打通腸子的阻塞。

狐狸肺：乾燥良好（但未焚燒）的狐狸肺部是補強肺部的良藥：參見狐狸肺製止咳露（the Lohoch of Fox lungs）。

鴨子的肝臟：可止下痢，並大大補強肝臟功能。

青蛙的肝臟：乾燥後食用，可治療四日熱，或者一般人俗稱的三日瘧。

海狸香（Castoreum）：可以抵抗毒素和毒蛇咬傷；它促排月經，並可使胎兒和胎盤順利排出。能祛風，減輕疼痛和痠痛、抽搐、喟嘆狀呼吸、嗜睡等症狀；嗅聞它可減輕子宮抽痛；內服可治療顫抖、癲癇以及腦部和神經的其他不良反應。一次服用少量就足夠，而事實上，我更推薦海狸香醇劑（spirit of Castorium），它比未處理過的生海狸香更好。

綿羊或山羊的膀胱：焚燒後，服用其灰燼，可以治療糖尿病。

老鼠：將剝了皮的老鼠烘燥並磨粉，然後一次服用，只要你連續三天這麼做，即可治療漏尿或糖尿病。

象牙：大象的牙齒有收束力，可止白帶，可增強心臟和胃部，治療黃疸，並增強女性受孕力。

野兔前腳的小骨頭：打成粉末後混入酒中喝下，很利尿。

鵝和閹雞的油脂：都有軟化作用，可治療腐蝕性的瘡、子宮僵硬並減輕疼痛。

山羊油脂：我認為山羊油脂加一點番紅花就是治療痛風極佳的軟膏——尤其是膝蓋痛風。

熊的油脂：可抑制掉髮。

狐狸油脂：可治療耳朵痛。

麋鹿的爪子或蹄：是治癲癇的極佳藥方，儘管它可以被製成戒指戴在手上，但更常被拿來內服，但米薩杜說，必須使用右後腿的蹄子。

牛奶：牛奶是極易令人脹氣的食物。因此，我贊同迪奧科里斯的想法，它無法治頭痛；但有件事是可以肯定的，它對於身體任何部位的體內潰瘍，或任何腐蝕，或脫皮，以及腎部和膀胱疼痛，都是一種令人稱讚的藥方。但是用於肝臟、脾臟疾病、癲癇、眩暈頭昏、發燒和頭痛則有危害；山羊奶被認為比牛奶更適合治療潮熱、肺結核和癆病，而驢子的奶也是如此。

乳清：能減弱且滌清黃膽汁和黑膽汁。治療憂鬱症和顛狂有奇效；打通腸道阻塞；治療諸如水腫及脾臟阻塞、佝僂病、疑懼憂鬱之類的病症；針對此類疾病，你可用乳清來為自己進行治療。外敷可以清除黃膽汁或黑膽汁在皮膚上造成的疥癬、瘙癢、瘢痕、痲瘋疹等病變畸形。

蜂蜜：具有很好的清潔特性，對身體任何部位的體內潰瘍都極為有益，還能打通靜脈，清洗腎部和膀胱。除了會很快轉變為黃膽汁外，我不知道蜂蜜會有什麼壞處。

蠟：可軟化、加熱，並使長瘡口微微長出肉來填補，能使女性乳房中的乳汁不會凝固；內服（一次10粒）可治血痢。

生絲：性熱且乾燥，使心臟振作，消除悲傷，使天然的、生機的和活動的精氣都得到舒緩撫慰。

海中之物

鯨蠟（Sperma C ti）：外敷用於腐蝕性潰瘍、天花痘痕，療效頗佳；它可使視線清晰，催逼出汗；內服會造成胃部和腹部不適，治療瘀傷和神經緊張，因此對剛分娩的婦女有益。

龍涎香（Amber Grease）：熱而乾燥，如果腦部和神經的不適病症源自寒冷，可為之充分補強，且能抗瘟疫。

海砂（Sea Sand）：水腫患者被安置在海砂之中，可將水分抽出。

紅珊瑚（Red Coral）：寒涼、乾燥且有收束力，可以阻止月經的異常流出、血痢、遺精、白帶以及吐血，這是一種公認有效的癲癇藥方。同樣地，如果在嬰兒剛出生、尚未吃任何其他食物之前，就搭配母乳給它餵食10粒紅珊瑚，那麼這孩子將永遠不會發生癲癇或抽搐。一般使用劑量為10到30粒。

珍珠（Pearls）：心臟的絕佳增強劑，可以增加乳母泌乳，為無母乳者補充改善，且能使癆病患者恢復體力。它們和紅色珊瑚都可以維護身體健康，抗發燒。劑量為10粒以下，我想這是因為它昂貴，而不是因為會造成什麼傷害。

琥珀（Amber）：即黃琥珀。性熱而乾燥，因此可治潮溼性頭部疾病。它可以治療劇烈咳嗽、肺癆、吐血、白帶；能防止流鼻血，治療排尿困難；一次可服用10或20粒。

海水泡沫（The Froth of the Sea）：性燥熱，治療疥癬、瘙癢、痲瘋疹、頭皮癬等等。可以清潔皮膚，治療排尿困難，摩擦牙齒可使之潔白，用來洗頭，可治療禿髮，長出健康整齊的頭髮。

金屬、礦物與石材

黃金：黃金的性質溫和，可以大大增強人的心臟和生機精氣，慧者識之，以詩為證：

> *黃金如此可親可愛，沾手不厭，*
> *守財奴們汲汲營營也益壽延年。*

但可以肯定的是，它用於強心劑中，可以抗憂鬱，治昏厥暈眩、發燒、癲癇以及所有類似的體弱病症——無論是與生機或活動精氣有關。

明礬（Alum）：性熱，有收束和清瀉效力；洗刷骯髒的潰瘍，並鞏固鬆動的牙齒。

硫磺（Brimstone）：或稱做硫華（flower of brimstone），是精製提煉過的硫磺，更適合醫療使用；可治療咳嗽和腐敗黏液；外用於藥膏塗抹，可消除痲瘋疹、疥癬和瘙癢；內服可治療黃疸及腹部蠕蟲症狀，尤其是與少許硝石（Salt petre）混合效果更好。嗅聞之可治嗜睡症。

金爐底與銀爐底的密陀僧（Litharge, both of gold and silver）：收束與乾燥力很強，使潰瘍處長肉填滿癒合。

鉛（Lead ）：具有寒涼乾燥的大地性質，具有療癒特性。敷於任何部位都可治療發炎，並使體液乾涸。

不純的氧化鋅（Pompholix）：可冷卻、乾燥並收束。

紅鋯石（Jacynth）：無論是打成粉末後內服，或者僅鑲於戒指上戴著，都可增強心臟。

藍寶石（Sapphire）：使感官敏銳，治療毒蛇咬傷、腸胃潰瘍。

祖母綠（Emerald）：祖母綠因能抵抗欲望而被稱為貞潔之石；將它鑲於戒指上戴著，可以治療或至少減輕癲癇和眩暈。可以增強記憶力，並抑制男性失控的欲望。

紅玉或紅寶石（carbuncle or Ruby）：可以抑制性欲；抵抗瘟疫；消除怠惰愚蠢的思想，使人振作開朗。（卡爾達諾）

花崗岩（Granite）：增強心臟，但會傷害腦部，引起憤怒，使人失眠。

鑽石（Diamond）：據說會為配戴者帶來不幸。

紫水晶（Amethist）：穿戴之可使人保持清醒鎮定，免受酒醉和久睡頭暈的影響，使心思靈敏，對於狩獵和打鬥有幫助，並驅逐頭部裡的蒸氣。

牛黃（Bezoar）：修復體質的效力顯著，是一種強大的強心劑，絕不害人也無危險性，在治療發燒、瘟疫和癆病方面也表現出色，以上皆為內服。牛黃一般不被當做珠寶使用；它的粉末放在有毒生物造成的傷口上，可吸出毒素。

黃玉（Topaz）：若艾皮菲紐斯（Epiphanius）所說屬實，它極寒涼，甚至將其放入沸水後，手可以立即入水而不受傷。如果真是如此，那麼觸摸它們就可冷卻身體的發炎部位。

蟾蜍石（Toadstone）：被用於治療有毒生物咬傷，會迅速將所有的毒吸入其中。

以下方法可驗證此說是否為真：將它放在蟾蜍附近，蟾蜍應會將其從你手中奪走；否則吸毒之說便非事實。

碧玉（Jasper）：穿戴之可止血，減輕女性分娩疼痛，抑制性欲，抗發燒和水腫。（馬提歐利，Mathiolu）。

鷹石（Atites）：或帶有子石的石頭（the stone with child），因為這種石頭中間是空心的，在其中含有另一顆小石頭，常見於鷹鳥的巢穴以及其他許多地方；將這石頭綁在孕婦的左臂上，可防流產或小產，但是到了分娩時辰，要將其從胳膊上移開，改綁在大腿內側，就可順利帶出胎兒，並且幾乎沒有任何痛苦。（迪奧科里斯、普林尼）

青金石（Lapis Lazuli）：內服可清瀉黑膽汁。外用當珠寶一樣穿戴，可使人開朗、幸運且富有。

至此，我結束了藥石礦物的介紹，如果有人感覺那些療效令人難以置信的話，我的回答是：

1. 我如實引述所讀到的第一手資料。
2. 相反地，我只知道為什麼它會像號角一樣鼓動人勇猛奮進，或像擺弄小提琴一樣讓人跳起舞來。

我添加了學院裡遺漏的某些單方草本藥劑，我希望我的錯誤不是太多，或者至少是輕微而可受寬宥的。

Part 2

單方藥劑

Chapter

3 根部

種類

以下為醫師學會提到的根部。

酢漿草、菖蒲、黃菖蒲、水蠟樹、大蒜、藥蜀葵、紫朱草、歐白芷、烏頭、野芹、天南星、長而圓的馬兜鈴、仙客來、蘆葦、歐細辛、維吉尼亞蛇草（Virginian Snakeweed）、蘆筍、雌性與雄性日光蘭、牛蒡、羅勒、白色與紅色纈草、雛菊、白色與紅色與黑色甜菜、拳參、琉璃苣、白色與黑色瀉根、牛舌草、聖母薊、水楊梅、甘藍菜、小百金花、洋蔥、白色與黑色魚腥草、白屈菜、痔瘡草、菝葜、菊苣、朝鮮薊、維吉尼亞蛇根草（Virginian Snakeroot）、康復力、逆葉草（Contra yerva）、甜味與苦味的木香、薑黃、野生黃瓜、狗舌草、長而圓的柏樹、牙齒草、白色巖愛草、多榔菊（Doronicum）、龍艾、昏睡木、藍薊、野芹、黑藜蘆與白藜蘆、苣蕒菜、土木香、海濱刺芹、款冬、鱗毛蕨與蹄蓋蕨、蚊子草、茴香、大株與小株高良薑、龍膽、甘草、狗草、秋水仙、燕子草、風信子、莨菪、藥喇叭、大星芹、香鳶尾或鳶尾花兩者的英國與佛羅倫斯品種、尖葉酸模、圓葉當歸、水蠟樹、白百合、甘草、錦葵、麥可卡那（Mechoacan，一種旋花屬植物）、甘松、山靛、斷續科山蘿蔔、甜蕪菁（sweet Navew）、凱爾特甘松與印度甘松、睡蓮、止犁耙、尖葉酸模、牡丹與芍藥、防風草、委陵菜、款冬屬植物、歐芹、豬茴香、纈草、地榆、陸生與水生車前草、附生在橡樹上的水龍骨、萎蕤、韭蔥、香根蓍草、委陵菜、蕪菁、植栽與野生蘿蔔、食用大黃（Rhapontick）、一般大黃、僧侶大黃、玫瑰根部、屠夫的掃帚（Madder Bruscus）、石鹼草、洋菝葜、蘭花、白虎耳草、海蔥、林生玄參、英國與西班牙蟾、鷹嘴豆、紅籽鳶尾、蒲公英、毛蕊花、洋委陵菜、盒果藤（Turbith）、馬鞭草、蕁麻、長而圓的莪蒁、薑。

以上是醫師學會點名列出的植物根

部，而且這些僅是其中的一部分而已，我按此順序將它們記下來。醫師學會似乎持有一種奇怪的態度，不欲讓英國人知道自家花園裡的藥草有什麼藥用，彷彿這會帶來傷害。

但我的看法是，和異域外國來的稀奇古怪玩意兒比起來，生長在自家國人周遭的草葉、根部、植物等都好太多了，而且與英國人的體質更能相應。

對此，我可為任何需要的人做解釋，我處理藥草的知識與經驗豐富，你可見我的說明將依照以下順序進行。

1. 根部、藥草、花朵等的屬性，即熱、寒、乾燥、潮溼，以及每種屬性的程度。
2. 每種植物的根部、花、草各自適用於身體哪個部位，即頭、喉、胸、心臟、胃、肝、脾、腸、腎臟、膀胱、子宮、關節，以及哪些會加熱這些部位，而哪些會冷卻之。
3. 每一種單方藥草所具備的醫療作用，比如收束、打通、緩和、硬化、減弱、分解、引出、使傷化膿、清洗、黏合、消脹氣、培養精子、促排或抑制月經、抗毒、消腫、緩解疼痛等。

我打算循以上次序，做為說明所有草本單方的通用體例。

說明完畢後，我將為你提供這些術語的解釋，正確理解這些術語是蓋倫行醫之法的關鍵。

寒熱屬性

熱性一級：藥蜀葵、羅勒、纈草、網脈蠅子草、牛蒡、琉璃苣、牛舌草、菖蒲、水楊梅、痔瘡草、菝葜、夏枯草、甘草、狗草、白百合、牡丹與芍藥、野生防風草、歐芹、大株與小株纈草、假葉樹、蘭花、西班牙蟒、歐亞澤芹。

熱性二級：黃菖蒲、蘆葦、燕子草、雄性日光蘭、老嫗薊、長而圓的柏樹、茴香、圓葉當歸、甘松、山靛、斷續科山蘿蔔、款冬屬植物、豬茴香、洋菝葜、海蔥、莪述。

熱性三級：歐白芷、天南星、長而圓的馬兜鈴、仙客來、歐細辛、白色與黑色瀉根、白屈菜、維吉尼亞蛇根草、白色巖愛草、多椰菊、黑藜蘆與白藜蘆、土木香、蚊子草、大株與小株的高良薑、大星芹、英國與佛羅倫斯香鳶尾、止犁耙、紅籽鳶尾、盒果藤、薑。

熱性四級：大蒜、洋蔥、韭蔥，以及香根蓍草。

溫熱適中者：熊臀毛、蘆筍、聖母薊、海濱刺芹、藥喇叭、錦葵、麥可卡那、植栽防風草、委陵菜、洋委陵菜。

寒性一級：酢漿草、白色與紅色的甜菜、大株康復力、車前草、玫瑰根部，以及茜草。

寒性二級：紫朱草、雛菊、菊苣、狗舌草、苣賣菜、風信子。

寒性三級：拳參與曼陀羅草為寒性三級，而莨菪為四級。

乾燥一級：熊臀毛、大株與小株的牛蒡、甜菜根、菖蒲、痔瘡草、夏枯草、苣賣菜、海濱刺芹、風信子、茜草，以及假葉樹。

乾燥二級：黃菖蒲、藥蜀葵、紫朱草、野芹、蘆葦、酢漿草、燕子草、雄性日光蘭、羅勒、纈草以及網脈蠅子草（Spatling Poppy——根據希臘人的說法是如此）、聖母薊、水楊梅、菊苣、狗舌草、長而圓的柏樹、茴香、圓葉當歸、甘松、山靛、斷續科山蘿蔔、款冬屬植物、歐芹、車前草、莪述。

乾燥三級：歐白芷、天南星、長而圓的馬兜鈴、仙客來、拳參、歐細辛、白色與黑色瀉根、老嫗薊、菝葜、白屈菜、維吉尼亞蛇根草、白色巖愛草、多榔菊、黑藜蘆與白藜蘆、土木香、蚊子草、大株與小株的高良薑、大星芹、英國與佛羅倫斯香鳶尾、止犁耙、牡丹與芍藥、委陵菜、豬茴香、洋菝葜、紅籽鳶尾、洋委陵菜、薑。

乾燥四級：大蒜、洋蔥、木香、韭蔥、香根蓍草。

潮溼：羅勒、纈草，網脈蠅子草、雛菊、白色甜菜、琉璃苣、牛舌草、甘草、狗草、錦葵、蘭花、西班牙蟳、防風草、歐亞澤芹。

身體部位的適用性

溫暖頭部：多榔菊、茴香、藥喇叭、麥可卡那、凱爾特甘松與印度甘松。牡丹與芍藥。

頸部與喉嚨：痔瘡草、斷續科山蘿蔔。

胸部與肺部：長條與圓形的馬兜鈴、土木香、甘草、英國與佛羅倫斯香鳶尾、菖蒲、委陵菜、海蔥。

心臟：歐白芷、琉璃苣、牛舌草、老嫗薊、多榔菊、款冬屬植物、西班牙蟳、洋委陵菜、莪述、羅勒，以及白色與紅色的纈草。

胃部：土木香、大株與小株的高良薑、凱爾特甘松與印度甘松、薑、茴香、水楊梅、蘿蔔。

腸道：大株與小株纈草、莪述、薑。

肝臟：野芹、老嫗薊、白屈菜、菝葜、薑黃、茴香、龍膽、狗草、委陵菜、歐芹、野芹、蘆筍、大黃、食用大黃、假葉樹。

腎臟：野芹、老嫗薊、鱗毛蕨與蹄蓋蕨、歐芹、黃菖蒲、蘆筍、圓形馬兜鈴、茴香、刺山柑、白蠟木、龍膽。

腎部與膀胱：藥蜀葵、野芹、蘆筍、牛蒡、羅勒、纈草、網脈蠅子草、老嫗薊、洋菝葜、蚊子草、長而圓的香附（Cyperus）、狗草、凱爾特甘松與印度甘松、歐芹、假葉樹、白虎耳草。

子宮：長條與圓形馬兜鈴、大株與小株的高良薑、牡丹與芍藥、豬茴香。

臀部：痔瘡草。

關節：熊臀毛、秋水仙、藥喇叭、麥可卡那、薑、木香。

為頭部降溫：玫瑰根。

胃部：苦菜、苣藚菜、菊苣、拳參。

肝臟：茜草、苣藚菜、菊苣。

醫療作用

雖然我提過可在隨後對這些術語的解釋中找到其單方藥劑的醫療作用，也覺得這樣很容易就能讀到它們，不過，儘管我打從心裡討厭懶惰的學生，但為了鼓勵年輕的習醫者，我將會舉列其中的重點：我希望所有的醫學愛好者能將它們與這些原則的解釋進行比較，了解自己對它們有幾分認同，如此他們就能習得所有藥草單方的醫療屬性，從而有益於其醫學涵養。

根部的作用列舉如下。

收束：如柏樹、拳參、洋委陵菜、委陵菜、熊臀毛、黃菖蒲、紫朱草，以及牙齒草等。

分解：如馬兜鈴、日光蘭、瀉根，以及刺山柑等。

清潔：馬兜鈴、天南星、蘆筍、日光蘭、白屈菜等。

減弱：如英國與佛羅倫斯香鳶尾、刺山柑等。

疏通：歐細辛、大蒜、韭蔥、洋蔥、食用大黃、薑黃、老嫗薊、菊苣、苣藚菜、蚊子草、茴香、歐芹、假葉樹（Bruscus）、蘆筍、野芹、龍膽等。

燒灼：大蒜、洋蔥、香根蓍草等。

緩和：錦葵、藥蜀葵等。

催膿：藥蜀葵、瀉根、白百合等。

黏合：康復力、萎蕤、龍膽、馬兜鈴、雛菊等。

袪風：野芹、歐芹、茴香、黃菖蒲、大蒜、木香、高良薑、豬茴香、莪蒁、凱爾特甘松與印度甘松等。

培養精子：黃菖蒲、海濱刺芹、蘭花、高良薑等。

促排月經：馬兜鈴、歐細辛、天南星、黃菖蒲、白色巖愛草、日光蘭、大蒜、小百金花、長而圓的香附、木香、刺山柑、菖蒲、巖愛草、胡蘿蔔、海濱刺芹、茴香、歐芹、野芹、土木香、牡丹與芍藥、纈草、假葉樹等。

抑制月經：如康復力、洋委陵菜，以及拳參等。

逼汗：卡羅萊納薊、菝葜、洋菝葜等。

抗毒：歐白芷、大蒜、長條馬兜鈴、野芹、多榔菊、木香、莪蒁、指甲花、龍膽、卡羅萊納薊、拳參、洋委陵菜、燕了草、藍薊、土木香等。

治燙傷：日光蘭、風信子、白百合等。

鎮痛：黃菖蒲、海濱刺芹、香鳶尾、止犁耙等。

清瀉黃膽汁：歐細辛、大黃、食用大黃、蕨等。

釋放黑膽汁：如黑藜蘆與白藜蘆、水龍骨等。

清瀉黏液與水性體液：如海蔥、盒果藤、秋水仙、藥喇叭、麥可卡那、野生黃瓜、仙客來、雄性日光蘭、白色與黑色的瀉根、接骨木、大株與小株的大戟草等。

我僅提舉其中一部分的醫療作用，教你舉一反三，去尋知其餘的，對這些術語的解釋將為你提供充分的說明。我並不全部說明，因為我希望你好學飢渴，成為勤奮且細心的讀者。

有關服用清瀉劑的當下與其後該如何安排身體作息，稍後你將會讀到。

Chapter 4

樹皮

種類

以下為醫師學會提到的樹皮。

榛果、柳橙、刺檗、樺木、刺山柑根部、桂皮、栗子、肉桂、香櫞皮、矮接骨木、大戟草根部、楂木、白蠟木、石榴、癒傷木（Guajacum）、核桃樹、嫩綠核桃、月桂（Laurel）、甜月桂（Bay）、檸檬、肉豆蔻皮（Mace）、石榴、曼陀羅草根部、歐亞瑞香、桑椹樹根部、黑刺李樹根部、松果、開心果、楊樹、橡樹、接骨木、擦樹、栓皮櫟（Cork）、檉柳、菩提樹（Lime tree）、乳香、榆樹、冬季肉桂（Winter`s Cinnamon）。

其中，冬季肉桂的樹皮做為普通香料入菜使用，或可在早上搭配任何一種方便取用的酒服用半打蘭，對壞血病的療效極佳。嗅聞冬季肉桂粉末可滌清頭部的黏液。

如果將黑楂木樹皮製成水煎劑，則可清瀉黃膽汁與黏液。

龍牙草、苦艾、菟絲子、啤酒花、苣蕒菜與菊苣根部、歐芹與野芹根部，每天早上取其中任何一種約一把的量，混入4.5公升的麥芽酒中，使它們彼此混融發生作用，然後將此單方藥草放入網袋過篩，早晨喝一杯（約280毫升，可根據飲用者的年齡做適當的增減），有助於治身體水腫、黃疸和致病惡性體質；還對醫治佝僂病有幫助，可增強肝臟和脾臟；助消化，對胃部完全無負擔，能引起食欲，並且有助於治療皮癬發癢。

其餘值得注意的樹皮及其優點，可在本書的前一部分中找到。

寒熱屬性

熱性一級：癒傷木、檉柳、柳橙、檸檬、香櫞。

熱性二級：肉桂、桂皮、冬季肉桂、乳香、刺山柑。

熱性三級：肉豆蔻皮。

寒性一級：橡樹、石榴。

寒性三級：曼陀羅草。

身體部位的適用性

溫暖頭部：冬季肉桂。

心臟：肉桂、桂皮、香櫞皮、核桃、檸檬皮、肉豆蔻皮。

胃部：柳橙皮、桂皮、肉桂、香櫞皮、檸檬皮、肉豆蔻皮、擦樹。

肺部：桂皮、肉桂、核桃。

肝臟：刺檗樹、月桂樹、冬季肉桂。

腎臟：刺山柑樹皮、白蠟木樹皮，以及月桂樹。

腎部與膀胱：月桂樹、擦樹。

子宮： 桂皮、肉桂。

使胃部降溫：石榴果皮。

清瀉黃膽汁：刺檗樹的樹皮。

清瀉黏液與水：接骨木、矮接骨木、大戟草、月桂。

Chapter 5

木材枝幹

種類

冷杉、沉香（Wood of Aloes）、紅香木（Rhodium）、蘇木（Brazil）、黃楊木、柳樹、柏樹、烏木、癒傷木、杜松、乳香黃連木（Lentisk）、癒腎木（Nephriticum）、紅香木、迷迭香、白檀香、黃檀香、紅檀香、擦樹，以及檉柳。

寒熱屬性

其中有些為熱性，如沉香、紅香木、黃楊木、烏木、癒傷木、癒腎木、迷迭香、擦樹、檉柳。

有些為寒性，如柏樹、柳樹、白檀香、黃檀香、紅檀香。

身體部位的適用性

迷迭香適合用於治療頭部，沉香適合心臟與胃部，紅香木適合腸道與膀胱，癒腎木適合肝臟、脾臟、腎部與膀胱，擦樹治胸部、胃部與膀胱，檉柳適合脾臟，而在發燒時，檀香可為心臟與精氣降溫。

關於其各自的醫療特性，請見本書先前章節。

Chapter

6 藥草

種類

青蒿、一般苦艾與羅馬苦艾、酢漿草、白花酢漿草、一般與白色鐵線蕨或銀杏葉鐵角蕨、黑色與金色的常春蓍草、龍牙草、馬鞭草、錦葵、羽衣草、蘩縷、藥蜀葵以及紫蘩蔞、蒔蘿、歐白芷、野芹、鵝草（或稱豬殃殃）、耬斗菜、野生艾菊、艾蒿、歐細辛、車葉草、濱藜、紡紗桿薊（Distaff Thistle）、脂香菊、有柄水苦蕒（或稱水生紫蘩蔞，water Pimpernel）、白色與紅色與黑色甜菜、藥水蘇與翅莖玄參、雛菊、藜、山靛、琉璃苣、雪鈴、香藜（oak of Jerusalem）、捲心菜、白色與黑色瀉根、牛舌草、薺菜（Shepherd`s Purse）、牛眼菊、黃楊木樹葉、山區與沼澤區的風輪菜、地松、五葉地錦（或稱歐忍冬）、仕女襯衣（Lady Smock）、金盞花、聖母薊、藏掖花（Carduus Benedictus）、水楊梅、大戟草與小株大戟草、馬尾草、甘藍菜、小百金花、結草、細葉芹、石蠶屬植物、洋甘菊、蛇頭草、痔瘡草、菊苣、毒芹、植栽與海濱辣根菜、小蚤車前草、大株與中型株的康復力（或稱匍匐筋骨草）、薩拉森癒傷草（Saracen's Confound)、歐紫萁（Buck Horn）、車前草、紫景天、十字草、菟絲子、藍瓶花、朝鮮薊、柏樹葉、蒲公英、巖愛草、起毛草、矮接骨木、藍薊、婆婆納、野芹、苣蕒菜、馬尾草、小菟絲子、歐洲黃菀、籬芥、常春蓍草、小米草、茴香、蚊子草、印度葉、草莓葉、白蠟木樹葉、延胡索、山羊豆、聖母的床薦、金雀花、漢葒魚腥草、鴿足草、棉花菜、樹籬牛膝草、樹上的常春藤、金錢薄荷（或稱連錢草）、土木香、牆邊草、地錢、黃花九輪草、治疝草、山柳菊屬植物、僧侶大黃、亞歷山大草、快樂鼠尾草、莨菪、聖約翰草、馬舌草（或稱雙舌草）、牛膝草、腰骨痛水芹、小株長生草、海紫菀（Sharewort）、菘藍、蘆葦、發燒草、珊瑚草、萵苣、大天使草、大株與小株牛蒡、薰衣草、月桂、英國與亞歷山卓月桂葉、闊葉獨行菜（或稱胡椒草）、圓葉當歸、水蠟樹、海濱牛舌草、柳穿魚、鹿舌草、甜三葉草（sweet Trefoil）、啤酒花、水枝柳、馬鬱蘭、一般錦葵與樹錦葵、曼陀羅草、白色與黑色的苦薄荷、薰陸香藥草、小白菊、金花草、植栽與水生的香蜂草、薄荷、馬薄荷（Horse mint）、歐亞瑞香、西洋蓍草、苔蘚、甜峨參、桃金孃葉子、植栽與水生的水芹、荊芥、菸草、銅錢珍珠葉、睡蓮、羅勒、橄欖葉、止犁耙、瓶爾小草、牛至草、尖葉酸模、白色及黑色與紅色的罌粟（或稱野罌粟）、委陵菜、有斑水蓼與無斑水蓼、桃樹葉、貫葉柴胡（Thoroughwax）、歐芹、鼠耳草、地榆、一般車前草與狹葉車前草、山地狹葉香科與克里特狹葉香科（Mountain and Cretick Poley）、金線蕨、楊樹葉子與嫩芽、韭蔥、馬齒莧、野生艾菊、白色與黑色苦薄荷、報春花、夏枯草、田野牆邊草（或稱噴嚏草）、普列薄荷、蚤草、地艾、白珠樹、橡樹葉與橡樹芽、酸模、一般芸香與野生芸香、銀杏葉鐵角蕨或白色鐵線蕨、沙皮檜、蒿柳（osier）樹葉、植栽鼠尾草與野生鼠尾草、接骨木的樹葉與嫩芽、變豆菜、石鹼草、香薄荷、白虎耳草、山蘿蔔、蒜味香科（Scordium）、林生玄參、風車草（或稱長生草）、歐洲黃菀、番瀉樹的葉子與豆莢、一枝黃花、鋪地百里香（Mother of Time）、萎蕤、山楂、茄屬植物（Nightshade）、雪鐘花（Soldanella）、滑嫩與粗糙的苦菜、播娘蒿（Flixweed）、一般的寬葉薰衣草、菠菜、斷續科山蘿蔔、檉柳樹葉、艾菊、毛蕊花、百里香、菩提樹葉、洋委陵菜、一般三葉草與黃金三葉草、甜三葉草、款冬、纈草、馬鞭草、保羅的水蘇（Paul`s Bettony）、紫羅蘭、蔓長春花、燕子草、葡萄藤葉、旋果蚊子草、榆樹葉、臍景天、一般蕁麻與羅馬蕁麻、白色與紅色的大天使草（或稱死蕁麻）。

這些是醫師學會所記錄並關注研究的藥草，我們來看看是否可將它們轉譯成其他形式以求造福人體。

寒熱屬性

溫熱適中：溫熱適中的藥草有一般鐵線蕨、銀杏葉鐵角蕨、黑色與金色鐵線蕨、車葉草、匍匐筋骨草、山羊豆、鹿舌草、甜三葉草、播娘蒿、委陵菜、三葉草、保羅的水蘇、婆婆納。

非溫平而偏熱性一級：為龍牙草、藥蜀葵、鵝草（或稱豬殃殃）、紡紗桿薊、琉璃苣、牛舌草，或聖母薊、水楊梅、欒蕨、峨參、小米草、黃花九輪草、金花草、羅勒、夏枯草。

偏熱性二級：一般苦艾與羅馬苦艾、常春蓍草、羽衣草、雄性與雌性紫蘩蔞、莳蘿、野芹、艾蒿、脂香菊、藥水蘇、香藜、金盞花、草甸碎米薺、藏掖花、小百金花、地松、辣根菜、印度葉、金雀花、連錢草、亞歷山大草、雙舌草（或稱舌刃草）、大天使草（或稱死蕁麻）、月桂葉、馬鬱蘭、苦薄荷、香蜂草、山靛、斷續科山蘿蔔、菸草、歐芹、山地生長的狹葉香科（Poley mountain）、迷迭香、鼠尾草、番瀉樹、雪鐘花、艾菊、馬鞭草，以及蔓長春花。

偏熱性三級：雄性與雌性青蒿、有柄水苦藚、歐白芷、白色與黑色瀉根、風輪菜、石蠶屬植物、痔瘡草、蚤草、矮接骨木、堤岸水芹（Bank Cresses）、快樂鼠尾草、珊瑚草、薰衣草、圓葉當歸、薰陸香藥草、小白菊、薄荷、水田芥、牛至草、辣蓼，水蓼（在拉丁文中稱為Hydropiper，醫師學會將它與春蓼〔Persicaria〕混為一談。春蓼又稱淡蓼〔Mild Arsmart〕，其屬性偏寒）、噴嚏草、普列薄荷、芸香、沙皮檜、冬香薄荷與夏香薄荷、鋪地百里香、薰衣草、寬葉薰衣草、百里香、蕁麻。

偏熱性四級：腰骨痛水芹（Sciatica Cresses）、刺景天、胡椒草、植栽水芹（Garden Cresses）、韭蔥、毛茛、毛氈苔、大戟草。

寒性一級：酢漿草、白花酢漿草、濱藜、牛蒡、薺菜、牆邊草、山柳菊屬植物、錦葵、西洋蓍草、淡蓼（又稱春蓼）、地榆、款冬、紫羅蘭。

寒性二級：蘩縷、野生艾菊、雛菊、結草、菊苣、歐紫萁、車前草、蒲公英、苣藚菜、延胡索、草莓葉、萵苣、青萍、車前草、馬齒莧、柳樹葉。

寒性三級：長生草（或稱風車草）、茄屬植物。

寒性四級：毒芹、莨菪、曼陀羅草，以及罌粟。

乾燥一級：龍牙草、藥蜀葵、豬殃殃、牛蒡、薺菜、聖母薊、峨參、小米草、黃花九輪草、山柳菊屬植物、舌刃草（雙舌草）、金花草、淡蓼、夏枯草、番瀉樹、播娘蒿、款冬、蔓長春花。

乾燥二級：一般苦艾與羅馬苦艾、酢漿草、白花酢漿草、常春蓍草、羽衣草、雄性與雌性紫蘩蔞、莳蘿、野芹、野生艾菊（或稱銀葉草）、艾蒿、紡紗桿薊、 脂香菊、藥水蘇、匍匐筋骨草、草甸碎米薺、藏掖花、水楊梅、小百金花、菊苣、車前草、辣根菜、歐紫萁（Buckhorn）、蒲公英、苣藚菜、印度葉、草莓葉、延胡索、金雀花、連錢草、亞歷山大草、白色與紅色大天使草（或稱死蕁麻）、月桂葉、馬鬱蘭、小白菊、香蜂草、山靛、斷續科山蘿蔔、菸草、歐芹、地榆、車前草、迷迭香、柳樹葉、鼠尾草、變豆菜、山蘿蔔、雪鐘花、馬鞭草。

乾燥三級：雄性與雌性青蒿、有柄水苦蕢、歐白芷、白色與黑色瀉根、風輪菜、石蠶屬植物、地松、白屈菜、痔瘡草、蚤草、矮接骨木、濱水芹、快樂鼠尾草、珊瑚草、薰衣草、圓葉當歸、苦薄荷、薰陸香藥草、薄荷、水田芥、牛至草、委陵菜、辣蓼、山地生長的狹葉香科、噴嚏草、普列薄荷、芸香（或稱賜福草）、沙皮檜、冬香薄荷與夏香薄荷、鋪地百里香、薰衣草、艾菊、百里香、三葉草。

乾燥四級：植栽水芹、野生芸香、韭蔥、洋蔥、毛莨、毛氈苔、大蒜，以及大戟草。

潮溼一級：琉璃苣、牛舌草、金盞花、牆邊草、錦葵、羅勒。

潮溼四級：蘩縷、濱藜、雛菊、萵苣、青萍、馬齒莧、苦菜、紫羅蘭、睡蓮。

身體部位的適用性

溫暖頭部：常春薔草、脂香菊、藥水蘇、藏掖花、辣根菜、小米草、山羊豆、黃花九輪草、薰衣草、月桂、圓葉當歸、薰陸香藥草、小白菊、金花草、噴嚏草、普列薄荷、番瀉樹、鋪地百里香、馬鞭草、迷迭香。

溫暖喉部：白色與紅色大天使草（或稱死蕁麻）、斷續科山蘿蔔。

溫暖胸部：白色或黑色或一般與金色鐵線蕨、紡紗桿薊、百里香、藥水蘇、風輪菜、茴香、印度葉、月桂葉、牛膝草、香蜂草、苦薄荷、香藜、石蠶屬植物、金花草、牛至草、芸香、山蘿蔔、蔓長春花、蕁麻。

溫暖心臟：雄性與雌性青蒿、歐白芷、車葉草、牛舌草、藏掖花、琉璃苣、山羊豆、番瀉樹、羅勒、迷迭香，以及土木香。

溫暖胃部：一般苦艾與羅馬苦艾、野芹、水楊梅、印度葉、金雀花、發燒草（Schoenanthus）、月桂葉、香蜂草、薄荷、歐芹、茴香、百里香、鋪地百里香、鼠尾草。

溫暖肝臟：龍牙草、常春薔草、雄性與雌性紫蘩蔞、野芹、脂香菊、聖母薊、小百金花、石蠶屬植物、黃筋骨草、白屈菜、海蓬子、毛地黃、白蠟木樹葉、月桂葉、柳穿魚、啤酒花、苦薄荷、水田芥、歐芹、山地生長的狹葉香科、鼠尾草、蒜味香科、番瀉樹、鋪地百里香、雪鐘花、歐細辛、茴香、牛膝草、甘松。

溫暖腸道：連錢草、亞歷山大草。

溫暖腎部：全四種鐵線蕨、龍牙草、野芹、小百金花、藥蕨、石蠶屬植物、地松、海蓬子、毛地黃、小菟絲子、白蠟木、月桂葉、柳穿魚、啤酒花、苦薄荷、歐芹、狹葉香科、山地鼠尾草、蒜味香科、番瀉樹、鋪地百里香、檉柳、苦艾、水田芥、鹿舌草。

溫暖腎部與膀胱：龍牙草、常春薔草、藥蜀葵、雄性與雌性紫蘩蔞、有柄水苦蕢、脂香菊、藥水蘇、峨參、石蠶屬植物、海蓬子、金雀花、治疝草、快樂鼠尾草、發燒草、月桂葉、柳穿魚、啤酒花、金花草、水田芥、牛至草、普列薄荷、蒜味香科、馬鞭草、鋪地百里香、芝麻菜、甘松、虎耳草、蕁麻。

溫暖子宮：常春蓍草、歐白芷、艾蒿、脂香菊、風輪菜、蚤草、巖愛草、發燒草、大天使草（或稱死蕁麻）、金花草、小白菊、薄荷、斷續科山蘿蔔、牛至草、羅勒、普列薄荷、沙皮檜、鼠尾草、蒜味香科、艾菊、百里香、馬鞭草、蔓長春花、蕁麻。

溫暖關節：黃花九輪草、腰骨痛水芹、辣蓼、植栽水芹、脂香菊、龍牙草、聖約翰草、金花草、水田芥、迷迭香、芸香、鼠尾草、法國薰衣草。

使頭部清涼：白花酢漿草、起毛草、萵苣、車前草、柳樹葉、長生草（或風車草）、草莓葉子、紫羅蘭葉子、延胡索、睡蓮。

使喉部清涼：紫景天、草莓葉、水蠟樹、懸鉤子樹葉。

胸部：桑椹樹葉、懸鉤子樹葉、紫羅蘭葉子、草莓葉、酢漿草、白花酢漿草、罌粟、紫景天、銅錢珍珠葉、車前草、款冬。

心臟：酢漿草、白花酢漿草、藍薊、萵苣、地榆、紫羅蘭葉子、草莓葉，以及睡蓮。

胃部：酢漿草、白花酢漿草、菊苣、紫景天、蒲公英、苣蕒菜、草莓葉、山柳菊屬植物、萵苣、馬齒莧、苦菜、紫羅蘭葉子。

肝臟：酢漿草、白花酢漿草、蒲公英、苣蕒菜、菊苣、草莓葉、延胡索、地錢、萵苣、馬齒莧、茄屬植物、睡蓮。

腸道：延胡索、錦葵、沙棘、車前草、紫景天、車前草、地榆。

腎臟：延胡索、苣蕒菜、菊苣、萵苣。

腎部與膀胱：結草、錦葵、西洋蓍草、銅錢珍珠葉、車前草、苣蕒菜、菊苣、萵苣、馬齒莧、睡蓮、風車草（或稱長生草）。

子宮：野生艾菊、濱藜、牛蒡、柳蘭（Willow herb）、桃金孃葉子、銅錢珍珠葉、馬齒莧、苦菜、苣蕒菜、菊苣、萵苣、睡蓮、長生草。

關節：柳樹葉、葡萄藤葉、萵苣、莨菪、茄屬植物、長生草（風車草）。

醫療作用

藥草的藥性各異，如下所列：

收束：白豆蔻、穗花牡荊（Agnus Castus）、薺菜、柏樹、馬尾草、常春藤、月桂葉、金花草、香蜂草、桃金孃、酢漿草、車前草、結草、康復力、委陵菜、小蚤車前草、馬齒莧、橡樹葉、柳樹葉、長生草（風車草）等。

疏通：如大蒜、洋蔥、苦艾、錦葵、藥蜀葵、牆邊草、苣藚菜、菊苣等。

軟化：錦葵、藥蜀葵、甜菜、牆邊草、紫羅蘭葉子、草莓葉、濱藜、柏樹葉、月桂葉、小蚤車前草等。

硬化：馬齒莧、茄屬植物、風車草（長生草）、青萍，及多數極寒涼的藥草。

減弱：艾蒿、牛膝草、普列薄荷、頭狀薰衣草、百里香、鋪地百里香，以及杜松等。

分解：雄性與雌性青蒿、全部四種鐵線蕨、藥蜀葵、蒔蘿、錦葵、濱藜、甜菜、薄荷、金花草、牆邊草、蘩縷、芸香、頭狀薰衣草、馬鬱蘭。

吸引：紫蘩蔞、馬兜鈴、巖愛草、韭蔥、洋蔥、大蒜，且記住以下通則，所有寒性之物皆能收束與硬化，而一切熱性之物都有乾燥力。

催膿：錦葵、藥蜀葵、白百合葉子等。

滌清：紫蘩蔞、青蒿、蘆筍、藥蕨、濱藜、苦艾、甜菜、牆邊草、黃筋骨草、菟絲子、地錢、苦薄荷、柳樹葉等。

黏合：藥蜀葵、紫蘩蔞、百金花、黃筋骨草、錦葵、石蠶屬植物、馬尾草、龍牙草、常春蓍草、草莓葉、車前草、委陵菜、康復力、匍匐筋骨草、夏枯草、療傷草、洋委陵菜、治疝草、結草，以及菸草。

袪風：苦艾、大蒜、蒔蘿、野芹、小菟絲子、茴香、杜松、馬鬱蘭、牛至草、冬香薄荷與夏香薄荷。

艾菊利於滌清胃部及腸子中黏稠難除的黏液，以及黏在其中的體液；冬季溼冷的性質常會使人體感染此症，有時還伴隨著痛風和其他性質類似的疾病，並持續很長時間，這是春天食用艾菊的習俗由來。可以將艾菊與糖製成蜜餞，或者在酒中煮沸後飲用，或者汁液加糖製成糖漿，你可自己決定。

培養精子的藥草：快樂鼠尾草、芝麻菜，以及多數溼熱而醞釀脹氣的藥草。

促排月經：青蒿、大蒜、各種鐵線蕨、艾蒿、苦艾、羊角芹、捲心菜、藥水蘇、百金花、風輪菜、石蠶屬植物、菟絲子、巖愛草、茴香、聖約翰草、馬鬱蘭、苦薄荷、香蜂草、水田芥、牛至草、羅勒、普列薄荷、山地生長的狹葉香科、歐芹、野芹、芸香、迷迭香、鼠尾草、沙皮檜、大闊翅芹（Hartwort）、百里香、鋪地百里香、蒜味香科、蕁麻。

止月經：薺菜、草莓、桃金孃、睡蓮、車前草、風車草（長生草）、康復力、結草。

抗毒：青蒿、苦艾、大蒜、各種鐵線蕨、野芹、藥水蘇、藏掖花、石蠶屬植物、風輪菜、亞歷山大草、老嫗薊、龍牙草、茴香、 杜松、苦薄荷、牛至草、普列薄荷、山地生長的狹葉香科、芸香、蒜味香科、車前草。

分解腫脹：鐵線蕨、豬殃殃（或稱鵝草）、錦葵、藥蜀葵、酸模、香蜂草、水田芥、 委陵菜、蒜味香科等。

鎮痛：蒔蘿、苦艾、濱藜、風輪菜、黃筋骨草、莨菪、啤酒花、豬茴香、歐芹、迷迭香、芸香、馬鬱蘭，以及鋪地百里香。

滋潤緩和：藥蜀葵、錦葵、甜菜、山靛、牆邊草、紫羅蘭葉子。

毛細作用：鐵線蕨、銀杏葉鐵角蕨、藥蕨、鹿舌草。

以下藥草可用來清瀉：

黃膽汁：歐洲黃菀、啤酒花、桃樹葉、苦艾、百金花、錦葵、番瀉樹。

黑膽汁：牛眼菊、小菟絲子、延胡索、番瀉樹、菟絲子。

黏液與水：白色與黑色瀉根、大戟草，兩者的清瀉效果都很強，不適合一般民眾使用。矮接骨木、樹籬牛膝草、月桂葉、山靛、歐亞瑞香也有強力清瀉效果，而噴嚏草、接骨木樹葉、番瀉樹也可以。

對於以上這些特定作用，以及進行清瀉後如何調理身體、一次要服用的數量，先前已提過一部分，之後將更完整說明。

Chapter 7

花朵

種類

苦艾、穗花牡荊、野莧、蒔蘿、迷迭香、耬斗菜、野生石榴花（或稱石榴花朵）、藥水蘇、琉璃苣、牛舌草、金盞花、五葉地錦（或稱歐忍冬）、康乃馨、小百金花、桂竹香、菊苣、大株的康復力、番紅花、大株與小株的藍瓶花（賽諾巴托斯〔Synosbatus〕、特拉古斯與迪多內歐斯〔Dedonæus〕認為我們本地的單子山楂〔white thorn〕就是這種植物，寇杜斯〔Cordus〕與馬瑟勒斯〔Marcelus〕認為它是野薔薇，盧德嫩西斯〔Lugdunensis〕將它視為甜野薔薇，至於醫師學會認為它是什麼，我就不知道了）、簇花草（迪奧科里斯將施肥植栽石榴的花朵稱為簇花草，但普林尼以這名字稱呼野生種的花朵）、毛地黃、藍薊、芝麻菜、小米草、豆子、延胡索、金雀花、黃花九輪草、聖約翰草、牛膝草、茉莉、三葉草、大天使草（或稱死蕁麻）、薰衣草、桂竹香、水蠟樹、白百合與歐鈴蘭、啤酒花、一般錦葵與樹錦葵、小白菊、五葉地錦（或稱歐忍冬）、金花草、香蜂草、核桃、白色與黃色睡蓮、牛至草、白罌粟與紅罌粟（或稱田野罌粟、穀物玫瑰——有此稱呼是因為它們常生長在穀物之間）、牡丹與芍藥、桃花、報春花、夏枯草、黑刺李叢、迷迭香花朵、紅玫瑰、白玫瑰、大馬士革玫瑰、鼠尾草、接骨木、白虎耳草、山蘿蔔、冬麥（Siligo，我認為他們指的是麥子，學者們仍未有定論）、法國薰衣草、檉柳、艾菊、毛蕊花、菩提樹、康乃馨、款冬、紫羅蘭、穗花牡荊、白色與紅色死蕁麻。

為了大眾福祉，我將對上述花朵的性質做出一點解釋；請讀者們自行決定是否閱讀。

寒熱屬性

熱性一級：熱性一級的花朵有如琉璃苣、牛舌草、藥水蘇、牛眼菊、金花草、頭狀薰衣草。

熱性二級：白豆蔻、番紅花、康乃馨、芝麻菜、香蜂草、甘松、啤酒花、發燒草、薰衣草、茉莉、迷迭香。

熱性三級：穗花牡荊、小菟絲子、桂竹香、五葉地錦（或稱歐忍冬）。

寒性一級：錦葵、紅玫瑰、白玫瑰與大馬士革玫瑰、紫羅蘭。

寒性二級：銀蓮花（或稱風之花）、苣蕒菜、菊苣、白色與黃色睡蓮。

寒性三級：野生石榴花或石榴花朵。

寒性四級：莨菪，以及所有各種品種的罌粟。

不過有些作者表示，田野罌粟（field Poppies）是寒性最強的；但我認為它們未達寒性四級。

潮溼一級：琉璃苣、牛舌草、錦葵、菊苣、苣蕒菜。

潮溼二級：睡蓮、紫羅蘭。

乾燥一級：牛眼菊、番紅花、洋甘菊、金花草、玫瑰。

乾燥二級：風之花、白豆蔻、康乃馨、芝麻菜、薰衣草、啤酒花、牡丹與芍藥、迷迭香、甘松。

乾燥三級：五葉地錦（或稱歐忍冬）、野生石榴花、小菟絲子、石蠶屬植物、黃筋骨草。

這裡未提及的任何其他花朵的屬性都與其藥草相同，你可以搜尋藥草部分獲得所需知識，不致有任何遺漏。

身體部位的適用性

可溫暖以下身體部位：

頭部：可溫暖頭部的花朵有如迷迭香花朵、夏枯草、藥水蘇、黃花九輪草、薰衣草、金花草、牡丹與芍藥、鼠尾草、頭狀薰衣草。

胸部：藥水蘇、香蜂草、山蘿蔔，以及發燒草。

心臟：香蜂草、迷迭香花朵、琉璃苣、牛舌草、番紅花、甘松。

胃部：迷迭香花朵、甘松、發燒草。

肝臟：百金花、發燒草、接骨木、藥水蘇、甘松。

腎臟：藥水蘇、桂竹香。

腎臟與膀胱：藥水蘇、藥蜀葵、金花草、發燒草、甘松。

子宮：藥水蘇、發燒草、鼠尾草、香鳶尾或鳶尾花。

關節：迷迭香花朵、黃花九輪草、洋甘菊、金花草。

某些花朵性寒，故能冷卻以下之身體部位：

頭部：紫羅蘭、玫瑰、三種罌粟，以及睡蓮。

胸部與心臟：紫羅蘭、紅玫瑰、睡蓮。

胃部：紅玫瑰、紫羅蘭。

肝臟與腎臟：苣蕒菜，以及菊苣。

除此之外，紫羅蘭、琉璃苣與牛舌草能使心臟溼潤，迷迭香花朵香蜂草及藥水蘇，則使之乾燥。

醫療作用

收束：野生石榴花、番紅花、菊苣、苣蕒菜、紅玫瑰、金花草、香蜂草、康乃馨、穗花牡荊。

分解：蒔蘿、藥蜀葵、錦葵、金花草、頭狀薰衣草等。

滌清：大馬士革玫瑰、接骨木花朵、豆子的花朵等。

減弱：香鳶尾或鳶尾花、金花草、頭狀薰衣草等。

緩和：如番紅花、白百合、錦葵，以及藥蜀葵等。

催膿：番紅花、白百合等。

黏合：野生石榴花、百金花等。

促排月經：藥水蘇、百金花、發燒草、桂竹香、香蜂草、牡丹與芍藥、迷迭香、鼠尾草。

止月經：野生石榴花，或石榴花朵以及睡蓮。

祛風：蒔蘿、發燒草、甘松。

治燙傷：白百合、錦葵、藥蜀葵。

抗毒：藥水蘇、百金花。

鎮痛：蒔蘿、百金花、金花草，以及迷迭香。

清瀉黃膽汁：桃子的花朵、大馬士革玫瑰、紫羅蘭。

清瀉黏液：金雀花、接骨木花朵。

強心作用：琉璃苣、牛舌草、玫瑰、紫羅蘭。

只要對花朵與藥草的性質做比較，並參照後面對這些術語的解釋，便可輕鬆找到其餘花朵的屬性和作用。

除此之外，有一些花朵擁有多重效用，特別列在下面供讀者參考：

牛眼菊花朵加一點大麥粉煮成泥狀，趁熱塗抹，可消除腫脹硬塊。

洋甘菊花可加熱、分解，有鬆弛解便及濃縮純化的作用，加入灌腸劑中滾煮後，用來治療脹氣痛極好；在酒中煮成湯後飲用，可為腎部清瀉排毒，碎結石，疏通毛孔，消除膽汁液，保護心臟，減輕因行旅跋涉而引起的疼痛、痠痛或僵硬。

芝麻菜的花朵外用可分解腫脹，溶解硬腫瘤，可將芝麻菜的花朵煮成膏狀使用，但內服時它們卻會將不健康的蒸氣釋放到頭部。

啤酒花具有疏通肝臟、脾臟與腸道阻塞的效果，還能滌清身體的黃膽汁與黏液，並可用來利尿。

茉莉花在油中煮沸後用來沐浴，對於不適的身體部位，能有效消除抽筋和體側岔氣痛。

五葉地錦（或稱歐忍冬）的花朵乾燥並打成粉末，早晨搭配白酒服用1打蘭，有助於治療佝僂病、呼吸困難，利尿，並可治淋病。

錦葵屬植物的花朵搗碎，混合蜂蜜滾煮（60公克的花搭配450毫升蜂蜜；在放入花朵之前要先使蜂蜜澄清），然後濾除。以此法製作出來的蜂蜜搭配甘草根服用，對咳嗽、哮喘和肺癆都是極好的療方。

Chapter 8

果實

種類

酸漿、番茄、甜杏仁與苦杏仁、腰果（Anacardia）、柳橙、榛果、出油辣木、刺檗、刺山柑、朝天椒、無花果、吐魯香樹果實、丁香、阿勃勒、栗子、黑櫻桃與紅櫻桃、白鷹嘴豆、黑鷹嘴豆與紅鷹嘴豆、香櫞、印度防己、藥西瓜、西洋山茱萸（或稱紅玉髓櫻桃，Cornelian Cherries）、華澄茄、植栽與野生的黃瓜、葫蘆、多刺醋栗、柏樹、毬果、榲桲、海棗、矮接骨木、嫩綠無花果、草莓、一般五倍子與土耳其五倍子、橡實、橡實殼斗、石榴、醋栗、常春藤、真愛藥草、核桃、棗子、杜松漿果、月桂漿果、檸檬、柳橙、曼陀羅草、桃子、曼陀羅（Stramonium）、野生與植栽蘋果（或稱山楂子以及蘋果）、香瓜（Musk Melon）、歐楂、桑椹、欖仁樹、毗黎勒、餘甘子、桃金孃、漿果、柏樹堅果、肉豆蔻、開心果、馬錢子（Vomiting Nut）、以濃鹽水浸泡醃漬的橄欖、白色與黑色罌粟頭、南瓜、四季豆（或稱腎豆）、毬果、白胡椒及黑胡椒與長胡椒、法國李子與大馬士革李子、黑刺李、梨子、英國醋栗、黑莓、覆盆子、接骨木漿果、破布子、花楸（或稱野生楸樹，Checker）、山楂漿果、松子、菱角、葡萄、葡萄乾。希望你能從中受益，請隨你所需所想的來參閱。

寒熱屬性

溫熱適中：日曬葡萄乾、紅醋栗、無花果、松子、海棗、破布子。

熱性一級：甜杏仁、棗子、柏樹堅果、嫩綠榛果、嫩綠核桃。

熱性二級：辣木、刺山柑、肉豆蔻、乾燥的核桃、乾燥的榛果、開心果。

熱性三級：杜松漿果、丁香、吐魯香樹果實、華澄茄、腰果、苦杏仁。

熱性四級：白胡椒、黑胡椒與長胡椒、朝天椒。

寒性一級：香櫞、榲桲、梨子、李子等果肉。

寒性二級：葫蘆、黃瓜、甜瓜、南瓜、柳橙、檸檬、香櫞、石榴等的果汁，桃子、李子、五倍子、蘋果。

寒性三級：曼德拉草。

寒性四級：曼陀羅。

潮溼一級：香櫞、檸檬，以及柳橙的果肉——也就是白色的內層果皮部分，外層層果皮是熱性的。

潮溼二級：葫蘆、甜瓜、桃子，以及李子等。

乾燥一級：杜松漿果。

乾燥二級：辣木、刺山柑、梨子、開心果、松子、榲桲、肉豆蔻，以及月桂漿果。

乾燥三級：丁香、五倍子等。

乾燥四級：各種胡椒。

適用的身體部位

就其所適用的人體部位而言，能溫暖以下部位：

頭部：腰果、華澄茄、肉豆蔻。

胸部：苦杏仁、海棗、華澄茄、榛果、松子、無花果、日曬葡萄乾、棗子。

心臟：核桃、肉豆蔻、杜松漿果。

胃部：甜杏仁、丁香、辣木、杜松漿果、肉豆蔻、松子、橄欖。

腎臟：刺山柑。

腎部與膀胱：苦杏仁、杜松漿果、華澄茄、松子、日曬葡萄乾。

子宮：核桃、肉豆蔻、月桂漿果、杜松漿果。

為胸部降溫：破布子、李子、柳橙，以及檸檬。

為心臟降溫：柳橙、檸檬、香櫞、石榴、榲桲、梨子。

為胃部降溫：榲桲、西瓜、黃瓜、葫蘆、香瓜、南瓜、櫻桃、醋栗、紅玉髓櫻桃、檸檬、蘋果、歐楂、柳橙、梨子、英國醋栗、花楸或野生楸樹。

為肝臟降溫：所有能為胃部降溫的果實，以及草莓。

為腎部與子宮降溫：所有能為胃部降溫的果實，以及草莓。

醫療作用

收束：如桃金孃漿果、刺檗、栗子、西洋山茱萸（或稱紅玉髓櫻桃）、榲桲、五倍子、橡實、橡實殼斗、歐楂、野生楸樹或花楸、石榴、肉豆蔻、橄欖、梨子、桃子。

分解：刺山柑、各種胡椒。

減弱：甜杏仁與苦杏仁、月桂漿果、杜松漿果。

黏合：橡實、橡實殼斗、海棗、日曬葡萄乾、紅醋栗。

祛風：月桂漿果、杜松漿果、肉豆蔻、各種胡椒。

培養精子：日曬葡萄乾、甜杏仁、松子、無花果等。

利尿：酸漿。

促排月經：常春藤漿果、刺山柑等。

止月經：刺檗等。

抗毒：月桂漿果、杜松漿果、核桃、香櫞、各種胡椒。

鎮痛：月桂漿果、杜松漿果、常春藤漿果、無花果、核桃、葡萄乾、紅醋栗、各種胡椒。

能清瀉體液的果實

黑膽汁：印度欖仁樹。

黃膽汁：阿勃勒、櫻桃李、李子、羅望子、葡萄乾。

黏液：藥西瓜與野生黃瓜的清瀉效力猛烈，因此不該貿然使用；我希望此書造福眾人，而非危害眾生。而相對地，各品種的欖仁樹——尤其是毗黎勒與餘甘子，則都能相當溫和地清瀉黏液，而且無危險性。

所有以上這些當中，請容我特別向你推薦一種，那就是杜松漿果。

Chapter 9

種子

種類

酢漿草、穗花牡荊、藥蜀葵、真實與一般羊角芹、白豆蔻、蒔蘿、歐白芷、茴芹、玫瑰種子、野芹、耬斗菜、蘆筍、濱藜、燕麥、柳橙、牛蒡、羅勒、刺檗、棉花、假葉樹、麻、大株與小株的小荳蔻、藏掖花、聖母薊、香脂草、番紅花、藏茴香、大株與小株的大戟草、甘藍菜、洋蔥、櫻桃果核仁、峨參、菊苣、毒芹、香櫞、西瓜、植栽辣根菜、藥西瓜、芫荽、海蓬子、植栽與野生黃瓜、葫蘆、榲桲、孜然、多刺醋栗、海棗果核、英國與克里特胡蘿蔔、矮接骨木、苣蕒菜、芝麻菜、籬芥、豆子、茴香、葫蘆巴、白蠟子、延胡索、金雀花、天堂椒種子（Grains of Paradise）、石榴、亞歷山大草、大麥、白色莨菪、聖約翰草、牛膝草、萵苣、尖葉酸模、月桂、小扁豆（Lentil）、圓葉當歸、檸檬、白蠟子、亞麻籽（或稱亞麻草）、紫草、毒麥、甜三葉草、羽扇豆、大星芹、馬鬱蘭、錦葵、曼陀羅草、甜瓜、歐楂、歐亞瑞香、黑種草、櫻桃、杏桃以及桃子的果仁、羅勒、稻米、黍、白色與黑色罌粟、植栽與野生的防風草、圓葉柴胡、英國與馬其頓歐芹、地榆、豌豆、車前草、牡丹與芍藥、韭蔥、馬齒莧、小蚤車前草、蕪菁、蘿蔔、漆樹（Sumach）、植栽與野生的芸香、土荊芥、虎耳草、菊苣、大闊翅芹、芥菜籽、茄屬植物、小花糖芥、芥菜、小麥（包括磨細的麥粉與麥麩，以及澱粉的原料）、巢菜或野豌豆（Vetches or Tares）、紫羅蘭、一般蕁麻與羅馬蕁麻、葡萄果核、希臘麥子（Greek Wheat）或稱斯佩爾特小麥。

閱讀這些只能讓你知道它們是什麼，為了讓你可從這些知識中獲得更多好處。以下說明能使你了解其優點。

寒熱屬性

熱性一級：亞麻籽、葫蘆巴、芫荽、稻米、紫草、羽扇豆。

熱性二級：蒔蘿、野芹、芝麻菜、羅勒、蕁麻。

熱性三級：羊角芹、茴芹、白豆蔻、藏茴香、茴香（因此我相信野芹也屬於這級，不管其他人怎麼說，若是野芹草葉比歐芹稍熱，就沒理由懷疑它的種子沒這麼熱） 小荳蔻、歐芹、孜然、胡蘿蔔、黑種草、蕪菁油菜（Navew）、大闊翅芹。

熱性四級：水田芥、芥菜籽。

寒性一級：大麥等。

寒性二級：苣蕒菜、萵苣、馬齒莧、菊苣、葫蘆、黃瓜、甜瓜、西瓜、南瓜、酢漿草、茄屬植物。

寒性三級：莨菪、毒芹，以及白色與黑色罌粟。

潮溼一級：錦葵等。

乾燥一級：豆子、茴香、葫蘆巴、大麥、小麥等。

乾燥二級：小扁豆、稻米、罌粟、茄屬植物以及類似植物。

乾燥三級：蒔蘿、野芹、羊角芹、茴芹、藏茴香、孜然、芫荽、黑種草、紫草、歐芹。

適用的身體部位

可溫暖以下身體部位：

頭部：茴香、馬鬱蘭、牡丹與芍藥等。

胸部：蕁麻。

心臟：羅勒、芸香、芥菜籽等。

胃部：茴芹、羊角芹、白豆蔻、野芹、孜然、小荳蔻、華澄茄、天堂椒種子。

肝臟：茴芹、茴香、羊角芹、白豆蔻、野芹、蘆筍、孜然、藏茴香、胡蘿蔔。

脾臟：茴芹、藏茴香、水田芥。

腎部與膀胱：鷹嘴豆、芝麻菜、虎耳草、蕁麻、紫草。

子宮：牡丹與芍藥、芸香。

關節：水田芥、芸香、芥菜籽。

為以下部位降溫：（除下列種子，白色和黑色罌粟花的種子也會冷卻肝臟、脾臟、腎部和膀胱、子宮和關節。）

頭部：萵苣、馬齒莧、白罌粟。

胸部：白罌粟、紫羅蘭。

心臟：柳橙、檸檬、香櫞，以及酢漿草種子。

醫療作用

收束：如玫瑰種子、刺檗、薺菜、馬齒莧等。

分解：蒔蘿、胡蘿蔔、亞麻籽、葫蘆巴、黑種草等。

滌清：豆子、大麥、羽扇豆、蕁麻等。

緩和：亞麻籽（或稱亞麻草）、葫蘆巴種子、錦葵、黑種草。

硬化：馬齒莧種子等。

催膿：亞麻籽、葫蘆巴種子、蕎麥、脫殼大麥（一般稱為法國大麥）。

黏合：羽扇豆、蕎麥等。

祛風：茴芹、蒔蘿、野芹、藏茴香、孜然、胡蘿蔔、茴香、黑種草、歐芹、大闊翅芹、土荊芥。

培養精子：芝麻菜、豆子、鷹嘴豆、白蠟子。

促排月經：白豆蔻、蘆筍、茴芹、茴香、羊角芹、鷹嘴豆、胡蘿蔔、野芹、歐芹、圓葉當歸、大闊翅芹。

碎結石：錦葵、蘂蜀葵、紫草等。

止月經：玫瑰籽、孜然、牛蒡等。

抗毒：羊角芹、茴芹、野芹、小荳蔻、柳橙、檸檬、香櫞、茴香等。

鎮痛：蒔蘿、白豆蔻、小荳蔻、孜然、胡蘿蔔、葫蘆巴、亞麻籽、紫草、歐芹、黍。

消腫：亞麻籽、葫蘆巴種子、蘂蜀葵、錦葵、芫荽、大麥、羽扇豆、蕎麥等。

排空淨化：

1. 四種大型的熱性種子，可祛風或消脹氣：茴芹、藏茴香、孜然，以及茴香。
2. 四種小型的熱性種子：羊角芹、白豆蔻、野芹、胡蘿蔔。
3. 四種大型的寒性種子：西瓜、黃瓜、葫蘆、甜瓜。
4. 四種小型的寒性種子：菊苣、苣蕒菜、萵苣、馬齒莧。

Chapter 10

植物所分泌的汁液

醫師學會告訴你自然萬物中存在著如樹膠、松香、香脂和濃稠植物汁液這樣的東西。

種類

苦艾與常春薔草的汁液、金合歡、蘆薈、阿魏膠、祕魯與印度香脂；求求羅香、安息香、樟腦、裂欖樹脂、煉松脂（Colophonia）、常春薔草的汁液、大戟乳脂（Euphorbium）、酒粕（Lees of Wine）、油渣、白松香、氨草膠、南美叉葉樹樹脂（Anime）、阿拉伯膠、櫻桃樹、柯巴樹脂（Copal）、欖香、杜松、常春藤、李子樹、藤黃膠脂、勞丹脂、紫膠、液態琥珀、甘露蜜、薰陸香、沒藥、乳香、鴉片、白芷香、希臘雪松濃黑樹脂、液態與乾燥的冷杉樹脂、落葉松、松樹、松果。威尼斯與賽普勒斯松脂（Venice and Cyprus Turpentine）。白糖、紅糖、冰糖或白色與紅色冰糖、波斯阿魏（Sagapen）、桉樹、龍血樹脂、甘草膠（Sarcocolla）、旋花樹脂、蘇合香、芳香樹脂（Tacamahac）、酒石、黃蓍樹膠、黏鳥膠。

醫師學會似乎吝於讓英國民眾從更多的知識中獲益，我則希望更能裨益人群，以下將分門別類來說明：1.關於植物所分泌的汁液。2.關於植物分泌的樹膠與樹脂。

寒熱屬性

微溫：如甘草汁、白澱粉。

熱性一級：蔗糖。

熱性二級：勞丹脂。

熱性三級：安息香、阿魏膠。

寒性三級：龍血樹脂、金合歡、簇花草屬（Hypocistis）

寒性四級：鴉片，部分作者只因其味苦，就認為鴉片屬於熱性。

熱性一級：屬性未持中，故為熱性一級，如求求羅香、長春藤樹脂。

熱性二級：白松香、沒藥、薰陸香、乳香、瀝青、松香、蘇合香。

熱性三級：氨草膠。

熱性四級：大戟乳脂。

醫療作用

蘆薈與甘露蜜可溫和地清瀉黃膽汁；**旋花樹脂**清瀉黃膽汁效果劇烈，有可能會侵蝕腸道，不適合一般非醫療專業人士使用。

白澱粉能使粗糙的身體部位分變細緻光滑，作用溫和不刺激，若與紫羅蘭糖漿調和成稠液服用，有助於治咳嗽、喉嚨粗糙、喘鳴、腸道脫皮、血痢。

甘草汁有助於治氣管的粗糙，氣管的粗糙狀況會引起咳嗽和聲音嘶啞、呼吸困難等。它能緩解胃部和肝臟的熱量，減輕腎部和膀胱的疼痛、瘘痛和粗糙感。它能止渴，並大大地增強胃部。方便放口袋裡隨身攜帶，偶爾服用一點。

糖可滌清並消化，消除舌頭粗糙，補強虛弱的腎部和膀胱。打成細粉後放入眼睛，可除遮蔽液視線範圍的薄膜。

勞丹脂在醫療作用上可增稠、加熱及緩和，它能疏通靜脈通道，並防止頭髮脫落。通常是外用；與葡萄酒、沒藥和香桃木油混合，製成膏藥塗抹，可去除髒汙的疤痕、天花痘疤。與玫瑰精油混合，滴入耳朵，有助於緩解疼痛；被用做子宮托時，可促排月經，並有助於治療子宮的硬塊或僵硬。有時會將其用於如鎮痛藥與止咳藥之類的內服藥物中。如果取少許與陳年白葡萄酒混合飲用，既可利尿，又能止下痢腹瀉。

龍血樹脂有清涼、收束及驅除的作用。

常春蓍草的汁液（或者也可以用脂香菊汁液取代），兩者效果相同，後者是一般人較熟悉的，讓汁液變稠就可更便於保存它；首先將汁液澄清，然後將其滾煮至適當的濃稠度（應該比蜂蜜還濃厚些）。它適合用於肝臟，每天早晨服用1打蘭，有助於治療肝臟寒涼引起的惡病質（或稱惡性體質）。它對於治療兒童的佝僂病和體內蠕蟲症狀有幫助，激發尿液並溫和地卸除（而非清瀉）身體裡的黃膽汁與黏液；它能滋潤肺，疏通阻塞，防止血液腐敗。

樹膠皆為微溫適中，如紫膠、欖香脂、黃蓍樹膠等。

松香與蘇合香可軟化。

阿拉伯膠為寒性，與黃蓍樹膠、山達樹脂或杜松樹脂，及甘草膠都能收束。

櫻桃樹的樹膠，可碎結石。

蘇合香可促排月經。

白芷香能相當溫和地清瀉黏液。

多刺的**雪松木**燃燒後所產生的東西，通常被我們稱柏油，適合製成塗抹用的油膏，無論是人還是牲畜身上的瘡痂、瘙癢或疥癬皮膚病都非常有效，也可以治痲瘋病、皮疹、輪癬和癩痢頭。

各種松香都能填補蛀空的潰瘍，緩解寒性不適症產生的瘘痛。

瀝青樹（Pitch Tree）的松香通常被

稱為勃艮第的瀝青，比前者更熱，刺激性更強，塗在一塊布上非常適合治療挫傷或脫臼造成的長年疼痛。

瀝青可緩和腫脹硬塊，將癤瘡與潰瘍催熟化膿，使癰破裂，使膿腫消散，清潔腐敗的潰瘍，並使之長肉填滿。

求求羅香有加熱及軟化的作用，並且非常溫和，可與任何方便取用的藥膏或糊劑混合在一起，它有助於治療頸部與喉嚨內的硬核、淋巴結結核（或稱國王之惡）這種疾病。製成方便取用的藥品內服，可促排月經，可碎結石，有助於治咳嗽和有毒生物咬傷；有助於減輕脾臟脹氣，並減輕因此引發的體側疼痛。無論是外用還是內服，它都可治臟器脹裂或疝氣，也可以軟化子宮的硬塊，乾燥其水分並排出死胎。

猶太瀝青（Bitumen Jadaicum）是死海或印度的索多姆湖在某些時節會排出之天然瀝青乾燥後的產物，當地居民也用它來塗抹船隻。它對緩解炎症和發炎非常有用，也可緩和腫脹硬塊並將它們分解；燃燒後產生的煙氣非常利於治子宮抽痛以及癲癇。加入葡萄酒中內服，可促排月經，治有毒生物咬傷，並溶解體內淤結的血塊。

龍涎香為熱性與乾燥二級，我不打算去爭辯它是否算樹膠。無論以哪種方式服用，它都會大大增強體質，一次通常只要服用很少的量。混合了一點點橙花軟膏，用來塗抹太陽穴和額頭，可減輕頭部疼痛，增強大腦的效果很好；同樣適用於私處，有助於治子宮抽痛；內服可以增強大腦和記憶力、心臟和生命力，使胃寒變暖，並且是老年人的天然體力補強劑，為衰微和疲憊的精神補充活力。它可以激發性欲，治好溼寒虛弱造成的不孕。

阿魏膠氣味不好聞，一般認為會抑制子宮抽痛。少量放入疼痛的牙齒中，可以迅速緩解疼痛；在晚餐前服用10粒，然後行走半小時，可增進食欲，幫助消化，增強胃部，消除噁心厭食，還可激發性欲，並大量排除脹氣。

硼砂，其優點除了用以焊接金、銀、銅等金屬，少量內服，還可止下痢和遺精。將其磨成細粉，放入新傷口中，可迅速治癒。

藤黃膠脂，醫師學會稱之為Gutta Gamba。我不知道這有什麼好處。

裂欖樹脂外敷使用，非常適合治神經和關節的痠痛和腫脹。如果將其放在耳朵後面，它會將體液從眼睛吸出；像薰陸香一樣敷於太陽穴，可治牙痛。

欖香脂，學者們認為適合用於顱骨和頭部骨裂。

紫膠好好濃縮提煉過後，在方便取用的酒中加入半打蘭，可增強胃部和肝臟，疏通阻塞，有助於治黃疸和水腫。利尿，可碎腎部與膀胱結石。

液態琥珀與液態蘇合香脂沒什麼不同；做為油膏塗抹，它可以溫暖並撫慰寒涼而潮溼的大腦，減輕寒性病因帶來的所有不適，舒緩補強虛弱的胃部效果極好，塗抹極能助消化，可溶解。熱性三級，潮溼一級。

儘管**甘露蜜**不屬於樹膠，我想，如果我在這裡針對甘露蜜說幾句話，應不會對全體國民有任何損害。我認為學者們對它有些少見多怪，有人認為它是樹汁。我相信，這和我們本地的蜜露是一模一樣的濃縮物，只不過它的原產地比英國熱得多，於是產量也極豐富。欲了解理由的人可閱讀巴特勒關於蜜蜂的論述著作《巴特勒的蜜蜂之書》，這是一部非常出色的學術實證著作，在書中將可找到足夠的理由來說服任何有理智的人。選擇最乾燥和最白的；是針對黃膽汁的溫和清瀉劑，止渴，激發食欲，緩解嗓子粗糙，治喉嚨苦澀與慣性嘔吐，用它取代糖加在飲料中，治便祕非常有用，完全沒有令人討厭的性質，孕婦可以服用，不必擔心有任何危險；一歲的孩子可一次將30公克的甘霖蜜溶於牛奶中飲用，它會像糖一樣融化，從味覺上分辨不出來。

沒藥為熱性與乾燥二級，對孕婦是危險的，味苦，但對喉嚨和氣管粗糙有益。一次服用半打蘭有助於治療肺部，解身體兩側疼痛。它可止下痢，可促排月經，順利排出胎兒和胎盤，軟化僵硬的子宮；在瘧熱發作前2個小時服用，就會有幫助。馬提歐利說，治療四日熱，他通常不會使用其他藥草，而是在發作前一個小時，將1打蘭沒藥加在麝香葡萄酒中來服用；如果你將其加上糖霜製成藥丸，每天早晨空腹時服用1錠，可有效預防瘟疫、蛇毒和其他有毒生物毒素危害；如果因胃部消化物腐敗而引起口臭，服用它可收奇效，它可以鞏固鬆動的牙齒，並抑制頭髮脫落，外敷使用時，能使傷口深處長出肉，使肌肉生長覆蓋住裸露的骨頭。

乳香（olibanum）是熱性二級，乾燥一級，你可以一次服用1打蘭，可止腹瀉和遺精。可大大增強記憶力，舒緩心臟，排除悲傷憂鬱，增強心臟，治咳嗽、鼻喉部黏膜炎和胸膜炎；最好的服用方法（以我的觀點）是將其與玫瑰蜜餞混合，在早上空腹時服用。

芳香樹脂很少用於內服，塗在皮革上並敷於肚臍，能止子宮抽痛，貼在體側，可以迅速得到緩解，並且在很短的時間內就消除了脾臟的疼痛和脹氣。事實上，無論因風寒或劣質寒性體液而引起的疼痛或腫脹，據我所知，來自海外的任何膏藥都不比這樹膠更好。它能大大地增強大腦和記憶力，並治療造成眼、耳或牙齒不適的體液逸流，並且減輕痛風和坐骨神經痛。

柯巴樹脂和南美叉葉樹樹脂無論是外觀或藥性作用都非常相似，前者很難取得，後者也不是很常見。它阻止頭部體液的流失，如果你用它的煙來燻頭部，可治頭痛和偏頭痛，增強大腦，從而改善筋骨。

黃耆樹膠即俗稱的龍膠（Gum Dragon），與舒胸藥草糖漿混合在一起（你會在適當的段落位置找到其說明），可以治療咳嗽、聲音嘶啞、鹽質和刺激性體液蒸氣流至肺部造成的症狀；與甘草根一起服用，溶解在甜酒中飲用，它有助於治腸道的磨蝕痛楚，治療可能導致腎部或膀胱脫皮的排尿灼痛；溶解在牛奶中之後用來洗眼睛，可消除長在眼瞼上的疥癬與丘疹。製成膏藥糊做為傷口塗料使用，療效非常好，尤其是對神經或筋骨受到傷害的情況。

波斯阿魏，溶於芸香的汁液中飲用，可將膀胱結石打碎，排除死胎和分娩殘留物質，使視線清晰；溶於葡萄酒後飲用，有助於治咳嗽、肺部滲流和子宮抽痛。製成精油或軟膏外用，可以治療筋骨脫臼或過度拉伸。

白松香具有與前者相同的作用，也取自同一植物，即大株的茴香。

阿拉伯膠，可以增稠和冷卻，並調整體內的刺激性膽汁液，溶解在蛋清中並打勻，有助於治燙傷，並防止起泡。

薰陸香可止下痢，以任何方式內服皆可。晚上就寢前吞3到4小粒薰陸香可治胃部的疼痛；將其打成粉末，與玫瑰漬物混合，可增強胃部，抑制嘔吐並改善口氣；與白葡萄酒混合後用來漱口，可清潔腐敗的牙齦並鞏固鬆動的牙齒。

乳香（Frankincense）會做為膏藥糊外用，有加熱與收束的作用；塗在太陽穴上，能阻止黏液流向眼睛，治療新傷口，並使肉重新長出填充潰瘍蝕空處，阻止動脈被切斷的傷口出血。用醋和豬油一起製成軟膏，有助於止癢，治耳朵痛與常稱為胸瘧熱（agues in the breast）的女性胸部發炎。注意不可內服，以免引起心智癲狂。

松脂為熱性二級，有療合、軟化、分解及清瀉作用，清潔腎臟，利尿。

蘆木香脂為熱性與乾燥二級，它有療癒、舒緩與調和的作用；內服有助於治咳嗽、聲音嘶啞和無法發聲，對子宮的硬化有幫助，且可促排月經。

氨草膠，熱性與乾燥三級，有軟化、吸引與加熱作用；溶於醋中，過濾後像膏藥糊一樣用於外敷，可消除筋肉中的腫脹和硬塊。塗在身體左側，這是我所知道治療脾臟病弱的最佳方法之一；加油製成藥膏，用以塗抹疲倦的四肢是很好的：取它所製成的一小撮藥丸服用，可放鬆腹部，幫助孕婦迅速無痛分娩，減輕脾臟的疾病、坐骨神經痛和所有關節疼痛，並且對任何胸部受體液困擾的人都有幫助。

樟腦，它被所有權威人士認定為寒性和乾燥三級，它的組成十分細緻，因此被打成細粉末會消失在空氣中。打成粉末後與油混合，用來塗抹太陽穴，能減輕頭痛發熱，減輕各種發炎，用此膏油塗抹背部，會冷卻腎臟和儲精囊，抑制遺精與白帶，使性欲適度；將樟腦與藥水蘇蒸餾液一起內服飲用也能起到一樣的效果。一次服用只需攝取少量，會抗毒並治療有毒生物咬傷。像前述一樣外用塗抹，並塗在眼睛上，可阻止流動熱性黏液流入。

白芷香可清瀉身體最遠端部分的濃稠黏液，如大腦、關節、手腳、神經和胸部，在寒性因素導致這些部位虛弱的情況（通常正是寒因性病弱）下可為其補強。它可治視力衰弱、長年咳嗽和各種痛風、水腫和脾臟腫脹，治淋病和滯尿，可促排月經，並治各種子宮受寒不適症。請注意不要讓任何孕婦服用。劑量最多一次服用1打蘭，用少許薰陸香調和；溶於醋中，用以外敷，有助於治療腎部劇痛。

藥液、汁液和樹脂泌珠

種類如下：醋液、香櫞汁液、酸葡萄、柳橙與刺檗的果汁、樺木樹脂泌珠、櫻桃汁、榲桲、石榴、檸檬、白花酢漿草、未成熟與成熟橄欖的油——現榨或陳年皆可、紅玫瑰與大馬士革玫瑰汁液、葡萄酒淚液（Wine Tears of a Vine）。

其中大多數的醫療優點可以在講述糖漿的篇章中找到，此外，它們很少被拿來單獨使用。

Chapter 11

植物上滋生的物質

種類

傘菌、木耳（Jew`s Ears）、胭脂蟲櫟果實（the berries of Kermes oak）、野薔薇上的類海綿物質、苔蘚、槲寄生（Viscus Quercinus）、櫟癭（oak Apples）。

正如醫師學會希望你知道，我也要說明其中主要幾種的用途。

醫療作用

木耳，在牛奶中滾煮後飲用，可治療喉嚨痛。

苔蘚為寒性，乾燥，有收束力，因此可治各種下痢。

橡樹上的槲寄生，有助於治癲癇和抽搐；須小心採集使用。

櫟癭乾燥且具有收束力；將櫟癭在牛奶中煮沸之後飲用，可以止下痢和月經，而在醋中煮過後，用醋塗抹身體有助於止癢。

Chapter 12

動物

種類

蜜蜂、潮蟲、蠶、蟾蜍、河蟹、小幼犬、蚱蜢、芫菁、刺蝟、螞蟻、雲雀、燕子與乳燕、馬蛭（Horse leeches）、蝸牛、蚯蚓、灶巢鳥或鶺鴒（Dishwashers or Wagtails）、家麻雀（House Sparrows）與籬雀、青蛙、陸生蠍子、鼴鼠、森林裡的烏龜、丁鱖、毒蛇與狐狸。

這些生物中有某些並不討喜，但牠們可能有益於你生病的身體，請抱持著喜悅的心來學習。

醫療作用

蜜蜂被燒成灰燼，並用灰燼製成鹼液，用來洗頭可治禿頭，使之微微生髮。

蝸牛，背上必須有殼，首先將汙垢沖洗掉，然後將殼弄碎，放入泉水中滾煮，但一點浮渣也不要濾除，因為浮渣會自行下沉，將此湯當日常飲品來飲用，對於結核病的療效令人讚賞；搗碎後塗在患部可治痛風，能從皮肉中吸出棘刺，敷在鼻子可治流鼻血。

生物部位和糞便

請參閱醫師學會為藥劑師提供的一份目錄，其中列出了他們的店鋪中必備的生物部位和糞便：

鴨子、鵝、鰻魚、野豬、蒼鷺（Heron）、狗、閹雞、河狸、野貓、鸛、岩蹄兔（Coney）、馬、刺蝟、母雞、獅子、野兔、狗魚（Pike）或稱鰺（Jack）、狼、山中老鼠（如果抓得到的話）、花豹、豬、蛇、獾、灰狐、禿鷹（如果抓得到的話）等生物的脂肪或油脂（或稱板油）；野兔與豬的踝骨；東方與西方牛黃（East and West Bezoar）；無鹽與加鹽奶油；男人的膀胱結石；毒蛇肉；新鮮乳酪；海狸香；白蠟、黃蠟與新鮮的蠟；麻雀與野兔腦；蟹螯；小羊、小童、野兔、小牛及馬的皺胃；閹牛、公鹿、豬以及羯羊的心臟；駝鹿、雄赤鹿、犀牛、獨角獸的角；雞冠；野豬、大象的牙齒；蛇的蛻皮；老鷹、閹牛、母山羊、野兔、鳶鳥、豬、公牛與熊的膽；蠶繭；狼、水獺與青蛙的肝臟；魚膠；狼與狐狸的腸子；母驢、母山羊、女人、成年母羊、小母牛的乳汁；螃蟹與鱸魚頭部裡的石頭；若有牛膽結石亦可；狗魚或鰺的下巴；珍珠；綿羊、閹牛、山羊、雄鹿、小牛的腿部骨髓；一般蜂蜜與蜂房自泌蜂蜜；麝香；木乃伊；燕窩；螃蟹的眼睛；羔羊、公羊、羯羊、小牛的網膜（omentum）；雞蛋的蛋白、蛋黃與蛋殼；螞蟻卵；雄鹿心臟內的骨頭；牛腿；母雞砂囊的內皮；野兔毛；松雞羽毛；蜜蜂在蜂巢入口製造的物質；雄鹿與公牛的陰莖；狐狸的肺；鴿子、貓、公山羊、野兔、松雞、母豬、公牛、獾、蝸牛等生物的血液；蠶絲；乳清；閹牛、公鹿、公山羊、綿羊、小母牛的腰脂；鯨腦油；閹牛的脾臟；鵝、狗、山羊、鴿子、種馬、母雞、燕子、豬、小母牛等生物的排泄物；野兔與母豬的腳踝；蜘蛛網；水生甲殼類，如蛾螺（Buccinidae）、螃蟹、鳥蛤（Cockle）、珍珠蚌；馬與公雞的睪丸；駝鹿、驢子、閹牛、馬的蹄子或獅子的腳爪；野豬、母山羊的尿。

刺蝟肝臟乾燥後搗成粉末，加入酒中服用，可大大地補強腎部，治水腫、抽搐和癲癇，以及所有腸躁下痢。肝臟以前述的方式磨粉，增強肝臟的效果強，並有助於治水腫。

可從海洋取得之物

龍涎香、海水、海砂、瀝青（Bitumen）、白色與黃色琥珀、黑玉、白珊瑚與紅珊瑚、海水泡沫、浮石（Stone Pumice）、海鹽、海綿（Spunges）、琥珀。

Chapter 13

金屬、岩石、鹽與其他礦物

種類

許多金屬、岩石、鹽與礦都具有治療效果，以下列出醫師學會提到的各種金屬或礦物。

黃銅薄片、鷹石（Ætitis）、雪花石膏、公雞砂囊中的寶石（Alectorions）、石綿（Amianth）、黃鐵炭質頁岩（Amphelites）、銻（Antimony）、銀箔與銀屑、水銀、亞美尼亞石（Lapis Armenius）、天然白砒與雄黃、人造白砒與雄黃、陶土（Argilla）、星彩寶石（Asteria）、金箔與金屑、箭石（Belemnites）、綠柱石（Beryl）、硼砂（Borax）、蟾蜍石、爐甘石（lapis calaminaris）、鋅殼（Cadmia）、生石灰與熟石灰（Lime quick and quenched）、皓礬、膽礬、綠礬、鋼鐵、貴橄欖石（Chrysolite）、磨刀石、白堊岩與綠白堊岩（Chalk, white and green）、鐵塵、鐵砂、鐵屑與鐵薄片、花崗岩、用來塗牆的灰泥漿、雲母赤鐵礦、血玉髓（Heliotrope）、鋯石、碧玉、薄層砂岩（Tilestone）、青金岩（Lapis Lazuli）、山貓石（Lapis Lincis）、石煤（Lithanthrax）、提煉金或銀過程中所產生的鉛陀、磁石、白鐵礦（Marchasite）、天然與人工的鉛丹（Red Lead, native and artificial）、石油腦（Naptha）、腎石、硝石、黃色與紅色的鎂黃長石（oakermanite）、縞瑪瑙、蛋白石（opalus）、蛇紋石（ophites）、白鉛與黑鉛、石墨（Plumbago）、不純的氧化鋅（Pompholyx）、白鐵礦（Marchasite）、雄黃（Realgar）、紅寶石、滷砂（Sal ammonc）、岩鹽（Sal Gem）以及鹽硝石（salt Nitre）、藍寶石（Sapphire）與紅玉髓、石膏結晶（Selenitis）、燧石、祖母綠、剛玉砂（Smiris）、硫酸銅（Sori）、爐渣（Spodium）、白鑞、流動硫磺與一般硫磺（Brimstone, quick and common）、薩摩斯島的土（earth of Samos）、蘭諾斯島的土、黃玉。

寒熱屬性

寶石會以某種外顯或隱微的方式產生作用。以下敘述為作用外顯者。

熱性一級：黃鐵礦。

寒性一級：鋯石、藍寶石、祖母綠、水晶、薩米烏斯石。

寒性二級：紅寶石、紅水晶、花崗岩、紅絲瑪瑙。

寒性四級：鑽石。

醫療作用

收束：如晶洞、浮石。

滋潤緩和：如雪花石膏、黑玉。

麻痺矇昏：如碧玉、蛇紋石。

滌清：如阿拉伯石。

黏合：如水矽鋁鐵礦。

碎結石：如山貓石、海綿石。

護住子宮內胎兒：如鷹石、碧玉。

促排月經：牡蠣化石。

排空淨化作用：花崗岩、鋯石、藍寶石、紅玉髓、祖母綠。

具隱藏作用：牛黃、黃晶、蟾蜍石、祖母綠、紫水晶、藍寶石、碧玉、腎石、燕子嗉囊中的石頭、磁石、禿鷹石、珊瑚、黑玉、鷹石、琥珀、水晶等。

磁石可清瀉粗劣體液。

亞美尼亞石與青金岩可清瀉黑膽汁。

黃鐵礦有加熱與清潔作用，消除視線模糊。阿西烏斯石（Lapis Asius）能收束並適度磨蝕、清潔骯髒的潰瘍，使其生長出肉來填滿。與蜂蜜混合塗在患部，是治痛風的好療法。

水晶可以打成非常細的粉末，一次服用1打蘭可以治血痢，抑制白帶，並增加乳母泌乳汁。（馬提歐利）

薩米烏斯石能冷卻且收束，對胃部非常舒適，但是會使感官遲鈍，幫助改善流眼油和潰瘍流膿的症狀。

晶洞能收束與乾燥，搗成粉末，與水混合後塗在睪丸上，可消除該處發炎。

浮石打成粉末，用來摩擦牙齒，可洗淨它們。（迪奧科里斯）

黑玉，有軟化與分解的特性，治療子宮抽痛。

阿拉伯石打成粉末，製成藥膏，有助於治痔瘡。

牡蠣化石，取其粉末一打蘭服用，可促排月經；在清瀉排毒之後服用，有助於受孕，也可以製成藥膏，有助於治胸部發炎。

亞美尼亞石清瀉黑膽汁，並且催吐，我認為它對於英國人的體質來說不是很安全，因此，我不再多加描述。

Chapter 14

單方蒸餾液

崇高正統的倫敦內科醫師學會在他們的新編藥方書裡，教你自行蒸餾調製以下藥水，但是他們從不打算讓你知道其原理優點。

可取以下植物的新鮮根部：

瀉根、洋蔥、土木香、香鳶尾（或稱鳶尾花）、蕪菁。

可取以下植物的花朵與苞芽：

青蒿、各種苦艾、白花酢漿草、羽衣草、藥蜀葵、歐白芷、帶紫花的紫蘩蔞、野芹、樓鬥菜、蘆筍、鼠耳草、琉璃苣、薺菜、風輪菜、五葉地錦（或稱歐忍冬）、藏掖花（或稱聖母薊）、結草、菊苣、龍艾、款冬、茴香、山羊豆、牛膝草、萵苣、圓葉當歸、柳穿魚、啤酒花、馬鬱蘭、錦葵、苦薄荷、小白菊、香蜂草、薄荷、馬薄荷、水田芥、菸草、白罌粟、牆邊草、歐芹、車前草、馬齒莧、夏枯草、獐耳細辛、橡樹葉、鼠尾草、山蘿蔔、林生玄參（或稱喉嚨草）、風車草（或稱長生草）、大株與小株的鋪地百里香（Mother of Thyme）、茄屬植物、艾菊、洋委陵菜、纈草。

可取以下植物的花朵：

柳橙、大株的藍瓶花（若能取得的話）、豆子、睡蓮、薰衣草、堅果樹（Nut tree）、黃花九輪草、黑刺李、迷迭香、白玫瑰、紅玫瑰與大馬士革玫瑰、蘭花、菩提樹、康乃馨、紫羅蘭。

可取以下植物的果實：

柳橙、黑櫻桃、香櫞、榲桲、黃瓜、草莓、酸漿、檸檬、覆盆子、未熟的核桃、蘋果。

可取以下生物的身體部位或排泄物：

龍蝦、烏蛤，或者蝸牛、鹿角、閹牛在五月的糞便、燕子、蚯蚓、喜鵲、青蛙卵。

經過催熟的單方蒸餾液

取自植物的根部：

蕁麻的新鮮根部。

取自以下植物的葉子：

龍牙草、野生艾菊（或稱銀葉草）

艾蒿、藥水蘇、金盞花、洋甘菊、地松、白屈菜、痔瘡草、辣根菜、大株的康復力、蒲公英、白蠟木樹葉、小米草、延胡索、連錢草（或稱金錢薄荷）、馬尾草、聖約翰草、西洋蓍草、銅錢珍珠葉、止犁耙、萎蕤、芸香、沙皮檜、虎耳草、鹿舌草、蒜味香科、檉柳、毛蕊花、馬鞭草、保羅的水蘇、旋果蚊子草、蕁麻。

取自以下植物的花朵：

金雀花、黃花九輪草、款冬屬植物、芍藥、接骨木。

取自以下植物的漿果：

金雀花、接骨木。

然後，關於以上這些，醫師學會向你提出警告事項，將其轉換為你懂的語文，應如下文。

容我們提醒你，這些一般藥水為了能放到將來使用，準備上必須更下功夫，無論是在普通蒸餾器中（在下面存放大量的灰燼，根部和藥草都要保持乾燥等等），還是處理充滿汁液的植物（可在方便使用的水槽中蒸餾，這樣就可以避免燃燒——迄今為止這仍是罕見現象）。但是其他藥草、花朵或根部就要搗碎，再加入酒石、普通的鹽或酵母來催熟，然後在其中加入泉水，在附有蒸氣冷凝器（或稱蟲桶）的蒸餾器具中進行蒸餾，直到味道改變——這代表藥性已被提取出來；然後以特別技術將油（如果有的話）與水分離。除了上述這些藥水，還可再加上葡萄藤的樹脂泌珠、白樺樹汁、五月朝露。

為了使國民能夠從這些藥水受益，我將首先說明它們的寒熱屬性，其次是它們最受仰賴和最易獲得的醫療特性；如果有人指出例外，認為是我未提及的，我得先回答，我只講一般情況夠用的部分。

性質和適用部位

單方蒸餾液既可以冷卻也可以加熱使用。冷卻方面，可為血液或黃膽汁帶來清涼。

冷卻血液的藥水

萵苣、馬齒莧、睡蓮、紫羅蘭、酢漿草、苣蕒菜、菊苣、延胡索。

冷卻並抑制黃膽汁或蒸汽的藥水

針對頭部：茄屬植物、萵苣、睡蓮、車前草、罌粟（也就是黑罌粟、白罌粟與紅罌粟的花朵）、黑櫻桃。

胸部與肺部：紫羅蘭、三種罌粟，以及款冬。

心臟：酢漿草、榲桲、睡蓮、玫瑰、紫羅蘭、鮮綠或未熟的核桃。

胃部：榲桲、玫瑰、紫羅蘭、茄屬植物、風車草（或稱長生草）、萵苣、馬齒莧。

肝臟：苣蕒菜、菊苣、茄屬植物、馬齒莧、睡蓮。

腎部與膀胱：苣蕒菜、菊苣、酸漿、車前草、睡蓮、草莓、風車草（或稱長生草）、黑櫻桃。

子宮：苣蕒菜、菊苣、萵苣、睡蓮、馬齒莧、玫瑰。

消解黏液的藥水

針對頭部：藥水蘇、鼠尾草、馬鬱蘭、洋甘菊、茴香、風輪菜、迷迭香花、報春花、小米草。

胸部與肺部：鐵線蕨、藥水蘇、牛膝草、苦薄荷、藏掖花、山蘿蔔、香鳶尾（或稱鳶尾花）、香蜂草，以及夏枯草等等。

心臟：香蜂草、迷迭香。

胃部：苦艾、薄荷、茴香、峨參、百里香、鋪地百里香、金盞花。

肝臟：苦艾、百金花、牛至草、馬鬱蘭、常春薔草、脂香菊、龍牙草，以及茴香。

脾臟：水田芥、苦艾、風輪菜。

腎部與膀胱：芝麻菜、蕁麻、虎耳草、牆邊草、地榆。

子宮：艾蒿、風輪菜、普列薄荷、沙皮檜、鋪地百里香、圓葉當歸。

消解黑膽汁的藥水

針對頭部：啤酒花、延胡索。

胸部：香蜂草、藏掖花。

心臟：琉璃苣、牛舌草、香蜂草，以及迷迭香。

肝臟：苣蕒菜、菊苣、啤酒花。

脾臟：菟絲子、鹿舌草、檉柳，以及百里香。

蒸餾液的療效

適用部位的說明到此結束，接下來簡短說明蒸餾液的療效。

萵苣蒸餾液在血液過熱時可冷卻它，而若未過熱則不需要冷卻。它為頭部和肝臟降溫，對上升到頭部、阻礙睡眠的熱蒸氣加以抑制；解除異常口渴，並使乳母泌乳增加。須在五月時蒸餾取得。

馬齒莧蒸餾液可為血液和肝臟降溫，解渴，治吐血、咳嗽或瘟疫等。

睡蓮花朵的蒸餾液，可冷卻血液和腸道，以及所有體內部位；有助於治療諸如黃疸、發熱咳嗽和胸膜炎、熱性病因的頭痛、疫熱或非疫熱引起的發燒，以及潮熱等症狀。

紫羅蘭花的蒸餾液，可冷卻過熱的血液、心臟、肝臟和肺部，並消除無法滿足的酒癮。它們大約在三月下旬或四月初處於最佳狀態，每年情況稍有不同。

酢漿草的蒸餾液可為血液、心臟、肝臟和脾臟降溫；如果與威尼斯解毒膏一起服用，則對治瘟熱有利。請於五月蒸餾取得。

苣蕒菜與菊苣蒸餾液對胃熱具有極好的療效；如果你每天早晚各服用30公克（它們的作用是相同的），連續4天，它們便會冷卻肝臟，並淨化血液。它們在五月的品質最佳。

延胡索蒸餾液通常被城市中的貴婦人用來洗臉，消除瘢痕、雀斑和曬痕。內服有助於治黃疸和瘙癢，清潔血液，激發汗水，增強胃部和清除體內的憂鬱質體液。五、六月的品質最佳。

茄屬植物的蒸餾液可緩解頭痛。請注意，你要留意別拿到有毒、致命的茄屬植物，而要用一般常見的，如果用了前者，你可能會發瘋。沒有足夠智慧區別它們的人，在弄懂之前還是別去碰。

白罌粟的蒸餾液可消解所有損害體質的熱，並治療熱因性頭痛或長時間站在陽光下引起的頭痛。請在六月或七月蒸餾它們。

款冬的蒸餾液用來沖洗傷處，非常適合治燒燙傷。內服可治肺結核和其他肺部疾病，在五、六月蒸餾。

榲桲的蒸餾液可大大增強心臟和胃部功能，抑制嘔吐和下痢，並增強人體的蓄積能力（retentive faculty）。

大馬士革玫瑰的蒸餾液能夠冷卻、安撫並增強心臟，所以**紅玫瑰**的蒸餾液也有這種功效，其區別僅在於，一種是有收束力，另一種則有鬆弛效力。如果你有便祕症狀，請使用大馬士革玫瑰的蒸餾液，因為它會使身體鬆弛；如果是腹瀉問題，請使用紅玫瑰的，因為它有助於收束。

白玫瑰的蒸餾液對於熱性黏液造成的眼睛不適以及發炎非常有效，藥效比前者更好。

紅罌粟花，許多人都稱其為穀物玫瑰，因為它們經常生長在穀物之間。蒸餾液對於因飲酒或勞動而過熱的血液和精氣可加以冷卻，因此對於飲食過度的療效非常出色。

鮮綠核桃大約在六月下旬或七月最適合採收，搗碎後蒸餾，可增強心臟，防止瘟疫。

車前草的蒸餾液有助於治頭痛，將其滴入耳內有助於治牙痛，治療肺結核、水腫和下痢，做為一般普通飲料服用，對於腎部和膀胱潰瘍是令人讚賞的藥物。這種藥草在五月的品質最佳。

草莓的蒸餾液有冷卻作用，解渴，澄清血液，破壞結石，治療所有體內發炎，尤其是腎臟、膀胱和尿道發炎；它增強肝臟並治黃疸。

狗草（Dog grass）或俗稱躺椅草，其蒸餾液可清洗腎臟，激發尿液，打通肝臟和脾臟阻塞，殺死蠕蟲。

黑櫻桃的蒸餾液可利尿，治水腫。它通常被用來治療腦部疾病，例如驚厥、癲癇、麻痺和中風。

藥水蘇在五月的品質最佳，其蒸餾液對於頭部疼痛非常有用，可抑制水腫和各種發燒。能補充肝臟和脾臟，並有助於減少由肝臟和脾臟問題產生的惡性致病體質與消化不良；它會縮短孕婦分娩的痛苦，且對付有毒生物叮咬是極好的。

鼠尾草應趁花開時蒸餾，其蒸餾液可增強大腦，促排月經，並對身體所有本能活動都有所幫助。

馬鬱蘭在六月的品質最佳，其蒸餾液非常適合那些腦部太冷的人，可激發尿液，溫熱子宮，促排月經，增強記憶力和判斷力，提升腦部功能。

洋甘菊適合在六月初左右蒸餾。蒸餾液可減輕腹部的絞痛和疼痛；它會打碎腎部和膀胱中的結石，促排月經，排除死胎，並消除頭疼。

茴香的蒸餾液可增強心臟和大腦，促排月經，使乳母的泌乳增加，如果用來洗眼睛，則可使視線清晰。

將牛前腳的蹄子乾燥並以任何方式服用，也可增加乳母泌乳，其燃燒的煙氣可驅趕老鼠。（米薩杜）

風輪菜花朵的蒸餾液可加熱並清潔子宮，促排月經，並緩解頭部疼痛。要在五月蒸餾。

迷迭香花的蒸餾液，有助於治黃疸、哮喘，可淨化血液，幫助調合身體，大大地補強大腦和身體。

歐鈴蘭花朵的蒸餾液，增強大腦和所有感官。

黃花九輪草花朵的蒸餾液有助於治麻痺。消除頭痛、眩暈和偏頭痛，並且對孕婦非常有益。

小米草的蒸餾液可用來在每天早上洗眼睛，可使視線清楚並增強視力，效果相當不可思議。

鐵線蕨在五月蒸餾，其蒸餾液可清潔肝臟和肺部，淨化血液，並破壞結石。

牛膝草蒸餾液可清除肺臟的黏液，治療咳嗽和哮喘。請於八月進行蒸餾。

苦薄荷蒸餾液，治療咳嗽與胸腔凹狹；可加強胸部、肺部、胃部與肝臟。應在六月蒸餾。

飛廉草的蒸餾液滋補人的頭部，增強記憶力，治療眩暈和四日熱，激發汗水，增強心臟，且治黃膽汁引起的所有其他發燒症狀。五、六月的品質最好。

山蘿蔔的蒸餾液有助於改善胸膜炎及體側的疼痛和刺痛。可治膿腫、咳嗽、瘟疫和胸腔凹狹。

鳶尾花的蒸餾液每天早晚都喝30公克，持續飲用，對於治水腫非常有幫助；也可治腸道的痛苦不適。

香蜂草的蒸餾液，五月蒸餾取得的可恢復記憶力，使所有感官更為敏銳，增強大腦、心臟和胃部，使人心情愉悅，口氣甜美。

康復力的蒸餾液可黏合斷骨，飲用後有助於治疝氣，外用可止傷口出血，用來清洗傷口效果絕佳。

苦艾的蒸餾液須採用冷蒸餾方式取得，並且需在大約五月底進行。苦艾蒸餾液可溫熱並增強胃部功能，幫助消化，抑制嘔吐，殺死胃部和腸子裡的蠕蟲，減輕牙痛，並有利於治療黃膽汁引起的發燒症狀。

薄荷的蒸餾液可增強胃部，幫助消化並抑制嘔吐，在五月下旬或六月初（視該年入夏時機早晚而定）進行蒸餾，其餘植物的蒸餾時機也依循此理。

峨參的蒸餾液要在五月底左右蒸餾取得，有助於治疝氣，使結石破裂，溶解凝結的血塊，增強心臟和胃部。

鋪地百里香的蒸餾液可增強大腦和胃部，改善腸胃消化食物的功能，激發尿液和月經，溫熱子宮。六月底時的品質最好。

金盞花的蒸餾液適用於大多數頭部、眼睛和胃部的寒因性疾病，當太陽運行到獅子宮時，它們的效力最強。

百金花的蒸餾液可緩解胃部不適，治療黃膽汁引起的發燒症狀，殺死蠕蟲並激發食欲。

常春蓍草與脂香菊的蒸餾液須在五月或六月蒸餾取得，增強肝臟，治療黃疸，打通阻塞，且治水腫。

水田芥應在三月時蒸餾，其蒸餾液可淨化血液、利尿、殺死蠕蟲；外敷時與蜂蜜混合，能清除皮膚上的斑疹和曬傷。

蕁麻應在其開花的時候蒸餾。其蒸餾液有助於緩解咳嗽和疼痛，激發尿液並打碎結石。

虎耳草的蒸餾液會激發尿液，祛風，打碎結石，清理腎部與膀胱中的碎石。應在它們開花時蒸餾。

牆邊草的蒸餾液，每天早晨喝30公克，可打通肝臟和脾臟阻塞；它能清潔腎部和膀胱，並減輕腸道的脹氣絞痛。應在五月底或六月初蒸餾。

委陵菜的蒸餾液可以打碎結石，清潔腎部，並且對長爛瘡壞疽的熱病（putrified fevers）非常有用。於五月蒸餾。

蘿蔔的蒸餾液有打碎結石的功效，可清潔腎部和膀胱，促排月經，並治黃疸。

土木香的蒸餾液可增強胃部和肺部功能，激發尿液，並清除尿道碎石。

地榆，在五月或六月蒸餾，其蒸餾液能打碎結石，清理尿道，在瘟疫流行時期對身體有益。

艾蒿，在五月分蒸餾取得的蒸餾液有極好的止咳作用，可治停經後開始出現的病症，它能使胃部溫暖，減輕水腫。

普列薄荷，應在花開時進行蒸餾。其蒸餾液溫熱子宮的效果強烈，促排月經，排除分娩後的殘留物；削減並排調濃厚粗劣的體液，減輕腸道痛苦，並消耗掉黏液。

圓葉當歸在五月取得的蒸餾液，可以減輕頭部的疼痛，用來清洗子宮可治癒其中的潰瘍；內服能祛風，並打碎結石。

啤酒花幼嫩時的頂部經過蒸餾，其蒸餾液可以清除血液中的黑膽汁，因而有助於治疥癬、瘙癢和痲瘋疹等由此發展出的疾病；它可以打通脾臟阻塞，治療佝僂病，以及疑病症和憂鬱症。

琉璃苣與牛舌草的蒸餾液應在其開花時蒸餾取得，可大大增強心臟與腦部，淨化血液，消除悲傷、哀痛與憂鬱情緒。

菟絲子的蒸餾液能清理肝臟與脾臟，可治療黃疸。

檉柳的蒸餾液能打通阻塞，治療脾臟硬化，並增強脾臟。

菸草的蒸餾液每天早晨喝30到60克對於水腫患者極有益；治口腔潰瘍，增強肺部，且治氣喘。

矮接骨木的蒸餾液和菸草蒸餾液有相同的功效。

如此一來，關於寒性蒸餾液，你已具有足夠的醫療知識，它們很少單獨使用，會與其他藥物混合使用。如果你偏好液體藥劑，請留意疾病類型，以及受其折磨的身體部位，知道這些資訊才能使藥劑為你提供所需且美味的滋補。

Part 3

複方藥劑及其他各類藥劑

Chapter 15

複方藥劑、醇劑與複方蒸餾液

在開始說明之前，我想先講述一些前提：

1. 這些藥物都產生熱性作用，因此，熱性體質而身體健康的人請勿使用它們，以免發燒或發生血液焦遺。這些藥應該只用於體質冷、體內多黑膽汁或黏液的人，如果他們將之當做日常飲料適度飲用，且考慮到身體最弱的部分，這些藥水可能會有益於他們；但是對於黑膽汁的相關疾病，既不可服用強烈蒸餾液也不該飲用雪利酒，它們會使體液變得稀薄，然後直升到頭部，使大腦充滿愚蠢而可怕的幻想。
2. 應禁止所有健康的年輕人飲用此類複方，他們的血液通常夠熱，不需這些藥劑。
3. 要考慮服用的季節，所以它們的療效在夏天會比冬天更好，因為夏天總是體內最冷的時節，消化能力最弱，這就是為什麼男人和女人在夏天的食量比冬天少。

以上就是對健康人士的忠告，這非常重要，尤其是愛喝高濃度蒸餾液、嗜飲酒作樂的人。

至於它們的醫療用途，會在每則配方的後半部分提供，僅說明它們在一般情況下（針對致病體液種類和受害身體部位）如何用於治療寒性與黏液疾病、精氣虛寒等病症。

但是讀者們可不能在以下這方面犯錯，我將提供一些關於體液的症狀說明，教讀者如何辨識某一體液已過量：

黃膽汁過量的身體徵兆

身體瘦弱，僵硬，眼神空洞，無故發怒，脾氣暴躁，皮膚發黃，喉嚨酸苦，頭部刺痛，脈搏比一般人更快和更強，尿液顏色更鮮豔、更稀、更亮，難以入睡，常夢見火焰、閃電、憤怒和打鬥景象。

血液過量的身體徵兆

血管比普通人的更為粗大（或者至少看起來如此）並且更加飽滿。皮膚是紅色的，並且腫起；身體兩側和太陽穴周圍有刺痛感，呼吸急促，頭痛，脈搏強而穩，尿液顏色濃且較稠，會夢見血液等物。

黑膽汁過量的身體徵兆

無緣無故心生恐懼，多可怕而愚蠢的幻想，皮膚粗糙而黝黑，瘦弱，缺乏睡眠，多惡夢，喉嚨發酸，脈搏非常微弱，孤僻，尿液稀薄透明，經常唉聲嘆氣等等。

黏液過量的身體徵兆

疲睏，遲鈍，緩慢，沉重，膽怯，健忘，多痰，鼻子分泌物多，食欲不振且消化不良，皮膚蒼白而涼，且不健康地平滑；脈搏緩慢而深沉。尿液濃濁而顏色淺，常夢見下雨、洪水和水等等。

以上所提的內容，我會談如何解決。醫師學會首先提供給你的是：

苦艾的少成分複方醇劑與蒸餾液

取乾燥苦艾葉900克、洋茴香籽225克，將它們浸泡在27公升的紅酒裡24小時，然後放入蒸餾器具裡蒸餾，每450毫升蒸餾液裡加入60克的上等糖。

最初提取到的900克應稱之為苦艾醇劑，之後流出來的則為少成分的複方蒸餾液。

我非常認同醫師學會所做的這種區別，因為最先蒸餾出來的東西其性質比其餘的要強得多，因此適合分開獨立保存。你可以根據自己的體質冷熱，以及一年之中的季節寒暑，選擇自己適用的那種。

它具有與苦艾草相同的優點，不過更適合那些隨著年齡增長而本身熱量減少且體質變冷的人使用。關於其療效，你可以查閱藥草部分，它可以溫熱胃部並幫助消化。

下列植物的醇劑與蒸餾液的蒸餾提取方法相同（但是不加洋茴香籽）：歐白芷、香蜂草、薄荷、鼠尾草等植物的草葉與根部，迷迭香、快樂鼠尾草、康乃馨等植物的花朵，藏茴香等植物的種子，杜松漿果、柳橙果皮、檸檬、香櫞等等，肉桂、肉豆蔻等等。

苦艾的多成分複方醇劑與蒸餾液

取普通艾草和羅馬艾草，各450克；鼠尾草、薄荷、鮑姆，各2把；高良薑根部、生薑、菖蒲（Calamus Aromaticus）、土木香，每種各3打蘭；30克的甘草，90克去籽的日曬葡萄乾，茴香芹籽和甜茴香籽各3打蘭；肉桂、丁香、肉豈蔻各2打蘭；小荳蔻、蓽澄茄，各1打蘭。將該切的東西都切成小

一打蘭：約3.4克
一格令：約0.065克
一吩：20粒，約1.18毫升

塊，該搗碎的東西都搗碎後，全部放入24品脫（約13.7公升）的西班牙葡萄酒中，持續浸泡24小時，然後，放進蒸餾器具中蒸餾，在每1品脫的蒸餾液中加入60克白糖。

最初提取出來的1品脫（約570毫升）稱為苦艾多成分複方醇劑。

一般作者的觀點是，它可以溫熱胃部，增強胃部和肺部的熱量，可祛風，並有助於老年人的消化機能。

歐白芷多成分複方醇劑與蒸餾液

取歐白芷葉子240克、藏掖花180克、香蜂草與鼠尾草各120克、歐白芷種子180克、甜茴香籽270克。使藥草乾燥，種子大略搗碎，在其中加入玫瑰香粉以及Diamoschu Dulce各45克，將它們浸泡在18.25公升的西班牙葡萄酒中2天，之後以小火蒸餾，每450毫升再混入60克溶解了糖的玫瑰蒸餾液。

最初取得的1.35公升稱為醇劑，其餘的則為蒸餾液。

功效 製作這種藥物的主要目的是增強心臟和防止感染，因此，在瘟疫時期，以及在臭氣瀰漫的空氣中行走時，非常有益於維護健康。

我現在向你介紹在以前的藥方書中它們是如何配製的。

歐白芷多成分複方蒸餾液

取歐白芷60克、洋茴香籽225克，芫荽與藏茴香種子各120克、搗碎的莪述90克；全部浸入27公升的葡萄酒中24小時，抽取出醇劑後加糖增甜。

功效 可以撫慰心臟，保養生機精氣，防止瘟疫，並抵抗所有腐敗空氣——這確實是流行病的自然成因。病人可加入任何方便取用的強心劑服用一匙，身體健康而天生體質冷或因年齡而變冷的人，可在早上空腹時一樣服用一匙，或者在用餐前服用一些。

薰衣草複方醇劑，馬提亞斯（Matthuas）

取薰衣草花朵4.5公升，加入13.5公升品質最好的酒精，混合後在陽光下曝曬6天，然後用附有冷凝器的蒸餾器具來進行蒸餾。

取鼠尾草、迷迭香及藥水蘇的花朵各一把，琉璃苣、牛舌草、歐鈴蘭、黃花九輪草各2把。這些花最好是當季新鮮剛採收的，將它們放入3.8公升品質最好的酒精中浸泡，並與上述薰衣草花的醇劑混合，加入新鮮採摘的香蜂草、小白菊與橙樹的葉子，頭狀薰衣草和橙樹的花、月桂漿果各30克。經過適當催熟後再進行蒸餾，之後加入香櫞外皮與去殼的芍藥種子各6打蘭，肉桂、肉豆蔻皮、肉荳蔻、小荳蔻、蓽澄茄、黃檀各15克，沉香1打蘭，品質最好的去籽棗子225克，等待6週熟成，然後擠榨過濾，在其中加入處理過的珍珠2打蘭，處理過的祖母綠1吩，龍涎香、麝香、番紅花各半吩，乾燥玫瑰花、紅檀各15克，乾燥的黃檀、香椽皮各1打蘭。將這些藥材綁在布包裡，吊掛泡在前述的醇劑中。

我希望以下這些調劑問題能得到醫師學會確認：

1. 4.5公升的薰衣草花蒸餾液應成堆倒入，或者以蒲式耳為劑量單位緩緩倒入。
2. 接下來是否須將小花輾壓過。
3. 第一次蒸餾時應提取出多少。
4. 應該到哪裡採集橙樹的葉和花。
5. 適當熟成是什麼意思。
6. 在哪裡可以同時找到開花的琉璃苣、牛舌草與黃花九輪草，處方說要取得三者的新鮮花朵，但其中一種在四月下旬及五月初開花，其他種則在六月底和七月初開花。
7. 如果材料混合著使用，那麼該怎麼做才有辦法使其優點彌補一半的花費和成本，並消除痛苦和麻煩。

海狸香醇劑

取新鮮海狸香120克、薰衣草花朵30克、鼠尾草與迷迭香頂部各15克、肉桂6打蘭、肉豆蔻皮與丁香各2打蘭、精餾酒精2.7公升，放入小玻璃瓶至⅓滿，以軟木和皮囊密封好，放置於溫熱灰燼中2天，待其熟成，之後以隔水加熱器具（Balneo Mariæ）進行蒸餾，取得的蒸餾液要密封存放。

功效 它偏熱，不適合單獨服用，應與用於所患疾病的其他合適藥物混合使用，可以抵抗毒素，並治有毒生物咬傷；它可使痛苦難產孕婦女迅速分娩，排出胎盤：它有助於治子宮抽痛、嗜睡和驚厥，與白葡萄酒混合後滴入耳中，可治耳聾；如果病因是體內阻塞，則根據患者的體力和年齡，服用劑量應在半打蘭到1打蘭之間調整。

款冬屬植物複方蒸餾液

取搗碎的款冬屬植物新鮮根部675克，歐白芷與大星芹根部各225克，將其浸入5.7公升的高濃度麥芽酒中，然後進行蒸餾直至味道改變，那味道表示藥性已被萃取出來。

功效 這種蒸餾液與其他適當的強心劑混合使用，對於瘟熱非常有效，早晨也可以服用一匙，被證實是瘟疫時期很好的預防藥劑：它有助於治子宮抽痛、呼吸短促，內服可以使長久難癒合的瘡水分收乾。

蘿蔔複方蒸餾液

取兩種抗壞血病草的葉子各2.7公斤，將其搗碎，榨出汁液，然後與下列材料混合：有柄水苦蕒和水田芥汁液各675毫升，優質白葡萄酒3.6公升，12顆連皮帶籽、完整的檸檬，新鮮的瀉根根部1.8公斤，野生蘿蔔根900克，冬季肉桂225克，肉荳蔻120克。將它們完全浸泡一下，然後進行蒸餾。

功效 我不喜歡此藥劑，所以略而不談。我想他們打算將它用來為產床上的婦女進行清瀉排毒。

芍藥複方蒸餾液

取歐鈴蘭的花朵450克，將它們浸泡在18公升的西班牙葡萄酒中，須等待很長一段時間，直到下列花朵可新鮮摘採時。

取歐鈴蘭花朵225克，芍藥花朵120克，將它們浸泡14天，然後在隔水加熱器具中蒸餾直至乾枯。在蒸餾液中浸入適當時間採的南歐芍藥根部75克、白蘚與長馬兜鈴（long Birthwort）各15克、橡樹槲寄生的葉子和芸香各2把、去殼的芍藥種子10打蘭、芸香種子3.5打蘭、海狸香2吩、華澄茄與肉豆蔻皮各2打蘭、肉桂45克、處理過的海蔥3打蘭、迷迭香花朵6撮、阿拉伯薰衣草與薰衣草各4撮，以及藥水蘇、康乃馨與黃花九輪草的花朵各8撮，然後加入1.8公升黑櫻桃汁，在玻璃器皿中進行蒸餾，直至變乾。

牛黃蒸餾液

取白屈菜的葉子、根和所有部分3.5把，芸香2把，蒜味香科4把，巖愛草與飛廉草各1.5把、莪迷與歐白芷根部各3打蘭、香櫞和檸檬皮各6打蘭、康乃馨45克、紅玫瑰與小百金花各2打蘭、肉桂與丁香各3打蘭、威尼斯解毒膏90克、密特里達提解毒劑45克、指甲花（Camphire）2吩、蝰蛇藥錠60克、肉豆蔻皮2打蘭、沉香15g，黃檀1.5打蘭、飛廉草種子30克、香櫞種子6打蘭，將它們都剁切過後浸泡在以下液體的混合物中：酒精和馬拉加酒各1.575公升、康乃馨醋與檸檬汁各450毫升。接著放入隔水加熱的玻璃器具中蒸餾，蒸餾掉一半後，殘留物可用亞麻布篩濾，當濃稠度變得像蜂蜜時，即可稱為牛黃萃取液。

功效 此萃取物與其製成原料的水液有相同的優點，只有口味不同，以取悅那些追新逐異、容易厭倦單一味道的人。此蒸餾液可增強心臟、動脈與生機精氣，能催逼汗水，且在治療瘟熱方面效果非常好，在健康的人體內，它能防憂鬱和疲勞耗弱，使人快樂愉悅有精神。此萃取物你可以連續服用10小匙，或者更多些，如果你的身體未發燒，一次半湯匙的蒸餾液就足夠了，也可與適合你病症的其他強心藥劑混合使用。

龍膽複方蒸餾液

取切成片狀的龍膽根部675克、小百金花的花朵與葉子各120克，將它們浸泡在5.4公升的白酒中8天，然後進行蒸餾。

功效 它有助於保護人們免受不潔空氣和瘟熱的侵害；能打通肝臟阻塞，並治療像是肝臟腫脹這類疾病，也可減輕胃痛，幫助消化，緩解旅外受寒的骨骼疼痛，刺激食欲，對黃疸病極有好處，對體側的刺痛或岔氣痛也有幫助。可促排月經，使胎兒和胎盤排出，故不可用於孕婦。如果沒有發燒，你可單服此藥一匙；有發燒的話，可視需要將其與一些適用於該病症的涼性藥物混合使用。

吉爾伯特蒸餾液

取山蘿蔔、地榆、龍艾、香蜂草、歐白芷、帶紫花的紫蘩蔞、整株連根的洋委陵菜各2把，都在正確時節摘採並處理過後，浸泡於18公升加那利葡萄酒中，進行蒸餾時，當13.5公升已蒸騰掉，往其中加入各種有強心效果的花朵各90克、康乃馨60克、番紅花15克、薑黃60克、高良薑與羅勒種子各1打蘭、香橼皮30克、香橼與飛廉草的種子及丁香各150克、雄鹿角120克，將它們浸泡24小時後，再移入隔水加熱器具中蒸餾。在蒸餾液中加入處理過的珍珠45克，紅珊瑚、相思豆、白琥珀各2打蘭，蟹螯6打蘭，牛黃、龍涎香各2吩，將它們放入密封容器浸泡，置於太陽下6週，並且要不時去搖晃一下，之後過濾（你可以留下其粉末），加入360克冰糖、180克紅玫瑰蒸餾水與120克肉桂醇劑混合即可。

功效 我想這款藥劑的研發是為了增強心臟，舒緩體質萎靡，但它的成本太昂貴了。我努力避免用此藥劑，那些夠有錢能自己備置這款藥的人，不可能想再花時間研究其藥性和劑量。我希望諸位讀者們自己好好用功學習。

薩克森尼亞冷心蒸餾液

取琉璃苣、牛舌草、香蜂草、拳參、洋委陵菜、蒜味香科、馬鞭草、尖葉酸模、酢漿草、山羊豆、細葉芹、大株與小株的藍瓶花、玫瑰、金盞花、檸檬、香橼的汁液各90克，白酒醋450毫升，馬齒莧種子60克，香橼和飛廉草種子各15克，睡蓮60克，琉璃苣、牛舌草、紫羅蘭、康乃馨的花朵各30克，檀香木藥粉（Diatrion Sentalon）6打蘭。所有材料經適當處理後浸泡3天，然後放在玻璃蒸餾器中蒸餾；在蒸餾液中加入蘭諾斯島、希勒夏和薩摩斯島的土壤各45克，用香橼汁處理過的珍珠3打蘭，將它們都混合在一起保存。

功效 它能溫和地冷卻血液，因此對於發燒及所有血液熱量引發的疾病有幫助；幫助睡眠。你可以一次服用15克，或者如果病患體弱，可服用2打蘭。

糖蜜蒸餾液

取綠色核桃汁1.8公升，芸香汁液1.35公升，飛廉草、金盞花與香蜂草的汁液各900毫升，綠色的款冬屬植物根部675克，牛蒡根部450克，歐白芷與大星芹各225克，蒜味香科葉子4把，陳年威尼斯解毒膏與密特里達提解毒劑各240克，加那利葡萄酒5.4公升，醋2.7公升，檸檬汁900毫升。將容器密封後放在馬糞便中或泡在熱水中，等待2天催熟，然後將其放在沙子中進行蒸餾；你可在蒸餾中進行藥用榨取。

功效 這種蒸餾液治療各種發燒都表現出色——尤其是瘟熱；它通過排汗將有毒體液排出；能增強心臟和生機本能；它是一種令人讚賞的抗毒藥，特別有益於瘟疫病患、中毒者或被有毒生物叮咬的人，並為性病患者排除有毒體液。關於它的優點，如果你想知道更多，請參閱威尼斯解毒膏的醫療優點。服用劑量可從一匙到30克。

瀉根複方蒸餾液

取瀉根根部的汁液1.8公斤，芸香與艾蒿的葉子900克，乾燥的沙皮檜3把，小白菊、荊芥、普列薄荷各2把，羅勒、克里特島的巖愛草各1.5把，柳橙皮120克，沒藥60克，海狸香30克，加那利葡萄酒5.4公升，將其放在適當容器裡等待4天熟成，然後放進隔水加熱器具；大約在蒸餾過程的中段將其過濾，從殘留物中進行榨取。

功效 服用一湯匙，可以緩解女性的子宮抽痛；它排除胎盤的效力很強，並能清除助產士不慎或意外遺留下來的東西。它能好好地清潔子宮，因此，我非常喜歡此蒸餾液。一次服用勿超過1匙嚐味匙，然後注意應在早晨空腹時服用，且由於它具有清瀉的功效，須禁止孕婦服用。

帝國蒸餾液

取乾燥香橼、和柳橙皮、肉荳蔻、丁香、肉桂各60克，柏樹、佛羅倫斯香鳶尾、菖蒲的根部各30克，莪朮、高良薑、生薑各15克，薰衣草和迷迭香的頂部各2把，月桂、馬鬱蘭、香蜂草、薄荷、鼠尾草、百里香的葉子各1把，白玫瑰和大馬士革玫瑰的新鮮花朵各半把，玫瑰水1.8公升，白酒3.6公升，將它們全部搗碎並浸泡24個小時，然後進行蒸餾。

功效 你必須在水槽而不是沙子中蒸餾。它可以舒緩並增強心臟，防止暈倒和昏昏欲睡，且被認為是對癆病和中風的預防藥劑。一次可以吃半匙。

奇異蒸餾液

取丁香、高良薑、華澄茄、肉豆蔻皮、小荳蔻、肉荳蔻、生薑各1打蘭，白屈菜汁液225毫升，酒精450毫升，白葡萄酒1.35公升，將它們浸泡24個小時，然後用蒸餾器具提取出900毫升蒸餾液。

功效 同樣的藥草其單方藥劑也是針對胃部做治療的，因此蒸餾液可溫熱寒涼的胃，此外有作者說，它可以防止中風，並使失語症患者恢復正常。

糖蜜蒸餾液

取蒜味香科、山蘿蔔、飛廉草、山羊豆各2把，香櫞與柳橙果皮各60克，香櫞、飛廉草、大闔翅芹、小花糖芥（treacle mustard）的種子各3克，金盞花與迷迭香的花朵各1把，將它們全部切剁過後，大致搗碎，然後倒入1.8公升的白葡萄酒和900毫升的飛廉草蒸餾液中浸泡，裝入玻璃杯密封，放在陽光下曝曬約2週，不時去搖一搖它，然後放到隔水加熱器具裡進行蒸餾。將最先提取出來的900毫升液體與其餘的蒸餾液分開保存。最後，在每450毫升蒸餾出的液體中混入30毫升朱莉普酒和1湯匙肉桂蒸餾液。

功效 因為名為糖蜜蒸餾液，因此，如果在其中加入蒜味香科的乾藥糖劑（Diascoridum），這就成了蒜味香科乾藥糖劑的蒸餾液。我們會將其用來做為所有療法的通用蒸餾液。

閹雞蒸餾液

取1隻閹雞，將腸子都掏出，切成小塊，將脂肪除去，在密閉的容器中用足量的泉水煮沸，取1.35公升的肉湯。琉璃苣與紫羅蘭的蒸餾液各675毫升，白葡萄酒450毫升，紅玫瑰葉子2.5打蘭，琉璃苣、紫羅蘭與牛舌草的花朵各1打蘭，剛從爐子取出的熱麵包碎片225克，搗碎的肉桂15克，放到玻璃器具中進行蒸餾。

功效 材料中大多數都適用於心臟，實際上，這複方成分可大大滋養身體，增強癆病患者的體質，能恢復發燒或其他疾病造成的體力流失。治療潮熱和消瘦的效果非常好——後者其實只是疾病耗弱。希望容易遭受這些疾病侵害的人，將此劑珍藏。

蝸牛的蒸餾液

取金錢薄荷、款冬、山蘿蔔、地艾的汁液各675毫升，馬齒莧、車前草、香藜、保羅的水蘇的汁液各450毫升，豬血、白葡萄酒各1.8公升，菜園蝸牛900克，乾燥菸草葉8片，甘草粉末60克，土木香的粉末15克，香鳶尾的粉末30克，棉籽45克，較強的寒性種子與洋茴香籽各6打蘭，番紅花1打蘭，紅玫瑰花朵6撮，紫羅蘭與琉璃苣的花朵各4撮，將它們溫暖地浸泡3天，然後倒入玻璃器具中，在沙子中進行蒸餾。

功效 它可清除肺部的黏液，並有助於治療肺癆。如果你居住的地方碰巧無法獲得更好或合適的藥力，可以使用此蒸餾液。

蒜味香科複方蒸餾液

取山羊豆、酢漿草、蒜味香科、香櫞的汁液各450毫升，加入倫敦糖蜜225

毫升，將其浸泡3天，然後在沙子中進行蒸餾。

功效 早晨服用1匙嚐味匙的量，可防止不良空氣致病。

瑪麗亞蒸餾液

取冰糖450克，加那利葡萄酒180毫升，玫瑰水120毫升；將其煮沸成糖漿，並加入帝國蒸餾液900毫升，龍涎香、麝香各18粒，番紅花15粒，浸泡過帝國蒸餾液的黃檀2打蘭；提取其清澄的蒸餾液。

罌粟複方蒸餾液

取紅罌粟1.8公斤，灑上900毫升白葡萄酒，然後將其放在普通的蒸餾器中進行蒸餾，讓提取出來的蒸餾液倒在鮮花上，重複3次；在此蒸餾液中加入2片肉荳蔻切片，紅罌粟花1小撮，糖60克，放在陽光下可使其具有爽口酸味；如果比你所想要的還酸，請在其中加入一些未在陽光下曬過的蒸餾液。

核桃複方蒸餾液

取鮮綠核桃675克、蘿蔔根部450克、嫩綠歐細辛及蘿蔔種子各180克。全部搗碎後在1.35公升白葡萄酒中浸泡3天，然後用鉛製蒸餾器進行蒸餾至完全乾燥。

Chapter 16

酊劑

番紅花酊劑

取番紅花2打蘭，糖蜜蒸餾液240毫升，等待6天熟成，然後過濾。

功效 參見糖蜜蒸餾液的醫療優點，然後你便知道這種藥劑可增強心臟及其他更多療效，每天早晨喝1匙來抑制黑膽汁蒸氣。

海狸香酊劑

取海狸香粉末15克，海狸香醇劑225克，放涼等待10天熟成後過濾，然後將此液保存為酊劑。

功效 這是專業內行的配藥！使用上比醇劑更普遍。

草莓酊劑

取成熟的野草莓900毫升，放在1個小玻璃瓶中，然後倒入大量酒精，直到它蓋過野草莓超過4指的厚度，將容器密封，將其放在太陽下2天，然後過濾並輕輕按壓；將這種醇劑倒入等量的新鮮草莓中，重複6次，最後保留澄清的液體供你使用。

功效 對於錢多到不知如何花用的先生們來說，這應該是一件好東西，它的外觀看起來很討人喜歡。

蒜味香科酊劑

取乾燥時採集的蒜味香科葉子225克，浸入2.7公升酒精中，放在密閉容器等待3天熟成，輕輕按壓擠出酒液，然後重複此浸泡步驟3遍，並保留澄清的酒液備用。

白屈菜、止犁耙與毛氈苔的酊劑也是如此製作。

功效 關於其優點可參閱藥草部分，請注意，它們對胃寒和老年人的身體效果更好。

糖蜜酊劑

取蒸餾過數次的加那利葡萄酒，已加入15克芸香種子一起煮過的醋900毫升，精選糖蜜與最好的密特里達提解毒劑各225毫升；將它們混合後放在陽光下或在熱池子中加溫，待其熟成，然後保存此液以備使用。

肉桂酊劑

取碎肉桂60克，精餾酒精900毫升，將它們裝入有軟木塞和囊袋封住的大玻璃杯中浸泡4天，每天搖晃2次，然後將225克冰糖另外放入900毫升的玫瑰水中溶解，將2種液體混合，在其中懸掛泡著一小包東西，內含龍涎香半吩、麝香4粒。

綠色酊劑

取銅綠15克，雌黃6打蘭，明礬3打蘭，將它們放在450毫升的白葡萄酒中煮沸直至剩下一半酒量，然後在冷卻後加入紅玫瑰和茄屬植物的蒸餾液各180毫升。

功效 用來清潔潰瘍，但我不喜歡使用此劑。

光明大師酊劑

取車前草與紅玫瑰蒸餾液各450毫升，岩明礬（roch Alum）和硫磺各2打蘭；將岩明礬和硫磺製成粉末，放入開口狹窄的容器中加水煮沸，直到一半水量蒸發，在靜置5天後過濾。

Chapter 17

藥酒

苦艾酒

每4.5公升的葡萄酒中加入一把乾燥苦艾，放入密閉的容器中，然後使其保持浸泡狀態。迷迭香花朵和小米草的藥酒也如此調製。

功效 它可以舒緩胃寒，消脹氣，治脹氣痛，增強胃部，消滅蠕蟲，還可以治療萎黃病。

迷迭香花酒是用同樣的方法製成的。它對頭部的所有寒疾都有好處，可消耗黏液，增強牙齦和牙齒。小米草藥酒的製作方法也一樣。飲用它有奇效，可使視線清晰，恢復老人的視力；早上喝一杯的效果與配戴眼鏡一樣好。

所有其他藥酒均以相同的方式製備。服用其中任何一種藥酒的最佳方式是每天早上喝一口。如果你感覺自己的身體老化或發寒，可以用其他符合你症狀需求的藥草製成藥酒；以相同的方式製作即可。

黑櫻桃酒

取4.5公斤黑櫻桃，放在密閉容器中直到開始發生作用，過濾後在每450公克中加入30克的糖，將之傾倒流過希波克拉底袖形濾器，存放在密閉容器中備用。

藜蘆製酒（Helleborated Wine）

取切成小塊的白藜蘆120克，西班牙葡萄酒900毫升，放入玻璃瓶中密封浸泡，趁三伏天或其他炎熱的天氣在陽光下曝曬。

魯貝爾紅酒

取銻（Stibium）粉末30克，丁香切片2打蘭，波爾多深粉紅酒900毫升，裝在小玻璃瓶中密封。

班尼迪克特酒

取輝銻礦（Crocus Metallorum）粉末30克，肉豆蔻皮1打蘭，西班牙酒675毫升，浸泡。

銻酒

取銻渣粉末120克，將其浸泡在

1.35公升白葡萄酒中，密封在玻璃瓶中，在搖晃一次後讓銻渣沉澱下來。

功效 最後提到的這些是催吐劑，而催吐劑只適合極少數人使用，畢竟嘴巴原本的功能是攝取營養，而非排泄，亦非藉嘔吐調控人體。判定催吐劑的使用劑量需要對醫學有深入的研究，但我懷疑一般民眾有此能力，因此，我在此略過不談，不是因為我想藏私，而是因為我不願意讓民眾自行使用而犯錯。稍後很快就會介紹催吐劑可用於什麼病症，在那時我才說明催吐劑的使用方式。

海蔥酒

在大約天狼星升起時分採集白色海蔥，切成薄片，乾燥一個月，取450克，裝在玻璃瓶中，倒入3.6公升法國葡萄酒，靜置4天後將海蔥撈出。

功效 它的優點與海蔥醋劑一樣，只是更熱。

Chapter 18

藥用醋

蒸餾醋

在玻璃或石製的蒸餾器具中倒入最優質的醋，約⅓滿，用溫和小火加熱使黏液分離，然後逐步加大火勢，使其產生作用。

玫瑰醋

在旱季時採集紅玫瑰花蕾，將白色部分切掉，陰涼處晾乾3或4天，取450g，加入約8薩斯崔❶的醋，放在陽光下40天，然後過濾掉玫瑰，重複加入新鮮玫瑰花蕾浸泡。

用同樣的方法製作接骨木花朵、迷迭香花朵和康乃馨的藥用醋。

功效 關於各種藥用醋的優點，只要觀察這一種就夠了，醋與製成原料的花朵具有相同的優點——就像在藥酒部分所說一樣，只是藥酒比單方蒸餾液更適合寒涼體質，而熱性體質適合用醋。此外，嗯，醋通常施於外用，像是用來洗浴，查看單方草本藥劑可了解哪些單方藥劑適合身體的哪個部位，如此一來，你不僅能知道該使用哪種醋，而且也會知道該將它用於哪個部位。

海蔥醋

取外皮和底部之間的那一段海蔥，切成薄片，在陽光下或火源旁放置30或40天，取450克（用象牙或一些白木頭製成的小刀切成小塊）放入容器中，然後加入2.7公升的醋。密封後放在陽光下30或40天後過濾，存放備用。

功效 早上空腹時服用一些，半小時後走動一下，可使身體保持健康，延年益壽——就像桑紐斯（Sanius）那樣，他除了此藥劑外從不施用其他藥物，一直健康地活到117歲。它助消化，可使呼吸氣長，聲音清晰，視力敏銳，膚色良

---

❶ 薩斯崔（sextary）為度量單位，有兩種說法，一為古羅馬時代乾貨、液體並用的度量單位，相當於英制的1品脫，即5.7公升；一為英國古時度量酒類的單位，相當於6加侖，約22.7公升。

好，不會讓任何有害物質殘留在你的身體裡，風邪、黏液、黃膽汁、黑膽汁、糞便、尿液，都能排除；即使是散布在骨頭中的穢物，都能帶出來，消除鹽質和酸味的噯氣，即使是飲食放縱過量的人，也不會受到傷害。它曾治癒過所有醫師都束手無策的肺結核病患。能治療諸如癲癇、痛風以及關節疾病和腫脹等病症，可消除肝臟和脾臟的硬塊。若要評估這種藥物有何特殊益處，永遠講不完。因此，我們推薦它為維持全身健康和保持精力旺盛的有益藥物——蓋倫如是說。

紐倫堡糖蜜醋

取大株的白屈菜根部45克，歐白芷、大星芹、龍膽、拳參、纈草、地榆、白蘚、土木香、莪述的根部各1打蘭，大株車前草根部1.5打蘭，鼠耳草、鼠尾草、山蘿蔔、蒜味香科、巖愛草與飛廉草的葉子各半把，香櫞樹皮與種子各半打蘭，亞美尼亞紅玄武土（Bole Amoniac）1打蘭，番紅花3打蘭，在這些材料中挑出番紅花、雄鹿角、巖愛草與紅玄武土，用碎布捆紮起來，與前面所提到的東西一起浸泡在2.85公升的醋裡，密封於玻璃瓶中，擺在溫和的火源旁數天，最後再過濾並添加優質的糖蜜6打蘭，搖晃均勻，以備使用。

糖蜜醋

在上述糖蜜蒸餾液中加入康乃馨60克，薰衣草花45克，玫瑰醋和接骨木花醋各1.8公升，不煮而等待3天熟成，然後通過希波克拉底袖形濾器過濾。

功效 關於其優點可參閱糖蜜蒸餾液，不過這更寒涼，效果更棒。

Chapter 19

湯劑

灌腸用的一般湯劑

取錦葵、紫羅蘭、哮喘草（Pellitory）、甜菜與山靛、洋甘菊花朵各1把，甜茴香籽15克，亞麻籽2打蘭，加450毫升水滾煮。

功效 這是針對體液超量症狀而加入於各種灌腸劑的常用藥湯，你可以添加自己喜歡的單方蒸餾液、糖漿或乾藥糖劑。不過還要添加4.5公斤的亞麻籽和1把洋甘菊花朵。

小菟絲子湯劑

取欖仁、訶子各15克，頭狀薰衣草、去籽的日曬葡萄乾、小菟絲子、番瀉葉各30公克，延胡索15克，常春薯草5打蘭，水龍骨6打蘭，盒果藤15克，山羊奶製成的乳清或小母牛的牛奶1.8公升，讓它們全部一起煮到剩下900毫升——只有小菟絲子例外，它只需煮一兩秒鐘，之後從火源拿開，再加入黑藜蘆1.5蘭，傘菌半打蘭，岩鹽1.5打蘭，讓它們浸泡10小時，然後用力擠榨。

功效 它清瀉黑膽汁及黃膽汁，預防瘋狂和所有黑膽汁帶來的疾病，因此憂鬱症患者請珍藏之。

番瀉葉湯劑

取番瀉葉60克，水龍骨15克，生薑1打蘭，去籽的日曬葡萄乾60克，破布子、李子各12個，琉璃苣、紫羅蘭、玫瑰和迷迭香的花朵各2打蘭，將它們放入1.8公升的水中滾煮，直到一半水量蒸發為止。

功效 是清瀉排毒的常用湯劑，根據你要清瀉的體液性質，在其中添加其他單方或複方藥劑，但就其本身而言，它主要清瀉黑膽汁。

止咳湯劑

取去籽的日曬葡萄乾30克，破布子、棗子各15個，椰棗6顆，無花果4個，法國大麥30克，甘草15克，鐵線蕨、牛膝草、山蘿蔔、款冬各1把，在1.35公升的水中持續滾煮，直到剩下900毫升。

功效 該藥物主要用於肺部，因此會使

聲音清晰，呼吸氣長，治咳嗽、聲音嘶啞和氣喘等。每天早晨可以喝140毫升，無需搭配飲食，因為它無清瀉效果。到了說明糖漿的章節，我會提一些可與它混合使用的糖漿。

心創療癒湯劑

取龍牙草、艾蒿、野生歐白芷、聖約翰草、鼠耳草各2把，苦艾半把，青蒿、藥水蘇、牛舌草、大株與小株的康復力（整株連同根部）、水楊梅、2種車前草、變豆菜、帶有根的洋委陵菜以及刺檗與橡樹的芽各1把，所有這些材料都應在五、六月採集並時時保持乾燥，切碎後以皮革或紙片包起來備用，然後取前述藥草3把，將它們在放在1.8公升的噴泉水和900毫升的白葡萄酒中煮沸，直至液體的量減半，將其濾過後，再加入450毫升的蜂蜜，撈掉浮渣後保存使用。

功效 這項藥品正如其他的藥劑一樣可以取得不錯的效益。

Chapter 20

糖漿

諸位讀者，在開始講述特定的糖漿之前，我認為最好先向你大致說明關於糖漿性質、調製和用法的幾件事。

1. 糖漿是一種液體藥物，由湯劑、浸泡劑或植物汁液混合糖或蜂蜜製成，並經過火煮加熱，使其質地濃稠似蜂蜜。
2. 所有蜂蜜的濃稠不一，應該要知道鮮採蜂蜜是所有蜂蜜中最稀的。
3. 以此方式處理煎藥湯、浸泡劑與植物汁液的用意，首先是為了使其能存放更久，其次，也讓它們變得更美味。
4. 在煮糖漿時要特別注意濃稠度是否適中，煮過頭，糖漿就會變糖塊，煮得不夠，糖漿就會變酸。
5. 所有單方糖漿都具有此單一草本藥劑的優點，並且更適合身體虛弱和胃部敏感的人。

苦艾單方糖漿

取澄清的一般艾草汁液、澄清的糖各1.8公升，製成糖漿。以下植物的單方糖漿也是按照相同的方式製作：蘗水蘇、琉璃苣、牛舌草、 飛廉草、洋甘菊、菊苣、苣蕒菜、籬芥、草莓、延胡索、金錢薄荷、聖約翰草、啤酒花、山靛、鼠耳草、車前草、蘋果、馬齒莧、覆盆子、鼠尾草、山蘿蔔、蒜味香科、風車草、款冬、保羅的水蘇和其他不酸的汁液。

功效 參閱苦艾單方藥劑便可輕鬆了解它們的優點，並且知道將它們製成糖漿後會更適合敏感的胃部，使其更舒服。

複方苦艾糖漿

取微微乾燥過的普通苦艾225公克，紅玫瑰900毫升，印度甘松3打蘭，陳年白葡萄酒、榲桲的汁液各1.12公升，將它們放在土製容器中浸泡一整天，然後文火滾煮，再將其過濾後加入900克糖，煮成糖漿。

功效 在此我們逐字逐句地引述梅蘇（Mesue）所言；此方適用於寒涼多黏液的胃部，是一種值得讚賞的療法，因為它既補強了胃和肝臟，也有助於調和與消化食物，早晨服用1湯匙可治消化不良，激發人的食欲，預防黃疸，消脹氣，通過排尿清瀉體液。

醋的單方糖漿

取清水1.8公升，白糖2.25公升，將它們放入上釉容器中，在溫和的火源上煮，直至只剩一半水量時撈掉浮渣，然後緩緩倒入900毫升的白酒醋，完成糖漿的製作。

此糖漿就只是將糖和醋一起放在火上融化，再將浮渣除去，但不能將其煮沸。

更單純的醋單方糖漿

取白糖2.25公斤，白酒醋900毫升，在水槽中融化後製成糖漿。

功效 關於這2種糖漿，個人可憑自己經驗選擇最適合的；兩者差異極微。兩者都可削減黏液，以及胃部中黏稠難除的劣質體液；可使身體清涼，解渴，利尿，在服用催吐劑之前先調理胃部。若你想在使用催吐劑前先服用此糖漿做準備，那就在催吐前一晚的睡前服用15克，可使催吐順利，若是為了用於一開始提到那些症狀，則搭配甘草根服用。

醋的複方糖漿

取野芹、茴香、苣蕒菜的根部各90克，茴芹、野芹、茴香的種子各30克，苣蕒菜的種子15克，清水2.7公升，放在土製容器中，以文火煮到只剩一半水量，然後過濾並等待其澄清，再混入1.35公斤的糖與675毫升的白酒醋，將之煮成糖漿。

功效 就我看來，這對飽受黏液或難除體液困擾的人是極好的糖漿，它能打通胃部、肝臟、脾臟與腎臟的梗阻閉塞；能消減、排掉難除的黏液與黃膽汁，因此對於腹部發脹的人是特效藥。

穗花牡荊糖漿

取芸香與大麻（Hemp）的種子各半打蘭，苣蕒菜、萵苣、馬齒莧、葫蘆瓜、甜瓜的種子各2打蘭，小蚤車前草的種子15克，穗花牡荊的種子120克，睡蓮的花朵與薄荷的葉子各半把，小扁豆種子與芫荽種子各15克煮成水煎劑，取此水煎劑1.35公升，全部加在一起後以文火煮，直到900毫升的湯量蒸發，剩下的部分過濾後，混入60克檸檬汁，675克的白糖，製成糖漿。

功效 是一種古怪的糖漿，幾乎沒任何醫療優點。

藥蜀葵糖漿

取藥蜀葵的根部60克，蘆筍、甘草、去籽日曬葡萄乾的根部各15克，錦葵、藥蜀葵、牆邊草、地榆、車前草、白色與黑色鐵線蕨的頂部各1把，紅色鷹嘴豆30克，四種較強寒性種子與四種較弱寒性種子各3打蘭，倒入2.7公升清水滾煮，直到剩1.8公升水量，過濾，混合1.8公斤白糖後煮成糖漿。

功效 它是一種清涼、通阻、滑爽的糖漿，主要建議用於治腹絞痛、腎部與膀胱的結石或礫石。

氨草膠糖漿

取常春薯草與藥蕨各4把，一般苦艾30克，菊苣的根部、蘆筍、刺山柑根皮各60克，經適當處理後，將它們浸泡在以下材料的混合液中24小時：90克白酒，蘿蔔與延胡索的蒸餾液各900毫升。然後煮到只剩690毫升時，讓其沉澱，趁還溫熱時，取120克的氨草膠（事先溶於60克白酒醋中）混合相溶，其餘部分混合675克白糖煮成糖漿，最後加進氨草膠的混合物。

功效 可使肝臟清涼，打通肝臟與脾臟阻塞，治療像是疥癬、瘙癢、痲瘋疹等疾病，還有肝臟過熱造成的症狀。一次服用30克。

艾蒿糖漿

取艾蒿兩把，普列薄荷、風輪菜、牛至草、香蜂草、蓼草、巖愛草、沙皮檜、馬鬱蘭、石蠶屬植物、聖約翰草、帶有花的小白菊、小株百金花、芸香、藥水蘇、牛舌草各1把，茴香、野芹、歐芹、蘆筍、假葉樹、虎耳草、土木香、柏樹、茜草、香鳶尾、芍藥等植物根部各30克，杜松漿果、圓葉當歸、歐芹、野芹、茴芹、黑種草、基列吐魯香樹果實或華澄茄、木香、桂皮、小荳蔻及菖蒲的種子，以及歐細辛、香根薯草、纈草的根部各15克，洗淨、切剁並搗碎後，讓它們在11.8公升的清水中浸泡24小時，接著滾煮直至只剩一半水量，離開火源，趁還溫熱時用手搓揉，過濾後加蜂蜜和糖各900克，很酸的醋120克，煮成糖漿，並用肉桂和甘松各3打蘭調味。

功效 可治子宮劇痛，防止子宮歪斜，消解其中的寒冷、風邪和疼痛。增強神經，打開毛孔，調整血液，調整並促排月經。一次可服用一匙。

藥水蘇複方糖漿

取藥水蘇3把，馬鬱蘭4.5把，百里香、紅玫瑰各1把，紫羅蘭、頭狀薰衣草、鼠尾草各半把，茴香、茴芹與羊角芹的種子各15克，水龍骨與茴香的根部各5打蘭，取河水2.7公升放進去滾煮，煮到剩1.35公升後過濾，加入藥水蘇汁液900毫升，糖1.35公斤，製成糖漿。

功效 它可以治療寒冷引起的頭部和胃部疾病，以及風邪症候、眩暈、瘋狂等。它能排解黑膽汁，促排月經，而且單方的糖漿效果比複方更好。

拜占庭劍蘭單方糖漿

取苣蕒菜與野芹葉子的汁液各900毫升，啤酒花與牛舌草的汁液各450毫升，將它們一起煮沸並濾除渣滓，湯汁澄清後加入1.8公斤白糖和1.8公升汁液，用溫和小火煮成糖漿。

拜占庭劍蘭複方糖漿

取前述糖漿的原料植物之汁液1.8公升，加入以下材料後滾煮：紅玫瑰60克，甘草15克，茴芹、茴香與野芹的種子各3打蘭，甘松2打蘭。過濾後，在所剩的1.35公升中，加入900毫升的醋、1.8公斤的糖，將它們製成糖漿 。

功效 兩者（意即其單方或複方）皆可打通胃部、肝臟與脾臟阻塞，治療兒童佝僂病，削減、排出難除的黏液，治療黃疸。可搭配甘草根一起服用，早晨空腹時服用1匙。

香藜糖漿

取香藜、籬芥、蕁麻各2把，款冬1.5把，放進足量的清水中滾煮，直到剩下一半水量；在900毫升的湯中加入900毫升蕪菁汁液（事先放入密封鍋中，用爐火烤過），並混入1.35公斤白糖，將之煮成糖漿。

功效 調製此糖漿主要用於治咳嗽、呼吸短促與其他類似的寒因性胸部不適。若可取得的話可搭配甘草根服用。

鐵線蕨糖漿

取甘草60克，鐵線蕨150克，浸泡在1.8公升溫水中一晨昏的自然日，再以小火煮過，用力過濾後，加675克的細糖製成糖漿。

功效 可打通胃部阻塞，增強肺部，治療這些部位的不適症狀。可搭配甘草根服用，或者混合像款冬糖漿這類舒胸止咳藥湯來服用。

甘露糖漿

取萊茵酒900毫升，玫瑰水75克，丁香2吩，肉桂半打蘭， 生薑2吩，糖105克，煮到濃稠似朱莉普酒，並加進龍涎香3格令，麝香1格令。

功效 若希望此朱莉普酒能保存更久，可多加一點糖，不過如果能完全密封，它其實不容易腐敗，因為它的主原料單純是酒——事實上，最聰明的作法是根據自己的味蕾來調配用糖量。可恢復癆病患者體力，舒緩心臟，保養消沉的精氣，具有疏通的特性，因此會排除那些可能造成腦部與心臟不適的蒸氣；可一次服用30或60克，隨你喜好。

康乃馨糖漿

取450克康乃馨，切掉白色部分，放在900毫升的水中浸泡整夜，再溶入1.8公斤的糖，無須滾煮，製成糖漿。

功效 這是溫和優質的糖漿；能增強心臟、肝臟與胃部；能重振生機精氣，對於發燒症狀是很好的舒心劑；通常與其他強心藥劑混合使用，使用上不太可能出錯，對身體無害。

肉桂糖漿

取約略搗碎的肉桂120克，在白酒與肉桂水各250克的混合液中浸泡3天，放入玻璃容器中，以小火烘；過濾後，混合675克的糖，小火煮成糖漿。

以此方法也可以調製以下植物的糖漿（但只能用白酒）：洋茴香籽、甜茴香籽、丁香、肉豆蔻、生薑等。

功效 重振生機精氣效果甚佳，受寒而痛苦不適的心臟與胃部可因此重獲活力，助消化效果極好，且增補全身。可加入強心藥劑中，一次服用1匙。

香櫞汁液的糖漿

以扭的方式取香櫞的汁液450毫升，並使之澄清，加入糖900克，製成糖漿的方式與康乃馨糖漿相同。

功效 可治所有黃膽汁或血液熱量造成的疾病，及瘟疫性或非瘟疫性的發燒；抗毒、冷卻血液、解渴、治眩暈。

以下植物的糖漿製作方式皆同：葡萄、柳橙、刺檗、櫻桃、榅桲、檸檬、白花酢漿草、桑椹、酢漿草、英國醋栗與其他酸味的汁液。

功效 如果你查閱那些單方藥劑，即可找到其醫療優點：它們皆清涼舒心，且增強胃部；榅桲糖漿抑制嘔吐，所有的葡萄糖漿也都一樣有此效。

香櫞果皮糖漿

取新鮮黃色的香櫞果皮150克，胭脂蟲（berries of Kermes）或其汁液2打蘭，泉水1.8公升，浸泡一整晚後，滾煮至只剩一半水量，撈掉浮渣，過濾後混入1.12公斤的糖，煮成糖漿。其中一半不加入麝香，而另一半則混入3粒麝香裝在布包中浸入調味。

功效 可增強胃部，抗毒，增強心臟，還可以抑制癲狂發作、心悸、昏厥、暈眩。能增強生機精氣，恢復癆病或潮熱患者體力，大大補強體質。可一次服用1匙。

珊瑚單方糖漿

取紅珊瑚的極細粉末120克，將它溶解在450毫升的刺檗澄清汁液中，裝入用蠟和軟木塞塞住的玻璃罐，放入水槽隔水加熱，等3或4天熟成，倒出溶液，再往有殘餘物的玻璃罐中加入新鮮的澄清汁液，然後重複之前的步驟直到所有珊瑚溶解為止。最後，在每450毫升汁液中加入675克的糖，然後以小火將煮成糖漿。

珊瑚複方糖漿

取紅珊瑚的極細粉末180克，撒在大理石上拌勻，加入澄清的檸檬汁（在水槽中抽掉黏糊的部分）180克，澄清的刺檗汁液240克，酸味白酒醋與白花酢漿草的汁液各180克，將它們混合在一起，然後放入玻璃罐中以軟木塞和囊袋密封，每天搖勻，直到在水槽或馬糞中經過8天熟成。然後過濾，取675毫升，混合榲桲的汁液225g，玫瑰糖360克，在水槽中加熱製成糖漿，再加入康乃馨糖漿180克，保存備用。在醫生建議使用時才加上半打蘭龍涎香和4格令的麝香。

功效 珊瑚糖漿有單方與複方，兩者都可恢復癆病患者體力，具有明顯的降溫性質——尤其是後者，且此藥非常溫和，對潮熱有益，可止下痢、遺精和白帶，有助於治療吐血、癲癇，會使月經停止。早上服用半湯匙就足夠了。

榲桲糖漿

取榲桲澄清後的汁液2.7公升，以小火煮，直到剩一半液體，撈掉浮渣，加入紅酒1.35公升及白糖1.8公斤，煮成糖漿，再以1.5打蘭的肉桂，及丁香與生薑各2吩來調味。

功效 能增強心臟與胃部，止腹瀉與嘔吐，舒緩委靡的體質。若想治療腹瀉，可於用餐前服用1湯匙，若想同時治療腹瀉、嘔吐症狀以及其他病症，則於早晨服用。

籬芥糖漿

取新鮮的籬芥6把，土木香、款冬、甘草的根部各60克，琉璃苣、菊苣、鐵線蕨各1.5把，有強心效果的花朵、迷迭香與藥水蘇各半把，洋茴香籽15克，去籽的日曬葡萄乾60克，將它們全部處理過後，然後在足量的大麥水和未發酵蜂蜜水中滾煮，加入180克籬芥汁液至1.12公升，再混入1.35公斤的糖，煮成糖漿。

功效 針對胸部與肺部寒性病症，如氣喘、氣喘、聲音嘶啞等而發明的。

你可以將籬芥糖漿與甘草根一起服用，也可以每30克糖漿加90到120克舒胸湯劑的比例混合服用，效果更好，應於早晨熱飲。

胡索糖漿

取苣蕒菜、一般的苦艾、啤酒花、菟絲子、鹿舌草各1把，小菟絲子450克，放入1.8公升的水中滾煮，直到剩下一半水量，過濾後加入延胡索的汁液675毫升，琉璃苣與牛舌草的汁液各225克，白糖1.8公斤，將它們製成糖漿。

功效 此方消解黑膽汁的效果頗佳，故用來治療由此產生的疾病是合理的——無論是體內還是體外，它有助於治療皮膚疾病，如痲瘋疹、惡性腫瘤、凸疣、雞眼、瘙癢、皮疹、輪癬、疥癬等等，由於它性質溫和，因此更建議使用。而且能大大改善飲食過度的厭膩不適，可清潔、增強肝臟，為之解熱，使其造血品質優良，而良好的血液可以造成良好的血肉。

我推薦那些身體容易長疥癬及發癢的人使用此方。你可以每天早上單獨服用此劑60克。

甘草糖漿

取嫩綠甘草60克，撕裂並搗碎，取銀杏葉鐵角蕨30公克，乾燥牛膝草225克，浸泡在1.8公升熱水中24小時，之後再滾煮直到剩一半水量，過濾並待之澄清，加入蜂蜜、蟲線糖（參見P131）和糖各240克，製成糖漿，然後在完全煮沸之前加入紅玫瑰水180克。

功效 它可清潔胸部與肺部，並有助於治療長期咳嗽和胸膜炎。你可以將其與甘草根一起服用，也可以在舒胸湯劑中加30公克或再多一些來服用。

混合醋的石榴糖漿

取白糖675克，石榴的汁液240克，白酒醋120克，以小火煮成糖漿。

功效 可在單方藥劑中查閱此糖漿的醫療優點。

牛膝草糖漿

取3.6公升的泉水，15克的大麥，大約煮半小時，然後加入野芹的根部、歐芹、茴香、甘草各10打蘭，棗子、破布子各15打蘭，去籽的日曬葡萄乾45克，無花果、棗子各300克，錦葵與榲桲的種子、裝在布包裡的特拉卡甘膠各3打蘭，稍微乾燥的牛膝草10打蘭，鐵線蕨6打蘭，將它們一起煮大約一刻鐘，可以先放根部，接著是果實，果實後再放種子，然後是藥草。最後，蒸發掉2.25公升的水後，在剩下的1.35公升（先過濾和澄清）中加入1.125公斤的糖，再煮成糖漿。

功效 增強胸部與肺部的效果強，使呼吸氣長，聲音清晰，是治咳嗽的良方。使用方式同甘草糖漿。

地松糖漿

取地松2把，鼠尾草、迷迭香、山地生長的狹葉香科、牛至草、風輪菜、野生薄荷、普列薄荷、牛膝草、百里香、植栽或野生芸香、蘗水蘇、鋪地百里香各1把，橡實、長形與圓形馬兜鈴、瀉根、巖愛草、龍膽、豬茴香、纈草的根部各15克，野芹、蘆筍、茴香、歐芹、假葉樹的根部各30克，香根蓍草45克，頭狀薰衣草以及茴芹、羊角芹、藏茴香、茴香、圓葉當歸、大闊翅芹的種子各3打蘭，日曬葡萄乾60克，放進4.5公升的水中煮至剩1.8公升水量，再加入蜂蜜和糖各900克，製成糖漿， 以糖、肉荳蔻和華澄茄各3打蘭調味。

棗子糖漿

取棗子、紫羅蘭各5打蘭，鐵線蕨、甘草、法國大麥各30公克，錦葵的種子5打蘭，白罌粟、甜瓜、萵苣的種子，以及和特拉卡甘膠一起捆在布包裡的榲桲種子各3打蘭，將它們放入2.7公升的雨水或泉水中煮，直至剩下一半水量，過濾後與900克的糖製成糖漿。

功效 它是一種解熱的優質糖漿，非常適用於治咳嗽、聲音嘶啞和胸膜炎、肺部和膀胱潰瘍，以及所有發炎症。你可以每3或4小時服用1匙，或者，如果有需要，請與甘草根一起服用。

鴉片膏（Meconium），或稱罌粟糖漿（Diacodium）

取帶有種子的白罌粟頭部240克，須在花落不久後就採摘，擺放3天後使用，黑罌粟頭部（經過相同處理方式）180克，雨水3.6公升，浸泡24小時，煮過後輕輕擠榨，再煮到剩1.35公升水量，然後混入720克的糖煮成糖漿。

鴉片膏複方糖漿

取帶有種子的白罌粟與黑罌粟頂部50打蘭，鐵線蕨15打蘭，棗子30打蘭，萵苣的種子40打蘭，1.5打蘭錦葵與榅桲的種子（將它們綑在布包中），甘草5打蘭，3.6公升的水，滾煮後過濾，在每1.35公升的湯劑中加入糖450克，製成糖漿。

功效 鴉片膏只是將英國罌粟汁液滾煮直至變稠。可治乾咳、肺結核、熱而有刺激性的腐蝕黏液症狀，並幫助睡眠。乳母們若因為運動或飲用烈酒而導致泌乳的熱性升高（她們哺育的孩子會因此吵鬧難馴），常求助於罌粟糖漿，讓小孩乖乖睡覺，這是一種常見的惡俗，要是這種習慣還延續著，我真的會暈倒，所以我不願使用此藥。請乳母們保持自己身體的溫度，讓孩子睡眠品質夠好，就不需要擔心。

香蜂草糖漿

取牛舌草根皮30克，白蘚、委陵菜、鴉蔥的根部各15克，香蜂草、山蘿蔔與斷續科山蘿蔔的葉子，各品種牛舌草與迷迭香的花朵各1把，酢漿草、香櫞、茴香、飛廉草、羅勒的種子各3打蘭，將它們放在1.8的水中煮沸直至一半水量蒸發，過濾後再加入1.35公斤的白糖、香蜂草的汁液與玫瑰水各15克，煮成糖漿，最後再以肉桂和黃檀各15克來調味。

功效 這是一種極好的舒心劑，可補強心臟、胸部和胃部，抗憂鬱，使精神振奮，除此之外，用來治發燒也頗有成效，可增強記憶力並緩解衰疲體質。一次可服用 1 匙。

薄荷糖漿

取甜味及介於酸甜之間的榅桲汁液，甜味、酸味及介於酸甜之間的石榴汁液各675毫升，乾燥薄荷225克，紅玫瑰60克，讓它們浸泡一天，然後煮沸消耗掉一半液體的量，再加1.8公斤的糖煮成糖漿。除非有醫師建議，否則不要加香料調味。

功效 此糖漿具有很好的收束力，它能大大舒緩胃部，助消化，抑制嘔吐，而且與藥方書中的任何藥一樣，對酸味或令人厭惡的噯氣也具有出色的療效。餐後服用1匙。

黏糊糖漿

取藥蜀葵、錦葵、榲桲的種子各30克，特拉卡甘膠3打蘭，讓它們在溫熱的錦葵、白罌粟種子和酸漿混合湯劑中浸泡6小時，然後將那糊漿壓榨到剩下45克，再以90克前述湯劑、60克糖，混合製成糖漿。

功效 單獨服用此劑本身或加在任何適合的酒中，服用1匙，對於任何刺激性、腐蝕性體液都是極好的療法——無論發生在身體的哪個部位；也可以用來治療肺結核、血痢、腎部或膀胱的結石或潰瘍。

有些人服用對自己身體來說太強的清瀉劑，可以此糖漿補救，因為它具有滑順的性質，有助於治腐蝕症狀，而其冷卻的作用則有助於治炎症。

桃金孃糖漿

取桃金孃漿果75克，白色和紅色檀香、漆樹、野生石榴花、去籽的刺檗、紅玫瑰各45克，歐楂225克，全部搗碎後放在3.6公升的水中煮到剩下1.8公升，過濾後加入榲桲與酸石榴的汁液各180克，混入1.35公斤的糖，將之煮成糖漿。

功效 此糖漿具有很強的收束力，卻有舒緩效果，它對於如吐血、各種腹瀉或體內潰蝕有幫助，能夠增強蓄積能力，並使月經異常流量停止。使用劑量為一次1匙。

睡蓮花朵單方糖漿

取最潔白的白色睡蓮花朵450克，在1.35公升溫水中浸泡6或7小時，稍微滾煮後過濾，放入等重的花朵，重複兩、三次，最後一次過濾後，加入等重的糖，煮成糖漿。

睡蓮花朵的複方糖漿

取白色睡蓮花朵225克，紫羅蘭60克，萵苣2把，萵苣、馬齒莧與葫蘆瓜的種子各15克，放進1.8公升清水中煮到剩1.35公升，過濾後加入225克毫升紅玫瑰水，1.8公斤白糖，煮成糖漿。

功效 睡蓮花朵的單方和複方糖漿都是涼爽解熱的糖漿，可減輕黃膽汁熱量，並幫助睡眠，使身體清涼——包括頭部、心臟、肝臟、腎臟和子宮，因此用在任何一種熱病都有幫助。在空腹時服用30公克。

野罌粟糖漿

取新鮮的紅罌粟花900克，浸泡在1.8公升泉水中，第二天過濾，並加入等量的糖煮成糖漿。

功效 此糖漿可冷卻血液，治療飲食過度，用以治療癲狂、發燒和瘧熱均安全無虞。

鼠耳草糖漿

取鼠耳草3把，羽衣草的根部45克，大株的康復力、茜草、白蘚、洋委陵菜、拳參的根部各30公克，白珠樹的葉子、馬尾草、金錢薄荷、車前草、蝰蛇之舌藥草（Adder's Tongue）、草莓、帶花的聖約翰草、一枝黃花、龍牙草、藥水蘇、地榆、水楊梅、大株的委陵菜、紅甘藍菜、野生石榴花、紅玫瑰各1把，放入2.7公升車前草蒸餾液中煮至剩1.35公升，然後仔細過濾，沉澱後加入特拉卡甘膠，及小蚤車前草、藥蜀葵、榲桲的種子，混入草莓蒸餾液與藥水蘇蒸餾液各90克，白糖900公克，製成黏糊液，煮到濃稠似蜂蜜。

功效 可乾燥和癒合，治疝氣極好。

芍藥花朵浸泡液糖漿

備製方法與康乃馨糖漿相同。

芍藥複方糖漿

在滿月時採集各品種芍藥的根部，切片後浸泡在白酒一整天，每一品種取45克，裂葉盤花木（Contra Yerva）15克，駝鹿蹄30克，開著白花的迷迭香1把，藥水蘇、牛膝草、牛至草、地松、芸香各3打蘭，沉香、丁香、小株的小荳蔻各2打蘭，生薑、甘松各1打蘭，頭狀薰衣草、肉豆蔻各2.5打蘭，經過一天的溫熱熟成後開始煮，放進足量的芍藥根部蒸餾液中煮到剩下1.8公升，經過希波克拉底袖形濾器過濾後，再加入2公斤的白糖煮成糖漿。

功效 可治癲癇及驚厥症。

蘋果糖漿

取1.8公升的甜味蘋果汁，植栽或野生的牛舌草汁液、紫羅蘭葉汁液、玫瑰水各450克，一起滾煮，待其澄清後，加2.7公斤純糖煮成糖漿。

功效 它是一種清涼的優質糖漿，可幫助胃部受熱折騰的人，用來治療發燒也十分安全——因為它的藥性為放鬆而不是收束。它有助於滋生良好的血液，對潮熱發燒或者受心悸所苦的患者也有益，在病人發燒時可為之解渴，並抑制呃逆打嗝。可以在早上或需要時一次服用30克。

苦薄荷糖漿

取新鮮的白色苦薄荷60克，甘草、附生在橡樹上的水龍骨、茴香與野芹根部各15克，銀杏葉鐵角蕨、牛至草、牛膝草、風輪菜、百里香、香薄荷、山蘿蔔、款冬各6打蘭，茴芹與棉花的種子各3打蘭，去籽的日曬葡萄乾60克，飽滿多肉的無花果（fat Figs）300克，放進3.6公升的未發酵蜂蜜水中滾煮，直到剩下一半的量，在此湯中加入糖與蜂蜜各900毫升煮成糖漿，再以30公克的佛羅倫斯香鳶尾（orris Florentine）根部調味。

功效 適用於胸部與肺部，可清瀉該部位腐敗濃稠的黏液，治肺結核與咳嗽，以及好發於老年人與寒性體質的疾病，搭配甘草根一起服用。

五種有疏通作用的植物根部所製成的糖漿

取野芹、茴香、歐芹、假葉樹、蘆筍的根部各60克，泉水2.7公升，煮到⅓的水蒸發，其餘部分混合1.35公斤的糖製成糖漿，最後加入240克的白酒醋。

功效 清潔與疏通效果非常好，利於治梗塞，利尿，清除身體的黏液，做為發燒初期的用藥安全有效。空腹時一次服用30毫升效果較佳。

蘿蔔糖漿

取植栽與野生的蘿蔔根部各30克，白虎耳草、圓葉當歸、假葉樹、海濱刺芹、止犁耙、歐芹、茴香的根部各15克，藥水蘇、地榆、普列薄荷、蕁麻、水田芥、海蓬子、鐵線蕨的葉子各1把，酸漿、棗子各10把，羅勒、牛蒡、馬其頓歐芹、大閣翅芹、藏茴香、胡蘿蔔、紫草的種子、月桂樹根皮各2打蘭，去籽的日曬葡萄乾、甘草各6打蘭，放進5.4公升的水中滾煮，直到剩下3.6公升，過濾後混入1.8公斤的糖與900毫升蜂蜜，製成糖漿，以30克肉桂和15克肉豆蔻調味。

功效 長期以來是治結石的老藥方。

亞歷山卓朱莉普酒（Julep of Alexandria）

將1.8公升玫瑰水與450克的白糖煮成朱莉普酒。玫瑰朱莉普酒則是用大馬士革玫瑰水，方法相同。

功效 兩種都是炎炎夏日的清涼飲品。

乾燥玫瑰糖漿

加熱1.8公升泉水，加入450克乾燥玫瑰，擠榨後和900克的糖煮成糖漿。

功效 乾燥玫瑰糖漿可增強心臟，舒緩精氣，收束身體，治下痢、腐蝕與腸道噬痛，增強胃部，抑制嘔吐。若為治下痢，可在餐前一次服30公克；治嘔吐則在餐後服用。

山蘿蔔糖漿

取土木香的根部與附生在橡樹上的水龍骨各60克，去籽的日曬葡萄乾30公克，破布子600克，款冬、地艾、香薄荷、風輪菜各1.5把，甘草、西班牙菸草各15克，蕁麻與棉花的種子各3打蘭，（根部在前一天浸泡過白酒後）放入足量的水與酒中滾煮，煮到剩240克，過濾後加120克山蘿蔔汁液與300克的糖，煮成糖漿，最後加進20滴硫磺油（oil of sulphur）。

功效 這是有潔淨效果的糖漿，適用於胸部與肺部，當你感覺胸部與肺部受黏液壓迫、體液失調或者有梗塞，可不時服用1匙，對於疥癬和發癢也有效。

鹿舌草糖漿

取鹿舌草3把，附生在橡樹上的水龍骨、各種牛舌草的根部、刺山柑與檉柳（Tamarisk）的根皮各60克，啤酒花、菟絲子、鐵線蕨、香蜂草各2把，放進4公升的泉水中滾煮到剩下2.25公升，過濾後混合1.8公斤的白糖，製成糖漿。

功效 它有助於治黑膽汁梗塞，打通肝臟和脾臟阻塞，有利於治療脾臟不適，因此對俗稱的佝僂病及肝臟腫脹是可考慮的療法；早上1匙對患有這些疾病的兒童是極佳療法。飽受脾臟病症困擾的人（症狀為左側腹疼痛和僵硬）可以喝3或4勺，他們會發現，光是為了此藥方就值得買下這整本書。

頭狀薰衣草糖漿

取頭狀薰衣草花朵120克，迷迭香花朵15克，百里香、風輪菜、牛至草各45克，鼠尾草、藥水蘇各15克，芸香、芍藥與茴香的種子各3打蘭，泉水4.5公升，煮到剩一半水量，混合蜂蜜與糖各900克，煮成糖漿，將肉桂、生薑與菖蒲各2打蘭捆在布包裡放入調味。

康復力糖漿

取大株與小株的康復力之根部與頂部各3把，紅玫瑰、藥水蘇、車前草、地榆、結草、山蘿蔔、款冬各2把，趁還青綠時搗碎，將汁全部榨乾，滾煮後撈掉浮渣並過濾，然後在其中加入白糖，製成糖漿。

功效 此糖漿劑非常適合所有體內傷口和瘀血，治脫皮、嘔吐、吐血或大出血，能接合骨折的骨頭，有助於治疝氣並使月經停止；服用它不會出什麼錯。

紫羅蘭糖漿

就像玫瑰朱莉普酒一樣，紫羅蘭朱莉普酒是以紫羅蘭花蒸餾液與糖製成。

取新鮮手採的紫羅蘭花450克，煮沸的清水900毫升，一起放到剛上釉的新鍋子中密封，整整一天後用力按壓擠榨，然後在所得液體中每900毫升就溶入2公斤的白糖，除去浮渣，之後無需煮沸就製成糖漿。紫羅蘭汁液的糖漿做法相同，但需使用雙倍的糖量。

功效 清涼且美味。這種糖漿可解熱並潤溼，非常溫和，可以調和黃膽汁的刺激性，並緩解胸部熱性毛病，在急性發燒時可以解渴，並抵抗疾病造成的發熱；可大大平撫胃熱，使肝臟和心臟涼爽，並防止腐敗、瘟疫和中毒。

Chapter 21

清瀉作用糖漿

混合大黃的菊苣糖漿

整株大麥及野芹、茴香與蘆筍的根部各60克，菊苣、蒲公英、苣蕒菜、光滑的苦菜各2把，萵苣、地錢、延胡索、啤酒花頂部各1把，白色與黑色鐵線蕨、藥蕨、甘草、酸漿、菟絲子各6打蘭，把這些放入12.7公升泉水中煮沸，過濾後在其中加入2.7公斤白糖再煮，最後將180克大黃、6打蘭甘松包裹在薄且寬鬆的布中放進去，布片會在滾煮時碎裂，製成糖漿。

功效 可清除身體的有毒體液——如膿腫、癰瘡內的體液；它還能抵禦瘟熱，增強心臟和身體的滋補本能，透過糞便和尿液排毒，使人胃口大開，並且幫助入睡。但是我想補充說明一點，我從不認為清瀉劑適合用來治療瘟熱。我相信將這個糖漿用來清潔肝臟很有助益，且對於患有憂鬱症煩躁不安的人來說也相當有益處。

身體強健者一次可服60克，體弱者一次30公克，或者可以此糖漿30公克混合湯劑使用。

小菟絲子糖漿

取小菟絲子12打蘭、香橼與油柑子（Mirobalan）各15打蘭，餘甘子、毗黎勒（Belleric myrobalan）、水龍骨、甘草、傘菇（Agarick）、百里香、風輪菜、牛舌草、頭狀薰衣草各6打蘭，菟絲子、延胡索各10打蘭，紅玫瑰、洋茴香籽與甜茴香籽各2.5打蘭，甜李10顆，去籽的日曬葡萄乾120克，羅望子75克，在5.7公升的泉水中浸泡24小時，滾煮蒸發至剩3.4公升水量，離火過濾，混合2.25公斤細糖煮成糖漿。

功效 調製此湯時最好在末尾階段加入菟絲子、頭狀薰衣草和傘菌。它可以清瀉黑膽汁和其他體液，還能增強胃部與肝臟，清除身體的黃膽汁焦遺、血液焦遺，以及鹽質體液，並治療由此產生的疾病，如疥癬、瘙癢、皮疹、輪癬、痲瘋疹等。一次可服用60克，或者加入30公克小菟絲子湯劑中服用。

桃花糖漿

取新鮮的桃花450克，讓它們在

1.35公升的溫水中浸泡一整天，然後煮沸後過濾，同樣的浸泡程序重複5次，泡在相同的水液中。在1.35公升液體中溶解1.12公斤的糖，將之煮成糖漿。

功效 它是溫和的黃膽汁清瀉劑，甚至在發燒時也可以服用，以清除刺激性膽汁液。

蘋果清瀉糖漿劑

取香甜的蘋果汁900毫升，琉璃苣與牛舌草的汁液各675毫升，番瀉葉60克，洋茴香籽15克，番紅花1打蘭，將番瀉葉浸泡在上述汁液中24小時，煮沸一兩次後過濾，再加入900克白糖煮成糖漿，番紅花用布捆包起來投入，通常在沸騰中即會粉碎。

功效 此糖漿是一種清涼的清瀉劑，常用來矯正血液失調，能清除黃膽汁和黑膽汁，因此對於黃疸和黑黃疸必定有效，對癲狂、皮膚病脫皮、痲瘋疹和疥瘡也有效。性質溫和，根據患者年齡和體力，使用劑量可在30到90克之間調整。早晨服用30公克，對好發疥癬的孩子非常有幫助。

蘋果特效糖漿

取蘋果汁與蒸餾液各675毫升，琉璃苣與牛舌草的汁液與蒸餾液各270毫升，番瀉葉225克，洋茴香籽與甜茴香籽各3打蘭，克里特菟絲子60克，傘菌、大黃各15克，生薑、肉豆蔻皮各4吩，肉桂2吩，番紅花半打蘭，取白酒與蘋果汁各60克，將大黃與肉桂浸泡在其中，其餘材料（除了番紅花以外）全都浸泡在前述的蒸餾液中，隔天加入大黃浸泡液以外的汁液，煮過之後，撈掉浮渣，過濾，然後混合120克白糖煮成糖漿，將番紅花弄碎包在亞麻布袋內浸入，大黃浸泡液最後再加入。

功效 此糖漿清瀉黃膽汁與黑膽汁的效果絕佳，可防癲狂症。

大黃糖漿

取優質大黃與番瀉葉各75克，紫羅蘭花朵1把，肉桂1.5蘭， 生薑半打蘭，藥水蘇、菊苣與牛舌草蒸餾液各675毫升，混合後保持溫熱一整晚，早晨過濾，混合900克白糖煮成糖漿，最後加入120毫升的玫瑰糖漿。

功效 可清除黃膽汁與黑膽汁，效果溫和，適合小孩、老人與體弱者服用。可將30毫升加到小菟絲子湯劑或番瀉葉湯劑中服用。

玫瑰鬆弛糖漿

取煮沸的泉水1.8公升，鮮嫩的大馬士革玫瑰葉——大約是水可以蓋過的量；密封浸泡12小時，擠榨後加入新鮮玫瑰葉；在同一液體重複這樣的步驟9次。隨著液體增加，玫瑰葉的數量也要增加，幾乎每次都會增加⅓。取6份這種浸泡液，再加上4份白糖煮成糖漿。

功效 能使腹部放鬆，並溫和地排出黃膽汁與黏液，但在作用之後又留下一些收束效果。

玫瑰汁液糖漿

處理過程不需要浸泡，只要混合擠榨出來後已澄清的大馬士革玫瑰汁液，再加入等量的糖即可。

功效 同前者。

混合傘菌的玫瑰鬆弛糖漿

取切成薄片的傘菌30公克，生薑2打蘭，岩鹽1打蘭，搗碎的水龍骨60克，撒上一些白酒，泡在675毫升先前講過的大馬士革玫瑰浸泡劑中，擺在溫熱餘爐上2天，混合450克的糖之後煮成糖漿即可。

功效 清瀉頭部的黏液，舒緩受黏液壓迫的感官，促排月經，為胃部與肝臟清瀉排毒，且利尿。

混合藜蘆的玫瑰鬆弛糖漿

取各種欖仁的樹皮各120克，大致搗碎，浸泡在先前講過的玫瑰浸泡液中24小時，番瀉葉、小菟絲子、附生在橡樹上的水龍骨各120克，丁香30公克，香櫞種子、甘草各120克，黑藜蘆的根皮6打蘭，讓¼的浸泡液慢慢蒸散，過濾後，混合2.25公斤的糖，16打蘭的大黃包在亞麻布中浸入，製成糖漿。

功效 此糖漿使用得宜的話，可清瀉黑膽汁，防止癲狂。

混合番瀉葉的玫瑰鬆弛糖漿

取番瀉葉180克，藏茴香與甜茴香籽各3打蘭，淋上白酒，將它們浸泡在1.35公升前述的玫瑰浸泡劑中2天，過濾後混合900克的糖將之煮成糖漿。

功效 可清瀉黃膽汁與黑膽汁，排除病癒後仍殘留的東西；使用劑量從30到60克，可加入番瀉葉湯劑一起服用，使用後會留有收束的效果。

沙棘糖漿

取九月採收的沙棘漿果——愈多愈好，放在石臼中搗碎，榨出汁液，泡熱水後讓¼的量蒸散，接著每900毫升加入480克的白糖，煮成糖漿，以薰陸香、肉桂、肉豆蔻、洋茴香籽磨成的細粉來調味。

Chapter 22

醋和蜂蜜製成的糖漿

迷迭香花蜜

取新鮮迷迭香花朵450克，澄清透明的蜂蜜1.35公升，放入細口玻璃瓶中混合，擺在太陽下曝曬後存放備用。

功效 功用和迷迭香花朵一樣，我非常推薦使用，差別在於多了蜂蜜，所以有稍微潔淨的效果。

藜蘆蜜

取搗碎的白藜蘆根部450克，清水11.8公升，浸泡3天後，煮到剩一半水量，經多次過濾再混合1.35公斤蜂蜜，煮到類似蜂蜜稠度。

山靛蜜

將1.35公升的山靛汁液混合900毫升蜂蜜，煮到類似蜂蜜的稠度。

功效 做為灌腸治療時的潤膚劑。

桑椹蜜

取還未成熟、日出前採集的桑椹與黑莓的汁液各675毫升，蜂蜜900毫升，煮到適當的濃稠度。

功效 一般認為對嘴巴生瘡有益，也能冷卻該部位發炎。

堅果蜜

在三伏天採收嫩綠核桃，取其外皮汁液900毫升，以小火煮至濃稠，混合450毫升蜂蜜，煮到類似蜂蜜稠度。

功效 瘟疫流行時的預防藥劑，一起床就馬上服用1匙。

葡萄乾製蜜

取去籽的日曬葡萄乾900克，浸泡在2.7公升的溫水中，待隔天煮掉一半水量，再用力擠榨。混合900毫升蜂蜜，再讓擠榨剩餘的混合液煮到類似蜂蜜稠度。

功效 對癆病患者的身體可說是相當友善的藥劑。

一般的玫瑰蜜

取900克還未完全綻放的紅玫瑰，蜂蜜2.7公升，混合在一起放在太陽下曝曬。

過濾後的玫瑰蜜

取優質澄清透明的蜂蜜4.5公升，新鮮紅玫瑰的汁液450毫升，開大火煮，開始沸騰時加進1.8公斤新鮮紅玫瑰，白色部分切掉不要；汁液在滾煮與攪動中散失後，將它過濾後保存備用。

功效 與前者一樣可用來治口腔疾病。

玫瑰蜜鬆弛劑

取大馬士革玫瑰浸泡劑2.25公升，適度澄清的蜂蜜1.8公升，煮到類似蜂蜜的稠度。

紅玫瑰浸泡蜜的備製方法與此配方相同。

功效 做為灌腸時的瀉藥來用，可用它來清潔傷口。

海蔥蜜

取一株汁液飽滿的海蔥，切成小塊，放入玻璃容器中，用皮革封閉開口，放在陽光下40天——也就是天狼星升起前後各20天，然後打開容器，取底部的果汁，並用最好的蜂蜜混合保存。

紫羅蘭蜜的備製方法與前述的玫瑰蜜相同。

單方醋蜜

取最好的蜂蜜1.8公升，清水和白酒醋各900毫升，將它們放在土製容器中煮，用木杓撈掉浮渣，一直煮到有糖漿的稠度。

功效 可以削減黏液，是防止嘔吐的絕佳藥劑。

複方醋蜜

取茴香、野芹、歐芹、假葉樹、蘆筍等植物根部的皮各60克，茴香、野芹、歐芹、茴芹等植物的種子各30克，將它們全部浸泡在（首先將根部洗淨，將種子搗碎）2.7公升清水與675毫升的酒醋混合液中，隔天將其煮沸至⅓蒸發掉，其餘的過濾後，混合1.35公升的蜂蜜煮成糖漿液。

製作此醋蜜時，首先應將根和種子搗碎，在水中煮沸直至只剩一半水量，然後過濾並加入蜂蜜，然後當湯汁滾沸得差不多時，將醋加入。

藜蘆醋蜜

取芸香、百里香、巖愛草、牛膝草、普列薄荷、苦薄荷、飛廉草、不帶葉子的凱爾特甘松根部、接骨木內層木皮各1把，山地風輪菜2撮，茴芹、茴香、羅勒、羅馬蕁麻、蒔蘿的種子各2打蘭，歐白芷根、藥蜀葵、天南星、處理過的海蔥、馬兜鈴（長形、圓形與匍地蔓生的）、盒果藤、英國香鳶尾、木香、水龍骨、檸檬果皮各30公克，在熬煮的末尾加入黑藜蘆、大戟草、傘菌等植物的根鬚各2打蘭，還有白藜蘆樹皮15克，這些材料全都要乾燥搗碎，放在玻璃或上釉容器中密封熟成，可日曬或放火爐邊，還要取等量的水與醋混製成的波絲卡藥酒醋（Posca）3.6公升，薩帕糖漿60克，揮發3天，滾煮至液體量稍少於一半，過濾且輕輕擠榨，在此湯中加入675毫升的玫瑰蜜——蜜中須泡過60克香櫞果皮，再煮到類似蜂蜜稠度，然後用丁香、番紅花、生薑、高良薑、肉豆蔻皮各1打蘭來調味。

朱力安贊醋蜜

取刺山柑的根皮、香鳶尾的根部、茴香、歐芹、假葉樹、菊苣、蘆筍、柏樹各15克，鹿舌草、發燒草、檉柳的葉子各半把，甜茴香籽15克，將它們浸泡在1.35公升微酸的波絲卡藥酒醋中，之後煮到剩一半水量，過濾後混合澄清的蜂蜜與糖各15克，煮到類似蜂蜜稠度。

功效 這種藥物疏通阻塞的效力強，對憂鬱症患者非常有效，並且適合用來治好發於兒童的佝僂病。

海蔥單方醋蜜

製成方式是由1.35公升的澄清蜂蜜、900毫升海蔥醋劑，一起滾煮。

功效 它可以削減、化開黏稠難除的體液，因此可治療受這種體液折磨的胃部和腸道以及噯氣酸臭症狀。只要早上吃1匙，有了體力就會思緒敏捷。

海蔥複方醋蜜

取牛至草、乾燥牛膝草、百里香、圓葉當歸、小株的小荳蔻、頭狀薰衣草各5打蘭，放在1.35公升水中煮到剩450毫升，過濾後混合900毫升蜂蜜與225克的葡萄乾蜜、150毫升的瀉根汁液、675毫升的海蔥醋劑，滾煮之後撈掉浮渣（參照《蓋倫的醫療術》）。

功效 適合用來治癲癇、偏頭痛、頭痛、眩暈或頭昏，如果是胃部問題引起的（這些情況經常起因於此）也有效，且有助於緩解體液阻塞的肺部不適，並有益於分娩後沒有得到良好清潔的婦女，因它可疏通子宮的通道。

馬齒莧的糖漿

取大略搗碎的馬齒莧種子225克，煮過且澄清的苣蕒菜汁液900毫升，糖900克，醋270毫升，將種子持續浸泡在苣蕒菜的汁液中24小時，之後先用小火煮，待一半的量沸騰蒸發後，過濾，再加入糖一起煮至糖漿的濃稠度，末尾加入醋。

功效 它是一種非常清涼解熱的糖漿，適合任何發生於胃部、腰部、膀胱、子宮或肝臟的熱病。它會使黏液變稠，冷卻血液，並幫助睡眠。有需要時一次服用30公克。

款冬的複方糖漿

取6把綠色的款冬，2把鐵線蕨，1把牛膝草和60克的甘草，放在2.28公升的雨水或泉水煮沸，直到消耗掉¼，然後過濾並待其澄清，加上1.35公斤白糖，煮沸至完美的糖漿稠度。

功效 此配方適合用於肺部，可以幫助那些肺部不適、虛弱無力或衰竭的人，其症狀有無法發聲、呼吸困難、咳嗽、聲音嘶啞、鼻喉部黏膜炎等。服用方法與甘草根相同，或者如果你喜歡的話，可將此劑30公克加到前述的舒胸湯劑中服用。

罌粟的少成分複方糖漿

趁白罌粟與黑罌粟的頭部都還鮮綠時各取180克，萵苣的種子、紫羅蘭的花朵各30公克，放在3.8公升的水中滾煮，將其藥性都煮出來，過濾後混合1.8公斤的糖煮成糖漿。

罌粟的多成分複方糖漿

取白色和黑色罌粟花的頭部、種子和所有其他部分各50打蘭，鐵線蕨15打蘭，甘草5打蘭，棗子30顆，萵苣種子40打蘭，錦葵與榅桲的種子（包在亞麻布裡）各1.5打蘭，將它們放在4.56公升的水中煮至沸騰，直到2.85公升蒸發掉。將剩餘的1.7公升過濾後，添加蟲綠糖與白糖各450克，煮成糖漿 。

功效 上述所有的這些罌粟糖漿都能幫助睡眠，但是也因此我希望在使用它們時要格外謹慎小心，比方說，這些不適合發燒初期服用，也不適合那些便祕的人使用，但如遇到熱性、刺激性黏液困擾，就可放心施用此劑。最後提到的這種糖漿適合治療肺部，它可治乾咳、肺結核、熱而有噬痛感的刺劑性黏液症狀，並且幫助睡眠。我先前已經說過，當乳母們因運動或飲用烈酒而使其泌乳偏熱性，她們哺育的孩子會因此吵鬧難馴，她們常求助於罌粟糖漿，讓小孩乖乖睡覺，這是一種常見惡俗。要是這種習慣還延續著，我真會暈倒，所以我不願使用此藥。請乳母們保持自己身體的溫度，讓孩子睡眠品質夠好，就不需要擔心。

澤蘭（或者常春蓍草）的糖漿

取野芹、茴香與菊苣等植物的根部各60克，甘草、發燒草、菟絲子、苦艾、玫瑰各6打蘭，取鐵線蕨、苔狀玫瑰蟲癭（Bedeguar），或者沒有前兩者的話，可取飛廉草、乳薊的根部，或者沒有這些的話，可取紅龍薔薇（Aven）的根部、牛舌草的花朵或根部、洋茴香籽、甜茴香籽、藿香薊或常春蓍草各5打蘭，還有大黃、薰陸香各3打蘭，甘松、印度葉各2打蘭，也可用羅馬穗花薰衣草取代印度葉，放進4.5公升的水中滾煮，待⅓水分蒸發後過濾，在此湯劑中加入1.8公斤的糖、野芹與苣蕒菜的清澄汁液各225毫升，將之煮成糖漿。

功效 它可以改善寒冷造成的肝臟不適，打通阻塞，治水腫以及體質惡性症狀。可以減少劣質體液，增強肝臟，利尿，而且是治療憂鬱症速效藥物。你可以在早上一次服用30公克，它能疏通而無清瀉效果。

餘甘子藥蜜

取50顆餘甘子，搗碎之後放入1.7公升的水中滾煮，待900毫升的水量蒸發後過濾，接著混合等量的蜂蜜，將之煮成糖漿。

功效 它可清瀉黏液與黑膽汁，效果好又溫和。它增強了腦部和神經，以及體內外的感官知覺，可治心臟顫抖，抑制嘔吐，激發食欲。一次服用1匙。

Chapter 23

羅布濃稠果汁及其他果汁

1. 羅布（Rob）或薩帕（Sapa），是一種果汁，藉著日曬或火烤使其變得黏稠，因此能夠防止腐敗。
2. 它最早是針對口腔疾病發明的。
3. 就其形體而言，通常比新採的蜂蜜更加稠密。
4. 它可以保存大約一年左右。

單方濃縮稠果汁（薩帕糖漿）

取成熟白葡萄榨取的葡萄酒，用小火煮至濃稠似蜂蜜。

功效 無論何時，當你在藥方書中讀到羅布或薩帕一詞，且在任何療法都只是引用該詞，而未提及製作原料，那麼剛才說明的就是你應該使用的。

刺檗的濃稠果汁

取過濾後的刺檗汁液，愈多愈好，單獨加熱（或者每450毫升果汁中加225克的糖），煮至濃稠似蜂蜜。

功效 能解渴，閉合胃部的開口，從而抑制嘔吐和噯氣，且增強受熱而虛弱的胃部，並引起食欲。當你需要時，可從上述這些濃稠果汁中任何一種取一些置於刀尖上服用。

櫻桃濃稠果汁

取味道有些酸的紅櫻桃汁液，愈多愈好，再加入櫻桃汁一半量的糖，像前者一樣煮沸。

功效 參閱櫻桃的優點，讀那部分也會看到全年保存它們的方法。

西洋山茱萸的濃稠果汁

取西洋山茱萸的汁液900毫升，糖675克，滾煮它們。

功效 西洋山茱萸樹有雄樹和雌樹兩種，在這裡使用的是雄西洋山茱萸樹的果實，或稱紅玉髓櫻桃。雄西洋山茱萸樹的果實具有極強的收束力，因此用於止下痢和月經的異常流動都很好。

榲桲的濃稠果汁&果凍

果汁：取清澄透明的榲桲汁液，滾煮直到蒸發掉約一半，再混合等量的糖煮成羅布濃稠果汁。

果凍：取榲桲的澄清汁液5.4公升，煮沸蒸發掉一半，再加入陳年白酒2.25公升，以小火煮到剩⅔液體量後，撈掉浮渣，讓餘物沉澱再過濾，混合1.35公斤的糖再滾煮。

除此之外，酸李子的濃稠果汁作法和榲桲濃稠果汁相同，兩者糖的使用量都差不多。英國醋栗濃稠果汁也是同樣的製作方法，注意要讓果汁澄清。功效和刺檗的濃稠果汁優點是相同的。

功效 果汁和果凍都對虛弱不適的胃部有助益。

接骨木漿果的濃稠果汁

取接骨木漿果汁液，並在小火煨煮下使其變稠，既可以單獨使用，也可以添加約其¼重量的糖。

矮接骨木、杜松及保羅的水蘇的濃稠果汁也是以同樣的方式製作，不過最後一種的使用糖量須與果汁相等。

功效 接骨木漿果與矮接骨木的濃稠果汁都非常適合體質易水腫的人，他們可不該忽視或輕視它。他們可在每天早晨都服用一肉荳蔻的量，可溫和地清瀉掉水質體液。

純甘草汁液

將甘草根部清洗乾淨，輕輕搗碎，在泉水中浸泡3天，水量應蓋過甘草根，高出約3指寬度，然後將其稍微滾煮，再用力壓榨，最後以小火將此液體慢慢煮到適當的黏稠度。

功效 眾所周知，它在治療咳嗽、感冒等病症是有益的。可加強肺部。

甘草複方汁液

取軟嫩的橡樹葉與山蘿蔔的蒸餾液各1.8公升，撕開搗碎的英國甘草900克，緩緩地煮到軟爛，放到壓榨機中用力擠，再加入1.35公升的牛膝草汁液，放在寬口土製容器中曬乾。

功效 醫療優點同前者。

黑刺李的濃稠汁液

取幾乎還未成熟的黑刺李，榨出果汁，然後泡在水槽中使其變濃稠

功效 止下痢，並引起食欲。

使苦艾、常春蕃草及延胡索的汁液濃縮變稠的方法也一樣，亦即在藥草還熟嫩時搗碎，榨出汁液，待其澄清後，在火上煮至適當濃稠度。

Chapter 24

舔舐劑

因為很少有人理解這個詞，所以我們先解釋它是什麼。

1. Lohoch（舔舐劑）一詞源自阿拉伯語，在希臘語中稱為Eclegma，拉丁語是Linctus，意指用來舔的東西。
2. 就其形體而言，它比糖漿更濃厚一些，但沒有乾藥糖劑厚。
3. 用途是防止氣管粗糙、肺部疾病和發炎、呼吸困難、感冒、咳嗽等。
4. 服用方式是搭配甘草根，末端打碎，含在口中，直到它自己融化。

款冬舔舐劑

取洗淨的款冬根部240克，洗淨的藥蜀葵根部120克，用足夠的水煮沸，然後將果肉取出擠壓通過篩子，再將其溶解在湯劑中，煮沸一到兩次，離開火源後加入900克白糖、葡萄乾蜜120克、甘草汁液2.5打蘭，用木杵攪拌均勻，然後撒上番紅花和丁香各1吩，肉桂與肉豆蔻皮各2吩，製成舔舐劑。

功效 主治咳嗽。

罌粟舔舐劑

取白罌粟種子24打蘭，以玫瑰水洗白的甜杏仁、清洗過的松果及阿拉伯膠與特拉卡甘膠各10打蘭，甘草汁30毫升，澱粉3打蘭，萵苣、馬齒莧、榅桲等植物的種子各15克，番紅花1打蘭，鴉片膏糖漿1.35公升，製成舔舐劑。

功效 它有助治療於肺部上的鹽質、刺激性、稀薄滲流，緩解這種刺激性體液肆虐——這種劇烈的體液擾動會引起喉嚨粗糙、睡眠不足和發燒。它非常適合有胸膜炎困擾的患者。

葡萄乾舔舐劑

取南歐芍藥根部、甘草各15克，牛膝草、香蜂草、鹿舌草或藥蕨各半把，將它們在泉水中煮沸，然後用力壓榨，加入450克搗碎的葡萄乾，再次滾煮，以亞麻布包住擠壓過濾，然後混合450克白糖製成舔舐劑。

功效 用來治咳嗽、肺結核以及其他胸部惡疾非常有效，通常用於兒童患者，也治驚厥和癲癇。

松子舔舐劑

取松子15打蘭，甜杏仁、稍微烤過的榛果、阿拉伯膠與特拉卡甘膠、甘草的汁液與粉末、白澱粉、鐵線蕨、香鳶尾根部各2打蘭，海棗果泥17打蘭，苦杏仁1.5蘭，葡萄乾製蜜、白冰糖、鮮奶油各60克，蜂蜜675毫升，將膠凍劑溶解在足量的鐵線蕨湯劑中；其餘材料混合以小火煮，一邊攪拌，如此緩緩製成舔舐劑。

功效 治長年咳嗽、呼吸困難效果極好，對氣喘患者有幫助，可削減並稀釋胸部難除的體液。

馬齒莧舔舐劑

取濾過的馬齒莧汁液900毫升，蘭諾斯島土壤藥片2打蘭，琥珀藥片、阿拉伯膠、龍血樹脂各1打蘭，赤鐵礦（Lapis Hematilis）、烤過的野兔毛各2吩，白糖450克，材料都混合在一起後，就可製成舔舐劑。

功效 這種藥物具有很強的收束力，因此能不服用最好就不要服用，除非有體內瘀傷而吐血的情況，那麼就可以放心地服用一點。

狐狸肺舔舐劑

取適當處理過的狐狸肺部、甘草汁液、鐵線蕨、洋茴香籽、甜茴香籽，全部等量，把糖融入款冬與山蘿蔔蒸餾液，煮成糖漿，重量是其3倍；其餘材料磨成細粉，將它們混入糖漿後用力攪拌在一起，然後便可製成舔舐劑。

功效 它可以清潔肺部和胸部的潰瘍並使之癒合，此外，它出是治療肺結核的速效藥物。

功能健全且經實證的舔舐劑

取乾燥的牛膝草與風輪菜各15克，去籽的棗子、破布子各10顆，去籽的日曬葡萄乾、飽滿多肉的無花果、海棗各60克，亞麻籽、葫蘆巴種子各5打蘭，鐵線蕨1把，洋茴香籽、甜茴香籽、切過的香鳶尾根部、甘草、肉桂各30公克，將它們放入1.8公升清水中滾煮，直到剩一半水量，之後將1打蘭細小的松子切剁搗碎，洗白的甜杏仁、甘草、特拉卡甘膠與阿拉伯膠、白澱粉各3打蘭，在糖漿離火後把這些都加進去，以木杵快速攪拌，直到呈現白色。

功效 滋補受寒冷侵擾的胸部、肺部、喉嚨，治療受寒失聲，稀釋胸部與肺部難除的劣質體液。

海蔥複方舔舐劑

取3打蘭烤過的海蔥泥，香鳶尾根部2打蘭，牛膝草、苦薄荷各1打蘭，番紅花、沒藥各半打蘭，蜂蜜45毫升，在海蔥烤過後將它放在石臼中搗碎，混合蜂蜜滾煮，在沸騰過一兩回之後，將其餘材料磨粉後加入，長時間攪拌，再製成舔舐劑。

海蔥單方舔舐劑

取海蔥的汁液與蜂蜜，兩者都須澄清透明，各900毫升，一起煮到濃稠似蜂蜜。

功效 關於兩者的優點，請參閱海蔥醋劑和海蔥醋蜜，只是它們更溫和，並且對喉嚨沒有那麼強的刺激性——因為它們不含任何醋，因此更適合治哮喘及呼吸困難。

它能削減並排除胸部的體液——無論是稀薄或濃稠的，對消化不良的療效很好，減輕胸部疼痛，在這方面，我是依循醫療權威蓋倫的說法。

甘藍菜舔舐劑

取450克澄清的甘藍菜汁液，番紅花3打蘭，澄清的蜂蜜和糖各225克，製成舔舐劑。

功效 它有助於治療聲音嘶啞、發聲困難，減輕飲食過度和酒醉頭痛，打通肝臟和脾臟阻塞，因此有益於治療名為佝僂病的兒童疾病。

Chapter 25

蜜漬根部、莖桿、樹皮、花朵、果實

蜜漬海濱刺芹

取盡可能多的海濱刺芹根部，裡裡外外清洗乾淨，拿掉髓後，將其浸泡在清水中2天，偶爾換水，然後用布擦乾。再用與海濱刺芹等量的白糖與等量玫瑰水煮成糖漿，幾乎沸騰時將根部倒入，然後煮到水分盡失，將它調成適於製做糖漿的外形。

菖蒲、歐白芷、琉璃苣、牛舌草、菊苣、土木香、地榆、蘭花、大株的康復力、生薑、莪朮等植物的根部蜜漬方式與上述大致相同。

蜜漬朝鮮薊

取朝鮮薊莖幹——不要太成熟的，愈多愈好，而且（與根部相反）只取其中的髓，並像前者一樣用等量的白糖糖漬後保存。

歐白芷、牛蒡、萵苣等植物的莖桿過熟之前也是以相同方式處理。

取新鮮的柳橙果皮，愈多愈好，除掉外皮的黃色部分，浸泡在泉水中至少3天，要經常換水，然後以同樣的方式蜜漬保存；檸檬和香櫞皮也以同樣的方式蜜漬。也可以用糖蜜漬香櫞、柳橙、琉璃苣、報春花等植物的花朵（參照《蓋倫的醫療術》）。

蜜漬杏桃

取盡可能多的杏桃，去掉外皮和籽，再與等量白糖混合，4小時後取出，煮糖時不添加任何其他液體，然後再次放入杏桃，稍微煮一下。

其他水果可以相同的方式蜜漬保存，或者至少沒什麼大差異，例如整顆的刺檗、櫻桃、西洋山茱萸、香櫞、榲桲、桃子、普通蘋果、五個品種的欖仁、榛果、核桃、肉豆蔻、日曬葡萄乾、來自印度的綠色辣椒、植栽或野生的李子、葡萄。

果肉泥也可糖漬保存，如刺檗、阿勃勒、香櫞、榲桲和黑刺李等。取盡可能多的刺檗，在泉水中煮到變軟，然後擠榨通過篩子打成漿，使它們不含任何籽，再放進土製容器中用小火煮，要時常攪拌以免燒焦，直到水質漿液都蒸發掉，然後將4.5公斤的糖和2.7公升的果漿混合，煮至適當的黏稠度。

金雀花芽也可以用糖漬保存，但是要混合濃鹽水和醋，橄欖和刺山柑也是如此處理。

最後，肉桂皮，玫瑰與金盞花的花朵，杏仁、丁香、松子和開心果也可糖漬保存，但在處理上有些微不同，它們最後都會包裹在乾燥糖粉中，較常被稱為糖果而不是蜜餞。

Chapter 26

果醬與糖劑

可用以下材料製成果醬：

苦艾、酢漿草、白花酢漿草等藥草，柳橙、琉璃苣、牛舌草、藥水蘇、金盞花等植物的花朵，飛廉草頂部，小百金花、康乃馨、石蠶屬植物、菊苣的花朵，辣根菜的葉子，大株康復力的花朵，大戟草根部，小米草的草莖與花朵，延胡索、山羊豆的頂部，金雀花未全開的花朵，牛膝草、薰衣草、白百合，歐鈴蘭、馬鬱蘭，錦葵，香蜂草的頂部，薄荷葉，睡蓮、紅罌粟、芍藥、桃子、報春花、玫瑰等的花朵，芸香的葉子，鼠尾草花朵，針墊花，蒜味香料的葉子，菩提樹、款冬、紫羅蘭的花朵。

上述這些的果醬全都是混合材料3倍量的白糖；但請注意，它們的處理方式並非全部相同，有些要先切過、打碎並以小火煮，有些不必切、搗或煮過，有些則只需要其中一種步驟，每個專業醫療人員留意此提醒都能避免錯誤。

Chapter

27 糖錠

白罌粟糖錠

取微微成熟、現採的白罌粟頭部20個，浸泡在1.35公升的溫暖泉水中，隔天滾煮直到將其藥性煮出來，然後過濾此液體，混合足量優質的糖進行滾煮，以便將其製成糖錠。

功效 醫療優點與一般罌粟糖漿相同，也就是幫助睡眠，有助於減輕頭部的黏液，治咳嗽和喉嚨粗糙，很容易放在口袋中隨身攜帶。

單方糖錠與珍珠糖錠

第一種是將糖倒在大理石上，然後加其一半量的大馬士革玫瑰水充分煮過。而第二種是在熬煮前者時，於最後階段在每450克的大馬士革玫瑰水中加入處理過並搗碎的珍珠，且混合8到10片金箔。

功效 它的本質清涼，適合治療心臟，可以恢復失去的力量，消除發燒高熱和妄想幻覺（我的意思是混有珍珠的才有效，若沒加珍珠就是無用可笑的），它具有和珍珠相同的優點。

複方糖錠

取精選的大黃4吩，傘菌藥錠、玫紅酸（Corallins）、燒烤過的雄鹿角、巖愛草、土荊芥與酢漿草種子各1吩，肉桂、莪朮、丁香、番紅花各半吩，白糖450克，溶解在120克的苦艾蒸餾液中，苦艾酒30公克，肉桂蒸餾液1匙，混合前述粉末製成糖錠。

功效 有不錯的清瀉作用，對肝臟也有很好的效果。

蟲線糖

用溫和小火煮溶解在泉水中的糖，將蛋白攪打均勻並待其澄清，沸騰時將其過濾，再次以小火煮沸，直到冒出大氣泡。試著咀嚼看看，若不會沾黏在牙齒上，就可將其倒在大理石上，塗上杏仁油（從火源移開後先讓氣泡下沉），重複將其從外圍揉回到中間，直到看起來像落葉松松香。然後，讓手揉搓沾上白色澱粉，將其拉成長或短、粗或細的長條狀，照你所需的形狀拉捏後就等待它冷卻。

功效 我記得鄉下人為了治咳嗽常會服用這種糖錠，有時還會額外加上其他成分來使用。

玫瑰糖

將紅玫瑰葉白色的部分切掉，在陽光下迅速乾燥，取30公克，取玫瑰汁與蒸餾液各60毫升混合，將450克白糖加熱融於其中，並漸漸煮到乾，放入磨成粉末的玫瑰葉，將它們揉合，放在大理石上，然後製成錠劑。

功效 關於此方的優點，它可以增強虛弱的胃部、心臟和大腦，可為癆病體弱者恢復失去的體力，抑制下痢，緩解頭部、耳朵和眼睛的疼痛，有助於治吐血、嘔血和血尿；對於癆病患者來說，這是一種很好的藥劑，應隨身攜帶，不時服用一些。

Chapter 28

茶劑或粉劑

丁香粉末

取丁香7打蘭，肉豆蔻皮、莪述、小株高良薑、黃檀、玫瑰錠劑、肉桂、沉香、印度甘松、長胡椒、小株的小荳蔻各1打蘭，紅玫瑰120克，加利亞莫夏塔香油（Gallia Moschata，由麝香和龍涎香混合而成）、甘草各2打蘭，印度葉、華澄茄各2吩，將所有原料細細捶打成粉末。

功效 此藥粉增強心臟與胃部，助消化，排脹氣，抑制嘔吐，可清空胃部的腐敗體液。

玫瑰香粉

取一片片剝下的紅玫瑰瓣15打蘭，甘草7打蘭，沉香、黃檀各3打蘭，肉桂5打蘭，丁香、肉豆蔻皮各2.5打蘭，阿拉伯膠與特拉卡甘膠各8吩，肉豆蔻、小株的小荳蔻、高良薑各1打蘭，印度甘松2吩，將之製成粉末，置於玻璃容器中備用。

功效 它增強大腦、心臟和胃部，以及所有輔助消化的體內部位，能促進消化，消耗掉腸道中的水質穢物，增強因疾病猛烈作用而耗弱憔悴的病軀，並恢復癆病患者體力。

蟹螯的複方粉末

取處理過的珍珠、螃蟹眼、紅珊瑚、白琥珀、雄鹿角、東方牛黃各15克，蟹螯黑色頂端的粉末——取的量等同前述各材料的總重，全部打成粉末，然後混合膠凍劑及蝰蛇褪下的皮製成丸狀，小心乾燥並保存使用。

功效 此粉劑是常被稱為加斯科因粉（Gascoigns powder）的藥粉，有各種不同的配方，當中的哪一種都不差，在發燒時，以4、5或6格令的劑量，搭配舒心飲料服用會有優異療效，因為它能為心臟和生機精氣帶來極大活力，並使其強壯。

舒心粉末

取沉香、爐渣各1打蘭，肉桂、丁香、雄鹿心臟內的骨頭、歐白芷根部、水楊梅與洋委陵菜各1.5打蘭，處理過的珍珠6打蘭，烤過的生絲、各種珊瑚各2打蘭，鋯石、祖母綠、海蓬子各半打蘭，番紅花1吩，金箔與銀箔各10吩，都製成粉末。

功效 是極佳的舒心藥物，能增強心臟與腦部。

二卡拉明單方藥粉

取山地風輪菜、普列薄荷、牛至草、馬其頓歐芹種子、一般歐芹與大闊翅芹各2打蘭，野芹種子、百里香的頂部各15克，圓葉當歸種子、黑胡椒各30公克，都製成粉末。

功效 它可以溫暖和撫慰寒冷體質，削減濃稠的劣質黏液，刺激排尿和經血。我對此藥的看法與蓋倫有所不同，我認為它對身體要比蓋倫所想的更好。它排脹氣效果極佳，一次可服用半打蘭的粉末。可以肯定的是，這些粉末以乾藥糖劑保存都會比粉末狀態更好，可以用1.125公斤的白糖溶解在玫瑰蒸餾液中來製作乾藥糖劑。

二卡拉明複方藥粉

取上述藥方15克，苦薄荷的葉子、馬鬱蘭、香蜂草、艾蒿、乾燥的沙皮檜各1打蘭，柏樹根部、茜草與芸香的種子、肉豆蔻皮、肉桂各2吩，混合捶打後製成粉末。

功效 這似乎比前者更適合女性使用，可使月經順暢，排出胎兒和胎盤，在分娩後將身體清潔乾淨，但對孕婦來說是危險而不可服用的。

洋茴香籽複方藥粉

取洋茴香籽75克，甘草、薰陸香各30公克，藏茴香種子、茴香、高良薑、肉豆蔻皮、生薑、肉桂各5打蘭，3種胡椒、桂皮、山地風輪菜、香根薯草各2打蘭，大株的小荳蔻、丁香、華澄茄、印度甘松、番紅花各1.5打蘭，全部都製成粉末。

功效 它主要適用於胃部，並有助於胃部的寒性不適症，治生冷黏液、風邪、持續咳嗽以及其他類似的寒性病症。可以一次服用1打蘭其乾藥糖劑，安全無虞；也可以用3倍量的澄清蜂蜜來混合製成乾藥糖劑。

香鳶尾單方藥粉

取香鳶尾根部15克，冰糖2打蘭，混合後製成粉末。

功效 它舒緩胸部，對感冒、咳嗽和聲音嘶啞有好處，你可以將它與任何適合治相同疾病的舒胸糖漿混合使用，也可與甘草根一起服用。

紫膠藥粉

取紫膠、處理過的大黃、發燒草各3打蘭，印度甘松、薰陸香、濃縮過的苦艾與龍牙草汁液，及野芹、茴芹、茴香、羊角芹、沙皮檜、苦杏仁、沒藥、木香、莪朮等植物的種子，茜草根部、歐細辛、長馬兜鈴與圓馬兜鈴、龍膽、番紅花、肉桂、乾燥的牛膝草、桂皮、求求羅香，以上皆各1.5打蘭，另外加上黑胡椒、生薑各1打蘭，全部製成粉末。

功效 可增強胃部與肝臟，打通阻塞，治療水腫、黃疸，利尿，使腎部與膀胱結石破裂。半打蘭為合適的劑量，如果患者身強體壯，可以配白酒服用1打蘭。孕婦不可服用它。

權威大師藥粉

取東方牛黃、雄鹿心臟內的骨頭各1.5打蘭，紅珊瑚、白珊瑚與白琥珀三者的主要成分、珍珠的主要成分、雄鹿角、象牙、亞美尼亞紅玄武土、日耳曼地區及薩摩斯島與蘭諾斯島這三地的土壤、駝鹿蹄、洋委陵菜根部各1打蘭，沉香、香櫞果皮、歐白芷與莪朮兩者的根部各2吩、金箔20吩，龍涎香1吩，麝香6格令，全部混合製成粉末。

功效 相當昂貴，一般平民負擔不起，不過用來治發燒時是很好的強心滋補劑，也增強各重要器官。

珍珠複方清涼藥粉

取4種大型寒性種子、馬齒莧種子、白罌粟、苣藚菜、酢漿草、香櫞、3種檀香、沉香、生薑、剝下的紅玫瑰花瓣、睡蓮、牛舌草、紫羅蘭的花朵，桃金孃漿果、雄鹿心臟內的骨頭、象牙、裂葉盤花木、肉桂，全都各1打蘭，各種珊瑚各半打蘭，珍珠3打蘭，指甲花6格令，都製成粉末（參照《蓋倫的醫療術》）。請注意，在醫師要求使用之前，先不要添加那4種大型寒性種子和罌粟籽。請使用組成這藥粉的其他材料來進行。

功效 學者們認為它可以恢復癆病患者體力，治療潮熱，恢復失去的力量，治咳嗽、氣喘與肺結核，且對那些使人長期衰弱或委靡的疾病，皆能治好復原。

甜味麝香藥粉

取番紅花、高良薑、莪朮、沉香、肉豆蔻皮各2打蘭，珍珠、烤過的生絲、白琥珀、處理過的紅珊瑚、加利亞莫夏塔香油、羅勒各2.5打蘭，生薑、華澄茄、長胡椒各1.5打蘭，肉豆蔻、印度葉或肉桂、丁香各1打蘭，麝香2吩，都製成粉末。

功效 它能完善治療無發燒症狀的大腦寒性疾病，以及憂鬱和隨之而來的症狀，如無來由的悲傷、眩暈或頭昏、癲癇、癱瘓、神經退化、抽搐、噁心不適、肺部疾病和呼吸困難。藥粉的使用劑量為半打蘭或2吩，或者更少；應根據服用者的年齡與體力來調整。梅蘇指導應將其混合澄清的蜂蜜製成乾藥糖劑，而2打蘭是乾藥糖劑的使用劑量，服用時間為早晨尚未進食時。

苦味麝香藥粉

備製方式是在上述藥物中再加上苦艾、乾燥玫瑰各3打蘭，蘆薈15克，肉桂2.5打蘭，海狸香與圓葉當歸各1打蘭，都製成粉末。

功效 除了具備前者的優點外，還能清瀉胃部腐敗的體液。

花神的特別藥粉

取迷迭香花朵30公克，紅玫瑰、紫羅蘭、甘草各6打蘭，丁香、印度甘松、肉豆蔻、高良薑、肉桂、生薑、莪朮、肉豆蔻皮、沉香、小株小荳蔻、蒔蘿種子與洋茴香籽各4吩，製成粉末。

功效 增強心臟，治療過度激動發狂，使心情愉悅輕快，能增強久病耗弱者的體力或寒涼的胃部，還能助消化。使用劑量為半打蘭，可混合蜂蜜製成乾藥糖劑，如此一次可服用2打蘭。

止咳藥粉

取蟲線糖60克，松子、洗白的甜杏仁、白罌粟種子各3打蘭又1吩，（省略肉桂、丁香、生薑這三種常見成分，這是不加香料的配方），甘草汁液、特拉卡甘膠與阿拉伯膠、白澱粉、去殼的四種大型寒性種子各1.5打蘭、指甲花7格令，都製成粉末。

功效 治胸部不適、咳嗽、感冒、聲音嘶啞、肺結核及多痰沫。如果你喜歡粉末，可與任何舒胸糖漿混合使用，再與甘草根一起服用，但如果喜歡乾藥糖劑，可在咳嗽時於刀尖上服用1打蘭。

修道院長玫瑰糖

取白色與紅色檀香各2.5打蘭，特拉卡甘膠、阿拉伯膠、象牙各2吩，歐細辛根部、薰陸香、印度甘松、小荳蔻、甘草、番紅花、沉香、丁香、加利亞莫夏塔香油、洋茴香籽與甜茴香籽、肉桂、大黃、羅勒種子、刺檗種子、菊苣種子、馬齒莧、清洗過的4種大型寒性種子、白罌粟種子各1吩，珍珠、雄鹿心臟內的骨頭各半吩，剝下的紅玫瑰花瓣30克又3打蘭，指甲花7格令，全部製成粉末。

功效 可冷卻心臟與胃部高熱，對於肝臟、肺部與脾臟也有用，緩和身體疼痛，及多數熱性發炎。粉末的劑量為半打蘭，乾藥糖劑為60克，乾藥糖劑的製作是將溶於玫瑰蒸餾液的糖與之混合。

少成分孜然合成劑

取孜然籽，浸泡在醋裡之後再晾乾，長胡椒、芸香葉子各30公克，硝石15克，都製成粉末。

功效 對食物在胃部中腐敗的人是一種令人讚賞的治療方法，有助於治胃部寒涼、冷嗝和脹氣。可在餐後服用半打蘭，可加在1匙麝香葡萄酒中服用，也可混合桃金孃或榅桲糖漿，或任何功效相同的甜香酒液。

特拉卡甘膠清涼藥粉

取特拉卡甘膠60克，阿拉伯膠30克又2打蘭，白澱粉15克，甘草及甜瓜與白罌粟的種子各3打蘭，西瓜、黃瓜與葫蘆瓜三者的種子各2打蘭，蟲線糖90克，指甲花半吩，混製成粉末。也可以混合足量的紫羅蘭糖漿製成乾藥糖劑，但要留意先前提過關於這些種子的一些注意事項。

功效 調製成乾藥糖劑。可治療乾燥與熱造成的胸部與肺部病症，可治癆病、貧瘦少肌、體側發炎、胸膜炎、熱性乾咳、舌頭和下頜粗糙。

胡椒藥粉

取3品種的胡椒各6打蘭又15格令，洋茴香籽、百里香、生薑各1打蘭，捶打成較粗粉末。

功效 可溫熱胃部並排除脹氣。如果年齡和體力允許的話，可服用半打蘭的粉末，或者2打蘭乾藥糖劑（蓋倫教導要使用足量的澄清蜂蜜來製作乾藥糖劑），如果年齡或體力不適合，將劑量減半就足夠了。

如果想要溫熱胃部並幫助消化，就要在餐前服用；若要排脹氣，就餐後服用。

檀香藥粉

取各種檀香、紅玫瑰各3打蘭，人黃、象牙、甘草的汁液、馬齒莧種子各2打蘭又15格令，白澱粉、阿拉伯膠、特拉卡甘膠、甜瓜、黃瓜、西瓜、葫蘆瓜、苣蕒菜等植物的種子各1.5打蘭，指甲花1吩，全部製成粉末。

功效 對治胃部與肝臟發熱非常有益，此外，它對黃疸和肺結核患者也有很好的幫助。

你可以放心地在早上空腹時服用1打蘭的粉末，或是2打蘭乾藥糖劑，因為這些粉末的功效大多數在乾藥糖劑狀態時也會保持比較好。

神聖藥粉

取白罌粟種子10打蘭，白澱粉、阿拉伯膠與特拉卡甘膠各3打蘭，馬齒莧的種子、藥蜀葵、錦葵各5打蘭，黃瓜、甜瓜、葫蘆瓜、西瓜、榅桲各7打蘭，象牙、甘草各3打蘭，再加上與上述材料總重量相等的蟲線糖，全部都製成粉末。

功效 它是一種強力清涼解熱藥粉，適合治癆病、胸膜炎等所有相關的胸部與肺部不適症狀。

最好將此藥粉與紫羅蘭糖漿製成軟的乾藥糖劑，並當做特拉卡甘膠清涼藥粉來服用。

愉悅藥粉

取丁香羅勒（Clove Bazil）的花朵或其種子、番紅花、莪朮、沉香、丁香、香橼果皮、高良薑、肉豆蔻皮、肉豆蔻、蘆木香脂各2.5打蘭，象牙、洋茴香籽、百里香、小菟絲子各1打蘭，雄鹿心臟內的骨頭、珍珠、指甲花各半打蘭，金箔與銀箔各半吩，製成粉末。

功效 使心臟輕鬆愉悅，氣色良好，助消化，延緩老化。服用時，可一次將半打蘭或更少些，混入效用類似的舒心糖漿或乾藥糖劑中。

薩克森粉末

取各種歐白芷的根部、燕子草、植栽纈草、橡樹上的水龍骨、藥蜀葵、蕁麻各15克，日耳曼歐亞瑞香樹皮兩打蘭，真愛藥草20格令，真愛藥草的葉子、根部及其餘部分共36格令，根部在醋裡浸泡過後晾乾，全部搥打成粉末。

功效 既能排毒又可預防之，對瘟疫的療效也是大家都知道的。

玫瑰小說

取紅玫瑰、甘草各30克1打蘭又2.5吩，肉桂2打蘭2吩又2格令，丁香、印度甘松、生薑、高良薑、肉豆蔻、莪蒁、蘇合香、蘆木香脂、小荳蔻、歐芹種子各1吩又8格令，搥打成粉末。

功效 解渴，抑制嘔吐，學者稱其能治胃部燥熱，以及心臟、肝臟與肺部燥熱（儘管此藥粉本身為熱性），能增強生機精氣，消除噁心不適，逼出汗，增強長年慢性期病患者的體力。若偏好乾藥糖劑形式，可混合蜂蜜製作，每天早晨服用1打蘭。

癒合藥粉

取乳香1打蘭，蘆薈半打蘭，搥打成粉末。

功效 當你有機會使用它時，將其與蛋白混合均勻（先將雞蛋白打散），使其達到蜂蜜的稠度，然後將兔毛浸入其中，用來塗抹在瘡口或流血的部位，可使患部黏合。

番瀉苷的多成分複方粉末

取洋茴香籽、藏茴香、茴香、孜然籽、甘松、肉桂、高良薑各15克，甘草、紫草各30公克，取相當於前述材料總量的番瀉苷，搥打成粉末。

功效 說這帖藥方相當出色應該無人會有意見，對於那些有脹氣痛、腸胃或腎部阻塞的人來說，這是極好的清瀉劑，將2打蘭溶於白酒中服用，對一般人來說就已足夠。體弱者和孩子的劑量可少一些，應存放在溫暖室內。

番瀉苷的少成分複方粉末

取番瀉苷60克，酒石酸氫鉀15克，肉豆蔻皮2.5吩，生薑、肉桂各1.5打蘭，岩鹽1打蘭，搥打成粉末。

功效 可清瀉黑膽汁，並滌清頭部。

添加大黃的盒果藤藥粉

取盒果藤、秋水仙各30公克，大黃10打蘭，陸均松15克，紅色與白色檀香、紫羅蘭、生薑各1.5打蘭，薰陸香、洋茴香籽、肉桂、番紅花各半打蘭，製成粉末。

功效 這也能清除黏液與黃膽汁。我要再一次提醒，非醫療專長者不要動手使用這種性質的清瀉劑（除非有熟練的醫師開立處方），否則可能很快就會給自己製造更多麻煩，而且這些麻煩都不是一時半刻就能解決的。

多成分強心藥粉

取洋委陵菜、巖愛草、康乃馨、山蘿蔔的根部與酢漿草、處理過的芫荽、香櫞、飛廉草、藏掖花、苣蕒菜、芸香的種子各1打蘭，3種檀香（紅、白、黃）、水楊梅與洋委陵菜的根部、羅馬多椰菊（附子草的一種）、肉桂、小荳蔻、番紅花、2種牛舌草（琉璃苣與牛舌草）的花朵、紅玫瑰、睡蓮、沉香、肉豆蔻皮各2吩，象牙、爐渣、雄鹿心臟內的骨頭、紅珊瑚、珍珠、祖母綠、鋯石、花崗岩各1吩，生絲（以火烘乾烤過）、亞美尼亞紅玄武土、蘭諾斯島的土各半打蘭，指甲花、龍涎香、麝香各6格令，捶打成粉末（參照《蓋倫的醫療術》），混合8倍量、溶於玫瑰蒸餾液的白糖，就可製成糖錠。

功效 這種粉末和前一種粉末都適用於心臟（從其名稱便可得知），因此可加強心臟與生機精氣，減輕衰疲體質。這些都是強心的藥粉，一次服用很少超過半打蘭。

跌打損傷藥粉（古羅馬奧古斯都時代的處方）

取希臘封黏土（Terra sigillata）、龍血樹脂、木乃伊粉（Mummy）各2打蘭，鯨蠟1打蘭，捶打成粉末。

功效 必須先將鯨蠟以外的材料打成粉末，然後再加入鯨蠟，因為如果你將鯨蠟和其餘材料全部放在一起捶打，可能會將研缽連同單方藥材一起打得粉碎。確實，最好的方法是先將它們分別搗碎，然後混合在一起，這樣得到的藥粉是治療病症的絕佳良藥。
將1打蘭溶於麝香葡萄酒中服用，可以有效會逼出汗水。

孜然籽藥粉

取浸泡在醋中一自然日的孜然籽30克又1吩，肉桂、丁香各2.5打蘭，高良薑、香薄荷、風輪菜各1打蘭又2吩，生薑、黑胡椒各2打蘭又5格令，圓葉當歸與羊角芹（或稱主教草）等植物的種子各1打蘭又18格令，長胡椒1打蘭，甘松、肉豆蔻、小荳蔻各2.5吩，將它們搗碎成粉存放備用。

功效 它能溫熱胃部和腸道，治脹氣絞痛，改善受風寒損傷的消化功能，對腸道脹氣是值得推薦的治療方法，並有助於治療四日熱。粉末的熱性非常強，一次服用半打蘭就夠了，如果患者發燒，可以配白酒服用。我認為這是一種優質的合成藥粉。

促消化藥粉

取高良薑、沉香各6打蘭，丁香、肉豆蔻皮、圓葉當歸種子各2打蘭，生薑、長胡椒與白胡椒、肉桂、菖蒲各1.5打蘭，風輪菜、乾燥薄荷、大株小荳蔻、印度甘松、野芹種子、茴芹、茴香、藏茴香各1打蘭，全部捶打成粉末。也可將上述材料混合溶於馬拉加葡萄酒的白糖或其12倍量的澄清蜂蜜，製成乾藥糖劑。

功效 這種藥在治脹氣、酸嗝、消化不良、胃部與肝臟的寒疾與劣等體液方面非常好。你可以在早上空腹時或用餐類前1小時，一次服用半打蘭的粉末或2打蘭乾藥糖劑。它大大促進消化，排脹氣，並溫熱寒涼的胃部。

強心藥粉，阿維森納

取珍珠和牆邊草各1打蘭，生薑、薰陸香各15克，多椰菊、莪 述、野芹種子、2種小荳蔻、肉豆蔻、肉豆蔻皮各2打蘭，水楊梅與洋委陵菜根部、黑胡椒與長胡椒各3打蘭，捶打成粉末並妥善保存備用。

功效 阿維森納說此方適用於婦女，尤其適合治與子宮有關的疾病，但我不知道他這麼說的理由為何。它的功能是強心和溫熱胃部。

暖胃藥粉

取甘松、生薑、肉桂、黑胡椒、小荳蔻、丁香、肉豆蔻皮各半打蘭，木香、甘草、柏樹、特拉卡甘膠、石蠶屬植物各2吩，主教草（羊角芹）、野芹、蘆筍、羅勒、蕁麻、香櫞、虎耳草、地榆、藏茴香、胡蘿蔔、茴香、假葉樹、馬其頓歐芹、牛蒡、繖形科植物（或大闊翅芹）、歐細辛等植物的種子各1打蘭，海綿石（Lapis Spongiæ）、山貓石、鈣霞石（cancrinite）各1.5打蘭，處理過的山羊血45克，將它們全打成粉末。

功效 可溫熱胃部，並且治療寒冷造成的消化不良，緩解腹部和腰部疼痛，以及急性腸絞痛，能打碎腎部和膀胱中的結石，迅速治療腹絞痛、淋病和小便不通。使用劑量從半打蘭到1打蘭，可將其加進白酒或用於相同目的湯劑中。

解憂藥粉

取肉桂、丁香、高良薑、沉香、印度甘松、肉豆蔻、生薑、爐渣、發燒草、柏樹、玫瑰、紫羅蘭各1打蘭，印度葉（或稱肉豆蔻皮）、甘草、薰陸香、蘆木香脂、馬鬱蘭、脂香菊或水薄荷、羅勒、小荳蔻、長胡椒與白胡椒、桃金孃漿果與香櫞果皮各半打蘭又六格令，珍珠、水楊梅與洋委陵菜根部、紅珊瑚、烘烤過的蠶絲各18格令，麝香6格令，指甲花4格令，捶打成粉末。將其十倍量的糖溶於香蜂草蒸餾液，再混合此藥粉，便可製成乾藥糖劑。

功效 非常適合有悲痛、憂鬱、沉悶、愁緒、哀傷、煩惱、相思憔悴、怨嘆、抽泣、恐懼、疑懼等心神狀況的人使用，可好好增強虛弱的胃部，並幫助容易暈倒昏睡的人，增強受猛爆性疾病耗弱的病人體力；可改善記憶力，使所有感官敏銳，增強腦部和活動精氣，治癲癇，減輕諸如哮喘或其他肺部寒性疾病的困擾。製成乾藥糖劑保存最好，根據年齡和體力需求狀況不同，你可以在早上服用1打蘭或更多一些。

防瘟疫的藥粉

取各種檀香（白色、紅色與黃色）與羅勒的種子各45克，亞美尼亞紅玄武土、肉桂各30公克，巖愛草、龍膽與洋委陵菜三者的根部各2.5打蘭，香櫞與酢漿草的種子各2打蘭，珍珠、藍寶石、雄鹿心臟內的骨頭各1打蘭，全部捶打成粉末。

功效 藥名已告訴你它的優點，此外，它還能提振生機精氣和增強心臟。你每天早晨可以單獨服用此藥半打蘭，也可以與糖漿或乾藥糖劑等任何方便取得的合成藥混合使用。

盒果藤藥粉（不含大黃）

取最好的盒果藤30公克，旋花樹脂、生薑各15克，肉桂、丁香各2打蘭，高良薑、長胡椒、肉豆蔻皮各1打蘭，捶打成粉末，再混合240克又5打蘭溶於菊苣蒸餾液的白糖，就可以製成乾藥糖劑。

功效 若由醫術精良者調配使用，可清瀉黏液。我並不喜歡此藥。

除蠕蟲藥粉

取土荊芥120克，番瀉苷30公克，芫荽種子、雄鹿角各半打蘭，大黃15克，乾燥芸香2打蘭，捶打成粉末。

功效 我非常喜歡這種藥粉，用量（或更確切地說，使用劑量）須根據患者年齡調整，範圍從10格令到1打蘭不等，服用方式由患者喜愛的口味而定。稍有清瀉效力。

Chapter 29

乾藥糖劑

修復滋補乾藥糖劑

取紅玫瑰、甘草各2打蘭又5格令，阿拉伯膠與特拉卡甘膠各2打蘭又2吩，白色與紅色檀香各4吩，甘草汁液、白澱粉與白罌粟、馬齒莧、萵苣、苣蕒菜這四者的種子各3打蘭，去殼的4種大型寒性種子、榲桲、錦葵、棉花、紫羅蘭、松子、開心果、甜杏仁、破布子果肉各2打蘭，丁香、爐渣、肉桂各1打蘭，番紅花5格令，蟲線糖15克，搗碎後，混合其3倍量的紫羅蘭糖漿，製成軟的乾藥糖劑。

功效 它可以恢復癆病患者的體力，減輕潮熱發燒，提供大量營養，並恢復基礎所需的水分，打開毛孔，防膽汁問題，消除咳嗽症狀，解渴，防發燒。如果願意的話，可在一天內服用30公克，一次服用1打蘭。

胭脂蟲糖劑

取蘋果汁、大馬士革玫瑰蒸餾液各675毫升，將120克生絲浸泡在其中24小時，用力壓榨過濾，加入進口的胭脂蟲糖漿900毫升，糖450克，煮到類似蜂蜜的稠度；趁熱就離開火源，接著加入切成小塊的龍涎香15克，仔細拌勻。接著將以下材料磨粉加入：肉桂、沉香各6打蘭，處理過的珍珠2打蘭，金箔1打蘭，麝香1吩，混合配製（參照《蓋倫的醫療術》）。

功效 毫無疑問，此藥對心臟的舒緩及增強效果極佳，且對於生機精氣是一種強大的增強劑，可恢復癆病患者體力，抵抗瘟疫和毒素，紓解委靡體質，治發燒效果好，但是一次不能服用太多，以免讓身體太熱，而且它價格不斐。你可以將10格令劑量混合適合的甜飲料給兒童服用，成人可服20至30格令。

擦樹乾藥糖劑

取擦樹60克，一般的水1.35公升，煮到剩下⅔水量，在快煮好時，加入搗碎的肉桂15克，過濾後加入900克的白糖，煮到濃稠似糖漿。將以下已磨成粉的材料加入：肉桂1打蘭，肉豆蔻半吩，麝香3格令，龍涎香32格令，10片金箔，以及4滴稀釋硫酸，然後製成乾藥糖劑（參照《蓋倫的醫療術》）。

功效 可打通胃部與脾臟的阻塞，對於從頭到肺部、牙齒或眼睛的寒性黏液或體液逸流症狀有幫助，對咳嗽有極佳的治療效果，對肺部和胸部其他寒疾也有好處，它有助於消化，排出脹氣和腎臟碎石，能促排月經，溫緩子宮並使其中的水分乾燥——子宮溼冷常是導致不孕的原因；通常可用於治療所有寒冷與稀薄體液所引起的疾病。早上一次服用半打蘭。

月桂漿果乾藥糖劑

取乾燥芸香的葉子10打蘭，羊角芹種子、孜然籽、圓葉當歸、牛至草、黑種草、藏茴香、胡蘿蔔、歐芹、苦杏仁、黑胡椒與長胡椒、野生薄荷、菖蒲、月桂漿果、海狸香各2打蘭，波斯阿魏15克，白芷香3打蘭，澄清的蜂蜜675毫升，材料搗碎混合後，與膠凍劑一起溶解在酒中，製成乾藥糖劑。

功效 它對腹絞痛、急性腹痛，或任何其他因寒冷、風邪引起的疾病都非常有幫助，一般可緩解疼痛。你可以根據病情在早上空腹時服用1打蘭，或施用15克在灌腸劑中。

刺山柑乾藥糖劑

取刺山柑120克，龍牙草根部、黑種草種子、海蔥、歐細辛、百金花、黑胡椒、野芹、百里香各30公克，上述材料3倍量的蜂蜜，製成乾藥糖劑。

功效 據說有助於脾臟虛弱者，如果配方中的材料具有大自然的力量，那麼對寒冷的身體可能會很有幫助。

肉桂複方藥粉

取肉桂15打蘭，桂皮、土木香根部各15克，高良薑7打蘭，丁香、長胡椒、2種小荳蔻、生薑、肉豆蔻皮、肉豆蔻、沉香各3打蘭，番紅花1打蘭，糖5打蘭，麝香2吩，依照醫師處方添加，再加上1.6公升的澄清蜂蜜後滾煮，製成乾藥糖劑。

功效 能溫熱胃部，促進消化，促排月經，增強胃部和其他分配身體營養的部位，早上空腹時服用1打蘭，適用於年長、寒性體質與容易水腫、患黏液病或風病的人，因為它舒緩和增強體質效果極好。若想要用它來幫助消化，請在用餐前一小時服用，所有性質類似的藥劑都應這樣做。

珊瑚乾藥糖劑

取白色和紅色珊瑚、亞美尼亞紅玄武土、龍血樹脂各1打蘭，珍珠半打蘭，沉香、紅玫瑰、特拉卡甘膠、肉桂各2吩，白色和紅色檀香各1吩，以其4倍量的糖溶於小肉桂蒸餾液中，製成乾藥糖劑。

功效 它不僅能舒緩、增強心臟，而且

還可恢復癆病患者體力，可清涼解熱，因此適於治潮熱，收束力非常強，所以可止下痢，若談到治療伴隨著腹瀉的癆病患者，我不知道所有藥方中還有哪一種比它更好。它可使月經和白帶停止。因為它的收束力強，只須每天早晨一次服用1打蘭，除非你有腹瀉症狀，那就得一天2次或3次。

鷹嘴豆乾藥糖劑

取鷹嘴豆與菖蒲的根部、松子各675毫升，將鷹嘴豆根部洗淨、切段，滾煮後搗成泥，加到4.5公升的澄清蜂蜜中煮（同時要攪拌），直到有了適當濃稠度才離開火源，加入搗碎的菖蒲根部、切碎的松子，還有以下磨成粉的材料：黑胡椒30公克，長胡椒、丁香，生薑、肉豆蔻皮各15克，肉豆蔻、高良薑、小荳蔻各3打蘭，將它們與前述根部以及蜂蜜混合，製成乾藥糖劑。

功效 乾藥糖劑會激起情欲，溫熱大腦，增強神經，使感覺敏銳，思緒反應快，減輕頭部疼痛，治癲癇和抽搐、咳嗽、鼻喉部黏膜炎，以及所有因腦部寒涼引起的疾病。由於其性熱，一次服用半打蘭足矣。除此之外，芍藥屬於太陽藥草，其根部也可治癲癇。

榲桲乾藥糖劑
單方&加香料配方&複方

單方：取新鮮的榲桲果肉，切碎後放在清水中煮，直到呈黏稠貌，量約3.6公升，加入白糖2.7公斤，煮到適當的濃稠度。

加香料配方：取榲桲汁液、糖各900克，白酒醋225克，以小火滾煮，撈掉浮渣後，在熬煮的最後階段加入大致搗碎的生薑60克，白胡椒10打蘭又2吩，再次滾煮，直到濃稠似蜂蜜。

複方：取白糖2.7公斤，泉水1.8公升，混合雞蛋白攪打至澄清，撈掉浮渣，然後取成熟的榲桲，移除果皮和種子，對切成4塊，如此取3.6公升的量，放在上述糖漿中煮沸直至變軟，接著讓糖漿流通過稱做網袋的亞麻布網過濾；煮成膠凍狀，最後加120毫升白酒醋，將其從火源移開，趁熱將以下香料磨粉放入：生薑30公克，白胡椒、肉桂、肉豆蔻各2打蘭。存放備用。

功效 這三者共同的優點是，可舒緩胃部，幫助消化，抑制嘔、噯氣等，止下痢和月經。它們都是無害的，你可以在用餐前一次食用1肉荳蔻的量，以幫助消化，治下痢，在餐後服用可抑制嘔吐，在早上服用則治其餘症狀。

解熱乾糖藥劑

取鋯石、紅珊瑚、亞美尼亞紅玄武土、蘭諾斯島的土各15克，胭脂蟲、洋委陵菜與巖愛草的根部，香櫞、酢漿草與馬齒莧三者的種子，番紅花、沒藥、紅玫瑰花瓣、各種檀香、雄鹿心臟內的骨頭、雄鹿角、處理過的象牙各4吩，海蓬子（Samphire）、祖母綠、黃晶、珍珠、生絲、金箔與銀箔各2吩，指甲花、麝香、龍涎香各5格令，混合檸檬糖漿製成糖果。

功效 是良好的舒心解熱劑，用來治高燒與疫熱非常好，可大大地增強體質並保養心臟。一次服用切勿超過半打蘭，需要服用這麼多的情況很罕見。

羽扇豆乾糖藥劑

取去殼的羽扇豆2打蘭，黑胡椒5吩又6格令，甘草4吩，長馬兜鈴、艾蒿、桂皮、馬其頓歐芹種子、香根蓍草、芸香種子、甘松、沒藥、普列薄荷各2吩又14格令，野芹、沙皮檜的種子各2吩又13格令，大株的百金花、克里特蘿蔔、黑種草、藏茴香、茴芹、丁香、明礬各2吩，月桂葉1吩或半吩又3格令，發燒草1吩又13格令，歐細辛、菖蒲、白豆蔻、小百金花、濱藜種子、芍藥、茴香各1吩又6格令，沉香1吩又14格令，柏樹、土木香、生薑、刺山柑根部、孜然籽、苦味野豌豆各1吩，全部搗成細粉，混合4倍量的糖製成乾藥糖劑（參照《蓋倫的醫療術》），使用前須先靜置1個月。

功效 促排月經，排出胎兒和胎盤、死胎以及產後未充分清除的穢物，能利尿，打碎膀胱中的結石，治淋病、小便不通等。治療消化不良、腹痛。打通體內任何阻塞，溫熱胃部，清瀉肝臟與脾臟，消脹氣，抑制嘔吐。孕婦及長痔核的人不可服用。使用劑量範圍從1打蘭到2打蘭。

蘭花根乾糖藥劑

取蘭花根部90克，海棗、苦杏仁、印度堅果（Indian Nuts）、松果、開心果、嫩綠生薑、醃漬的海濱刺芹根部各30公克，生薑、丁香、高良薑、長胡椒與黑胡椒各3打蘭，龍涎香1吩，麝香2吩，蟲線糖120克，肉桂、番紅花各15克，馬拉加葡萄酒90毫升，肉豆蔻、肉豆蔻皮、天堂椒種子各2打蘭，白蠟子、小蜥蜴的腰與腹部、硼砂、安息香各3打蘭，沉香、小豆蔻各2打蘭，蕁麻與洋蔥的種子、水楊梅根部各1.5打蘭，混合1.125公升的嫩綠生薑糖漿，製成乾藥糖劑。

利尿乾糖藥劑

取4種大型與小型寒性種子、蘆筍、地榆、羅勒、歐芹、酸漿等植物種子各2打蘭，紫草、甘草汁液各3打蘭，肉桂、肉豆蔻皮各1打蘭，混合上述材料8倍量的白糖，溶解在藥蜀葵蒸餾液裡，製成乾藥糖劑。

功效 它會打碎結石，利尿。成人可一次服用15克，而孩子則服用其一半量，可搭配任何碎結石的藥草或根部的蒸餾液（或其湯劑）服用。

欖仁樹乾藥糖劑

取各種烘烤過的欖仁樹皮各2.5打蘭，水田芥、孜然、茴芹、茴香、羊角芹、藏茴香等植物的種子各1.5打蘭，將其搗碎，灑上強酸白酒醋後一起捶打成粉末，再加入上述欖仁樹皮，及以下這些材料：爐渣、野生石榴花、漆樹、薰陸香、阿拉伯膠各1打蘭又15格令，將它們混合在一起，再拌入300毫升的桃金孃糖漿，製成乾藥糖劑。

功效 它可輕柔地緩解腸道脹氣痛、腸絞痛、脾臟不適，止下痢及月經，治療痔瘡。

舒胸止咳乾藥糖劑

取甘草汁液、甜杏仁、榛果各15克，松子30公克，牛膝草、鐵線蕨、香鳶尾、蕁麻種子、圓馬兜鈴各1.5打蘭，黑胡椒、水田芥種子、土木香根部各半打蘭，蜂蜜120毫升，製成乾藥糖劑。

功效 增強胃部與肺部，治療他們的不適症狀。搭配甘草根服用。

抗毒乾藥糖劑

取龍膽、月桂漿果、沒藥、圓馬兜鈴各60克，蜂蜜900毫升，全部混合製成乾藥糖劑。

功效 這是一種強效乾藥糖劑，能有效治療腦部的寒涼疾病，如抽搐、癲癇、癱瘓、顫抖麻痺等等，也治胃部疾病，如胃痛、脹氣、消化不良，另外如肝臟阻塞、水腫。它能抵抗瘟疫和毒藥，以及有毒生物叮咬。使用劑量從半打蘭到2打蘭，視患者的年齡和體力及疾病的強度而定；你可以在早晨或緊急情況下服用。

肉桂乾藥糖劑

取肉桂、桂皮各15克，蒜味香科30克，巖愛草、洋委陵菜、拳參、白松香、阿拉伯膠各15克，鴉片1.5打蘭，酢漿草種子1.5打蘭，龍膽15克，亞美尼亞紅玄武土45克，蘭諾斯島的土15克、長胡椒、生薑各2打蘭，澄清蜂蜜1.125公升，玫瑰糖劑450克，加那利葡萄酒300毫升，製成乾藥糖劑。

功效 是一種成分調配妥善的乾藥糖劑，適合女性的體質，可促排月經，加快分娩速度，治療她們分娩常出現的症狀。我不知道有什麼比它更好的藥，還能止下痢，增強心臟和胃部，其屬性不是那麼熱，體質虛弱的人服用安全無虞，而且還能幫助睡眠。小孩子一次服用10格令是安全的，老年人可以服用1打蘭或更多。在發燒且睡眠不足的情況，服用它有極好的舒心效果。

密特里達解毒劑

取沒藥、番紅花、傘菌、生薑、肉桂、甘松、乳香、小花糖芥種子各10打蘭，大閣翅芹種子、基列香膏，或肉豆蔻榨油、發燒草、頭狀薰衣草、木香、白松香、松脂、長胡椒、海狸香、寄生草汁液、蘇合香、蘆木香脂、白芷香、印度葉（可以肉豆蔻皮代替）各30克，桂皮、山地生長的狹葉香科、白胡椒、蒜味香科、克里特蘿蔔的種子、基列香脂樹果實或華澄茄、蘆薈、千金草、求求羅香各7打蘭，凱爾特甘松、阿拉伯膠、馬其頓歐芹種子、鴉片、小株的小荳蔻、茴香籽、龍膽、紅玫瑰葉、巖愛草各5打蘭，洋茴香籽、歐細辛、菖蒲、大株的纈草、波斯阿魏各3打蘭，小蜥蜴腹部、聖約翰草頂部各2.5打蘭，馬拉加葡萄酒取足以溶解上述膠凍與汁液的量，除了酒以外上述材料3倍量的澄清蜂蜜，製成乾藥糖劑。

功效 它具有良好的抗毒作用，可幫助誤服劣質藥物的人，會引起出汗，有助於治療胃部長時間分泌水液、體內潰瘍、癆病、四肢無力，排除體內寒性體液和寒性疾病，可以彌補大腦的虛冷衰弱，治寒冷造成的感官（即聽覺、視覺、嗅覺等）阻塞不順；可以驅除脹氣，治腹痛，激發食欲。如果蓋倫說得沒錯，它也能治膀胱潰瘍，還可解決排尿困難問題，將死胎排出，並且能幫助那些因體寒無法懷孕的婦女。這是一種令人讚賞的憂鬱症藥方，也是治所有寒冷所致疾病的藥方，這些疾病繁多，一一細講會寫滿一張紙。你可以在早上服用1吩或半打蘭，然後正常從事平日工作，服用2打蘭會使你流汗，不過如果你的身體虛弱，服用1打蘭就好，在這種情況服2打蘭可能會因為其屬性太熱而造成危險。

止血乾藥糖劑

取白胡椒、白莨菪種子各2打蘭，鴉片、蘭諾斯島的土各10打蘭，赤鐵礦、番紅花各5打蘭，海狸香、印度甘松、處理過的大戟、香根藷草、珍珠、琥珀、莪朮、土木香、蘆薈、香根草各1打蘭，指甲花1吩，混入其3倍量的玫瑰蜜，製成乾藥糖劑。

功效 它可以阻止身體任何部位的出血、月經的異常流動、男人的痔瘡、吐血沫、血痢，並且對於那些容易流產的婦女有益；請參閱下一則藥方。

雞蛋乾藥糖劑

取剛剛下的雞蛋，打一個小洞讓蛋白流出，以番紅花填入其中空洞處，蛋黃須留著，將小洞封住，把蛋放到餘燼裡烘烤，直到蛋殼開始變黑，要時時留意別讓番紅花燒起來，若番紅花燒掉了，這整帖藥方就沒用了。之後將蛋殼裡乾燥的物質取出，此時可將它搥打成粉末，往其中加入等重量的白芥種子粉末。接著取白蘚與洋委陵菜的根部各2打蘭，沒藥、雄鹿角、款冬屬植物根部各1打蘭，歐白芷與地榆的根部、杜松漿果、莪朮、指甲花各15克，放在研缽中混合，再加進與上述材料總量相等的威尼斯解毒膏，以杵攪拌3小時，加入適量的檸檬糖漿製成乾藥糖劑。

功效 一次服用1打蘭，對於疫病發燒大有幫助，蓋倫的醫療術通常也是這麼教的。它會逼出汗水，然後你自己便知道如何使用了。如果病患為年長者，則開立的用量不要太多。

威尼斯解毒膏

取海蔥藥錠48打蘭，蝰蛇藥錠、長胡椒、糖糊、底比斯鴉片（opium of Thebes）各24打蘭，紅玫瑰花瓣、香鳶尾、甘草汁液、甜蕪菁油菜的種子、蒜味香科、基列香膏、肉桂、傘菌各12打蘭，沒藥、木香（或莪朮）、番紅花、桂皮、印度甘松、發燒草、白胡椒與黑胡椒、乳香、巖愛草、食用大黃、頭狀薰衣草、苦薄荷、馬其頓歐芹種子、風輪菜、柏樹、松脂、委陵菜與生薑的根部各6打蘭，山地生長的狹葉香科、黃筋骨草、凱爾特甘松、白豆蔻、蘆木香脂、石蠶屬植物頂部、食用大黃根部、蘭諾斯島的土、印度葉、焚燒過的黃銅（可用焚燒過的膽礬取代）、龍膽根部、阿拉伯膠、基列香脂樹果實或肉豆蔻或華澄茄、洋茴香籽、小荳蔻、茴香、大闊翅芹、金合歡（可用黑刺李的濃稠汁液取代）、小花糖芥種子以及羊角芹、聖約翰草頂部、波斯阿魏各4打蘭，海狸香、長馬兜鈴根部、石油瀝青、蘿蔔籽、白芷香、小百金花、白松香各2打蘭，足以溶解藥材的適量加那利葡萄酒，乾燥香料3倍量的蜂蜜，製成乾藥糖劑。

功效 它具有抗毒作用，並可治有毒生物咬傷、頭痛痼疾、眩暈、耳聾、癲癇、驚嚇、中風、視力模糊、發聲困難、氣喘、新舊咳嗽症狀，以及吐血或嘔吐、難以咳吐或呼吸、胃部發冷、脹氣、腹痛和腸絞痛、黃疸、脾臟硬化、腎部和膀胱結石、排尿困難、膀胱潰瘍、發燒、水腫、痲瘋病，還能促排月經，幫助胎兒出生與排出胎盤，治療關節疼痛。它不僅有益於身體，而且有益於心靈——如無端的恐懼、憂鬱等。對瘟熱發燒是一種很好的治療方法。
服用半打蘭後便可正常去工作，如果你不巧得在汙穢的空氣中或在瘟疫流行時期外出，此藥會對你有益，只要你願意讓它將身體逼出汗水，那將是一件好事。如果身體狀況不佳，則根據年齡和體力，調整服用劑量，可為1打蘭、1到2打蘭，或少於1打蘭，如果你不能單服這種或任何其他出汗的藥物，請混合一點點飛廉草蒸餾液、龍艾蒸餾液或歐白芷蒸餾液，我認為歐白芷蒸餾液是三者中最好的。

倫敦糖蜜

取雄鹿角60克，香櫞、酢漿草、芍藥、羅勒的種子各30公克，蒜味香科、珊瑚藻各6打蘭，歐白芷根部、洋委陵菜、芍藥、巖愛草葉子、月桂漿果、杜松漿果各15克，迷迭香花朵、金盞花、康乃馨、聖約翰草頂部、肉豆蔻、番紅花各3打蘭，龍膽根部、莪逑、生薑、肉豆蔻皮、沒藥、山蘿蔔葉子、斷續科山蘿蔔葉、飛廉草各2打蘭，丁香、鴉片各1打蘭，足量的馬拉加葡萄酒，最後加入上述所有材料3倍量的蜂蜜，混合均勻即可。

功效 這是一方極好的強心劑，可以抗瘟疫，在疫期是一種很好的解毒藥，它可以抗毒，補強寒涼的胃部，幫助消化，治療消化不完全。可以一早就服用2打蘭，不僅安全無虞，也不必擔心會造成什麼損傷。

番紅花乾藥糖劑

取番紅花、歐細辛根部、歐芹、胡蘿蔔、茴芹、野芹等植物的種子各15克，大黃、印度甘松各6打蘭，桂皮、木香、沒藥、發燒草、蓽澄茄、茜草根部、常春蓍草與苦艾變濃稠的汁液、基列香膏（或者肉豆蔻精油）各2打蘭，肉桂、菖蒲各1.5打蘭，蒜味香科、蘗蕨、甘草汁液各2.5打蘭，特拉卡甘膠1打蘭，混合上述材料8倍量的白糖，溶解在苣蕒菜蒸餾液中，待其澄清，製成乾藥糖劑。

功效 對胃部、肝臟或脾臟的寒性疾病藥效極佳，可治胃中的體液和食物腐敗、身體氣色不佳、水腫、腎部和膀胱的寒涼不適，利尿。早上服用1打蘭。

Chapter 30

清瀉用乾藥糖劑

盒果藤乾藥糖劑

取精選的盒果藤10打蘭，陸均松、處理過的大戟草根皮、秋水仙、紅玫瑰各5打蘭，丁香、甘松、生薑、番紅花、長胡椒、白豆蔻（可以菖蒲取代）、小株的小荳蔻、野芹種子、歐芹、茴香、蘆筍、假葉樹、虎耳草、紫草、藏茴香、岩鹽、高良薑、肉豆蔻皮各1打蘭，混合其3倍量的蜂蜜製成乾藥糖劑。你也可在自已的店舖裡存放著這些藥材香料。

功效 主要可清除關節中的黏液，也清瀉腰部與膀胱的黏液。

丁香乾藥糖劑

取丁香、木香（或者莪朮）、生薑、孜然籽各2打蘭，秋水仙、陸均松各15克；混合其2倍量、泡過白酒的澄清蜂蜜，製成乾藥糖劑（參照《蓋倫的醫療術》）。

功效 學者說，它能清瀉熱性黏液，並消除傷口發炎，我向你保證，乾藥糖劑的作用劇烈，用於灌腸是安全的，如果患者身體強壯，可以一次服用2或3打蘭，否則，它能殺死一匹馬。

做為灌腸劑的桂皮乾藥糖劑

取紫羅蘭的葉子、錦葵、甜菜、山靛、牆邊草、紫羅蘭花朵各1把，放在足量的水中滾煮。將桂皮的精華抽取出來，將其莖桿洗淨；加入前述方法處理過的桂皮450克，熬煮至黏稠，接著加糖675克，與上述材料一起煮到形態像乾藥糖劑。

功效 可以加入白酒中服用，它對柔弱體質有益，因為如果藥物在你的身體很難產生藥效，那麼單吃此藥也許根本就無法起作用。它對腎部的清瀉效果強，並可冷卻它們，從而防止結石和其他因發熱而引起的疾病。

乾藥糖劑（較苦&較不苦）

較苦：取傘菌、盒果藤、希臘苦藥（單方）、大黃各1打蘭，精選未洗過的蘆薈2打蘭，生薑、酒石結晶（Crystal of Tartar）各2吩，佛羅倫斯香鳶尾、甜茴香籽各1吩，混合足量的玫瑰鬆弛糖漿製成乾藥糖劑。

較不苦：取小菟絲子15克，歐白芷根部3打蘭，龍膽、莪朮、菖蒲等植物根部各2打蘭，肉桂1.5打蘭，丁香、肉豆蔻皮、肉豆蔻、番紅花各1打蘭，蘆薈180克，混合足量的延胡索糖漿、山蘿蔔與糖製成軟的乾藥糖劑。

功效 兩者皆可清瀉黃膽汁，前者還可清瀉黏液，後者則是清瀉黑膽汁；前者效力較強，後者補強的作用佳，對腦部損傷不適者有益。

如果體質不是很強壯，較苦的乾藥糖劑配白酒可服用15克，若身強體壯可服用30公克，一般正常人可服30公克較不苦的乾藥糖劑，藥效沒那麼強。我建議未受醫療訓練者若沒有醫師指示不要使用清瀉劑。

混合甘露蜜的桂皮藥粉

取大馬士革李子60克，紫羅蘭花朵1.5把，泉水675毫升，將之滾煮直到剩下一半水量後過濾；在180克剛提取的桂皮湯劑中溶入紫羅蘭糖劑、紫羅蘭糖漿各120克，羅望子果泥30克，冰糖45克，甘露蜜60克，兩種湯混合後製成乾藥糖劑。

功效 對於體質固澀的人來說，它是一種很好的解熱清瀉劑，因為它的作用相當溫和，不會造成任何不適，能清瀉黃膽汁，可以安全地用於治療黃膽汁發燒；但是在這種情況下，若身體十分固澀緊繃，當然最好的方法是先灌腸，然後第二天早晨服用30公克，這樣做會使身體清涼，並保持適當溫度。

桂皮乾藥糖劑（不含番瀉苷葉）

取12片梅乾，紫羅蘭花朵1把，法國大麥、洋茴香籽與紅花、附生在橡樹上的水龍骨各5打蘭，鐵線蕨、百里香、小菟絲子各半把，去籽的日曬葡萄乾15克，甜茴香籽2打蘭，馬齒莧種子與錦葵各3打蘭，甘草15克，放在足量的水中滾煮後過濾，接著溶入桂皮泥900克，羅望子泥30克，肉桂3打蘭，糖450克，煮到外表像乾藥糖劑。

桂皮乾藥糖劑（含番瀉苷葉）

取前一種藥方900克，磨成粉的番瀉苷60克，將它們混合均勻。

功效 它們也是一種優良的溫和解熱清瀉劑，清除腸道中的黃膽汁與黑膽汁，不造成任何絞痛感，非常適合發燒的病體，但前者比後者更溫和，既能清洗又冷卻腎部。

正常人可搭配白酒服用前一種藥方45克或此藥方30公克，或者當身體受黑膽汁壓迫，則上述用量減半，以120克小菟絲子湯劑配服。

紅花乾藥糖劑

取特拉卡甘膠清涼藥粉15克，醃漬

榲桲泥30克，紅花種子內容物15克，生薑2打蘭，搗碎的陸均松3打蘭，盒果藤6打蘭，甘露蜜60克，玫瑰鬆弛蜜、冰糖各30公克，秋水仙15克，糖315克，將它們製作成液態乾藥糖劑。

海棗果泥乾藥糖劑

取在蜂蜜水中滾煮過的海棗果泥225克，洗白的甜杏仁105克，上述材料全都搗碎後拌勻，再加入澄清蜂蜜900毫升，稍微煮一下，然後撒上生薑、長胡椒、肉豆蔻皮、肉桂、芸香葉、茴香與蘿蔔的種籽各2打蘭，盒果藤120克，陸均松45克，將它們製成乾藥糖劑。

功效 我不敢相信有些學者竟然說這對治發燒非常有用，因為這是非常猛烈的清瀉劑。

解熱乾藥糖劑

取100片大馬士革梅子乾，放在水中煮到變軟，搗壓成泥；在剛才滾煮的水中，加入一紫羅蘭花朵以小火煮，過濾後再混合900克的糖，煮成糖漿，然後加入225克前述的果泥，以及桂皮泥和羅望子各30公克，與以下粉末混合：白檀與紅檀、爐渣、大黃各3打蘭，紅玫瑰、紫羅蘭、馬齒莧種子、菊苣、刺檗、特拉卡甘膠、甘草、肉桂各2打蘭，4種大型寒性種子各1打蘭，製成乾藥糖劑。

功效 它可用於急性發燒、灼燙和其他各種發燒症狀中，安全且可取得良好的療效，因為它極能解熱，並溫和地使身體鬆弛。它對瘧熱、潮熱和耗弱消瘦病患很有好處。可在晚上睡前以及少量的晚飯後3小時服用，一次30公克，隔天除非天氣寒冷或者你的身體非常虛弱，不然就不需要再留在房裡了。

桂皮與羅望子乾糖藥劑

取桂皮與羅望子果泥、番瀉苷葉子各60克，水龍骨、紫羅蘭、大黃各30公克，洋茴香籽、冰糖、甘草，及葫蘆瓜、西瓜、黃瓜、甜瓜的種子各2打蘭，以上材料都要搗碎成粉末。取新鮮水龍骨90克，甜茴香籽6打蘭，在1.8公升水中滾煮至剩下⅔水量，過濾後混合900克的糖，將此湯劑煮至濃稠似糖漿；然後加入上述果泥與粉末製成乾藥糖劑。

功效 對任何部位都是優質的解熱清瀉劑，非常溫和，可用於猛烈急性疾病（一次服用30公克或15克，視患者的體力而定），可以輕柔地放鬆腹部，增加力量，治療肝臟與脾臟不適、各種痛風，還有每日熱、三日熱與四日熱，及其他頭痛疾病。通常用於灌腸。如果想內服，可在晚上睡前服用30公克，早上喝一口熱的奶酒，便可正常工作了。

香櫞的鬆弛用乾藥糖劑

取醃漬香櫞皮、紫羅蘭與牛舌草花

朵果醬、特拉卡甘膠清涼藥粉、陸均松各15克，盒果藤5打蘭，生薑半打蘭，番瀉苷6打蘭，甜茴香籽1打蘭，最後加入溶於玫瑰蒸餾液、滾煮過的白糖300克，製成固態乾藥糖劑。

功效 這裡有些東西對身體很溫和，有些東西的清瀉效力很猛烈，兩者放在一起合成藥物，我無法苟同。因此，我將其記下，當做一帖中看不中用的藥方。

陸均松乾藥糖劑

取陸均松、盒果藤各6打蘭，丁香、肉桂、生薑、欖仁、餘甘子、肉豆蔻、水龍骨各2.5打蘭，糖180克，澄清蜂蜜300克，製成乾藥糖劑。

功效 可清瀉身體各處的黃膽汁與黏液以及風邪，治療關節與體側疼痛、腹痛，清潔腎部與膀胱，但我建議你一次不要服用太多，它的藥效很猛烈，至多服15克就好，自恃身強體壯者，請切記十次服藥用量不足也勝過一次服藥過量；可以白酒配服，然後注意保暖。若真要問我對此藥的看法，老實說我不喜此方。

哈梅克乾藥糖劑

取香櫞皮、欖仁皮60克，欖仁、訶子、紫羅蘭、藥西瓜、附生在橡樹上的水龍骨各45克，苦艾、百里香各15克，茴芹與茴香的種子、紅玫瑰花各3打蘭，全搗碎後，在2.7公升乳清中浸泡一天，然後滾煮直到剩一半液體量，並以手搓揉渣粕擠出湯汁。在此湯劑中加入延胡索汁液、梅子果泥與日曬葡萄乾各225克，白糖與澄清蜂蜜各450克，煮到類似蜂蜜稠度，熬煮接近完成時，撒入以下材料：傘菌藥錠、番瀉苷各60克，大黃45克，小菟絲子30公克，陸均松6打蘭，肉桂15克，生薑2打蘭，延胡索與茴芹兩者的種子、甘松各1打蘭，製成乾藥糖劑。

功效 此藥方主要用於清瀉黑膽汁與鹽質黏液，治療由此引發的疾病，如疥癬、瘙癢、痲瘋病、惡性腫瘤、皮膚病變，可清除體液焦遺，並且防止癲狂、憂鬱、健忘、眩暈。

此藥劑清瀉效果非常猛烈，單獨服用並不安全。我建議不熟醫術的人不要將它用以內服；可開立15克用於灌腸，用來治黑膽汁疾病——這些疾病通常伴隨著固澀症狀。

止痛乾藥糖劑

取去籽的日曬葡萄乾、附生在橡樹上的水龍骨、番瀉苷各60克， 山藭1.5把，棗子、破布子各20把，鐵線蕨、紫羅蘭、法國大麥各1把，去籽的大馬士革梅乾、羅望子各6打蘭，甘草15克，放在4.5公升的水中滾煮，直到剩下⅓水量；過濾後，在此湯劑中溶入桂皮、羅望子與新鮮梅子三者的果泥，及紫羅蘭糖劑，各180克，糖900克，最後在這乾藥糖劑中，每450克加入磨粉的番瀉苷葉子45克，磨粉的洋茴香籽2打蘭，塑成乾藥糖劑形狀。

功效 可以溫和地疏通並軟化腸道，並且能排出黃膽汁、黏液與黑膽汁而無痛苦不適，另有解熱效果，因此適合療治胸膜炎。

體力正常的一般人可在就寢前服用30公克，隔天早上即見效。

水龍骨乾藥糖劑

取新鮮的水龍骨根部90克，新鮮藥蜀葵根部、番瀉苷各60克，洋茴香籽2打蘭，將它們以表面上過釉的光滑容器盛裝，浸泡在足量的泉水中，滾煮後過濾，混合225克搗成泥的日曬葡萄乾，白糖、甘露蜜各120克，一起煮到濃稠，每年要更新重製4次。

功效 能溫和清瀉黃膽汁與黑膽汁，清潔腎部與膀胱，因此有利於治療腎臟中的結石與碎石症狀。

玫瑰汁乾藥糖劑

取糖、澄清的紅玫瑰汁液各570毫升，三種檀香各6打蘭，爐渣3打蘭，榲桲乾藥糖劑12打蘭，指甲花1吩，將汁液與糖煮到適當的濃稠度，然後加入磨成粉的其餘材料，製成乾藥糖劑。

功效 可清瀉黃膽汁，對於治療三日瘧及關節病症效果好，傾瀉效力猛烈，須審慎使用。

希臘苦藥（單方）

取肉桂、基列香脂樹乾燥香材或沉香、歐細辛根部、甘松、薰陸香、番紅花各6打蘭，未洗過的蘆薈375毫升，澄清蜂蜜1.9公升，混合製成乾藥糖劑。也可將這些材料存放於店鋪。

功效 這是一種很好的藥方，可解決胃部保護膜上的惡性體液問題，以及腦部易發生的種種病症和幻覺，某些人自認為看到、而有些人則會感覺聽到了奇怪事物，尤其是當他們躺在床上、半睡半醒之時，與此類似的症狀此藥都可以治療；除此之外，它還可以非常溫和地滌清腹部，對於分娩後沒有充分滌清體內的女性有幫助。

希臘苦藥（含傘菌）

取單純不加蘆薈的希臘苦藥（單方）、傘菌藥錠各15克，未洗過的蘆薈30公克，澄清的蜂蜜180毫升，混合後製成乾藥糖劑。

功效 只要查看傘菌的優點，將它們加上前一藥方的優點，這樣就知道這藥方的用途了。

洛加蒂乾藥糖劑

取藥西瓜、水龍骨各2打蘭，大戟、山地生長的狹葉香科、大戟草種子各1.5打蘭又6格令，苦艾、沒藥各1打蘭又12格令，小百金花、傘菌、氨草膠、印度葉或肉豆蔻皮、甘松、處理過的海蔥、陸均松各1打蘭，蘆薈、桂皮、代沒藥、苦薄荷各1吩又14格令，肉桂、白芷香、海狸香、長馬兜鈴、三種胡椒、波斯阿魏、番紅花、歐芹各2打蘭，黑藜蘆與白藜蘆各6格令，澄清蜂蜜675毫升，將以上材料全部混合，製成乾藥糖劑。將這些材料保持乾燥，存放在店鋪裡。

功效 它能根除黑膽汁疾病，治癲癇、眩暈、抽搐、偏頭痛、痲瘋病和許多其他疾病；就我而言，除非是情況絕望或用於灌腸，否則我不願將它施於內用。能根除疾病之物也很可能會帶走生命和一切。

寧神乾藥糖劑

取藥西瓜、傘菌、石蠶屬植物、白色苦薄荷、頭狀薰衣草各10打蘭，白芷香、波斯阿魏、歐芹種子、圓馬兜鈴根部、白胡椒各5打蘭，甘松、肉桂、沒藥、印度葉或肉豆蔻皮、番紅花各4打蘭，將膠凍劑放在研缽中搗碎，其餘材料過篩之後，混合1.35公升的澄清蜂蜜，份量共約90克又5打蘭，製成乾藥糖劑。

功效 它有助於治癲癇、發狂，以及稱為Kephalalgia的頭部疼痛、胸部和胃部疼痛（無論是由於疾病還是瘀傷引起的）、腰部或背部椎骨的疼痛、女性乳房硬塊、胃部內食物腐敗與噯氣酸臭。但是很少使用，因此很難獲得。

特里佩拉乾藥糖劑

取欖仁、訶子、毗黎勒、餘甘子、肉豆蔻各5打蘭，水田芥種子、歐細辛根部、波斯牛至草或者巖愛草、黑胡椒、乳香、羊角芹、生薑、檉柳、印度甘松、柏樹根部各15克，用醋處理過的鋼屑20打蘭，用新鮮奶油烤過欖仁，剩下的材料磨成粉，撒上甜杏仁油，然後加入麝香1打蘭，並泡入3倍量的蜂蜜，製成乾藥糖劑。

功效 它有助於治療女性月經的異常流動，以及男性的痔瘡，治胃部虛弱，並恢復氣色，使身體擺脫粗劣體液，增強膀胱，治療憂鬱，並矯正脾臟失調。你可以在早上服用1打蘭，或者如果你的身體強壯，可以服用2打蘭。

催吐強心乾藥糖劑

取陸均松10打蘭，盒果藤45克，小株的小荳蔻、丁香、肉桂、蜂蜜各3打蘭，黃檀、甘草、甜茴香籽各15克，橡實、發燒草各1打蘭，紅玫瑰、醃漬的香櫞果皮各3打蘭，紫羅蘭2打蘭，白糖225克，泡在蘋果汁中的澄清蜂蜜450毫升，製成乾藥糖劑。

功效 陸均松與盒果藤是一組催吐清瀉劑，其餘材料皆為強心作用。

不朽密特里達

取肉桂、桂皮、發燒草各45克，番紅花、沒藥各30公克，木香、繖形花

（Meum）、菖蒲（或許有人稱之為鳶尾，參見單方藥物分類中談根部的部分）、傘菌、蒜味香科、胡蘿蔔、歐芹各15克，白胡椒11格令，混合足量蜂蜜製成乾藥糖劑。

功效 能抵禦毒藥和有毒生物咬傷，治食物在胃部內腐化症狀，抑制嘔血，治長年咳嗽，以及肝臟、脾臟、膀胱和子宮的寒性疾病。使用劑量為半打蘭。

養脾健胃乾藥糖劑

取泡醋7天後晾乾的鐵片3打蘭，印度甘松、發燒草、柏樹、生薑、胡椒、羊角芹、乳香各15克，欖仁、印度毗黎勒和餘甘子、與餘甘子湯劑一起煮過的蜂蜜480毫升，將它們混合在一起，製成乾藥糖劑。

功效 可溫熱脾臟，清瀉黑膽汁，減輕胃部與脾臟的疼痛，並增強消化作用。身體強壯的人可以在早上空腹時服用15克，而身體虛弱的人可服用3打蘭。它是治脾臟疼痛和硬化的一種良藥。

小米草乾藥糖劑，梅蘇

取小米草60克，茴香種子5打蘭，丁香、肉桂、華澄茄、長胡椒、肉豆蔻皮各1打蘭，將它們全打成粉末，以澄清蜂蜜450毫升和以下材料一起煮：茴香汁液30毫升，白屈菜與芸香汁液各15毫升，與該粉末混合製成乾藥糖劑。

功效 它主要用於腦部和心臟，可以使感官敏銳——尤其是視覺，並抵抗瘟疫。如果你的身體較熱，可以在早上空腹時服用半打蘭，如果你的身體較冷，則可服用1打蘭。

香鳶尾乾藥糖劑

取香鳶尾根部30公克，普列薄荷、牛膝草、甘草各6打蘭，特拉卡甘膠、白澱粉、苦杏仁、松子、肉桂、生薑、胡椒各3打蘭，飽滿多肉的無花果、日曬葡萄乾與海棗的果泥各3.5打蘭，蘇合香、蘆木香脂2.5打蘭，溶解在牛膝草蒸餾液裡的糖，其餘所有材料2倍量的澄清蜂蜜，製成乾藥糖劑。

功效 此乾藥糖劑主要適用於肺部，治療肺部的寒涼不適病症，如氣喘、咳嗽、呼吸困難等等。你可以將它與甘草根一起食用，也可以在刀尖上服用，一次一點點，分多次服用。

迪亞賽里翁，尼古

取新鮮完整的蘭花根部，植栽防風草、海濱刺芹、松子、印度堅果（如果沒有印度堅果，可用雙倍量的松子）、開心果各45克，丁香、生薑、洋茴香籽、芝麻菜、白蠟子各5打蘭，肉桂、石龍子的尾巴與腰部各2.5打蘭，麝香7格令，溶於馬拉加葡萄酒中的優質糖1.35公升，製成乾藥糖劑。

功效 它對於腎部和膀胱虛弱、排尿困難的人有幫助，還能夠激起情欲，並迅速治療性無能。一次可以服用2打蘭或更多。

抗毒防疫強效藥

取大黃、食用大黃、纈草根部、菖蒲根部、柏樹、委陵菜、洋委陵菜、圓馬兜鈴、南歐芍藥、土木香、木香、香鳶尾、水楊梅各3打蘭，高良薑根部、大星芹、歐白芷、西洋蓍草、蚊子草或滴墜草、莪朮、生薑各2打蘭，迷迭香、龍膽、斷續科山蘿蔔各2.5打蘭，香櫞種子、穗花牡荊、胭脂蟲、白蠟木種子、酢漿草、野生防風草、蕪菁油菜、黑種草、南歐芍藥、羅勒、籬芥、小花糖芥、茴香、羊角芹各2打蘭，月桂、杜松與常春藤三者的漿果、墨西哥菝葜（可以2倍量的華澄茄取代）、華澄茄各1.5打蘭，蒜味香科葉子、石蠶屬植物、地松、小百金花、頭狀薰衣草、凱爾特甘松、風輪菜、芸香、薄荷、藥水蘇、馬鞭草、山蘿蔔、藏掖花、香蜂草各1.5打蘭，巖愛草3打蘭，馬鬱蘭、聖約翰草、發燒草、苦薄荷、山羊豆、沙皮檜、地榆各2打蘭，無花果、核桃、開心果各90克，餘甘子、欖仁15克，紫羅蘭花朵、琉璃苣、牛舌草、玫瑰、薰衣草、鼠尾草、迷迭香各4吩，番紅花3打蘭，桂皮10打蘭，丁香、肉豆蔻、肉豆蔻皮各2.5打蘭，黑胡椒、長胡椒、三種檀香、沉香各1.5打蘭，雄鹿角15克，獨角獸的角（Unicorn's horn，可以牛黃石取代）1打蘭，雄鹿心臟內的骨頭、象牙、鹿鞭、海狸香各4吩，蘭諾斯島的土3打蘭，鴉片1.5打蘭，東方珍珠、祖母綠、鋯石、紅珊瑚各1.5打蘭，指甲花2打蘭，阿拉伯膠、薰陸香、乳香、蘇合香、松脂、波斯阿魏、白芷香、沒藥各2.5打蘭，麝香、龍涎香各1打蘭，硫酸15克，舒心粉末、指甲花藥錠、海蔥藥錠各2.5打蘭，蝰蛇藥錠60克，酢漿草、苦菜、蒜味香科、藍薊、琉璃苣、香蜂草的汁液各225毫升，寄生草2打蘭，最優質糖蜜與密特里達提解毒劑各180克，老酒1.35公升，優質的糖或精選蜂蜜3.78公升。這些都好好挑揀並處理過，製成乾藥糖劑，方式同糖蜜與密特里達提解毒劑。

功效 標題已告訴你調配此劑的醫療目的，我相信它對那些用途而言是非常好的。使用劑量可從1到4吩，或者1.5打蘭；會引起大量出汗，在使用這種或任何其他出汗藥物時，你的身體應這樣做：躺在床上，並在出汗時蓋好被子保暖，盡可能喝熱奶酒；如果發燒，將酢漿草和紅鼠尾草放在奶酒中一起煮，如果體力能忍受的話，讓自己出汗1或2小時，房間要保持溫暖，身體除了頭部以外要常動一動，用熱熱的小毛巾包住頭（不讓汗水揮發掉的帽子還是戴著），這是為了將蒸汽壓回去。我認為這是以出汗治療發燒和瘟疫的最佳方法，其中選用這種乾藥糖劑非常好。我非常不想把這種藥物排除在外，如果將其延展拉伸後切成條狀，將可熱銷世界各地。

里奎斯乾藥糖劑

取白色部分切除的紅玫瑰葉、藍色紫羅蘭各3打蘭，溶於酒的底比斯鴉片、白莨菪種子、白罌粟與黑罌粟、曼陀羅草根部、苣藚菜種子、馬齒莧、植栽萵苣、洋車前草、爐渣、特拉卡甘膠各2吩又5格令，肉豆蔻、肉桂、生薑各1.5打蘭，黃、白與紅色的檀香各1.5打蘭，上述材料3倍量的糖，溶於玫瑰蒸餾液；混合後製成乾藥糖劑。

功效 我建議此藥方不可內服。

消脹氣乾藥糖劑

取虎耳草與紫草的種子、甘草汁液各15克，藏茴香種子、茴芹、野芹、茴香、馬其頓歐芹、金雀花、胡蘿蔔、假葉樹、蘆筍、圓葉當歸、孜然籽、杜松、芸香、菖蒲種子、普列薄荷、委陵菜、月桂漿果各2打蘭，印度甘松、發燒草、琥珀、纈草、豬茴香、山貓石各1.5打蘭，高良薑、生薑、盒果藤各2打蘭，番瀉苷30公克，處理過的山羊血15毫升，將它們混合在一起：首先捶打成粉末，然後將其3倍量的糖溶解在白酒中，一起混合製成乾藥糖劑。

功效 每天早上服用1打蘭，這是治結石和脹氣痛的極佳療法：我向患這種疾病的人保證，我將之譽為寶石。

Chapter 31

藥丸

希臘語稱藥丸為Katopotia，在拉丁語則是Pilulæ，意思是小球，因為它們被製成這種形式，好方便吞下，在其口味不佳時也不妨礙服用。

傘菌藥丸

取傘菌3打蘭，英國本土的藍色香鳶尾根部、薰陸香、苦薄荷各1打蘭，盒果藤5打蘭，希臘苦藥15克，藥西瓜、甘草膠各2打蘭，沒藥1打蘭，以及足量的薩帕糖漿，將所有材料充分混合，製成一團塊。

功效 此藥的發明是為了清潔胸部與肺部的黏液，藥效很強。除非身體非常虛弱，否則一次服半打蘭（保持溫暖）不會對你造成傷害。

複方藥丸

取香櫞、欖仁、大黃各15克，龍牙草與苦艾的濃稠汁液各2打蘭，旋花樹脂5打蘭，傘菌、藥西瓜、水龍骨各2打蘭，盒果藤、蘆薈各6打蘭，薰陸香、紅玫瑰、岩鹽、山菟絲子、洋茴香籽、生薑各1打蘭，混合大馬士革玫瑰糖漿，製成一團塊。

功效 它可以清瀉頭部的黃膽汁、黏液與黑膽汁，且效力確實徹底。治療每日瘧和胃部、肝臟病痛效果很好。由於它的調配良好，只要一次服用半打蘭，並且保持溫暖，我想就不會發生危險。

蘆薈藥丸

取肉桂、丁香、小株的小荳蔻、肉豆蔻、肉豆蔻皮、菖蒲、基列香脂樹果實或者杜松漿果、沉香、黃檀、乾燥的紅玫瑰、苦艾各15克，將這些材料大略搗碎後泡到酒精裡，將容器密封，從中提取出酊劑。

將上述的酊劑1.35公升，過濾後，在其中溶入蘆薈450克，並加入薰陸香、沒藥各15克，番紅花2打蘭，祕魯香脂（Balsam of Peru）1打蘭，多餘的酒液放在灰燼餘熱或泡熱水槽中蒸發耗盡後，將其製成大量藥丸。

功效 它清除胃部和腦部的劣質與腐敗體液，在感官知覺受困擾時為之紓壓，使之清明，並清潔受不良體液、風邪等侵害的腦部。有助於緩解眩暈和頭痛，並增強腦部功能，幫助消化並增強胃部，晚上睡覺前服用1打蘭，第二天會漸漸地發揮作用，若該部位虛弱，可以少吃一點；如果較強壯，則可多一些。如果只服了半打蘭，第二天就可以外出走走無妨；如果服了1打蘭，留在家中較好；不會有任何傷害。

洗過的蘆薈藥丸

取清洗過的蘆薈混合紅玫瑰汁液30公克，傘菌3打蘭，薰陸香2打蘭，足量的大馬士革玫瑰糖漿，製成一團塊。

功效 它可以滌清大腦、胃部、腸道和眼睛裡的腐敗體液，並增強這些部位。使用方式如同下一則。

蘆薈玫瑰藥丸

取磨成粉的蘆薈120克，澄清的大馬士革玫瑰汁液450毫升，將它們混合後放在陽光下或泡在熱水中熟成，將多餘液體抽出、催熟並蒸發過4次，留下那團塊。

功效 它是黃膽汁的絕佳清瀉劑，效果很溫和，能釋放胃部多餘的體液，打通阻塞，治療從黃膽汁與黏液中衍生的疾病——如黃疸。可大大補強身體。晚上睡覺時服用1吩或半打蘭，之後可以到處活動走走，因為直到第二天下午才會產生作用。

金色藥丸

取蘆薈、陸均松各5打蘭，紅玫瑰、野芹種子各2.5打蘭，茴芹與茴香的種子各1.5打蘭，薰陸香、番紅花各1打蘭，混合足量玫瑰蜜製成團塊。

功效 它們被認為可滌清頭部，使感官敏銳——尤其是視覺，並驅除腸道的風，但效果有些竣猛。使用劑量最多僅到半打蘭，保持爐火不滅以取暖，在早上服用，服用後就去睡覺，它們將在中午之前產生作用。

柯切藥丸，多成分

取希臘苦藥10打蘭，陸均松2.5打蘭，盒果藤、頭狀薰衣草各5打蘭，混合足量的頭狀薰衣草糖漿，將其製成團塊即可。

功效 被認為可清瀉頭部，但充其量不過是持續地產生清瀉作用而已，只能開立給身體健壯者服用，但一次只能服半打蘭，要格外小心。

柯切藥丸，少成分

取蘆薈、旋花樹脂、藥西瓜各30公克，混合等量的苦艾糖漿及沙棘，製成一團塊。

狗舌草藥丸

取乾燥的狗舌草根部、白莨菪種子、處理過的鴉片各15克，沒藥6打蘭，乳香5打蘭，番紅花、海狸香、蘇合香、蘆木香脂各1.5打蘭，混合頭狀薰衣草糖漿製成一團塊。

功效 可抑制落在肺部上的熱性黏液，因此治結核病效果很好，還可以減輕疼痛，睡前一次服用1吩，如果你的身體虛弱，量還須減少；使用鴉片劑要小心，以免一睡不醒。

兩物之藥丸

取藥西瓜與旋花樹脂各30公克，加入足量的丁香油將它們揉拌均勻，然後混合一點沙棘糖漿製成一團塊。

澤蘭藥丸

取常春蓍草與苦艾的濃稠汁液，香櫞、欖仁各3打蘭，大黃3.5打蘭，薰陸香1打蘭，蘆薈5打蘭，番紅花半打蘭，苣蕒菜汁液製成的糖漿取足量混合製成一團塊。

功效 它是一種極佳的清瀉劑，效果溫和，且能強健身體，適合受黃膽汁疾病耗弱的身體。調製者認為適合將其用於治療三日熱、黃疸、肝臟壅阻梗塞等病症。晚上睡前服半打蘭，第二天中午前身體便能以正常狀態工作了。

臭藥丸

取蘆薈、藥西瓜、氨草膠、波斯阿魏、沒藥、芸香籽、小菟絲子各5打蘭，旋花樹脂3打蘭，盒果藤根部15克，處理過的小株大戟草根部、秋水仙各2打蘭，生薑1.5打蘭，甘松、肉桂、番紅花、海狸香各1打蘭，處理過的大戟2吩，將膠凍劑溶於韭蔥汁液，混合韭蔥汁液與糖製成的糖漿，製成一團塊即可。

功效 可清除粗劣生冷的黏液，治療由此引起的疾病、各種痛風、脊骨疼痛和其他關節疼痛。對痲瘋病和其他類似皮膚疾病有好處。我不太喜歡此藥方。

秋水仙藥丸

取波斯阿魏6打蘭，白芷香3打蘭，取足量的甘藍菜汁液，將它們加熱融在一起，以適當粗布過濾，再煮至微稠，然後取秋水仙、蘆薈、香櫞、欖仁、盒果藤、藥西瓜、軟的求求羅香各6打蘭，處理過的大戟、芸香與野芹的種子、海狸香、甘草膠各3打蘭，番紅花1.5打蘭，混合甘藍菜汁液與蜂蜜製成的糖漿，揉製成一團塊。

功效 對痛風和關節的其他寒性病症有益。這藥方較溫和，並且適用於相同的疾病。

混合傘菌的希臘苦藥丸

取希臘苦藥、傘菌各15克，蘆薈30克，混合適量玫瑰蜜製成一團塊。

特級藥丸（Imperial Pills）

取蘆薈60克，大黃45克，傘菌、番瀉苷各30克，肉桂3打蘭，生薑2打蘭，肉豆蔻、丁香、甘松、薰陸香各1打蘭，混合紫羅蘭糖漿製成一團塊。

功效 可清除身體的混融體液，大大增強胃部、腸道、肝臟和天然精氣；對寒性體質者有益，可提振心神。使用劑量為1吩或半打蘭，應於夜間服用。

青金岩藥丸

取磨成粉並好好洗過的青金岩5打蘭，小菟絲子、水龍骨、傘菌各30克，旋花樹脂、黑藜蘆根部、岩鹽各2.5打蘭，丁香、洋茴香籽各15克，希臘苦藥（單方）15打蘭，混合延胡索汁液製成的糖漿，揉製成一團塊。

功效 清瀉黑膽汁的效果相當猛烈。

強胃健腦丸

取蘆薈60克，薰陸香15克，乾燥馬鬱蘭2打蘭，苦艾灰燼的草鹼1打蘭，全部磨成粉後，混合足量的甘藍菜汁液與糖揉製成一團塊。

功效 增強胃部與腦部——特別是神經與肌肉部分，減輕造成前述部位不適、阻礙肢體動作的體液，疏通肝臟與脾臟阻塞，消除由此而來的疾病。

薰陸香藥丸

取薰陸香60克，蘆薈120克，傘菌、希臘苦藥（單方）各45克，混合苦艾糖漿製成一團塊。

功效 清瀉效果溫和，且補強身體效果好，可滋補頭部、腦部、眼睛、腹部以及腎部。

弱性藥喇叭藥丸

取弱性藥喇叭根部15克，盒果藤3打蘭，泡過醋後乾燥的大戟草葉子、外邦人之草的種子、傘菌藥錠各2打蘭，處理過的大戟草根部、薰陸香各1.5打蘭，肉豆蔻皮、肉桂、岩鹽各2吩，捶打成粉末，再混合白酒揉成一團，待其乾燥後捶打成粉末，混合香鳶尾根部汁液與糖製成的糖漿，再次揉製成團塊，做為捏塑藥丸備用。

功效 清瀉黏液效果猛竣。

白芷香藥丸

取白芷香、波斯阿魏、求求羅香、氨草膠、秋水仙、藥西瓜各5打蘭，番紅花、海狸香、沒藥、生薑、白胡椒、桂皮、香櫞、欖仁各1打蘭，旋花樹脂2打蘭，盒果藤15克，蘆薈45克，將膠狀物溶解於澄清的甘藍菜汁液，混合甘藍菜汁液製成的糖漿，揉製成團塊。

功效 它有助於治療各種顫抖、麻痺、痛風症狀，清潔關節，並且對受神經寒疾困擾的人有幫助。藥效劇烈。

藥西瓜藥丸

取藥西瓜6打蘭，傘菌、旋花樹脂、黑藜蘆根部及盒果藤各15克，蘆薈30克，修道院長玫瑰糖15克，將它們全部大致搗碎（修道院長玫瑰糖除外）放在品質最好的酒精密封浸泡8天，並且讓太陽曝曬，如此一來這液體約可高出底下材料6隻手指寬；然後以同樣的方式將修道院長玫瑰糖浸泡在酒精中，接著將它們緊緊地壓榨過濾，讓它們混合在一起，將殘渣丟掉，利用玻璃蒸餾器具將水分抽掉，然後將黏稠物質留在團塊中。

功效 它可以清除頭部和身體的黃膽汁、黏液與黑膽汁。不能大量服用，即使最強壯的人也只能服用半打蘭。

抗瘟藥丸

取蘆薈60克，沒藥30克，番紅花15克，混合檸檬汁先製成糖漿，然後製成一團塊。

功效 晚上睡前服用1份，在瘟疫時期是一種極好的預防藥劑；同時還可以淨化體內因飲食過度產生的各種體液，增強心臟和脆弱的胃部，且藥性作用起來非常輕鬆舒緩，你無需擔心影響第二天的工作。

不可或缺的基質藥丸

取洗過的蘆薈14打蘭，處理過的旋花樹脂6打蘭，傘菌、大黃、番瀉苷各15克，苦艾、紅玫瑰花瓣、紫羅蘭花朵、菟絲子、薰陸香各1打蘭，苦艾灰燼的草鹼各半打蘭，混合茴香汁液與蜂蜜製成的糖漿，製成一團塊。

功效 可清瀉頭部的黏液、黃膽汁與黑膽汁，改善聽覺與視覺，使頭昏腦脹的情況獲得紓解。

胃部藥丸

取蘆薈6打蘭，薰陸香、紅玫瑰各2打蘭，混合苦艾糖漿製成一團塊。

功效 可清潔並加強胃部，清洗的效果溫和，補強效果明顯，可助消化。

混有膠凍劑的胃部藥丸

取蘆薈30克，番瀉苷5打蘭，溶於接骨木花朵釀醋的氨草膠15克，薰陸香、沒藥各1.5打蘭，番紅花、苦艾灰燼的草鹼各半打蘭，混合沙棘糖漿製成一團塊（參照《蓋倫的醫療術》）。

功效 藥效比前一種藥方強烈。

蘇合香藥丸

取蘆木香脂、乳香、沒藥、甘草汁液、鴉片各15克，混合白罌粟糖漿製成一團塊（參照《蓋倫的醫療術》）。

功效 可幫助因為黏液逸流、咳嗽而煩惱的人，幫助因咳嗽而無法入睡的人。

琥珀藥丸

取白琥珀、薰陸香各2打蘭，蘆薈5打蘭，蕈菇1.5打蘭，長馬兜鈴半打蘭，混合苦艾糖漿製成一團塊。

功效 可修正女性的易病體質，增強受孕力，消除阻礙受孕的因素。能溫和清除黃膽汁與黏液，使用後留下收束、補強的效力。

三物之藥丸

取薰陸香60克，蘆薈120克，傘菌、希臘苦藥（單方）各45克， 大黃60克，肉桂2打蘭，混合菊苣糖漿製成一團塊。

功效 可溫和清瀉黃膽汁，有助於治療由此引起的疾病，例如瘙癢、疥癬、風疹等。它們可以增強胃部與肝臟的功能，疏通梗阻，因此可幫助改善黃疸。

盒果藤藥丸

取盒果藤60克，蘆薈45克，櫻桃李10打蘭，紅玫瑰、薰陸香各6打蘭，番紅花3打蘭，將它們全打成粉末，混合苦艾糖漿，揉製成團。

功效 可清瀉黃膽汁與黏液，藥效溫和適中；也可補強胃部與肝臟，助消化。

鴉片酊

取在酒精中萃取的底比斯鴉片30克，以相同方式萃取的番紅花1.5打蘭，海狸香1打蘭；將它們浸入15毫升的酒精，加入龍涎香、麝香各6格令，肉豆蔻精油10滴，泡在熱水中將水分蒸發，留下固體渣塊。

功效 此藥方的發明（也是一個偉大的發明）是為了減輕劇烈的疼痛，抑制發燒時傷害腦部的煙霧（但要當心發燒初期鴉片藥劑的使用），有助於睡眠，但睡前服用一次不要超過2格令。若服用後還是不易入睡，第二天晚上可以大膽服用3格令。
請特別注意避免太頻繁使用此類藥物，以免讓人睡到世界末日。

番紅花鴉片酊

取用蒸餾醋、然後以酒精製成的鴉片酊劑、以酒精萃取的番紅花各30克，珍珠鹽與珊瑚鹽（salt of Pearl and Coral）各15克、龍涎香1打蘭，藉著泡熱水的徐緩溫度將它們製成藥丸形式。

功效 作用如前者。

強身藥丸

取希臘苦藥3克，薰陸香、櫻桃李各15克，蘆薈60克，足量的頭狀薰衣草糖漿，將其製成團塊。

功效 可以徹底清瀉黃膽汁與黏液，並增強整個身體，它對於因飲食過度或飲食不當而身體衰弱的人非常有用，在晚上睡覺時服用半打蘭或1吩。

求求羅香藥丸

取求求羅香10打蘭，欖仁、毗黎勒、餘甘子各5打蘭，鐵屑（flakes of Iron）、韭蔥種子各3打蘭，燒過的珊瑚和琥珀各1.5打蘭，珍珠15克，將求求羅香溶於韭蔥汁液，再混合足量的韭蔥汁所製的糖漿，製成一團塊。

功效 此劑與前一種藥方皆很少用，故也相當罕見。

大黃藥丸

取精選的大黃3打蘭，櫻桃李、各3.5打蘭，甘草汁液與苦艾汁液、薰陸香各1打蘭，野芹與茴香的種子各半打蘭，希臘苦藥（蓋倫藥方）10打蘭，混合未澄清的茴香汁液與足量蜂蜜，製成一團塊。

功效 可清瀉黃膽汁，打通肝臟阻塞，可治療黃疸與初期水腫，並增強胃部與肺部。

蘆薈苦艾藥丸

取優質蘆薈120克，瀉根根部、欖仁、香橼、訶子、印度毗黎勒以及餘甘子、薰陸香、劍蘭、歐細辛、玫瑰各30克，海狸香3打蘭，番紅花1打蘭，混合苦艾糖漿製成一團塊。

功效 可幫助分娩後未清瀉乾淨的婦女，有助於帶走粗心助產士留下的異物，淨化頭部，治療頭痛、偏頭痛、眩暈和清瀉胃部的惡性體液。

秋水仙藥丸

取秋水仙、盒果藤、傘菌各15克，桂皮、印度甘松、丁香、基列香脂樹乾燥香材或者沉香、基列香脂樹果實或華澄茄、肉豆蔻皮、高良薑、生薑、薰陸香、阿魏膠、洋茴香籽、茴香、虎耳草、蘆筍、假葉樹、玫瑰、紫草、岩鹽各2打蘭，旋花樹脂30克，最好的蘆薈取相當於上述材料的總量，加糖的地松濃稠汁液或者以此汁液製成的糖漿取適量，製成一團塊。

功效 它可以治療痛風和其他關節疼痛，舒緩及增強腦部和胃部的功能，並消除由黏液引起的疾病。

混有藜蘆的柯切藥丸

取前述藥丸磨成的粉末、黑藜蘆根部樹皮磨粉30克；混合頭狀薰衣草糖漿製成一團塊。

延胡索藥丸

取欖仁、香橼、訶子以及印度劍蘭各5打蘭，蘆薈7打蘭；將它們全搗碎，以延胡索汁液潤溼後再晾乾3次，然後混合延胡索糖漿製成一團塊。

功效 可清瀉黑膽汁。請你不要過度頻繁地使用此藥。

印度欖仁藥丸

取印度欖仁、黑藜蘆、附生在橡樹上的水龍骨各5打蘭，小菟絲子、頭狀薰衣草各6打蘭，傘菌、青金岩各15克，常春蓍草的濃稠汁液、印度甘松各2打蘭，丁香1打蘭，單方希臘苦藥（蓋倫藥方）12打蘭，混合野芹汁液製成一團塊。

功效 它能很好地治療黑膽汁引起的疾

病，像是沒有潰瘍的惡性腫瘤、痲瘋疹、黑膽汁造成的負面心緒——如悲傷、恐懼等，以及四日熱、黃疸、脾臟疼痛不適。

清腦藥丸

取玫瑰、紫羅蘭、苦艾、藥西瓜、盒果藤、華澄茄、菖蒲、肉豆蔻、印度甘松、小菟絲子、基列香脂樹果實，或者代以小豆蔻、基列香脂樹乾燥香木材（Xylabalsamum）或者沉香、繖形科植物或大闊翅芹的種子、芸香、洋茴香籽、茴香與野芹、發燒草、薰陸香、歐細辛根部、丁香、肉桂、桂皮、番紅花、肉豆蔻皮各2打蘭，欖仁、香櫞、訶子、印度毗黎勒與餘甘子、大黃各15克，傘菌、番瀉苷各5打蘭，蘆薈則取上述材料的總量，混合茴香汁液製成的糖漿，揉製成一團塊。

功效 它清除頭部的混融體液，並清除阻礙視線的排泄物。

大戟草藥丸

取在醋與馬齒莧汁液中浸泡24小時的小株大戟草根部樹皮2打蘭，烘烤過的蓖麻子40顆，櫻桃李1.5打蘭，石蠶屬植物、地松、甘松、肉桂各2吩，混合30公克溶於玫瑰水的特拉卡甘膠捶打成細粉末，與足量玫瑰糖漿一起揉製成一團塊。

大戟藥丸

取大戟、藥西瓜、傘菌、求求羅香、波斯阿魏各2打蘭，蘆薈5打蘭，混合韭蔥汁液製成的糖漿製成一團塊。

功效 此藥丸對水腫、腰部疼痛和因潮溼引起的痛風非常有益。一次服用不要超過半打蘭，且服用後請別外出。

抗結核藥丸

取波斯阿魏與沒藥各2打蘭，鴉片、小豆蔻、海狸香各1打蘭，白胡椒半打蘭，混合足量的薩帕糖漿一起揉製成一團塊。

功效 適用於結核病與吐血這類症狀的患者，但是須使用新鮮剛製好的藥劑，睡前服用1吩就足夠了。

Chapter 32

藥錠

苦艾藥錠

取紅玫瑰、苦艾葉、洋茴香籽各2打蘭，常春蓍草的濃稠汁液、歐細辛根部、大黃、甘松、野芹種子、苦杏仁、薰陸香、肉豆蔻皮各1打蘭，混合足量的菊苣汁液製成藥錠。

功效 可大大增強胃部，打通腸胃梗阻壅塞；增強消化機能，打開肝臟的通道，治療黃疸消耗體內多餘的水分。它們有些苦，很少單獨食用。如果你喜歡苦味，可以在早晨服用1打蘭：它們清除身體的黃膽汁，但無清瀉作用。

傘菌藥錠

配方一：取磨粉過篩的傘菌90克，泡在足量、浸過2打蘭生薑的白酒中，製成藥錠。

配方二：精選傘菌90克，岩鹽6打蘭，生薑2打蘭，混合足量的單方醋蜜製成藥錠（參照《蓋倫的醫療術》）。

白色藥錠

取用玫瑰水洗過的白鉛10打蘭，甘草膠3打蘭，白澱粉2打蘭，阿拉伯膠與特拉卡甘膠各1打蘭，指甲花半打蘭，混合玫瑰水或母乳製成藥錠。

抗疫藥錠

取莪迷根部、蟹螯磨粉各1.5打蘭，經處理後的乾燥香櫞外皮、歐白芷種子、果皮各1打蘭，亞美尼亞紅玄武土半打蘭，加3倍的白糖製成粉狀，並混合已化成糖蜜蒸餾液的足量特拉卡甘膠黏液，製成糊狀後再塑成藥錠。

功效 這可以使身體免受汙濁穢氣以及如瘟疫、天花等流傳性疾病的侵擾。能增強心臟，時不時吃一點即可。你可以放心地將任何藥錠放在口袋裡，因為愈乾的藥劑愈好保存。

藥西瓜藥錠

從種子中取出藥西瓜子仁，將其切成小塊，然後用30公克的玫瑰油擦拭搓揉，再打成細粉，取此粉300克，阿拉伯樹膠、特拉卡甘膠、 求求羅香各6打蘭。將膠凍劑浸泡在足量的玫瑰蒸餾中

3到4天，直到融化為止，然後與前述的糊漿和一部分上述的黏液一起混合放在陰暗處晾乾，再次搗碎，混合剩餘的黏液攪和在一起，乾燥後保留備用。

功效 藥效太過劇烈，不適合一般普通百姓使用。

勞丹脂藥錠

取搗碎的勞丹脂90克，蘆木香脂45克，安息香30克，沉香木2打蘭，龍涎香1打蘭，指甲花半打蘭，麝香半吩，混合適量的玫瑰蒸餾液之後，再製成藥錠。

功效 對氣喘與呼吸困難的患者特別有用；尤其是喉嚨非常狹窄的幼童，他們幾乎無法吞下牛奶，此藥錠對孩子特別有益。

酸漿藥錠

取酸漿3打蘭，阿拉伯膠、特拉卡甘膠、乳香、龍血樹脂、松子、苦杏仁、白色蘇合香、甘草汁液、亞美尼亞紅玄武土、白罌粟種子各6打蘭，甜瓜、黃瓜、西瓜、葫蘆瓜等植物的種子各3.5打蘭，野芹與白茛菪的種子、琥珀、蘭諾斯島的土、鴉片各2打蘭，混合新鮮酸漿的汁液製成藥錠。

功效 相當利尿，且碎結石。可與相同性質的藥物混合使用。

一次服用半打蘭，若年齡體力許可，可服1打蘭。

舒胸止咳藥錠

舒胸藥錠：取白糖450克，冰糖120克，佛羅倫斯香鳶尾30公克，甘草6打蘭，白澱粉45克，混合足量泡過玫瑰水的特拉卡甘膠糊漿，製成小藥錠。視情況需要，可加入4格令龍涎香與3格令麝香。

甘草舒胸藥錠：取甘草汁液、白糖各1打蘭，特拉卡甘膠、洗白的甜杏仁各6打蘭，將榲桲種子泡玫瑰水成黏漿，取足量與上述材料混合製成藥錠。

功效 兩種藥錠都會在口腔融化，患有咳嗽、感冒、聲音嘶啞或發聲困難的人應含在口裡服用。前者較常被使用，但我認為後者較有效。

刺檗藥錠

取刺檗與甘草的濃稠汁液、爐渣、馬齒莧種子各3打蘭，紅玫瑰6打蘭，印度甘松、番紅花、白澱粉、特拉卡甘膠各1打蘭，清洗過的西瓜種子3.5打蘭，指甲花半打蘭，混合溶解了甘露蜜的刺檗汁液，製成藥錠。

功效 可解肝部、腎部與膀胱、胸部、胃部的熱，效果奇佳，且止腹瀉，並可用於退燒。

指甲花藥錠

取指甲花半打蘭，番紅花2打蘭，白澱粉3打蘭，紅玫瑰、阿拉伯膠與特拉卡甘膠、象牙各15克，去殼的黃瓜種子以及馬齒莧種子、甘草各30克，混合泡玫瑰水的小蚤車前草種子的黏糊湯劑，製成藥錠。

功效 對於高燒、血液與黃膽汁發燙、胃部與肝臟的熱病，以及因此引起的極度口渴具有極佳療效，還能治黃疸、肺結核和潮熱。

刺山柑藥錠

取刺山柑根部樹皮、穗花牡荊種子各6打蘭，氨草膠15克，水田芥與黑種草的種子、風輪菜與芸香的葉子、菖蒲與長馬兜鈴的根部、常春薯草的濃稠汁液、苦杏仁各2打蘭，鹿舌草、圓柏根部、茜草、紫膠各1打蘭；將氨草膠溶解於醋液，煮到濃稠似蜂蜜，將上述材料搗碎後，混合製成藥錠。

功效 有助於打通肝臟與脾臟阻塞，治療由此引發的疾病，以及佝僂病、憂鬱症等病症。

成年人可在早晨服用1打蘭，孩童劑量為1吩。

琥珀藥錠

取琥珀30公克，燒過的雄鹿角、阿拉伯膠與紅珊瑚，及特拉卡甘膠、金合歡、簇花草屬、野生石榴花、薰陸香、洗過的紫膠、烤過的黑罌粟種子各2打蘭又2吩，乳香、番紅花、鴉片各2打蘭，混合足量泡玫瑰水的小蚤車前草種子黏糊湯劑，製成藥錠。

功效 使用此藥錠意在治療身體各部位出血、月經、痔核或痔瘡；也可治胸部與肺部潰瘍，使用劑量從10格令到1吩，視患者情況而定。

製密特里達提解毒劑用的賽菲歐斯藥錠

取日曬葡萄乾糊漿、柏樹、松脂各90克，沒藥各45克，肉桂15克，菖蒲9打蘭，圓柏樹根部、印度甘松、桂皮、杜松漿果、求求羅香、玫瑰木或沉香2.5打蘭，番紅花1打蘭，足量的澄清蜂蜜，加那利葡萄酒少許；將沒藥與求求羅香混合葡萄酒研磨，直到狀似液態蜂蜜，然後加入松脂，再加日曬葡萄乾糊，接著是其餘材料，最後倒入蜂蜜，全部一起製成藥錠。

功效 無論是身體什麼部位的內部潰瘍，施用此藥都是極好的選擇。它主要用於複方藥劑中，如糖蜜和密特里達提解毒劑。

常春薯草藥錠

取常春薯草的濃稠汁液、甘露蜜各30公克，紅玫瑰15克，爐渣3.5打蘭，甘松3打蘭，大黃、歐細辛根部、洋茴香籽各2打蘭。將甘松、洋茴香籽與玫瑰一起搗碎，而爐渣、歐細辛與大黃則各自搗碎，接著在研缽中混合甘露蜜與常春薯草汁液，放入搗碎的粉末，混合新的汁液製成藥錠。

功效 服用此藥錠可治肝臟與脾臟淤滯

或阻塞以及異常腫大，還有黃疸與黑黃疸、初期水腫等。

加利亞莫夏塔香油藥錠

取沉香5打蘭，龍涎香3打蘭，麝香1打蘭，浸泡玫瑰水的特拉卡甘膠糊漿，製成藥錠。

功效 此藥錠能增強腦部和心臟，從而增強了生機和活動精氣，並改善口臭。它們的價格極昂貴，因此我就不提使用劑量了。

清涼藥錠

取去殼的四種大型寒性種子、白罌粟種子、錦葵、棉花、馬齒莧、榅桲、桃金孃、特拉卡甘膠與阿拉伯膠、開心果、松子、冰糖、甘草、法國大麥、小蚤車前草種子糊漿、洗白的甜杏仁各2打蘭，亞美尼亞紅玄武土、龍血樹脂、爐渣、紅玫瑰、沒藥各15克，混合足量的蜂蜜水製成藥錠。

功效 它被認為在治療膀胱潰瘍和其他所有體內潰瘍方面都非常有效，並且能減輕潰瘍引起的發燒，因為它具有清涼解熱、潤滑的良好特性。

暖胃強心藥錠，製糖蜜用

取玫瑰木或黃檀、薰陸香藥草葉子、歐細辛根部各2打蘭，食用大黃、牡荊、菖蒲、沉香、肉桂、基列香膏或肉豆蔻榨油各3打蘭，桂皮、印度葉或肉豆蔻皮、印度甘松、沒藥、番紅花各6打蘭，白豆蔻或小株的小荳蔻45克，薰陸香1打蘭，足量的加那利葡萄酒。讓沒藥溶解在葡萄酒中，然後加入打碎的薰陸香和番紅花，接著加入基列香膏，將剩餘材料磨粉加入酒中，再與葡萄酒一起製成錠劑，然後慢慢晾乾。

功效 除了用於複方成分中，此藥錠很少（或可說從未）被單獨使用過，能溫熱寒涼的胃部，幫助消化，增強心臟以及大腦。

子宮清潔藥錠

取阿魏、白松香各2.5打蘭，沒藥2打蘭，海狸香1.5打蘭，歐細辛與長馬兜鈴的根部、沙皮檜葉子、小白菊、荊芥各1打蘭，巖愛草半打蘭，混合芸香汁液或湯劑，製成藥錠。

功效 適用於女性，減輕子宮抽痛，使胎兒和胎盤排出順暢，清洗分娩後的婦女，以及排除粗心助產士遺留之物。

沉香藥錠

取沉香、紅玫瑰各2打蘭，薰陸香、肉桂、丁香、印度甘松、肉豆蔻、防風草種子、大株與小株的小荳蔻、蓽澄茄、加利亞莫夏塔香油、香櫞果皮、肉豆蔻皮各1.5打蘭，龍涎香、麝香各半吩，混合葡萄乾製蜜，製作成藥錠。

功效 能增強心臟、胃部與肝臟，消除噁心感、暈眩、口臭，預防水腫。

沒藥藥錠

取沒藥3打蘭，羽扇豆粗磨粉5打蘭，茜草根部、芸香葉、野生薄荷、巖愛草、孜然籽、阿魏、波斯阿魏、白芷香各2打蘭，將膠凍物溶於煮過艾蒿或杜松漿果的酒，接著加入其餘材料，混合艾蒿汁液製成藥錠。

功效 可促排月經，並且消除經痛。取一打蘭磨粉，搭配一兩匙艾蒿糖漿或其他用於相同目的之複方藥劑。

鉛藥錠

取燒過又洗過的鉛、燒過的黃銅、銻、洗過但未加工的氧化鋅、阿拉伯膠與特拉卡甘膠各30公克，鴉片半打蘭，混合玫瑰水，伴在一起後搗碎過篩，製成藥錠。

石榴花藥錠

取石榴花朵12打蘭，岩明礬3打蘭，乳香、沒藥各15克，硫酸銅2打蘭，公牛膽汁6打蘭，蘆薈30克，混合口感緊澀的葡萄酒、茄屬植物汁液或車前草汁液，製成藥錠。

功效 有人說它們很有用，可以敷在新傷口和潰瘍處。但我不喜歡此藥。

大黃藥錠

取大黃10打蘭，常春蓍草的濃稠汁液、苦杏仁各15克，紅玫瑰3打蘭，歐細辛根部、茜草、印度甘松、苦艾葉、茴芹與野芹的種子各1打蘭，混合和苦艾一起煮過的酒，製成藥錠。

功效 可溫和地清潔肝臟，治療黃疸及因黃膽汁異常與肝臟阻塞而生的疾病。

檀香藥錠

取三種檀香各30克，黃瓜、葫蘆瓜、西瓜、馬齒莧等植物的種子、爐渣各15克，紅玫瑰7打蘭，刺檗汁液6打蘭，亞美尼亞紅玄武土15克，指甲花1打蘭，混合馬齒莧蒸餾液製成藥錠。

功效 療效與爐渣藥錠相同，兩者皆安全無害。

海蔥藥錠，製糖蜜用

取大約在一月中旬採集、中等大小的海蔥1株，保留細小根部所黏附的堅硬部分，將其包裹成糊狀，然後放進爐子烘烤，直到糊漿變乾，想知道海蔥是否變軟，可以用一根木叉或錐子試試能否刺穿，然後將其取出，放入研缽中磨，接著在每450克海蔥中加入3.6公斤的白色苦味野豌豆或磨粉的紅色鷹嘴豆，然後製成藥錠。每片藥錠應重約2打蘭（捏製時雙手先塗上玫瑰油），放在屋頂風乾，在陰影下朝向南方，應時常翻面直到它們完全乾燥，然後再將它們放在白鑞或玻璃容器中保存。

爐渣藥錠

取紅玫瑰12打蘭，爐渣10打蘭，

酢漿草種子6打蘭，泡過醋後乾燥的馬齒莧與芫荽的種子、漆樹果泥各2.5打蘭，烤過的白澱粉、野生石榴花、刺檗各2打蘭，烤過的阿拉伯膠1.5打蘭，混合未成熟葡萄的汁液，製成藥錠。

功效 解熱與收束藥性良好，治療黃膽汁引發的發燒症狀（尤其是伴隨腹瀉病症的發燒）極佳，也能解渴。

蘭諾斯島土壤藥錠

取蘭諾斯島的土、亞美尼亞紅玄武土、金合歡、簇花草屬、烤過的阿拉伯膠、龍血樹脂、白澱粉、紅玫瑰、玫瑰種子、雲母赤鐵礦、紅珊瑚、琥珀、野生石榴花、爐渣、稍微烤過的馬齒莧種子、乳香、燒過的雄鹿角、柏樹堅果、番紅花各2打蘭，黑罌粟種子、特拉卡甘膠、珍珠各1.5打蘭，處理過的鴉片1打蘭，混合車前草汁液製成藥錠。

乳香藥錠

取乳香、爐甘石、燃燒所得的不純氧化鋅各10打蘭，指甲花40打蘭，阿拉伯膠、鴉片各6打蘭，混合清水揉成丸狀，烘乾後保存備用。

製糖蜜用的蝰蛇藥錠

取蝰蛇肉，去掉皮、內臟、頭部、脂肪和尾巴，與蒔蘿和一小撮鹽一起煮湯，水約240毫升，白麵包烤過2次，磨碎並過篩，取60克，製成藥錠。製作時你的手應塗上基列香膏或者壓榨取得的肉豆蔻油，將篩子底部朝上放在通風處，捏好的藥錠擺其上風乾，並時時翻面直至完全乾燥，然後將其放入玻璃容器或上釉的石鍋中密封，可保存1年，但是剛製作好的藥錠用來治成糖蜜絕對更好。

功效 此藥錠有一種交感作用的特質，可排出毒素，對於蝰蛇咬傷的療效非常出色。

抗疫藥錠，雷納德

取龍膽、洋委陵菜、佛羅倫斯香鳶尾、莪 朮等植物的根部各2打蘭、肉桂、丁香、肉豆蔻皮各半打蘭，歐白芷根部3打蘭，處理過的芫荽種子、玫瑰各1打蘭，乾燥香櫞果皮2打蘭，將它們全打成粉末，混入180毫升以甘草汁調和的芫荽調酒（Hippocras），做成糊狀，之後可捏塑成藥錠或小捲餅，隨你喜好。

功效 它不僅可以保護和增強心臟，還有助於恢復衰微的生機精氣，抗毒防瘟疫，是一種出色的藥物，方便在瘟疫橫行處和腐敗空氣中的旅行者攜帶，只要不時服用少量即可。

洋茴香籽藥錠

取洋茴香籽、常春著草濃稠汁液各2打蘭，蒔蘿種子、甘松、薰陸香、 印度葉或肉豆蔻皮、苦艾葉、歐細辛、野芹、苦杏仁各半打蘭，蘆薈2打蘭，足量的苦艾汁液，製成藥錠（參照《蓋倫的醫療術》）。

功效 疏通肝臟阻塞，效果溫和，因此可治其引發的病症，治療四日熱。除了有可能吃不慣之外，服用此藥不會有任何問題。

解熱藥錠

取紅玫瑰花朵6打蘭，甘松、沉香各2打蘭，甘草3打蘭，爐渣1打蘭，番紅花半打蘭，薰陸香2打蘭，混合白酒製成藥錠。

功效 可緩解體內黏液引起的發燒，如每日瘧、瘧熱等，以及腹痛。

暢通藥錠

取洗淨的紫膠、甘草汁液、常春薯草、苦艾與刺檗，全部製成濃稠糊狀，大黃、長馬兜鈴、木香、歐細辛、苦杏仁、茜草、茴芹、野芹、發燒草各1打蘭，混合馬兜鈴湯劑、發燒草湯劑或常春薯草汁液、苦艾汁液，製成藥錠。

功效 可治肝臟與脾臟阻塞，以及由此而起的發燒症狀，排脹氣，透過排尿進行清瀉，預防水腫。

青礬藥錠，配方1

青礬（Copperas）12打蘭，取石榴花朵10打蘭，未成熟五倍子、馬兜鈴、乳香各30克，明礬、沒藥各15克，黃礬（Misy）2打蘭，混合240毫升緊澀的葡萄酒製成藥錠。

功效 適合用於傷口、潰瘍與瘻管，使聽覺清晰，抑制贅疣產生，清除骨頭的穢物。

青礬藥錠，配方2

取明礬、蘆薈、青礬、沒藥各6打蘭，提煉番紅花精油後所餘膏渣（Crocomagma）、番紅花各3打蘭，石榴花朵15克，酒與蜂蜜各取足以製成藥錠的量，製成藥錠。

功效 用途同前一種藥錠。

番紅花藥錠

取番紅花100打蘭，紅玫瑰、沒藥各50打蘭，白澱粉各30打蘭，以及足量的酒，製成藥錠。

功效 拒斥排出之力很強，可溫熱並增強心臟與胃部。

酢漿草藥錠

取酢漿草的汁液180毫升，紅玫瑰葉30克，桃金孃漿果60克，放在一起稍微滾煮，過濾後加入搗得細碎的五倍子90克，再稍微煮一下，接著加入以下材料（皆須磨成細粉）：紅玫瑰30克，黃檀10打蘭，阿拉伯膠45克，漆樹、爐渣各30克，桃金孃漿果120克，沉香、丁香、肉豆蔻皮、肉豆蔻各15克，酸葡萄7打蘭，全部混合後放在一塊石頭上風乾，再一次研磨成粉，混合1打蘭的指甲花與1打蘭玫瑰水製成小藥錠，加上15格令的麝香調味。

功效 可增強胃部、心臟和肝臟及腸道的健康，同時也可治療急性腹痛與血痢，如果將粉末吸入鼻子可治流鼻血，還能降低體內的鹽分負擔，減少抽動現象與膽汁液。你可以隨身攜帶它們，隨時都可服用。

玫瑰藥錠

取紅玫瑰15克，沉香2打蘭，薰陸香1.5打蘭，羅馬苦艾、肉桂、印度甘松、桂皮、發燒草各1打蘭，足量的陳年老酒與五種疏通植物根部的湯劑，製成藥錠。

功效 治胃痛、消化不良、腸絞痛、潮熱與初期水腫，且使人氣色良好。

珊瑚藥錠

取亞美尼亞紅玄武土、紅珊瑚各30公克，野生石榴花、蘭諾斯島的土（Terra Lemnia）、白澱粉各15克，簇花草屬、莨菪種子、鴉片各2打蘭，與適量的車前草汁液，製成藥錠。

功效 可止血，治血痢，能使月經停止，對於食不下嚥、易反胃噁心的人相當有幫助。我自己並不喜歡此藥。

止痛收束藥錠

取野芹種子及羊角芹各30克，洋茴香籽與茴香種子各15克，鴉片、桂皮各2打蘭，混合雨水製成藥錠。

功效 也是收束性藥物，減輕疼痛，且治胸膜炎。

簇花草屬藥錠

取白澱粉、野生石榴花、薩摩斯島的土、簇花草屬汁液、番紅花、鴉片各2打蘭，混合車前草汁液製成藥錠。

功效 此藥的作用與前一種相同。

Chapter 33

精油

榨取的單方精油

甜杏仁油

取尚未腐爛的甜杏仁，愈多愈好，剝除外殼，洗白後放入研缽中搗碎，放到隔層容器中繼續捶打，不須加熱，直接用力壓擠出油來。

功效 它有助於治療喉嚨和胃部的粗糙和瘦痛，治胸膜炎，增加精子，減輕咳嗽和潮熱，通過注射可以治療小便灼燒；治療膀胱、腎部和子宮的潰瘍。你可單獨服用此劑15克，也可混合15克的紫羅蘭糖漿，這樣一次服用1匙，服用時仍要搖晃均勻；不過要注意一點，如果是內服使用，最好是剛榨取的，因為它會在3到4天內變質酸掉。

苦杏仁油

製成方式像甜杏仁油一樣，但無須將其洗白，也不必在榨出油時加熱。

功效 可打通阻塞，滴入耳朵可治重聽，它有助於治神經硬化，並且能去除臉上的斑點。幾乎不會用來內服。

榛果精油

它是由核仁製成的，核仁需經過清洗、捶搗和敲打，並像甜杏仁油一樣壓緊搾取。

肉豆蔻精油與肉豆蔻皮精油也是這樣萃取。

功效 必須將它們放入容器中（即玻璃容器或類似的東西）密封，以防將它們放入水槽時水濺入沾溼了它們。這種油對神經寒疾、關節痛風等有良好的治療作用。

核桃仁油

以類似的方式處理核桃果仁，只是在製作過程中有時需要使用乾燥、較老和過熟肥大的核果。

杏桃精油

用杏桃以相同方式製成，其他如櫻桃、桃子、松子、開心果、李子的核仁，柳橙、大麻、野生番紅花、香櫞、黃瓜、葫蘆、西瓜、矮接骨木、莨菪、萵苣、亞麻、甜瓜、罌粟、歐芹、白蘿萄、油菜籽、蓖麻（Ricinum）等植物種子，以及芥菜籽與葡萄籽也是如此。

功效 因為這些油大多數都不再被人們使用，所以我不花時間一一列舉它們的優點了。如果有讀者想要製作它們，請查閱單方藥劑的部分；如果在本書中找不到單方藥劑的製法，那麼還有許多其他藥物可用以治療各種常見疾病，如以下所列。

月桂精油

取新鮮成熟的月桂漿果，數量隨你喜好，將其充分搗碎，然後在足夠水量中將其煮沸，直到油浮現在頂部（與水分離），儲存以備使用。

功效 治腹絞痛，對於風邪或寒冷導致身體任何部位的疾病不適都是一種絕佳療法。

橄欖油

一般橄欖油（oil of olives）從成熟的橄欖榨取，而不是從其硬籽榨出橄欖油。未成熟橄欖油（Olives omphacine）則是從未成熟的橄欖中榨取。

蛋黃油

將蛋黃煮到變硬，然後用手或杵臼將其弄碎；放在釉面的土製容器中捶打，直到開始起泡沫為止，並努力攪拌，但不要使其過度發熱，趁熱將其放入亞麻布袋中，並撒上果香葡萄酒（Aromatic Wine），然後榨出油。

功效 在瘻管和惡性潰瘍的治療中有幫助，可促使頭髮生長，清潔皮膚，去除皮膚病變如皮疹、輪癬、瘢痕、疥癬。

浸泡或熬煮的單方精油

玫瑰未成熟精油

取未成熟的紅玫瑰120克，在石缽中搗碎，未成熟橄欖油450毫升，將它們密封於玻璃中，放在烈日下曝曬一整週，每天要搖晃它們。然後以小火隔水加熱，將它們壓榨出來，接著放入新的材料，以類似的方式處理它們，如此進行3次。最後將精油倒入450毫升的玫瑰汁液中，讓它浮在其上。

純玫瑰精油

用上述的方法製成，以味甜的陳年老油，多次泡洗滿開的紅玫瑰，搗碎後放到太陽下曝曬，放入隔層容器中以小火煮，只是第3次浸泡要在陽光下靜置40天，然後將玫瑰和油混合在一起。

黃水仙精油作法同玫瑰精油。

苦艾精油

取120克的一般苦艾頂部及1.35公升的熟成油，重複上述方式3次；不過在最後一次加入127毫升苦艾汁液，此汁液會在小火煮的過程中蒸發掉。

蒔蘿精油

取蒔蘿的花朵和葉子120克，純油450毫升，重複工序3次。

海狸香精油

取30公克海狸香，油450毫升，酒120克，酒應在泡水加熱時完全蒸發。

洋甘菊精油

取新鮮洋甘菊花朵，將白花瓣去除後切剁搗碎，放在容器中覆以亞麻薄布，曝曬於陽光下，重複工序3次。

桂竹香精油

同蒔蘿精油。

榲桲精油

取6份未成熟橄欖油，榲桲的果肉與汁液一份，以玻璃容器盛裝，在陽光下曝曬15天，之後置於隔層容器中煮4小時，再進行擠榨，換新材料後重複工序3次。

土木香精油

取熟成的油、搗碎的土木香根部及其汁液，各自為比例均等的1份，加入其一半量口感豐厚的葡萄酒，酒會在之後蒸發。

大戟精油

取6打蘭大戟，桂竹香精油與甜酒各150毫升，放在隔層容器中煮，直到酒完全蒸發。

螞蟻精油

取帶翅螞蟻，泡在其4倍量的甜味油中，放在玻璃容器中曝曬40天，然後過濾。

聖約翰草單方精油或香膏

先將種子搗碎榨出油，再加進花朵後曝曬。

茉莉花精油

由茉莉花朵製成，將茉莉花放在澄清的油中，經日曬後壓榨取得。

香鳶尾精油

佛羅倫斯香鳶尾的根部450克，紫色香鳶尾花朵225克；放入隔層容器，與足量的佛羅倫斯香鳶尾湯劑、2.7公升甜味油一起煮，過程中不停加入新鮮根部與花朵；根部就像在取玫瑰精油時一樣要丟掉。

蚯蚓精油

取泡過白酒的蚯蚓225克，熟成油900毫升，放在隔層容器與240毫升上好的白酒一起煮，直到酒全部蒸發。

馬鬱蘭精油

120克稍微搗碎的馬鬱蘭，白酒180

毫升，熟成油450毫升，混合後在陽光下曝曬3次；最後煮到酒完全蒸發。

薰陸香精油

取玫瑰未成熟油450毫升，薰陸香90克，葡萄酒120毫升；在隔層容器中煮到酒完全蒸發。

金花草精油

來自此金花草的頂部，作法同洋甘菊精油。

薄荷精油

由薄荷藥草與未成熟橄欖油製成，作法同玫瑰精油。

桃金孃精油

取桃金孃漿果1份，搗碎後淋上烈酒，未成熟橄欖油3份；曝曬24天，在此期間須換過材料、熬煮、擠榨漿果，重複3次。

甘松精油

取90克的甘松，甜味油675毫升，甜白酒與清水各75毫升，煮到水分完全蒸發為止。

睡蓮精油

取新鮮的白蓮花1份，未成熟橄欖油3份，像製玫瑰精油一樣，要重複替換花朵材料。

菸草精油

取等量的菸草汁液與一般的油隔水加熱。

罌粟精油

由植栽罌粟的花朵、頭部、葉子與未成熟橄欖油製作而成，製作方法同蒔蘿精油。

楊樹精油

取楊樹芽3份，圓潤的白酒4份，甜味油7份；先漿樹芽搗碎，在酒與油中泡7天，接著煮過後壓榨。

芸香精油

把芸香搗碎後混合熟成油，就像玫瑰精油一樣。

蠍子精油

取35隻蠍子——須於太陽移行至獅子座時捕捉，泡入900毫升的苦杏仁油中，曝曬40天後過濾。

野生黃瓜精油

取野生黃瓜的根部及其汁液，兩者等量；加入雙倍量的熟成油，煮到汁液蒸發為止。

茄屬植物精油

取茄屬植物的成熟漿果置於熟成油中滾煮，或於3倍量的玫瑰精油中煮。

蘇合香精油

取蘇合香與甜白酒各1份，熟成油4份，小火煮到酒完全蒸發。

紫羅蘭精油

以橄欖油和紫羅蘭花朵製成，就像玫瑰精油一樣。

馬鞭草精油

以馬鞭草和油製成，作法就像薄荷精油一樣。

功效 可以肯定的是，上述的這些精油大多數（如果不是全部的話）只能外用；而且它們也確實保留了製作原料各自單方草本的優點，因此，巧手者可以自行調製。

浸泡與熬煮的複方精油

神恩之油

取飛廉草與纈草的根部各30克，聖約翰草花朵60克，小麥45克，陳年油120毫升，柏樹松脂240克，乳香粉末60克，將根部與花朵搗碎後浸泡在白酒中，酒剛好淹過它們即可，浸泡2天後，將油與搗碎的小麥倒入，一起煮到酒都蒸發掉；然後進行壓榨，加入乳香與松脂，再煮一會兒即可存放備用。

功效 用於清潔與凝結傷口，尤其是頭部創傷。

刺山柑精油

取刺山柑根部樹皮30公克，檉柳的葉子與樹皮、穗花牡荊種子、蕨薇（或稱鐵角鳳尾草）、柏樹根部各2打蘭，芸香1打蘭，成熟橄欖油450毫升，白酒醋與白酒各60毫升，材料經切剁過後，浸泡在酒與醋裡，（經過2天後）隔水以小火加熱，直到酒與醋都蒸發，然後過濾，存放備用。

功效 此藥油可通阻並加熱，絕對適合用於脾臟，可治脾臟硬化和疼痛，以及因阻塞而出現的疾病，例如憂鬱症、佝僂病等等。

海狸香複方精油

取海狸香、蘆木香脂、白松香、大戟、白芷香、 桂皮、番紅花、基列香脂樹果實或華澄茄、甘松、木香各2打蘭，柏樹、長胡椒與黑胡椒、沙皮檜、香根蓍草各2.5打蘭，熟成的油1.8公升，西班牙葡萄酒900毫升。除了前五項之外，其餘材料都應按其適合的方式處理，然後加進油和酒中以小火滾煮，直到酒蒸發完為止。與此同時，將白松香、白芷香與大戟捶打成細粉末，將其溶解在一部分葡萄酒中並過濾，（趁油還溫熱時）讓它們全混合在一起，攪拌均勻；滾煮完畢後，放入蘇合香和海狸香。

功效 此複方精油的醫療優點與它的單方藥劑相同。

卡斯蒂諾精油

取苦牡荊的根部60克，桂皮30克，馬鬱蘭的頂部240克，搗碎後在360毫升的甜白酒中浸泡兩天；然後混合1.35公升沖洗過白酒的沙拉料理油，將之加入隔水加熱器具中滾煮，直到酒完全蒸發為止。

功效 可溫熱、通阻，增強神經和所有連結神經部分（如肌肉、肌腱、韌帶和心室）；除此之外，它還能增強肝臟，防止頭髮變白，改善身體氣色。請注意，不要將這種油和以下的油拿來食用（除非我特別給了相反的指示）。

番紅花精油

取番紅花、菖蒲各30克，沒藥15克，小荳蔻9打蘭，放在270毫升的醋中浸泡6天（小荳蔻除外，它要在最後一天才放入），之後將675毫升濾淨的油放入，以小火煮，直到醋被蒸散掉，然後進行過濾。

功效 它有助於治療神經痛，增強神經，軟化其硬度，治子宮疼痛，並使人氣色良好。

大戟精油

取斯塔維翠雀、石鹼草各15克，香根蓍草6打蘭，乾燥的山野風輪菜45克，牡荊2打蘭，海狸香5打蘭，搗碎後將它們浸泡在1.57公升的酒中3天，接著混合675毫升的桂竹香精油一起煮，在酒蒸發大半之前加進15克的大戟，繼續煮。

功效 醫療優點與單方藥劑相同，只是更有效。

石南花精油

取苦艾葉、小百金花、澤蘭、茴香、牛膝草、月桂、馬鬱蘭、香蜂草、荊芥、普列薄荷、沙皮檜、鼠尾草、百里香各120克，青蒿、藥水蘇、地松、薰衣草各180克，迷迭香450克，洋甘、金雀花花朵、白百合、接骨木、孜然籽與葫蘆巴的種子、黑藜蘆與白藜蘆的根部、白蠟木與檸檬樹皮各120克，大戟、芥菜、海狸香、香根蓍草各30公克，油12.7公升，酒1.35公升，將藥草、花朵、種子與大戟都搗碎，將根部、樹皮與海狸香切剁過，全部放到酒與油中浸泡12小時，隔水加熱，然後以小火煮，直到酒與水分被蒸發掉，過濾出油後保存備用。

功效 許多人年輕時不慎碰撞瘀傷，但一直到了年老時才會感覺到不適；還有一些人則受了風寒，四肢冒冷，對於這兩種情況，我都推薦以這種強效藥油沐浴泡洗身體不適處。

燕子精油

取身體完整的燕子16隻，洋甘菊、芸香、大株與小株的車前草、月桂葉、普列薄荷、蒔蘿、牛膝草、迷迭香、鼠尾草、聖約翰草、脂香菊各1把，一般的油1.8公升，西班牙葡萄酒450毫升，全部混合。

功效 這油和前者都適合用於長年舊傷瘀青疼痛和扭傷。

聖約翰草複方精油

取聖約翰草頂部120克，將它們整整3天浸泡在450毫升的陳年沙拉料理油中，然後泡熱水或曝曬加熱後再擠榨，重複浸泡2到3次，然後煮沸，直到酒幾乎被蒸發為止，將其油壓出，然後加入90克松脂和1吩番紅花，稍微煮一下後保存備用。

功效 參閱聖約翰草的單方藥油，但複方精油比它的效力更強。

聖約翰草多成分複方精油

取白酒1.35公升，成熟聖約翰草頂部4把搗碎，在密封的玻璃容器中浸泡2天，泡熱水加熱，然後仔細過濾。重複浸泡3次，過濾第3次後，在每450毫升湯劑中加入陳年老油1.8公升、松脂180克，苦艾油90毫升，巖愛草、龍膽、飛廉草、洋委陵菜、刺苞菊或水飛薊、菖蒲，各2打蘭，全都要搗碎，混合蚯蚓十條泡在60毫升白酒中，在陽光下曝曬5到6週，然後密封保存。

功效 除了可更有效地發揮聖約翰草單方藥油的作用外，它還是舊瘀傷、疼痛和扭傷的極佳救治藥方。

香鳶尾精油

取佛羅倫斯香鳶尾根部1.47公升，紫色香鳶尾的花朵150克，柏樹根部180克，土木香根部90克，紫朱草根部60克，肉桂、甘松、安息香各30克；將它們全搗碎，浸泡在12.25公升的陳年老油和1.8公升半清水中，放在陽光下或其他高溫的地方。到了第4天後，泡在隔水加熱器具中煮沸，直到水都蒸發，冷卻後過濾，保留備用。

功效 用途同香鳶尾單方藥劑，但精油的效果更強。

馬鬱蘭精油

取馬鬱蘭4把，鋪地百里香2把，桃金孃的葉子與漿果1把，青蒿、水薄荷各半把，切剁、搗碎後放入玻璃容器，加進1.35公升未成熟油，密封後在太陽下靜置或泡熱水8天，然後過濾，在油中放入新鮮的單方藥劑，重複工序3次後，即可完成此油的製備（參照《蓋倫的醫療術》）。

功效 有助於治療由寒冷所引起的腦部與神經疲勞和疾病；塞入鼻孔嗅聞，有助於治臉部痙攣（Spasmus cynicus）——這是一種嘴角歪扭症狀；滴入耳朵有助於治耳鳴噪音，可促排月經，並治療有毒生物咬傷；它是滋補身體最強效的藥油，可用來塗抹背部。用它來按摩身體身體可增強該部位的肌肉；用它擦拭額頭有助於緩解頭痛。

麝香精油

取2顆肉豆蔻，麝香1打蘭，印度葉或肉豆蔻皮、甘松、木香、薰陸香各6打蘭，蘆木香脂、桂皮、沒藥、番紅花、肉桂、丁香、基列香脂樹果實或蓽澄茄、求求羅香各2打蘭，純油1.35公升，酒90克，適當搗碎後慢慢熬煮，直到酒被蒸發掉，過濾後混入麝香。

功效 它對所有寒性疾病（特別是胃部疾病）都非常有效，用來塗抹身體兩側，可治該處的疾病，治淋病、腹絞痛、神經痛以及腎部不適。

甘松精油

取甘松90克，馬鬱蘭60克，沉香、菖蒲、土木香、柏樹、月桂葉、印度葉（或稱肉豆蔻皮）、小荳蔻各45克，大略搗碎後，放入各120毫升的酒與水及2.5公升芝麻油或橄欖油的混合液中浸泡一天；然後放在隔層容器裡以小火加熱使油純化完全。

楊樹精油

取楊樹新芽1.35公斤，酒1.8公升，一般的油3.2公升，將新芽好好搗碎在油與酒中浸泡7天，放在隔層容器裡煮，煮到酒被蒸發掉（若能在煮之前先將新芽浸泡過一兩次，藥效會更強），然後壓榨出油，保存備用。

功效 是優質的清涼解熱藥油，不過之後要介紹的同名軟膏比它更好。

Chapter 34

軟膏

單純的單方軟膏

白色軟膏

取玫瑰油270毫升，泡洗過玫瑰水並頻繁過篩的白鉛90克，白蠟60克，將蠟融化在油中，加入白鉛製成軟膏，再加入2打蘭混合了幾滴甜杏仁油製成粉的樟腦，將兩者混融化合。

功效 優質軟膏，清涼解熱且乾燥，緩解疼痛與傷口的痛癢與潰瘍，加入樟腦後藥效增強百倍。

銅絲軟膏

取磨成細粉的銅綠5份，蜂蜜14份，較酸的醋7份，煮至適當濃稠度並微帶紅色。

功效 它可以強力清潔骯髒的潰瘍和瘻管，而且不造成疼痛，可清除死肉和疣，使之保持乾燥。

緩解疼痛的軟膏

取白百合油180毫升，蒔蘿油和洋甘菊油各60克，甜杏仁油30克，鴨油和母雞油脂各60毫升，白蠟90克，全部混融化合。

功效 可用於緩解身體任何部位的疼痛，尤其是傷口或腫瘤處發炎引起的疼痛，因此藥效令人讚賞。

野芹軟膏

取野芹汁液450毫升，蜂蜜270毫升，小麥花朵90克，煮至適當濃稠度。

功效 是非常優質溫和的藥劑，可清潔傷口與潰瘍。

欖香脂擦劑

取欖香脂、冷杉樹脂各45克，清潔過的陳年羊脂60克，清潔過的陳年豬油30克；混合後製成軟膏。

功效 可溫和清潔潰瘍後使之長出新肉癒合，性質平順，對身體友善。

松脂軟膏

取黃蠟225克，一般的油900毫升，松脂60克，松香（Pine Rozin）、煉松脂各45克，乳香、薰陸香各30克，番紅花1打蘭，先將蠟融化於油中，再加入松脂一起煮；滾煮完後，將已磨成粉的其餘材料放入（番紅花最後放入），不停攪拌後製成軟膏。

王者之藥，較強&較弱

較強：取白蠟、松香、小母牛腰脂、希臘瀝青、松脂、乳香、沒藥各30克，油150毫升，將乳香與沒藥磨成粉，其餘材料融化，製成軟膏。

較弱：取黃蠟、濃厚松香、希臘瀝青各225克，油270毫升；融化後混合。

功效 無論是較強還是較弱的藥膏，都有溫熱、潤溼和消化的作用，能吸出傷口中的物質——我的意思是從新傷口中抽出汙穢或腐敗的血液；有清潔和減輕疼痛的作用。

求求羅香軟膏

取求求羅香6打蘭，大戟、波斯阿魏各4打蘭，海狸香3打蘭，蠟15打蘭，接骨木或桂竹香的油10打蘭，將求求羅香與波斯阿魏溶解於野生芸香蒸餾液，其餘材料在隔水加熱中融合。

白堊岩軟膏

取至少洗過7次的白堊岩225克，蠟90克，玫瑰油450毫升，全部放在鉛製的缽中反覆攪拌，蠟應先以小火融化於足量的玫瑰油中。

功效 用來治燒燙傷效果非常好。

藥蜀葵軟膏

取一般的油1.8公升，將藥蜀葵根部、亞麻籽與葫蘆巴種子製成黏糊，取900克；一起滾煮直到黏糊中的水分被蒸發掉，然後加入蠟225克，松香90克，松脂30克，煮成膏狀。

請注意，那黏糊處理方式如下：450克的新鮮根部搗碎，種子各225克先浸泡過，一起放入3.6公升泉水中煮 ，然後擠榨。參見複方部分。

茄屬精油軟膏

取茄屬植物精油180毫升，水洗過的白蠟、白鉛各4打蘭，燃燒並洗過的鉛、燃燒後再處理過的不純氧化鋅各60克，純乳香30克；製成軟膏狀。

功效 與前者有很大不同，應將它排在稍後順位，然後再自行選擇想使用的。

土木香軟膏

將土木香根部放在醋汁中煮過後搗爛成泥，取450毫升，取泡洗於湯劑的松脂、新鮮蠟液各60克，加鹽的陳年豬油300毫升，陳年老油120克，一般的鹽30克，將松脂加入油之中，將蠟與油融化，將泥與鹽磨得細碎，以這些材料揉製成軟膏。

普通的月桂軟膏

取搗碎的月桂葉450克，搗碎的月桂漿果225克，甘藍菜葉120克，公牛腿蹄油2.25公升，閹牛腰脂900毫升，一起煮過後過濾，然後就可製成軟膏。

鉛丹軟膏

取玫瑰油675毫升，鉛丹90克，密陀僧60克，白鉛45克，氧化鋅3打蘭，樟腦2打蘭，蠟45克，在鉛製杵臼中製成軟膏。

功效 此軟膏的乾燥作用就如同一般人們所知的那樣強，而且清涼解熱，因此對痛瘡患者有益，對於體液逸流、有黏膜炎問題的人也有幫助。

菸草軟膏

取搗碎的菸草葉900克，在紅酒中浸泡一晚，隔天早上放進清洗多次的新鮮豬油裡一起煮，直到酒被蒸發掉，過濾後加進225毫升菸草汁液，120克的松香，煮到汁液被蒸發掉，最後加入磨成粉的圓馬兜鈴根部60克，足量剛製好的蠟，製成軟膏。

功效 要將這種藥膏具體的醫療優點一一寫出需要一整個夏天的時間，而我貧弱的文筆對此藥之讚美實不足它應得好評的百分之一；它可治療腫瘤、膿皰病、傷口、潰瘍、槍傷，以及蕁麻荊棘、蜜蜂、黃蜂等有毒生物刺傷，還有毒箭造成的傷口等。

金爐底藥膏

取磨成細粉的金爐底225克，醋450毫升，玫瑰油900毫升，放在研缽中磨，偶爾加進一些油、一些醋，持續不停攪拌，直到醋彷彿消失，而裡頭的東西狀似白色膏狀。

功效 具有涼爽、乾燥的特性，對傷口瘙癢以及皮膚瘢疹病變等有益。

眼用軟膏

取以玫瑰水浸洗過的亞美尼亞紅玄武土30克，以小米草蒸餾液浸洗過的爐甘石、處理過的氧化鋅各2打蘭，磨細的珍珠粉半打蘭，樟腦半吩，鴉片5格令，車前草蒸餾液洗過的鮮奶油取足量，混合製成軟膏。

功效 用來塗抹眼皮，可抑制熱性黏液流入眼睛，效果極好。

尖葉酸模軟膏

將尖葉酸模根部放在醋汁中煮軟後打成泥，將硫磺以檸檬汁洗過，各取45克，以山蘿蔔汁液清洗多次的豬油取225克，以土木香汁液洗過的楊樹軟膏15克，放在研缽中製成軟膏。

功效 有益健康，雖然有點麻煩，但是可治疥癬與搔癢。

鉛軟膏

取密陀僧、燒過的鉛各60克，白鉛、銻各30克，以及足量玫瑰油混合製成軟膏。

功效 少服為妙，其危害大於優點。

油脂膏

取新鮮豬油1.35公升，新鮮羊脂270毫升，削切好的碩大甜蘋果720克，大馬士革玫瑰水180克，大略搗碎的佛羅倫斯香鳶尾根部6打蘭，放在隔水加熱器具中煮到蘋果變軟，然後過濾，不須壓榨，只要先放著保存；然後再稍加溫熱，用新鮮的玫瑰水洗滌，每450克加入12滴紅景天（Lignum Rhodium）精油。

功效 它的一般用途是軟化並滋潤粗糙的皮膚，去除嘴唇、手、臉或其他部位的皸裂。

鯨蠟軟膏

取無鹽奶油675克，鯨蠟、茜草、洋委陵菜根部、海狸香各15克，放在適量的酒中滾煮，直到酒被蒸發掉，形成膏狀。

功效 我不知道該怎麼用它。

松香軟膏

取等量的最純松脂製成的松香（也就是松樹樹脂）、洗過的黃蠟、純油；將它們融化成軟膏。

功效 此軟膏可用來治扭傷，使用方法就像大多數的敷料一樣好，製作軟膏所需花費也不多。

玫瑰軟膏

取乾淨的新鮮豬油450克，新鮮紅玫瑰225克，紅玫瑰汁液90克，混合製成軟膏。

功效 有很好的清涼藥性，用來治擦傷相當有效，可治與膽汁液相關的皰疹、發炎腫痛、皮疹、輪癬，能減輕頭部熱性疾病，以及胃部與肝臟異常發熱。

乾燥用的紅色藥膏

取玫瑰未成熟精油450毫升，白蠟150克，將它們融化於鉛製的缽中，放入蘭諾斯島的土（或亞美尼亞紅玄武土）、爐甘石各120克，金爐底、白鉛各90克，樟腦1打蘭，製成軟膏。

功效 能收束並抑制體液外流。

茄屬植物軟膏

取茄屬植物汁液、洗過的密陀僧各150克，洗過的白鉛240克，白蠟210克，乳香磨粉10打蘭，水洗多次的玫瑰油900毫升，製成軟膏。

功效 它的用途是消除傷口發炎，並在傷口幾乎要復原時防止被抓撓。

氧化鋅軟膏

取處理過的氧化鋅60克，焚燒後以車前草蒸餾液焠火冷卻、如此反覆數次的爐甘石30克，磨成細粉末後，混合675克的玫瑰軟膏製成藥膏。

功效 是具有清涼、乾燥作用的藥膏，適合用於眼睛，可使流至眼部的熱性體質體液乾掉，塗在眼皮上即可。

山蘿蔔軟膏

將嫩綠山蘿蔔的汁液用一把螺絲釘榨出，通過一塊布過濾，取這種汁液與豬油——兩者都愈多愈好，把豬油放在一石缽中加熱，而不是磨碎，一點一點將汁液慢慢倒入，讓兩者混合浸染得更好，然後放在方便的容器中曝曬，使汁液可覆蓋在油脂之上。

經過9天之後，倒出變色的汁液，像以前一樣將其打成漿，再倒入新鮮的汁液，在太陽下曬5天，再打一遍，放入更多果汁，再過15天，再來一次，這樣重複5次，然後將其存放在玻璃或上釉的容器中。

毛蕊花軟膏

取毛蕊花汁液、豬油，兩者都愈多愈好，將油脂清洗乾淨並切成小塊，然後與果汁一起攪打，像製作前一種藥膏一樣壓榨過濾，然後將其放在適當容器中9到10天，然後再將其捶打2次，第一次捶打時混合新鮮果汁打成綠色，第二次不加果汁攪打均勻，倒出變色黏糊，保留使用。

白屈菜軟膏

取白屈菜與毛蕊花的汁液各1份，澄清蜂蜜兩份，將它們緩緩加熱直到汁液都蒸發，加入（醫師開立的）硫酸鹽、燒過的明礬、燒過的墨魚汁，再次煮到成軟膏。

多成分複方軟膏

瀉根軟膏

取瀉根根部900克，野生黃瓜根部450克，海蔥225克，新鮮英國香鳶尾根部90克，鱗毛蕨根部、矮接骨木、菱角或者天南星各60克，都需新鮮，全部搗碎之後將它們浸泡在1.8公升的陳年油（油色要盡可能愈白愈好，不可有臭味）中6到7天。然後將它們煮過後再擠榨，在油之中融化150克的白蠟，混合製成軟膏。

功效 它有徹底清瀉的作用，塗抹在肚子上可以治水腫，而且當你不知道如何去除身體任何部位（如果該部位不是太柔嫩）的任何體液或黏液時，也可以使用它來塗抹；但是請不要太頻繁地使用，因為我可以很明白地告訴你，它不是很安全。

苦味軟膏

取芸香、沙皮檜、薄荷、苦艾、苦杏仁等植物精油各45毫升，桃花、桃樹葉、苦艾的汁液各15毫升，芸香、薄荷、小百金花、龍膽、洋委陵菜等植物磨粉各1打蘭，甘藍菜種子、藥西瓜糊各2打蘭，蘆薈肝藥（Aloes Hepatic）3打蘭，羽扇豆的粗磨粉15克，草汁蒸餾液洗過的沒藥1.5打蘭，公牛膽汁45毫升，混合足量的檸檬汁與45克的蠟製成軟膏。

使徒軟膏

取松脂、黃蠟、氨草膠各14打蘭，長馬兜鈴根部、乳香、求求羅香各6打蘭，沒藥、白松香各15克，白芷香、銅綠各2打蘭，密陀僧9打蘭，油900毫升，適量足以溶解膠狀物的醋，一起製成軟膏。

功效 消除腐爛的肉與死肉，軟化筋肉硬塊，清潔傷口、潰瘍與瘻管，使之長出新的肉來填補。

辣根軟膏

取以馬齒莧蒸餾液浸洗過的白鉛，將野生辣根的根部浸泡過醋後壓榨出汁，取爐甘石、黃銅各6打蘭，山羊血、燒過的鉛各15克，純化的水銀30克，風車草、茄屬植物、車前草等植物的汁液各60克，洗淨的豬油1.35公升，紫羅蘭、罌粟、曼陀羅草的精油各30克；先使其昇華精煉，然後將油、汁液與粉末混合，製成軟膏。

香櫞軟膏

取硼砂30公克，樟腦1打蘭，白珊瑚15克，羽明礬（Alum Plume）30克，特拉卡甘膠、白澱粉各3打蘭，水晶、乳香、硝石、白色大理石各2打蘭，蛇紋石（Gersa Serpentaria）30克，白鉛180克，無鹽豬油675克，處理過的羊脂45克，母雞脂肪75克。將前面的硬質材料磨成粉末，然後將洗淨後的油脂融化於石製容器中，將2顆中等大小的香櫞切碎後浸泡其中，再泡熱水加熱。1週後過濾，將粉末材料一點一點加入，其中樟腦與硼砂應最後放入，攪拌後製成軟膏狀。

月桂軟膏

取新鮮月桂葉1.35公斤，芸香1.1公斤，馬鬱蘭900克，薄荷450克，鼠尾草、苦艾、脂香菊、羅勒各225克，沙拉料理油9公升，黃蠟1.8公升，馬拉加葡萄酒900毫升，全部搗碎後滾煮，適當壓榨後製成軟膏。

功效 塗抹在頭部有極好的補強效果；對身體其他部位也有效，尤其是神經、肌肉與動脈血管。

薰陸香軟膏

取薰陸香、苦艾與甘松等植物精油各30毫升，薰陸香、薄荷、紅玫瑰、紅珊瑚、丁香、肉桂、沉香各1打蘭，加上足量的蠟製成軟膏。

功效 效力同前一種藥方，而且一點也不輸給它；塗抹後能增強胃部，恢復胃口與消化能力。它在從前就被人們稱為胃部藥膏。

增強神經軟膏

取帶有花的黃花九輪草、鼠尾草、地松、迷迭香、薰衣草，帶有漿果的月桂、洋甘菊、芸香、野芹，帶有花的金花草、苦艾各1把，薄荷、藥水蘇、普列薄荷、歐芹、小百金花、聖約翰草各1把，綿羊腿蹄或閹牛腿蹄精油2.25公升，寬葉薰衣草精油15毫升，綿羊或閹牛油脂，或者兩者的骨髓900克；藥草搗碎後與油、油脂一起煮，製成軟膏。

功效 適用於神經，有助於治療身體虛寒病症，並治舊瘀傷，適用於打寒顫或身體特定部位發冷情況——例如動脈不能正常運作；用它塗肚子可治脹氣；若要治消化不良，就塗在胃部；要治脹氣痛，就塗抹肚子。治身體任何部位的寒性疾病，這藥方都是無價之寶。

舒胸藥膏

取紫羅蘭蒸餾液洗過的新鮮奶油180克，甜杏仁精油120毫升，洋甘菊與紫羅蘭精油、白臘各90克，母雞與鴨子的油脂各60克，香鳶尾根部2打蘭，番紅花半打蘭；最後兩項磨成細粉，其餘材料融化後以大麥或牛膝草蒸餾液多浸洗幾次，再製成軟膏。

功效 可增強胸部與胃部，平息該部位的痛楚，治療胸膜炎與肺結核，塗抹在胸部即可。

舒緩軟膏

取豬油90克，母雞油、鴨油、鵝油各60克，紫羅蘭、洋甘菊與蒔蘿等植物精油、鮮奶油450克，白臘180克，特拉卡甘膠、阿拉伯膠、榲桲種子、亞麻籽、藥蜀葵根部等材料的黏糊液各15克。將黏糊液加入玫瑰水，再加入其餘材料製成軟膏。

功效 它能產生舒緩效果而沒有任何明顯發熱，因此是一種適合治療瘧熱、氣喘、潮熱或癆病的軟膏。它是一種很好的軟膏，可緩解傷口發炎或膿腫引起的疼痛，尤其是傷患經常身受其擾的乾燥感。對於諸如胸膜炎的體內膿腫，用此軟膏來塗抹不適部位的體表區域，對緩解症狀非常有益。

脾臟軟膏（含動物成分）

取刺山柑油30克，白百合油、洋甘菊精油、鮮奶油及瀉根與仙客來的汁液各15克，煮到汁液都蒸發後，加入氨草膠的醋溶液2.5打蘭，母雞油、小牛腿骨髓各15克，檉柳與刺山柑的根部樹皮磨粉、蕨類根部、藥蕨各1打蘭，穗花牡荊與金雀花的種子各1吩，混合足量的蠟製成軟膏。

脾臟軟膏

取刺山柑根部6打蘭，瀉根根部，佛羅倫斯香鳶尾、甜茴香籽粉末、氨草膠的醋溶液各15克，苦艾頂部、洋甘菊花朵各1打蘭，柳橙花朵與汁液製成的軟膏各6打蘭，香鳶尾與刺山柑精油各45克；將應當磨粉過篩的材料進行處理，其餘的都放入研缽中加熱反覆攪，製成軟膏。

功效 兩種藥膏都適合用於脾臟，可減輕其痛苦，用它們塗身體兩側即可。但我不喜歡前者。

汁液軟膏

取矮接骨木汁液240毫升，野芹與歐芹的汁液各120毫升，苦艾與香鳶尾各150克，一般的油225克，白百合精油300毫升，苦艾與洋甘菊精油各180毫升，母雞與鴨子脂肪各60克，一起以小火煮，煮到汁液都蒸發後過濾，然後混合210克的白臘與一點點白酒醋，製成軟膏。

可參見開胃軟膏。

漆樹軟膏

取漆樹、未成熟的五倍子、桃金孃漿果、野生石榴花、石榴果皮、 橡實殼斗、柏樹堅果、金合歡、薰陸香各10打蘭，白臘150克，以明礬水浸洗多次的玫瑰所製成的精油750毫升，將材料盡可能磨成細粉，然後將它們浸泡在足量的歐楂與花楸樹汁液中整整4天，之後以小火烘乾，再混合油和蠟把它煮成藥膏。

功效 這種藥膏的乾燥和收束效果強烈。除此之外，用它塗抹胃部可抑制嘔吐，用它塗腹部可抑制腹瀉，若有脫肛情況，當你將它復位時用這種藥膏塗抹，就不會再發生了。同樣的作法對於子宮脫垂也有效。

藥蜀葵複方軟膏

取藥蜀葵根部900克，亞麻與葫蘆巴的種子各450克，海蔥泥225克，油1.8公升，蠟450克，松脂、長春藤膠（Gum of Ivy）、白松香各60克，煉松脂、松香各225克。將植物根部都好好清洗後搗碎，亞麻籽、葫蘆巴種子和海蔥也要洗淨搗碎，然後將它們放在4.56公升的水中浸泡3天。

第4天在火上稍微煮一下，取出此黏糊液，從中取900毫升與油一起煮沸，直到汁液蒸發，然後加入蠟、松香與煉松脂；待其融化後，加入松脂，稍後將溶解於醋的白松香與長春藤膠放入，稍微煮一下後從火源上移開，一直攪拌直到冷卻，這樣它們才能好好地結合在一起。

功效 有溫熱和潤溼的作用，有助於緩解寒冷和胸膜炎引起的疼痛、舊傷疼痛和肋部刺痛，而且可軟化硬腫部位。

收束軟膏

取玫瑰油180克，茄屬植物汁液180毫升，將它們滾煮至汁液都蒸發，然後加入白蠟150克，洗過的白鉛60克，焚燒又洗過的鉛、燃燒所得再處理過的不純氧化鋅以及純乳香各30克，將它們製成軟膏狀。

功效 可解熱、收束、乾燥，止下痢，抑制傷口的血液或體液流出，使潰瘍處長出肉。

仿蠟布

取白蠟120克，玫瑰開胃軟膏精油450克，置於隔層容器中融化，再倒進另一隔層容器，並一點一點倒入冷水，接著在兩容器之間反覆交替，攪拌到變成白色，最後以玫瑰水浸洗，再加入一點玫瑰水與玫瑰醋。

功效 優質的解熱藥方，可治傷口發炎與腫瘤。

開胃軟膏

取野芹、苣藚菜、薄荷、苦艾、一般巴西里葉、纈草等的汁液各90毫升，苦艾油與薄荷油各225毫升，黃蠟90克，全部混合後以火加熱，製成軟膏。

功效 打通胃部與脾臟阻塞，舒緩佝僂病。使用時塗抹在胸部與體側。

治蛔蟲軟膏

取芸香、沙皮檜、薄荷、苦艾與苦杏仁等植物精油各45毫升，桃花或桃樹葉汁液及苦艾汁液各15毫升，芸香、薄荷、龍膽、小百金花、洋委陵菜等植物磨粉各1打蘭，甘藍菜種子、藥西瓜黏糊各2打蘭，蘆薈肝藥3打蘭，羽扇豆粗磨粉15克，以青草蒸餾液浸洗過的沒藥1.5打蘭，公牛膽汁45克，混合足量的檸檬汁與45克的蠟，製成軟膏。

功效 塗在肚子上可殺死蛔蟲。

Chapter 35

蠟布

白松香蠟布

取處理過的白松香45克，阿魏膠15克，求求羅香1打蘭，沒藥2打蘭，蠟60克，胡蘿蔔種子1吩，小白菊、艾蒿各半打蘭，將膠凍劑溶解於醋中，將其製成蠟布。

功效 敷於分娩後的婦女腹部，可清除生產過程中意外遺留之物，治療子宮抽痛，以及容易發生在產婦身上的其他意外傷害。

針葉樹蠟布

取針葉樹300克洋甘菊精油與香鳶尾各225克，黃蠟900毫升，松香450克，薰陸香、氨草膠、松脂各30克，甘松2.5打蘭，番紅花1.5打蘭，蘆木香脂15克，將其製成蠟布。

功效 可將肝臟、脾臟、子宮、神經、關節等身體部位的腫脹硬塊軟化消解掉，大大緩解疼痛。

紅檀

取紅檀10打蘭，白檀與黃檀各6打蘭，紅玫瑰12打蘭，亞美尼亞紅玄武土7打蘭，爐渣4打蘭，樟腦2打蘭，洗過的白蠟30打蘭，玫瑰未成熟精油180毫升；將其製成蠟布。

功效 用於外敷，治胃部、肝臟與其他部位的不適症狀效果很好。

Chapter 36

膏藥糊

氨草膠膏藥糊

取篩過的氨草膠、麥麩各30克，藥蜀葵軟膏、金花草複方膏藥糊、瀉根的根部與香鳶尾粉末各15克，雞、鴨、鵝的油脂各3打蘭，求求羅香、白松香各1.5打蘭，完全松香（Per Rozin）、蠟各150克，香鳶尾精油、松脂各15克，將油與油脂混合亞麻籽和胡蘆巴籽的糊液各90克一起煮，直到糊液乾掉為止。過濾後加入蠟、松香、松脂、混合金花草膏藥糊的藥蜀葵軟膏；開始冷卻時，先倒入溶於醋的氨草膠，再將粉狀的求求羅香與其餘的粉末材料混合，將其製成膏藥糊。

功效 它可以軟化並緩解腫脹硬塊，並使有害體液消散，塗在體側可軟化脾臟硬塊，緩解由此產生的疼痛。

月桂漿果膏藥糊

取去殼的月桂漿果、松脂各60克，乳香、薰陸香、沒藥各30克，柏樹、木香各15克，溫熱無浮渣的蜂蜜120毫升；製成膏藥。

功效 這是緩解胃部、肝臟、腹部、腎部或膀胱等任何部位風寒所造成疼痛的極佳選擇。對腸道脹氣與絞痛是極好的藥方。

創傷膏藥糊

取乾燥瀝青3.6公斤，黃蠟2.94公斤，完全松香2.37公斤，石油瀝青、或者木乃伊粉1.8公斤，油675毫升，銅綠、密陀僧、白鉛各90克，乳香225克，未燒過的岩明礬45克、燒過的120克，白芷香、黃銅屑、白松香各12打蘭，蘆薈、鴉片、沒藥各15克，松脂900毫升，曼陀羅草汁液，或者乾燥的根部樹皮6打蘭，醋2.25公升。將密陀僧、白鉛和油一起煮到像蜂蜜一樣濃稠，然後加入瀝青攪和，混合石油瀝青粉末一起融化；然後添加剩餘的材料，再一起煮，直到醋被蒸發，而且不會黏手為止。

功效 它有助於治療人和野獸造成的咬傷，減輕傷口發炎，並治療關節不適和初期痛風症。

藥水蘇膏藥糊

取藥水蘇、地榆、龍牙草、鼠尾草、普列薄荷、西洋蓍草、大株的康復力、快樂鼠尾草各180克，乳香、薰陸香各3打蘭，香鳶尾、圓馬兜鈴各6打蘭，白蠟、松脂各240克，完全松香180克，欖香脂、冷杉油脂各60克，白酒1.35公升；搗碎藥草，放在酒裡頭煮，過濾後加入剩餘的材料，製成膏藥。

功效 這是一種很好的膏藥，可黏合破裂的頭骨，吸出碎骨，並使肉長出來覆蓋骨頭；從深凹潰瘍的底部吸出穢物，恢復失去的肉，有清潔、消化、乾燥的作用。

紅玫瑰膏藥糊

取紅玫瑰45克，拳參根部，柏樹堅果、各種檀香、薄荷、芫荽種子各3打蘭，薰陸香15克，簇花草屬、金合歡、龍血樹脂、蘭諾斯島的土、亞美尼亞紅玄武土、紅珊瑚各2打蘭，以車前草蒸餾液浸洗過的松脂120克，玫瑰精油90毫升，白蠟360克，完全松香300克，瀝青180克，車前草、風車草與紫景天等植物的汁液各30毫升。將蠟、松香和瀝青融化在一起，加入松脂和精油，接著將溶解在汁液中的簇花草屬和金合歡加入，最後將粉末材料加入，然後製成膏藥糊。

功效 具有良好的清涼、收束、增強性質，可排除上升到頭頂的熱性黏液或蒸汽效果非常好，使用時將頭髮剃掉後塗在頭頂上。

收束膏藥糊，第一種

取藥蜀葵根部的汁液180毫升，白蠟木根部樹皮及其葉子、大株與小株康復力的根部及其葉子各60克，桃金孃漿果45克，柳樹葉子、聖約翰草的頂部各1.5把，將它們搗碎後，與紅酒、鐵匠焠火用水（Smith's Water）各900毫升一起滾煮，煮到只剩一半液體量，過濾後加入桃金孃精油與玫瑰未成熟精油各675毫升，山羊脂肪240克，再次滾煮，直到湯乾掉。

將滾煮後的液體過濾之後，加入金爐底與銀爐底、鉛丹各120克，黃蠟450克，煉松脂225克，煮到有膏藥糊的濃稠度，然後加入松脂60克，沒藥、乳香、薰陸香各15克，亞美尼亞紅玄武土、蘭諾斯島的土各30克，充分攪拌直到它們起泡，再將其製成膏藥糊。

收束膏藥糊，第二種

取大株的康復力、藥蜀葵、橡樹槲寄生等植物根部各60克，車前草、地松、聖約翰草各1把，將它們以等量的深色紅酒（black Wine）、鐵匠焠火用水一起煮，直到一半液體量被蒸發掉，過濾後加入榲桲種子混合、薰陸香油與玫瑰油各120克所製成的黏糊，一起煮到乾，擠榨過濾後，加入金爐底120

克，再煮到黏稠似膏藥糊，然後加入黃蠟120克，松脂90克，煉松脂6打蘭，船隻瀝青300克，野生石榴花、玫瑰、桃金孃、金合歡等所磨成的粉末各15克，木乃伊粉、薰陸香、琥珀各6打蘭，乳香各12打蘭，龍血樹脂60克；將其製成膏藥糊 。

功效 兩種膏藥都有乾燥與收束作用，兩者的用法也都相同。

頭部的膏藥糊

取松香60克，黑瀝青30克，勞丹脂、松脂、豆子與苦味野豌豆的花朵、白鴿糞便各15克，沒藥、薰陸香各1.5打蘭，山達樹脂、肉豆蔻各2打蘭，將沒藥與勞丹脂溶解於加熱的研缽中，再加入其他材料，將其製成膏藥糊。若希望其藥效更強，可加入大戟、香根蓍草與黑胡椒各2吩所製成的粉末。

功效 適合用來增強大腦，並驅除損害腦部的蒸氣，若添加了粉末，還能使多餘水分乾掉，並減少使眼睛不適的熱燙蒸氣。

白鉛膏藥糊

取白鉛所磨成的細粉末、白臘、沙拉料理油各90克，將油一點一點加到白鉛中，以溫和小火煮並持續不斷攪拌，直到開始溶脹，然後將蠟切成小段後投入，煮沸至適當濃稠度。

功效 它有助於治燒燙傷、乾燥疥瘡和熱性潰瘍，並且一般而言，可以用來治任何水分多的溼瘡。

含氨草膠的毒芹膏藥糊

取毒芹汁液120克，海蔥醋劑與氨草膠各240克，將氨草膠溶解於汁液與醋劑中，浸泡適當時間後過濾，取得合適的黏稠度。

功效 我認為它是為減輕劇痛、緩解傷口發炎而發明的，在這方面的效果非常好；請不要將其敷於任何主要部位。

麵包硬皮膏藥糊

取薰陸香、薄荷、爐渣、紅珊瑚、各種檀香各1打蘭，薰陸香與榅桲精油各1.5打蘭，烤過的麵包硬皮1片，放在紅玫瑰醋裡浸泡3次，經多次乾燥後，加入勞丹脂各60克，松香120克，蘆木香脂15克，大麥粉5打蘭；將其製成膏藥糊。

功效 我推薦以此膏藥來增強腦部，完全不輸藥方書中任何其他藥物，將頭髮剃掉，敷於頭頂。敷於胃部，即可增強胃部，助消化，抑制嘔吐，防止胃部裡的食物腐敗。

孜然籽膏藥糊

取孜然籽、月桂漿果、黃蠟各450克，完全松香900克，一般普通的松香1.35公斤，蒔蘿精油225毫升；全部混合後製成膏藥糊。

功效 可以舒緩腫脹，消除瘀傷帶來的長年疼痛，塗在腹部是治脹氣痛的絕佳療法。我經常施用此膏藥，總是能取得療效。

金爐底膏藥糊

從豬皮中提煉抽提新鮮豬油900克，取未成熟橄欖油、搗碎過篩的金爐底各1.35公斤，燃燒並淨化過的皓礬120克；將密陀僧、油脂和油以小火一起煮，倒入一點點車前草蒸餾液，持續攪拌，煮成糊狀，將其從火源移開後倒入皓礬，將其製成膏藥糊。

功效 乾燥、收束作用強，用於新傷口中有益於防止腐爛，對於破裂的疫瘡、撕裂傷、燒傷和燙傷中也很有幫助。

單純膏藥糊

取亞麻仁、胡蘆巴種子、藥蜀葵根部的黏糊液各450克，陳年油1.35公升。將其煮沸至糊液稍乾，過濾後再加入金爐底的細粉末675克；加一點點水以溫和小火煮開，持續攪拌，直到呈現適當的濃稠度。

功效 對於所有無痛的腫脹症狀很有效，可以軟化肝臟與脾臟的硬塊，藥效非常溫和。

香鳶尾黏糊劑

在每450克的單純膏藥糊劑中加入30公克香鳶尾粉末。

多成分黏糊劑

取葡萄乾、飽滿多肉的無花果、薰陸香、錦葵根部、亞麻籽與葫蘆巴種子等製成的黏糊，黏鳥膠、香鳶尾與海蔥兩者的的汁液各12.5打蘭，綿羊腿油脂45克，香鳶尾、洋甘菊、蒔蘿等植物精油各240毫升，金爐底細粉末450克，松脂90克，完全松香、黃蠟各60克，將油與糊液、植物汁液一起煮，消除水分，過濾掉表面的油，再加入密陀僧將其煮至產生黏稠度；然後加入松香和蠟；最後，將其從火源移開，加入松脂與黏鳥膠，將它們融化製成膏藥糊。

功效 可消溶硬化與發炎症狀。

含膠凍的多成分黏糊劑

取求求羅香、波斯阿魏、氨草膠各60克，溶解於酒中，將此液體添加到前一種膏藥中；先將溶解的膠凍劑煮至有蜂蜜的濃稠度。

功效 與前三者膏藥相比，此膏藥溶解硬塊腫脹的效果最佳。

膏藥黏糊劑

取榆樹中間層樹皮、藥蜀葵根部、亞麻籽與葫蘆巴種子製成的黏糊各135克，洋甘菊、百合與蒔蘿精油各45毫升，氨草膠、白松香、波斯阿魏、白芷香各15克，剛製成的蠟600克，松脂60克，番紅花2打蘭，將膠凍劑溶解於酒中，將材料製成膏藥糊。

功效 能使腫脹處成熟、破裂，並將傷處清洗乾淨。有極好的催熟特性。

海棗果泥膏藥糊，熱性

取黃蠟60克，完全松香、瀝青各120克，玫瑰與甘松精油各30毫升，融化在一起後，加入泡酒的海棗果泥120克，在紅酒中煮過的榲桲果肉30克，然後加入以下材料的粉末：烘烤2次後泡酒又乾燥過的麵包60克，薰陸香30克，乳香、苦艾、紅玫瑰、甘松各2.5打蘭，沉香、肉豆蔻皮、沒藥、洗過的蘆薈、金合歡、加利亞莫塔香油藥錠與蘭諾斯島的土、菖蒲各1打蘭，勞丹脂90克，混合後將其製成膏藥糊。

功效 能增強胃部與肝臟，治下痢，敷於不適部位。

海棗果泥膏藥糊，寒性

取蠟120克，船隻瀝青150克，勞丹脂105克，松脂45克，玫瑰精油30毫升，融化在一起後，然後加入以下材料：接近成熟、在緊澀的葡萄酒中煮過的海棗果泥120克，以同樣方式煮過的榲桲果肉與烘烤2次後泡酒又乾燥過的麵包各30公克，蘆木香脂、金合歡、未成熟的葡萄、野生石榴花、黃檀、蘭諾斯島土壤藥錠、沒藥、沉香各15克，薰陸香、紅玫瑰各45克，加上足以溶解上述材料的緊澀葡萄酒，全部混合後製成膏藥糊。

功效 能增強腹部和肝臟，幫助調整這些部位的體液，使之適當分布，抑制嘔吐與下痢。

神聖膏藥糊

取磁石120克，氨草膠90克又3打蘭，求求羅香60克，白松香、沒藥各10打蘭，乳香9打蘭，白芷香、薰陸香、長馬兜鈴、銅綠各30克，密陀僧、普通的油各675毫升，剛製成的蠟240克。將密陀僧磨成細粉末後與油一起煮，直到產生濃稠度，再加入蠟，待其融化後，移開火源，加入溶於酒與醋的膠凍劑，過濾之後，加入沒藥、薰陸香、乳香、馬兜鈴以及磨成粉末的磁石，最後加入磨成粉末的銅綠，將其製成膏藥糊。

功效 有清潔的特性，對惡性潰瘍極有效，消除腐肉，促使新的肌肉生長，使傷口結痂。

牙痛膏藥糊

取芥籽、大戟、長胡椒各1.5打蘭，斯塔維翠雀、香根蓍草各2打蘭，氨草膠、白松香、跳蚤車前膠（Phellium）、波斯阿魏各3打蘭，完整的芫菁5打蘭，船隻瀝青、松香、黃蠟各6打蘭，加上足量的松脂將其製成膏藥糊。

功效 許多人為了治牙疼或眼中的黏液過多的症狀，習慣在脖子上使用起水泡藥劑。如果他們願意在這些部位敷上此膏藥，就可以治好了。

藥膏之花

取松香、完全松香、黃蠟、綿羊油脂各225克，乳香120克，松脂75克，沒藥、薰陸香各30克，樟腦2打蘭，白酒225毫升，將它們煮成膏藥糊。

功效 我在一份1513年的舊手稿中也讀到這藥方，其中所有成分的數量幾乎沒有不同。

欖香脂膏藥糊

取欖香脂90克，完全松香、蠟、氨草膠各60克，松脂105克，足量的馬拉加葡萄酒；一起煮到酒被蒸發掉，然後加入溶於醋的氨草膠。

爐甘石膏藥糊

取處理過的爐甘石30克，密陀僧60克，白鉛15克，氧化鋅1打蘭，松脂6打蘭，白蠟45克，雄鹿油脂60克，乳香5打蘭，薰陸香3打蘭，沒藥2打蘭，樟腦1.5打蘭，將它們全部混合。

癒合膏藥糊

取五倍子、柏樹堅果、石榴果皮、野生石榴花、金合歡、車前草種子、小蚤車前草、水田芥、橡實殼斗、烘培過的豆子、長而圓的馬兜鈴、桃金孃各15克。將材料磨成粉，浸泡於玫瑰醋中4天，再烘乾，然後取大株與小株的康復力、馬尾草、菘藍、藥蕨、紫萁根部、蕨類各30克，乳香、沒藥、蘆薈、薰陸香、木乃伊粉各60克，以醋浸洗過的亞美尼亞紅玄武土，與經過處理的爐甘石、金爐底、龍血樹脂各90克，船隻瀝青900毫升，松脂180克或適量，將其製成膏藥糊。

功效 具有很強的收束力和接合力，適合用於治療撕裂或破裂傷——正如其名所指的那樣，它還可以增強腎部和子宮，防止流產，能固結傷口，並有助於預防寒冷和潮溼所引起的各種疾病。

拳參膏藥糊

取拳參根部450克，沉香、黃檀、肉豆蔻、刺檗果核仁、玫瑰種子各30公克，肉桂、丁香、洋甘菊花朵各15克，乳香、薰陸香、鴉片酊膏藥糊、加利亞莫塔香油、蘆木香脂各1打蘭，麝香半打蘭，黃蠟675毫升，松脂225克，勞丹脂1.8公升，船隻瀝青1.35公升；將勞丹脂和松脂加到瀝青與蠟之中，將其融化，然後加入蘇合香，最後加進剩下的粉末材料，然後過篩，以使其可以製成膏藥糊。

功效 將此膏藥貼在肚臍，可使子宮保持在原位，防止子宮抽痛。

薰陸香膏藥糊

取薰陸香90克，以深色紅酒浸洗過

的亞美尼亞紅玄武土45克，紅玫瑰6打蘭，象牙、桃金孃漿果、紅珊瑚各15克，松脂、煉松脂、芳香樹脂、勞丹脂各60克，黃蠟225克，桃金孃精油120毫升；將其製成膏藥糊。

功效 是具有黏合力的膏藥，用以外敷可增強胃部，並對厭食、無法消化，或在消化前留不住食物的患者很有幫助。

金花草單方膏藥糊

取松香3.6公升，黃蠟1.8公升，綿羊油脂900毫升；將材料融化後，加入切成小段的嫩綠金花草2.25公斤，將其製成膏藥糊。

金花草複方膏藥糊

取金花草花朵6打蘭，洋甘菊花朵、葫蘆巴種子、去殼的月桂漿果、藥蜀葵根部、苦艾與馬鬱蘭的頂部各3打蘭，野芹種子、羊角芹、小荳蔻、香鳶尾根部、柏樹、甘松、桂皮各1.5打蘭，求求羅香5打蘭；將它們打成細粉末，取12顆無花果的果泥，混合675毫升的金花草單方膏藥糊，與松脂45克，溶於毒芹藥醋的氨草膠90克，蘇合香5打蘭，馬鬱蘭與甘松的精油各15毫升或者適量，將其放入加熱的研缽杵臼製成膏藥糊，不須滾煮。

功效 它可以舒緩胃部、肝臟、脾臟、腸子以及身體其他部位的硬塊；可以很好地緩解疼痛、憂鬱症和佝僂病。

鉛丹複方藥膏

取玫瑰未成熟精油600毫升，乳香精油60克，綿羊與小牛油脂各225克，金爐底與銀爐底、鉛丹各60克，裝滿一品酒器的葡萄酒；將它們以小火加熱，同時持續攪拌，直到變黑，調整至最大火，然後加入松脂225克，薰陸香60克，欖香脂30克，足量的白蠟，再稍微煮一會兒後，將其製成膏藥糊。

功效 療傷效力極好，可治長年的惡性潰瘍，乾燥作用強。

鉛丹單方藥膏

取鉛丹270克，紅玫瑰精油675毫升，白酒醋180毫升，煮成完美膏狀。

不使用醋的處理方法如下：取鉛丹450克，玫瑰精油675毫升，蠟225克，將其製成膏藥糊。

功效 是優質的解熱療癒膏藥，乾燥作用強。

薰陸香複方膏藥糊

取薰陸香45克，溶於紅酒又濾過的白松香6打蘭，柏樹松脂2打蘭，柏樹堅果、五倍子各1.5打蘭，榨取的肉豆蔻油1打蘭，麝香2.5格令，老船上刮下的瀝青2.5打蘭；以加熱的杵臼搗碎白松香、瀝青、松脂與薰陸香，之後加入肉豆蔻油，然後是其餘材料的粉末，最後放入在大理石上混合一點點薰陸香的麝香，確實拌勻後將其製成膏藥糊。

增強神經藥膏糊

取洋甘菊與玫瑰精油各60毫升，薰陸香、松脂與亞麻籽的油各45毫升，煮過的松脂120克，迷迭香、藥水蘇、馬尾草、小百金花各1把，以酒浸洗清理過的蚯蚓90克，聖約翰草頂部1把，薰陸香、欖香脂、茜草根部各10打蘭，船隻瀝青、松香各45克，金爐底與銀爐底各75克，鉛丹60克，白松香、波斯阿魏、氨草膠各3打蘭。用675毫升的酒煮根部、藥草和蟲子，直到一半的酒蒸發為止，然後壓榨它們，再將湯劑混合油、羊脂、密陀僧和鉛丹一起煮，直到酒被蒸發掉，然後將膠凍劑溶解在葡萄酒中後加入，接著將松脂、松香、瀝青與薰陸香製成粉末狀，然後將其製成膏藥糊。

功效 能增強腦部和神經，沿著脊椎敷於背部，必能增強身體的力量。

軟化消解膏糊

取番紅花、船隻瀝青、煉松脂、黃蠟各120克，松脂、白松香、氨草膠、沒藥、乳香、薰陸香各30克又3打蘭。將瀝青與煉松脂融化在一起，然後加入蠟，（離開火源後）再加入松脂，接著是溶解在醋中的膠凍劑，最後將已磨粉、與醋充分混合的番紅花加入，如此將其製成膏藥糊。

功效 它具有明顯的軟化和消解作用，有助於治療骨折、寒冷引起的肢體不適、舊傷、受傷造成的肢體僵硬、潰瘍、骨裂或脫位，並消散寒性腫脹。

勞丹脂藥膏糊

取勞丹脂15克，蘇合香、山達樹脂各2打蘭，琥珀、柏樹松脂各1打蘭，紅珊瑚、薰陸香各半打蘭，鼠尾草花朵、紅玫瑰、佛羅倫斯香鳶尾根部各1吩，以玫瑰蒸餾液浸洗過的松香15克，先將松香、勞丹脂、山達樹脂與松脂用加熱後的杵臼輕輕地捶打，撒上幾滴紅酒，直到它們混成一體；然後放入粉末，仔細攪拌後製成膏狀。

密陀僧藥膏糊

取橄欖油180毫升，黃蠟45克，磨粉的密陀僧135克，氨草膠、求求羅香各15克，白松香、白芷香、月桂精油、爐甘石、兩種馬兜鈴、沒藥、乳香各2打蘭，純松脂30克。將油、蠟與密陀僧一起煮，煮到不黏手的程度，接著離開火源冷卻一會兒，加入溶解於白酒醋的膠凍劑，煮到白酒醋蒸發，強榨過濾後加入粉末、松脂與月桂精油，就可製成膏藥糊。

功效 與前者一樣能增強神經，消除腐敗部位，消除痛苦和痠痛，並為無力的肢體恢復力量；最後這種是最有效的。

胃部膏藥糊

取薄荷、苦艾、頭狀薰衣草、月桂

葉各1打蘭，馬鬱蘭、紅玫瑰、黃檀各2打蘭，菖蒲、沉香、薰衣草花朵、肉豆蔻、蓽澄茄、高良薑、長胡椒、肉豆蔻皮各1打蘭，薰陸香3打蘭，丁香2.5打蘭，薄荷油45克，甘松精油30毫升，寬葉薰衣草精油1打蘭，松香、蠟各120克，勞丹脂90克，蘇合香15克，將其製成膏藥糊。

功效 此藥與另一個同名藥方都能大大地增強胃部，幫助消化和抑制嘔吐。

滋潤藥膏糊

取從海上長時間航行船隻刮下的瀝青、黃蠟各7打蘭，波斯阿魏6打蘭，氨草膠、松脂、煉松脂、番紅花各4打蘭，蘆薈、乳香、沒藥各3打蘭，蘆木香脂、薰陸香、白芷香、白松香、明礬、葫蘆巴種子各2打蘭，液態蘇合香的沉澱物或浮渣、求求羅香各1打蘭，密陀僧半打蘭。

功效 有溫和滋潤的性質，能治療胃部的寒性瘀滯病症、脾臟硬化、肝臟與子宮寒涼。

神的恩典

取松脂225克，松香450克，白蠟120克，薰陸香30克，新鮮藥水蘇、馬鞭草與地榆各1把。將藥草搗碎後放在白酒中充分煮沸，將酒倒出，在酒中加入蠟與松香，滾煮直到酒液被蒸發掉，從火源移開，混入松脂，最後加入粉末狀的薰陸香，將其製成膏藥糊。

功效 它對傷口和剛發生的潰瘍非常好，可以防止發炎，清潔並接合傷口，使肉長出填充潰瘍處。

藥草汁糊劑

取藥水蘇、車前草與野芹等植物的汁液各450毫升，蠟、瀝青、松香、松脂各225克，將蠟與松香放在汁液中以小火煮，同時不停攪拌，直到汁液被蒸發掉；然後加入松脂與瀝青，持續攪拌直到產生膏藥糊的稠度。

松脂藥膏糊

取黃蠟100打蘭，松脂200打蘭，銅屑、銅綠、圓馬兜鈴、乳香、鹵砂（Sal ammoniac）、氨草膠、燒過的銅各8打蘭，燒過的明礬6打蘭，蘆薈、沒藥、白松香各45克，陳年老油450毫升，足量的強酸醋。將金屬與醋混一起放在陽光下溶解，然後將所有可融化的材料放入，最後加入所有粉末，然後將它們全部混合製成膏藥糊。

功效 蓋倫認為它適用於頭部，可治該處的潰瘍。我看不出有何理由不能將它敷於身體的其他部位。

乳香糊劑

取薰陸香、船上瀝青、波斯阿魏、蠟各6打蘭，氨草膠、松脂、煉松脂、番紅花、蘆薈、乳香、沒藥各3打蘭，白芷香、白松香、蘇合香、蘆木香脂、明礬、石油瀝青（隆德修斯所指定的成分，在此我們接受他的看法）、葫蘆巴各2打蘭，液態蘇合香、求求羅香、密陀僧的渣滓各半打蘭；將打成粉末的密陀僧用足量的水煮沸，先加入已融化的瀝青，再放入蠟和氨草膠，然後放入波斯阿魏、白芷香與白松香，接著是混合了松脂的蘇合香與渣滓，最後加入薰陸香、乳香、求求羅香、明礬、沒藥等材料的粉味和葫蘆巴製成膏藥糊。

功效 增強胃部，並助消化。

松香膏藥糊

取、松香、船隻瀝青、白蠟、膽礬、白鉛、乳香、沒藥各240克，玫瑰精油210毫升，杜松漿果精油90毫升，雞蛋油（Oil of eggs）60克，皓礬、紅珊瑚、木乃伊粉各60毫升，蘭諾斯島的土、薰陸香、龍血樹脂各30公克，蒼鷺脂肪30克，處理過的磁石60毫升，處理過的蚯蚓、樟腦各30克；製成膏藥糊。

功效 治療新傷口和槍傷效果非常好。

Part 4

蓋倫的療法要點——

醫學上的一般應用

無論你的身分為何，若極積極地想進行崇高的醫學研究，我希望你認真考慮以下這些原則。好好掌握這些原則後，便可得知蓋倫和希波克拉底的醫療祕訣；而且，如果是使用他們的方法行醫卻未留意這些原則，可能會很快治癒了一種疾患，卻導致另一種更令人絕望的病症。

你可能了解我想講的，那就是以一般尋常方式發掘出藥物所顯現的優點。

我說顯現的優點和性質，指的是它們對於感官——尤其是味覺和嗅覺——是明顯可感的；因為無論是在後來的時代還是在我們的時代，大多數醫師的工作一直都必須說明，為什麼某藥草、植物等會在人體發生這樣的作用或產生這樣的效果——即便他們講不出或不願費心研究原因。這種性質之所以使人感覺隱而未顯，是因為他們未將整個造物視為統合的一體，不知道什麼植物藥草受到何種星體的影響，也沒有考慮到唯一全知的神在矛盾對立的結構（這構成整個醫學的基礎與根柢）中所達致的完美和諧，他們只是讓傳統牽著鼻子走，偏離正途。

我在這裡要說明的是藥材的明顯性質，並且依以下順序來進行說明：藥物的屬性、藥物的適用狀況，以及藥物的效用。

Chapter 37

關於藥物的屬性

藥草、植物和其他藥物顯然可以通過溫熱、寒涼、乾燥或潮溼等性質來發生作用，因為世界具有如此繁多的性質，而透過它們——也只有它們，以及它們之間的混合物，我們才得以窺見。但是它們也能像子午線上的太陽一樣清楚好辨識，以下我將按平性藥物、熱性藥物、寒性藥物、溼性藥物、燥性藥物的順序依次說明。

平性藥物

如果世界是由兩極二元構成的，那麼它所發揮的作用也分二元，人類兩性也是如此。

由此可見，任何一種藥物都不可能是平性中立的，它們可化約分成溫熱、寒涼、乾燥或溼潤，並且必通過其中一種性質來發揮作用（我的意思是，以明顯的質性出現），因為沒有其他可藉以發揮作用的性質了；也不可能存在著一種平性的混合藥劑，在其中的各種質量能調配得如此精細，以至於沒有一種性質明顯超過其他的，這恐怕是相當罕見的構成。

因此，我得出的結論是，那些被稱為平性的藥物既不能加熱也不能冷卻達到一級的程度。從日常經驗觀察可知，將它們添加到藥物中並不會改變其屬性，不會使其變熱或轉寒。

其作用若用於第一屬性（意即寒熱）沒有明顯失調的疾病中，例如腸子阻滯時，寒性藥物可能會造成淤滯梗阻變大，而熱藥會引起發燒。

在黏液的發燒症狀中，其病因是寒冷和潮溼，而產生的效果卻是熱燙和乾燥；在這種情況下，請使用平性藥物，這些藥物既不會因發熱而使發燒加劇，也不會因寒冷而使黏液凝滯。

此外，因為屬性相反物會彼此制衡抵銷，屬性相近物則能維護同性質者，所以這種平性藥物在保持溫平體質，以及保持這類體質者自身體力和活力方面具有很大的用途，使用時沒有危險顧慮，只要考慮身體的哪一部分較弱，並使用適合該部位的溫平藥物即可。

熱性藥物

古代醫師的謹慎用心使得他們不僅不費心藏私，反而將藥物的大致屬性及它們的寒熱分級知識都傳給後代，教人將體液失調的部分帶回其均衡狀態，根除問題；所有寒熱屬性相反的事物，對於治療都沒幫助，但必須觀察這種矛盾對立的強度，才能使用藥不會太弱或太強，而無法剛剛好消除失調症狀。如果不適症只是微熱，而你卻用寒性四級藥物來治療，沒錯，你可能很快便消除這種熱病，但也會帶來另一種兩倍傷身的寒性病症。

其次，不僅要注意體液失調，而且還應該注意不適的身體部位。因為如果頭部過熱不適，卻開立為心臟或肝臟降溫的這類藥物，則會帶來另一種疾病，對前者一點療效也沒有。

應當時時注意寒熱級數高低，古代醫師已論斷寒涼溫熱皆分成高低四級。我們將為每一級個別說明一二。

熱性一級藥物

據說熱性一級藥物會向身體及身體各部位引起適度的自然發熱；無論是天生體質偏寒，還是因外來因素而受寒，只要施用此種藥物，就能在身體變弱時保持住天然體熱，或者在匱乏時自然恢復體熱。

效果之一 熱性一級藥物的第一個作用是，透過出汗水和微溫熱使身體還原到自然熱度，就像火在天氣寒冷時能加熱表面一樣，除非寒冷的病灶過於強大，使輕度藥物起不了作用。

效果之二 第二個效果是，減輕失調引起的疼痛，實際上，一些其他藥物（其中有些是寒性的，有些熱性高於一級）只要應用得宜，也能得到這種效果。希臘人稱這些藥物為Anodyna，關於這個將留到適當的地方再談。這裡，先講熱性一級藥物就夠了，它們能透過流汗或不明顯的蒸氣發汗而將有害體液排出，使之減少變稀，而且熱性一級在所有屬性中與人體最協調相稱，因為沒有任何一個健康的人體是冷熱完全均等的，且應該是較為偏熱，我們靠熱量和水分維持生命，而不致因寒冷失溫。

因此，熱性一級藥物就相當於我們身體的自然熱量；更熱或更冷的藥和自然體質不合，若由醫術不嫻熟者來施用，較容易發生病害，而這些熱性一級藥的溫和熱度對身體友善些，所造成的危害也自然較小。

效果之三 這種藥物可以消除疲倦，並有助於治療發燒，使用時外敷即可，因為它們可以打開皮膚毛孔，以溫和的熱量來調整體液，並且能消除發燒所產生的煤褐色蒸氣。

然而，即使是這類藥物，若是施用不慎，也可能會引起不適，我希望學醫的年輕學生們要非常小心，以免不自覺間造成傷害。過度使用它們不僅可能消除體內有害的物質，也會消耗體質本身以及精神的力量，進而導致昏厥，甚至死亡；此外，若將其應用於不適合施用此藥的身體部位，或使用時未能好好留意患者的膚色或患病部位原本的體液比例，也會有害，因為像心臟就很熱，但大腦卻是溫平的。

效果之四 最後，熱性一級藥物能保持體內熱量，幫助體液調和，製造優質血液，只要好好保養即可保持身體良好的體液平衡。

熱性二級藥物

這些藥物比人天生體質還熱。

用途 因其效能太熱太乾，所以適用於肚子充滿水分的病人。它們會消除阻滯梗塞，打開皮膚毛孔，但與熱性一級者不一樣，因為熱性一級藥物會藉由輕緩加熱、消解和排除體液而毫不用力地發揮藥效，在作用中加強補充天生體質；但是這些熱性二級藥削減難除體液，靠的是自身藥力在身體自然無法做到的情況下使其消散。

熱性三級藥物

熱性達到三級的藥物，與前面所提到的藥具有相同藥效；但是更熱且作用更強，因為它們的加熱和削減能力非常高，以至於如果輕率使用這種藥，可能會引起發燒。

用途 其用途是削減濃度高而難以排除的體液，刺激大量出汗；因此，它們全都能抗毒。

熱性四級藥物

如毛茛、芥末籽、洋蔥等。這些藥物會產生最高的熱度，如此高熱若用以外敷會灼傷人體，導致發炎或引起水泡。這類藥草之後還會提及更多。

寒性藥物

醫師還觀察到了藥物的四級寒性，我對此簡要介紹一下。

寒性一級藥物

那些寒性最弱的藥物會歸類於寒性一級。我懇求你要留意一點，既然我們的身體被熱量滋養，我們靠熱量生活，因此，沒有寒性藥對身體是友好的。但說到它們對我們的身體有什麼好處，那就是這些藥能消除不自然的熱量，否則身體可能升溫超過自然體溫。

如果在不那麼炎熱的季節裡，給體質正常的人服用寒性藥，將會消除人體內的自然熱量。

儘管它們不像熱性藥物那麼頻繁被使用，但使用它們也是有其必要的。也許這就是為什麼在全知的上帝為我們提供的藥草和植物中，熱性的植物比寒性的多出不少。

用途之一 首先是為了滋補營養，調和食物熱量，並使胃虛弱的人能夠消化。

用途之二 其次，能抑制且緩解腸熱，並在發燒時冷卻血液。

因此，如果過熱失調的症狀溫和，那麼施用寒性一級藥物就足夠了。請注意，兒童以及那些胃虛弱的人很容易受到寒性藥傷害。

寒性二、三級藥物

用途之一 胃部強壯、肝臟較熱的人能輕鬆承受寒性二級的藥力，而在嚴重危急的情況下，他們會從中得到許多幫助；考慮到疾病極端危險時，這些人也可以服用寒性三級的藥物，這兩種藥物都可減輕黃膽汁失控發熱症狀。

用途之二 另外，經審慎考量後，還可將它們外敷於發熱腫脹處，如果發炎症程度不嚴重，則應使用寒性較低的藥；如果發炎症狀加劇，則選用寒性二、三級藥。注意藥方與病症的作用比例必須總是相對應。

用途之三 有時體內精氣會因熱而異常流動，如此一來即使感官未被剝奪，也會造成過度的反應作用，這種情況也須用寒性藥物來救治，寒冷會阻滯皮膚毛孔，使體液變濃，抑制汗水並防止精氣散失。

寒性四級藥物

最後，只有在無法採取其他方法挽救生命時，才使用寒性四級藥，它能緩解極端劇烈疼痛，麻痺感官；關於其使用方式稍後會談及更多。

溼性藥物

溼性藥物之間沒有如此大的程度差異，都不超過溼性二級。既然所有藥物不是熱性便是寒性，寒與熱屬於兩極，兩者都無法與溼氣共處，一者會使之乾涸，一者將之凝縮。

用途 因此，學者們將潮溼和乾燥稱為消極性質，但它們同樣也有自己的效果作用。溼性藥物會軟化、潤滑，緩解咳嗽並治療喉嚨粗糙，這些作用屬於溼性一級藥物。

那些更溼的藥物會自然地帶走力量，幫助減弱體液刺激性，使血液和精氣更濃稠，使腹部鬆弛，適合用於清瀉治療。不當或輕率使用它們會使身體變鈍，不利於身體行動力。

燥性藥物

乾燥藥物具有與溼性藥湯相反的能力，亦即消耗水分，止下痢並使溼滑部位變乾，若身體和肢體被過多水分削弱，燥性藥物便能使其變扎實，從而能發揮其應有的功能。然而，儘管能通過乾燥藥物來增強肢體的力量，但是肢體仍然應該保有適當的水分，這些溼氣應該保存而不是破壞，因為沒有水分，就不能組成身體；如果使用——或者應說過度使用——乾燥藥物來消耗水分，這些身體部位既無法獲得營養，也無法有適當的行動力。

此類藥物達三級乾燥時，不建議服用，這會阻礙施用它們的身體部位，阻礙營養的吸收，使它們進入耗弱狀態。

此外，人體內有一種水分，稱為根基水分，這些水分若被消除，需要它們的身體部位必定死去，因為自然熱量和生命皆存在其中，這種情況可能是因為頻繁使用四級乾燥藥物；這或許便是蓋倫為什麼會寫道，四級乾燥之物必會燃燒。其實燃燒是熱性的影響，而不是乾燥——除非蓋倫所說的燃燒指的是消耗根基水分。

乾燥藥物的使用僅適用於水分充沛的身體部位，使用它們時要遵守以下這些規則：

1. 如果身體不是極端溼潤的話，不要使用極端乾燥藥物。
2. 確認藥物適合患病的身體部位，因為如果是肝臟受溼氣困擾，而你又使用乾燥腦部或心臟的藥物，可能在治好疾病前就殺死病患。

我們已簡要地談過藥物的第一性質，此處僅概括簡要地說明，是因為我們在其他性質的闡述中始終會提及它們，你必須時時關注這些概念。

Chapter 38

關於藥物的適用症狀與身體部位

由於每個人都能發現並理解這些藥物的性質和用途，因此，我所費心力國人都能從中受益。我將按頭部、胸部與肺部、心臟、胃部、肝臟、脾臟、腎臟與膀胱、子宮、關節等順序說明。

適用於頭部的藥物

頭通常用來指稱頭頂和頸部最上端關節間的所有部分，但是那些僅適用於大腦，而不適合眼睛、耳朵、牙齒的藥物卻都被稱為用於「頭部」的，如此顯然並不那麼適切；那些適合眼睛的藥物藥也不見得適合耳朵，（我打算盡可能地寫清楚）因此，我將本章細分為適用於腦部、眼睛、口腔與鼻孔、耳朵，以及牙齒等部分。

至於有何藥物可治不聽使喚的舌頭，此時我仍力有未逮，無法斷言。

適用於大腦的藥物

在談適合治療大腦的藥物之前，有必要先描述一下大腦的本質，以及大腦的病變情形。

做為理解、判斷和記憶等運作所在之處的大腦，是感覺和運動的本源，天生性質溫平，若真如此，那麼你應同意我說它因此容易受到熱和冷侵害。實際上，與身體的任何其他部分相比，腦部更易出現寒、熱造成的病症，如果它受熱侵擾，感官和理智都會受影響，出現異常不當活動；如果受寒，腦部會變衰弱遲鈍；就更不用提大腦因頭部受病症侵襲而偏離原本應有的性質。

腦部還有一特性，它會因氣味、視覺和聲音而感到愉悅或受侵擾，但在此我不多談這些了，因為這些不屬於藥物的範疇。

頭部藥物可能是從大腦本身的病變中發現的。在這種情況下，大腦通常被水分壓迫，因此可給予此類有清潔、削減和乾燥作用的溫和藥物，但施用時必須謹慎確認，它必須是適合頭部的藥物，而且是醫生說能（以隱藏的藥性）增強大腦的藥物。

同樣的，如果考慮到大腦的位置，就會發現它位於人體的最高處，因此很容易受熱蒸氣的折磨，這會使人出現頭痛症狀，就像前者那樣導致癡愚和嗜睡，在這種情況下，請使用顱疾藥方（Cephalics）溫和地冷卻大腦。

我不願製造有迷幻效果的頭部藥劑或使頭腦昏沉麻木的藥物，因為我相信它們對大腦和感官都是有害的。關於這些藥，以及一些滌清大腦的藥物，我將一遍又一遍地講解。

回到本篇一開始的主旨。

一些顱疾藥方可滌清大腦，一些可溫熱它，一些冷卻它，一些則有增強效果。但是，大多數醫生都承認，對於顱疾藥方如何在大腦中發揮獨特的作用，他們既不能推斷理解，也無法形諸條文來描述，只能說，顱疾藥方能通過隱而未顯的質素來發揮藥效，在增強大腦之際使它擺脫疾病，或者顱疾藥方與大腦疾病之間存在某種反感作用。

最後，在使用顱疾藥方藥物時，請注意，如果大腦病況嚴重，在沒滌清之前便無法很好地增強大腦功能，而在滌清大腦前也必須先將身體的其餘部分好好地清洗過，因為腦部非常容易接收上升的蒸氣。當大腦溫度過高時，應給予降溫的顱疾藥方；當溫度過低時，則施予熱性的顱疾藥方。

當病況危急時，請當心不要使用降溫藥，至於要如何知道正確的時間點，我之後將會（在上帝的協助下）教你，現在這樣就足夠了，請依照困擾著你頭部的疾病症狀，採取相應的療法。

適用於眼睛的藥物

我以眼部藥物之名稱呼適合眼睛的藥物。眼部用藥有雙重功效，一為視覺本能，一為眼睛本身。

強化視覺本能或補強（據學者所言）將其傳達到眼睛的視神經是通過隱而未顯的藥性來達成的，其原因沒有人可一探究竟，除非從事物間的相似性中推得道理：有人說山羊的肝臟能使人在夜間的視力大增，而其理由是山羊在夜間和白天都能看到東西。不過肝臟與眼睛兩者間的特性或組成物質都沒有相似性；然而占星家對所有藥草、植物等都非常了解，深知只要是太陽或月亮所司的自然藥物，且適合用於頭部——不管屬性是熱還是寒，都能增強視力，例如性熱的小米草，或性寒的月草（Lunaria），又稱銀扇草。

至於適合眼睛本身構成物質的藥物，考慮到眼睛相當敏感，輕微的不適都無法忍受，因此，（增強視力的藥物總是內服使用）外敷使用藥物時要注意眼睛不會因藥物的堅硬程度或腐蝕性而受傷，也不可讓粗糙的藥物刺進眼睛。因此，眼藥既不應為粉末也不可用軟膏，因為油本身對眼睛有害，粉末對人的眼睛有何影響，你想想眼睛進沙是什麼感覺就知道了。

適用於口鼻的藥物

不要對鼻部疾病使用任何氣味刺激的藥物，這種做法不僅傷鼻子，還會侵害大腦；對口腔疾病也不該使用任何口味不良的藥物，那會讓人反胃，因為口腔和胃的皮膜是相同的；而且口腔和鼻孔都是清潔大腦的通道，因此當它們感染了幾乎需要不斷清潔的穢物惡疾，請使用令人愉悅的藥物，或者至少不會令病人不快。

適用於耳朵的藥物

耳朵總是開著，容易受寒，因此需要熱性藥物，而且由於它們本質非常乾燥，因此需要乾燥力強的藥物。

適用於牙齒的藥物

強烈的熱和強烈的冷對牙齒不利，但是最容易侵犯牙齒的是尖酸之物，原因是牙齒既沒有皮膚也沒有肉來遮覆自己，所以牙齒喜歡有清潔與收束力的藥物，因為它們每每因輕微的小病因就受到體液逸流與黏液的困擾；這就是為什麼經常食用油脂和甜食會導致牙齒蛀蝕腐爛。

適用於胸、肺部的藥物

你會發現適用於胸部與肺部的藥物都被冠以胸肺藥方（pectorals）的名稱，這是醫師給這些藥物的術語，你會聽見他們說胸肺糖漿、胸肺藥條或胸肺軟膏。它們種類繁多，其中一些照護受病痛折磨的部位，其他則主治折磨人的病因。

但是，儘管有時處理肺部潰瘍，我們不得不用收束性藥物來黏合潰瘍傷口，但這些並非胸肺藥，因為收束性藥物會對胸部和肺部造成極大傷害，它們會阻礙呼吸，還會使減緩黏液壓迫胸腔的抑制機制消失。

被稱為胸肺藥物的這類藥物具有軟化潤溼的性質。

此外，使稀薄物質變濃厚的藥有兩種，有些是溫和而平緩的，不管是起因於熱性還是寒性的病因，服用都安全無虞；另一類則寒涼，只有在病況危急時才使用。

但是，因為有助於治癒肺結核（這是一種肺部潰瘍症，而這種疾病通常被稱為肺癆）的這種藥物也被認為是一種胸肺藥，因此有必要對其解釋一二。

治療這種疾病時須考慮三件事：

1. 應削去、排除凝固血塊。
2. 應保護、加強肺部。
3. 應使潰瘍癒合。

實際上，某些特別的單方藥劑就能做到上述所有事，醫生也認同這一點；這揭示了全知全能的上帝在造物中巧製的奇妙奧祕——同一個單方竟能在身體的同一部位進行兩種相反的作用！藥物清洗的效果愈強，其造成的凝結黏合的情況就愈多。

總而言之，胸肺藥物可從肺動脈中削減並清除黏稠緊實的體液，可使逸流的稀薄體液變濃厚、減緩流動，或者調和刺激性體液，幫助改善氣管粗糙。一般說來，這種藥外敷至胸部，有潤溼、軟化作用。

適用於心臟的藥物

這些通常是做為強心劑開立的藥物；在這裡就以「強心劑」這名字來稱呼它們。

心是生機精氣所在處，為生命之源，人類蘊育熱能和自然情感的源頭。因此，有兩件事對心臟來說是其原本固有功能。⑴藉其熱能保養全身的生命力。⑵為情感加入活力。

如果前述兩項都屬於心臟的作用，那麼你會同意我以下要說的，強心劑的性質有助於心臟在這些方面發揮功能。

在強心劑之中，有一些使人神清氣爽，有的可強化心臟，有的則是使心中衰敗的精氣振作。那些振奮人心的強心劑有許多種類變化。

心臟會因憤怒、愛戀、恐懼、仇恨、悲傷等情緒而受到各種干擾，因此，諸如能催動愛欲、撫平憤怒、安慰恐懼或調解仇怨者之類的事物其實都可稱之為強心劑。

因為心臟位於肝臟和大腦之間，受理智影響，也和消化作用有關連，但由於它們都不是藥物，因此已超出了目前討論的範圍。

儘管那歡愉、情愛等等確實是心智的運作——或說活動——而非身體的動作；然而，許多人總不由得要想這種情感可能是藥物在體內作用造成的。

心臟受損不適主因為受到熱量、毒素影響，或者是有害蒸氣過多，而這些可用強心劑加以施救——這正是我們目前要討論的重點範圍。

相應於以下這三種病症：⑴熱量過多。⑵毒素。⑶黑膽汁蒸氣，也有三種可以救治患病心臟的藥方療法，如⑴借助藥物冷卻的特性，可以減輕發燒的熱量。⑵抗毒。⑶保護委靡衰退中的生機精氣。

以下所列這些都稱為強心劑：

1. 第一類是可為發燒的心臟解熱者，但並非所有可冷卻者皆為強心劑，因為鉛比黃金還寒涼，卻不像黃金一樣屬於強心劑，有些人認為它的隱藏屬性為強心劑，有些人則能以理智分辨。

2. 抗毒作用分為兩種。其一，藉由藥與毒之間的反感作用。其二，藉由藥與心臟之間的交感作用。

   關於第一種作用，我們將在另一個章節中單獨講述。

   此處講述第二種，它們就是這類藥物，其性質是透過與心臟之間的交感作用來增強心臟，並加強心臟對毒素的抵抗力，例如芸香、歐白芷等藥草。第一種作用是針對危害心臟的毒素，而第二種則是運作在受毒害的心臟上。

   通過星體的影響或通過物質的相似性來增強心臟的所有藥物都可能被歸於此類藥物，如果藥物中存在這樣的形似療效，那麼閹牛的心臟與人的心臟相似，我懷疑這是否該歸於強心劑。

3. 最後，使精神煥發活力之物之所以能使體內精氣更生動活潑，既是因為它們與此機能相符合，也是因為它們將有害臭氣和黑膽汁的蒸氣從心臟驅逐出去。就像活動精氣會因芬芳的氣味有所提振，香料調味則對天然精氣有用，生機精氣也會因某些藥物而恢復振作，像琉璃苣、牛舌草、迷迭香、香櫞果皮這些草本及其製成的藥物和其他許多類似藥劑會抑制黑膽汁蒸氣，使其遠離心臟；關於這些藥方你可在本書中得到豐富知識。

適用於胃部的藥物

所謂胃部，我指的是包容著食物直到它們化為乳糜的腔室。

適用於胃部的藥物一般被稱為健胃藥。胃部相關的不適症有三：⑴沒胃口。⑵消化不良。⑶蓄積能力衰敗。

食欲不振時，人在身體需要營養時卻不會感到飢餓。當消化能力減弱時，無法將送到胃部的食物消解調整，食物會在胃中腐敗。當蓄積能力被破壞時，胃無法保留食物直到消化完畢，若不是反胃嘔吐，就是發生腹瀉。

被稱為健胃藥的這類藥物可做為上述各症的施救用藥，以下依序說明：

1. 能引起食欲之物通常味道強烈或偏酸，但對味蕾卻是相當享受，儘管食欲不振可能是由於許多不同原因引起的——例如胃中有膽汁或腐敗體液等，但是清除這種膽汁或體液的東西應被稱為開胃藥，而不是健胃藥；前者在驅逐那些物質後可增強食欲。
2. 這類藥物可藉著合宜的溫熱或芳香（即辛香調味）功能、隱藏的特性或本質調和來幫助消化，從而增強腸胃功能。
3. 胃的蓄積能力可靠著收束性藥物來糾正，但不是所有的收束性藥物都能適用，因為它們之中有些對胃有害，而應注意使用適合胃的收束性藥物來調整。

關於這些藥物的使用方式如下：

1. 將造成胃部不適的物質清除之前，請不要使用會引起食欲的藥物。
2. 助消化的藥物要在用餐的一段時間前服用，使它們有充足的時間在食物到來之前到達胃底（因為消化作用就在那裡進行）。
3. 如果要抑制腹瀉，應在用餐前一小段時間服用能加強蓄積能力的藥物，如果要抑制嘔吐，就在用餐後再服用。

適用於肝臟的藥物

請以肝疾藥方稱呼這些藥物，這是醫生給它們的常用名稱，這些藥物也分為三種：

(1)有些藥為有益於肝臟的物質。

(2)有些可加強它。

(3)有些有助於治療肝臟疾病。

味蕾為食物滋味產生的地方，其功能為判斷哪種食物適合胃、哪些不適合，也就是辨別出要送進胃裡的食物之質與量：正如同腸繫膜靜脈為肝臟執行的功能。

有時候，某些食物的味道令肝臟不快（但不常發生），因此腸繫膜靜脈會拒絕這種食物，這就是為什麼極少有人會喜歡那些吃了之後會使他們感覺噁心的食物。

1. 肝臟性好甜食，會貪婪地吸收它們，並迅速消化它們，這就是為什麼蜂蜜很快就會轉變成膽汁。
2. 這類藥物可以使肝臟強壯，（適當使用的話）有溫和的收束效果，既然肝臟的機能是消解調和，它需要一定的固澀收斂作用，這樣才能保留要調和的熱量和體液，如此一來其中之一就不會逸失，另一個也不會消散。
   但是，肝藥需要的收束力不像胃藥那樣強大，因為胃部的通道比肝臟用以吸收食糜或將血液輸送到身體其他部位的通道更開放，因此，具有強結合收束力的藥物對肝臟有害，可能引起阻塞或阻礙血液配送，又或者兩者併發。

關於肝臟就說到這裡，肝臟的作用是將乳糜（它是食物在胃部消化後轉變成的白色物質）調和化成血液，然後通過靜脈將其分配到身體各個部位，以滋養身體，恢復腐爛的筋肉。

適用於脾臟的藥物

在孕育、生產血液的過程中，會產

生三個明顯的排泄物，即尿液、黃膽汁和黑膽汁。

黃膽汁原本的適當位置就在膽囊中。尿液會向下流到腎臟或腎部，它們是同一物。脾臟會吸收最濃稠或含黑膽汁最多的血液。

血液產生的廢物有兩種情況：由於過熱而發生焦遺——拉丁文稱做Atra bilis，或者它本身濃厚且偏向大地屬性，這種被稱為黑膽汁體液。

由此就可知脾臟藥物的性質了，而脾臟常受上述這兩種情況困擾，因為焦遺在很多時候會導致瘋狂，而純粹的黑膽汁會導致腸阻塞和腫瘤，從而使血液在調和熟成的過程中變質，隨後多會出現水腫情形。

專治脾臟的藥物也必須是有雙重功效的，有些針對焦遺，有些適合用於純黑膽汁。但是關於清除它們之中任何一種的方法，在此先略過不提，留到討論清瀉的獨立章節再談。

1. 這類藥物是治脾臟的，它們通過冷卻和溼潤來緩和焦遺；也不要讓這些藥物太寒，因為焦遺不像膽汁中那樣熱，因此不需要過度冷卻。在諸多此類藥物中，有些是我們在強心劑所提到的、用來將黑膽汁蒸氣逐出心臟的藥材，可進而平息、緩解焦遺的傷害。
2. 可以修正且調節黑膽汁的藥物也是能治脾臟的，它們因此較容易被排空。這類藥物可削減物質並打通阻塞，與肝疾藥方的區別在於它們沒有任何收束結合力；因為脾臟並不具備調和機能，所以收束性藥物對它有害而無益。
3. 有時脾臟不僅會被阻塞，還會因黑膽汁而變硬，在這種情況下，軟化性藥物可能被做為治脾臟藥物使用，它們並非內服藥，內服藥作用於胃和腸，但這類藥物外敷用於脾臟區域。

儘管有時也會將藥物外敷以治療肝臟硬化，但是它們不同於脾臟藥物，因為它們具有收束結合力，而脾臟藥物並非如此。

適用腎部與膀胱的藥物

腎臟的作用是使血液和尿液分離。為了收容從血液中分離出的尿液，便須有膀胱，它的大小足以容納尿液。

人體的這兩個部位都負責處理尿液，腎臟與膀胱的病痛通常都與尿液問題相關，可分為三類：(1)結石。(2)發炎。(3)濃稠體液。

適用於腎部和膀胱的藥物通常稱為腎疾藥方，分為以下三類：第一種解熱，第二種可削減劣質體液，第三種則碎結石。

在使用這些藥物時應留意，腎部和

膀胱的構造使它們排斥所有收束結合性藥物，因為它們會導致尿液堵塞。此外請注意，腎部和膀胱容易發炎，無法承受熱性高的藥物。

由於膀胱比腎臟更遠離身體中心，因此它需要的藥物比腎臟所需的藥物更強，以免藥效在抵達患病部位之前就先耗弱了。

適用於子宮的藥物

醫生之所以稱這些為子宮藥方，是為了避免字詞繁複冗長，在本論述中循相同概念使用此名。

注意，引起月經的藥物，或抑制月經異常流動時使用的藥物，都是適當的子宮藥方，但它們應放在單獨章節中仔細詳談。

子宮的特質似乎與大腦和胃部十分類似，因為從過往經驗可知，它喜歡甜味和芳香藥物，並且躲避性質相反的藥物。例如一個女人因子宮向上提而產生懷孕抽痛，可將甜的東西（如細香蔥）等敷到受孕處，便能將其再次吸引下來。也可將有臭味的東西（如阿魏等）塗抹在鼻子上，它會將其從鼻子中排出，然後將子宮下引回適當位置。

適用於關節的藥物

有關節病症者通常也患有頭部疾病，所以要用頭部藥物治療。適用於關節的藥物被稱為關節炎藥物。

由於關節處多神經，需要具有加熱和乾燥性質的藥物，並應具有溫和的收束力，以適當的特性用於關節，可以增強關節的強度。的確，大多數顱疾藥方都可達成此效，但是由於關節距身體中心較遠，因此需要更強的藥物。

欲消除關節的疼痛，以下是可進行的方法：

疼痛的對策包括消除或緩解，但真正的治療方法是消除疼痛的根源。然而，有時疼痛如此劇烈，以至於在你找出原因之前，不得不使用鎮痛劑（醫生稱此類藥物為緩解疼痛的藥物）。這通常是發生在疼痛部位發炎的情況下，而那些能夠消除疼痛成因的藥物非常熱，對發炎的部位不太適合，所以如果疼痛部位有任何發炎症狀，在發炎消失前必須避免使用此類藥物。

Chapter 39

關於藥物的應用效果與作用

將各種寒熱乾溼的單方藥材混合搭配，必然會產生各種不同藥效，在其中進行各種作用。現在我們要開始說明這些作用。

軟化性藥物

首先從軟化劑開始。大多數人都知道什麼是硬，什麼是軟，但很少有人能夠表達清楚。哲學家們將堅硬定義為不屈於任何觸碰，反之則為柔軟。軟化劑或能軟化的藥物是一種將硬質物料弱化至適當質感的藥物。

讓我們離開哲學，回到醫學討論；醫生們認為硬化有兩種情形，⑴某部分過度飽滿而腫脹或擴張。⑵缺乏熱的濃厚體液，在它們流入的那部分身體中漸漸變硬。

因此，軟性藥物應具有許多特性，如潤溼乾燥的東西，能分解膨脹的部分，溫暖受寒結塊處；不過，實際上大家僅說這會緩和硬物的強度，使硬物還原到適當的質感。

體液的乾燥和濃稠是造成硬化的原因，故軟化藥物必須是溼熱的。儘管你可能會偶然發現其中有些屬於二或三級乾燥，但是這種燥性必須以溼熱來調節，經過理性尋思後就會知道乾燥藥物會使堅硬的部位變得更硬。

潤溼軟化藥物可透過它的味道、觸感來辨別：

1. 在味道上，它們接近汗水，但有脂肪和油膩感；它們既不強烈刺激，不澀口，不酸也不鹹，它們也沒有表現出收束性，沒有強烈的溫熱或寒涼感。
2. 摸起來不粗糙，也不會像黏鳥膠那樣沾黏在手指上，因為它們應該要能夠穿透需軟化的部分，因此，很多時候都搭配有削切作用的藥物一起使用。

硬化性藥物

蓋倫明確斷定硬化藥物為溼而寒

的，他提出了一些論據來證明這一點，其他醫生則對此提出了質疑。我不願在此處引述其爭議，只是要注意，如果軟化藥物又熱又溼（就像我們現在所說的那樣），那麼硬化藥物就必須是乾冷的，因為兩者相反。

首先，大自然的普遍運行之道將證明這一點，因為乾燥和溼潤是消極性質，寒熱兩種極端性質就你所知也不會共處於溼氣之中，你只要想想乾燥不是空氣、水的屬性，而是火和大地之特性，就會明白理應如此。

再者，要固結成塊的東西必須是溼的，因此用以凝結的藥物必須是乾燥的，因為當寒冷和乾燥結合在一起，會使毛孔收縮，避免體液散逸。

然而，你必須細察乾燥藥物、稠化藥物、硬化藥物和凝結藥物之間的區別，對此應多加說明：

1. 被認為有乾燥力的這類藥物會像海綿一樣吸乾或吸收水分。
2. 據稱能增加濃稠度的藥物，並不消耗水分，而是增加了乾燥感，就像你在糖漿中添加粉末能使之轉變成濃厚的乾藥糖劑。
3. 至於凝結藥物，它們不吸乾水分，也不會藉著增加乾燥度使其變稠，而是通過劇烈的降溫使其收縮，正如同水結凍成冰。
4. 硬化與上述藥物不同，因為身體該部位腫脹，並充滿了黏質體液或黑膽汁血液，最終就會變硬。

對以上各點了解透徹後，還要再觀察「發生作用者為何」以及「受作用對象為何」。

發揮作用者的外在是寒涼的，受作用者的體液則有一定程度的濃稠和乾燥，因為如果體液像水一樣流動，則應說它是受寒冷而凝結，但硬化得不那麼牢固，因此，你會發現寒冷和乾燥是硬化的原因。這種硬化作用毫無用處，對人體有害，我略而不談。我想當蓋倫書寫有關硬化藥物的文字時，他打算講解的其實是稠化藥物，因此才認為其中包括小蚤車前草、馬齒莧、風車草等藥草，它們可緩解腫脹中的體液所含之熱，並止住刺激性體液漫流到肺部，但這些就留待以後再談。

鬆解性藥物

這裡所謂的鬆弛，意思不是指清瀉，也不是做為收斂固澀的相反詞，而是與拉緊延伸相反之義；此刻我不知道比起鬆解（loosening）或弛放（laxation），是否還有更合適的名稱，而後者在英語中很少見。

我們的肢體會因各種不同原因腫脹或緊繃，應該盡可能多鬆開，它們緊繃有時是由於乾燥，有時因寒冷，有時因過度充盈或飽滿，有時因腫脹，有時一起積累了好幾個原因而發作。我會盡量避免使用術語，以人們不理解的深奧詞彙提供醫療規則對他們幫助不大。

我必須說古代醫師對這些鬆解性藥物的看法各不相同。蓋倫認為，它們可被歸類為潤溼、加熱、平緩或排空作用藥物，因此不應獨立為一章節。

它們可能會被如此歸類，所有其他藥物也可能被以寒、熱、乾或溼分類；但是在這裡，我們並不是說藥物的特殊性質，而是它們的結合性質，如可溫熱與潤溼。

其他人則質疑如何區別於諸如軟化、放鬆，以及潤滑等作用，畢竟它們都既熱又溼。關於這點，可見以下說明：拉伸緊繃和鬆解弛放屬於身體能活動部分的現象，發生在如肌肉、肌腱、韌帶和筋膜。但是柔硬程度則是用手可以感覺到的身體部位狀況。容我用類似比喻的方式闡明：原本硬的蠟會變軟，而一直繃緊的琴弦則會鬆掉。如果你說僅存在於身體各部位之間的差異不是真正的差異，那麼請注意，這類鬆解藥物與軟化藥物相比，並不那麼熱而更偏溼潤，軟化作用大多藉熱發揮，這些藥物則依靠潮溼水分。

其實我認為柔潤軟化藥物和鬆解藥物之間的差異不大，區別也不明顯，但我仍舊為其另闢了一章，單獨說明這類藥物，並不是因為有些作者這樣做，而是因為它有助於增加醫藥知識，缺乏此類知識對我國為害甚深。

鬆解藥物的主要用途是用來治療抽搐和抽筋，以及會引起腫脹或緊繃的身體不適。它們的辨識特徵與軟化性藥物相同。

吸引性藥物

關於這類藥物，醫生的意見與對其他藥物一樣，即有些表現出明顯的特質，有些則以隱微的方式吸引，（他們說）這種藥既能吸引出體液和荊棘，也會吸出血肉中的碎片。但可以肯定的是，它們屬於熱性，組成相當細微。性熱，因為熱的本質能吸取物質，而細微物能滲入要抽出的體液中。

吸引性藥物用途多樣，舉例如下：

1. 使腸子擺脫腐敗體液。
2. 外敷使用，可將有害體液（如果只寫給學者讀，我應該會說是疾患成因體液）從身體的內部吸到外表。
3. 可改善重症危急情況。
4. 對於從體內排出毒素極有幫助。
5. 這些藥物可以治好身體過冷的部分——將它們外敷於該位置即可，不僅是因為它們發熱，而且還因為它們能將維護生命和熱量的精氣吸引到缺乏它們的身體部位：你不能不知道，在很多情況下肉體萎縮，力量減弱——像是某些人的手臂或腿部會出現此情況，背後常見的原因便是那些部位的生機精氣衰退，此時只要施用導吸作用的糊劑或軟膏即可，因為它們不僅用自身適當的熱來保養器官，而且還將生機精氣和天然精氣吸過來，從而促進了它們的生長和滋養。

它們的辨識特徵幾乎與稀釋藥物相同，兩者皆帶熱，組成很細微，它們的區別僅在於程度上，組成細微是最典型的稀釋藥物特徵，而有吸引力的藥物則更熱。

分解性藥物

分解（或出汗）藥物的性質幾乎與導吸之藥相同，因為沒有分解性藥物不具備吸引力的，也極少有吸引性藥物不具備某種程度的分解力。其區別僅在於，分解性藥物比吸引性藥物更熱，因此關於其性質就沒必要再多寫了。

用途 從名字上就可以知道它們的用法；對於因過度飽滿或充血而引起的疾病，可通過疏散或排空來治療；然而無論是流汗或非顯性出汗都無法排出血液與劣質體液，血液需靠放血處理，而體液則靠清瀉作用。

注意事項1 稀薄體液與汙穢蒸氣等過剩餘物雖可藉汗水排出，對此仍要小心進行，因為使人出汗的藥物中有許多藥性猛烈，而猛藥不該輕率地開立使用。

注意事項2 此外，有時出汗的藥物使腫脹部位變得相當硬，以至於永遠無法治癒。這是因為稀薄的東西被這類藥物帶走了，留下的只有完全厚硬之物；如果你擔心發生這樣的事情，請將它們與軟化劑混合使用。

注意事項3 有時因為使用了分解藥物，有害體液（醫生通常稱其為疾患成因體液）會被逼迫至身體較高的部分，不然便是所吸引的比分解的多。在這種情況下，請在進行分解治療之前先調和並稀釋體內有害物質。

如此，我們就很容易知道該在疾病的什麼階段使用分解性藥物了——也就是在病情大略趨緩時，儘管在血液過熱引起的疾病中，有時會在病情加劇和持平的狀態中使用它們。

它們的特徵和稀釋藥物相同，也就是有灼燒和辛辣的性質，熱性非常強，組成很細微，沒有任何咬舌刺激性，因此讓人在品嚐時不會縮舌。

拒斥性藥物

拒斥性藥物的作用與上述的最後三者（即稀釋、吸引和分解性）相反，的確，這三種藥物之間幾乎沒有區別，有些人甚會說根本毫無差異；如果你真要這麼精確辨別，可以舉出與它們性質相反的藥物，由此推之，與稀釋（或說淡化）藥物相對的是稠化藥物，而拒斥藥物與吸引性藥物相反，對立於分解性藥物的是能蓄積體液、黏韌難除的藥物，但有些人認為這樣的對比並無必要。

學者們對於拒斥性藥物的判斷各不相同。體液逆流既然可能是多種原因引起的，所以拒斥性藥物有多種定義。

由於有冷卻、收束、抑制作用和使物質變濃厚的藥都能使體液逆流停止，因此有學者不僅將拒斥性藥物做為與導吸藥物相對的藥物，而且認為其與稀釋性和分解性藥物相對立。但這種藥物的適當名稱應該是拒斥性藥物，它們不僅能使體液逆流停止（抑制與增稠類藥物也有如此效果），還能驅使原本流向某處或聚在某處的體液流到另一部位。

實際上，約束力是拒斥性藥物固有的特性，既非寒涼也不是增稠；然而，同時有收束力、能解熱且稀薄者仍是最有效的。

你會發現拒斥性藥物嘗起來有酸味，帶辛辣，且有點苦澀，並帶有一定的約束力，會使舌頭收縮。

用途 ⑴用途廣泛，可治熱腫瘤、頭痛等症狀。⑵發燒時，這些藥物可將蒸氣從頭部驅散，玫瑰醋效果便很顯著。

施藥時機

用在疾病剛開始和加劇過程中最適合，因為那時體液逆流最強盛。

但是要注意，在治療腫瘤時有兩個情況：⑴流入腫瘤的物質可被排斥出去。⑵腫瘤中已有的物質可被分解驅散；開頭的情況最好使用拒斥性藥物，而後者這偏後階段則使用分解藥物。

在中間階段，你可以將兩者混合使用，遵守大原則，開始時拒斥性藥物用量較多，而結束時則使用分解藥物。

注意事項

1. 如果有害物質含有毒素，那麼或可完全不用拒斥性藥物，或者先清瀉，以免物質飄向腸道並造成危險，特別是在腸道較弱的情況下更應如此做。
2. 如果有劇痛，也請避免使用拒斥性藥物。
3. 最後，使用拒斥性藥物時要小心，以免毛孔過度收縮，以至於分解藥物將物質移除。

清潔性藥物

清潔藥物既不能用溫熱也不能用寒涼來定義，因為兩種屬性的藥物中都有可能產生清潔作用。這樣，清潔藥物可說是具有大地的特質，可挾帶汙穢物離開，進行清除。

定義 在此，為了避免混淆，必須區別洗滌和清潔。

發揮洗滌作用的藥物是藉著流動來沖走

東西，就像人將物品上的汙垢洗掉一樣。而清潔藥物具有一定粗糙程度或帶有硝石的特質，會將壓緊裹實的汙穢物帶走；這也是清潔和分解藥物之間的區別，一種會使濃厚的體液變稀薄，然後將它們分解散開，但是清潔藥物會帶走最頑強難除的體液，但對體液本質沒有任何改變。此外，有些清潔藥物的性質溫和，有些則較猛烈，有些甜，有些鹹，有些苦，全都不盡相同。

清潔作用是用於外部的，清瀉則發生在內部。這類藥物被用來清洗潰瘍的腐敗膿液和其他穢物，並耗除腐蝕掉腐肉，如燒過的明礬、沉澱物等。

關於何時有必要使用這些藥物，可視潰瘍的情況與你身體的溫度來決定。因為，若你觀察到被醫生稱為多血症（Plethora）的飽滿腫脹病況或被稱為體液不良（Cacochymia）的體液腐化症狀，則你必須將這些物質從身體排空，也就是以放血排出飽脹過量的血液，或藉由清瀉作用排除腐敗體液或身體的惡劣狀態，在使用清潔藥物治療潰瘍之前，應先做這樣的處理，否則永遠不會見到療效。

糊劑

此處糊劑指的是黏稠的東西，與清潔之物完全相反。它們的黏稠度和黏著力要強得多。不同於阻塞性藥物，它們不太會阻塞毛孔，不像黏鳥膠那樣黏附住毛孔。它們有一定的黏著性熱量，受寒涼與潮溼所調節，其名稱正是取自這些糊漿物質。

它們若不是完全無味，就是難以辨別冷還是熱，總是令人感覺肥膩、平淡、無味，又或者甜而黏稠。

其用途為停止血液和其他體液的流動，引起化膿，使溫熱效果持續，進而催熟腫瘤。此外，它們還可與其他藥物混合在一起，可使其更容易製成膏藥糊，而且黏附於肢體的效果更好。

催熟化膿性藥物

它們與軟化劑極為類似，特別是在寒熱屬性方面，只是軟化劑較熱。然而，有個相當顯著的區別，此差異之大有如子午線上的太陽，它們之間的用途差異很明顯：軟化劑用於使硬的東西變軟，而催膿劑是為了促使體液產生，而非改變體液。

自然熱量是加快化膿的有效力量，不能通過任何外部手段來達成。因此，這種據說能催熟化膿之藥物是藉由溫和熱量來保留住人體天生的熱。

這藥物作用的方式不僅是透過其溫和熱度，而且還可藉輕微黏性來填充或堵塞毛孔，使患部的熱量不致散逸。

因為儘管如收束性藥物之類的東西也會阻礙精氣和內部熱量的散發，然而它們並不像催膿劑那樣有適當保留水分的特性。

催膿藥物的熱與人體內的熱相同。熱性高之物一般並不好嚐，若不是辛辣（如胡椒）便是味苦；而催膿藥物並不辣，沒有收束力，沒有硝酸味。

人憑理智即可知，這類物質對於自然熟成有害無益。然而，並不能就由此得出結論認為所有催膿藥物都是好入口的，因為味美之物會引起嘔吐，為什麼相反的情況就不會發生呢？

催熟化膿最常進行的方式是使Phlegmonæ（醫生對血液問題造成的各種腫脹的總稱）成熟，自然原本的發展就有益於治療此類疾病，而醫學應是輔助自然——而非阻礙它——的技術。

使用時機通常是在疾病高峰期，當下痢已被抑制住，催熟物質也會使其更容易清瀉掉。

利尿的藥物

滯尿不通的原因很多：⑴過度乾燥或過度出汗可能會消耗掉尿液。⑵腎臟發熱、發炎，或者尿液從腎臟流出需穿過的通道發熱或發炎，尿液可能會因受壓而受阻。

尿液是血液中最稀薄的成分，與腎臟中最濃厚的部分分隔開。當血液異常濃厚黏稠，若不施用削切和清潔藥物就無法輕易將其分離。

可以肯定的是，沒有熱量就無法分離或配送血液。儘管如此，在利尿劑中有一些較寒的東西仍能發揮此效果，例如四種大型寒性種子、冬櫻桃等；儘管這似乎是一個奇蹟——而它確實是，而且與真理同一陣線。至於寒涼的利尿劑，雖然它們不會更促進血液分離，但仍可以清洗並滌清尿道。

利尿劑有兩種，一種有助於血液分離，另一種則可打通尿道。前者非常熱且辛辣（其味道好認），可滲透入腎臟，削減該處的劣質體液。

味苦之物雖然很熱，且可減少劣質體液，但是它們的乾燥和大地特質卻不容易促進排尿。因此，我們可以得此結論無誤，味苦之物不那麼溼潤也不能滲透，不如胡椒這類辣口之物。

生肌長肉的藥物

在傷口和潰瘍的治療中有許多狀況要認真觀察，這些狀況會招致惡化且阻礙復原，使治療不能迅速完成，割裂分離的部分也無法恢復到原先自然狀態。這些狀況就是出血溢流、發炎、硬化、疼痛，以及一些我們目前未及討論的狀況。我們目前要談的是如何使潰瘍的瘡口凹洞復生出肉來填補，而這樣的藥物被稱為生肌長肉的藥物。

儘管這是身體本能的工作，但調製血液藥物會有所幫助，能使血液更容易轉化成肉。這些不是孕育良血的藥物，也不是矯正患處體液失調的藥物，而是在生養肌肉過程中，保護血液和潰瘍本身免於腐敗的藥物。

天生自然的肉體產生過程中會產生兩種排泄物——即組織液和帶膿的渣屑組織液。

那些有清潔和消耗作用的藥物，以及這些有乾燥作用的生肌長肉藥物，據說會滋生肉體，因為藉其助力，身體可發揮其本能。

要注意一點，這些藥物的乾燥力不是那麼強，因此不會將血液連同腐敗膿液一起消耗掉，進行清潔作用也沒那麼強，不會使肉體與渣屑廢物一起耗損。除非潰瘍處非常潮溼，否則用藥不要超過一級。

根據受傷部位不同，用藥也有各種差異，而復原長出的肉應該都相同。施藥治療的部位愈柔軟嬌嫩，所用藥物就應該愈溫和。

膠結黏合性藥物

這是真正能使潰瘍開口閉合的療方。這是一種膠黏藥劑，通過乾燥和收束力產生結合作用，將潰瘍傷口兩側結合在一起。

與前一種藥物相比，它們需要更強的乾燥能力，不僅要消耗掉流出的東西，而且要使殘留在肉體中的液體乾掉，因為化為汁液的肉較容易流到體外而不是黏在一起。

任何人可不經教導便知道這類藥物的使用時機：也就是當潰瘍被清洗過並長出肉填滿時，而且造成妨礙的症狀都排除後。

很多時候，必須讓潰瘍傷口保持開放，才能清瀉其中的腐敗膿液或流動組織液，而潰瘍本身可能會在清瀉之前就癒合。只是須注意，應避免收束力過強而導致身體柔嫩部位疼痛。

抗毒的藥物

這類藥物可以抵抗毒物，其中有一些是藉著天界星體的影響來抗毒，而有些（儘管很少）醫生能說明原因。它們分為三類：

1. 加強自然體質，使身體更容易馴服毒素。
2. 以相反的性質對抗毒物。
3. 猛烈地將其排出。

關於加強抵抗毒素的體質，這種藥或許是普遍對全身產生作用，也有可能只加強其中的某些特定部分。很多時候是身體某一特定部位最容易受到毒物傷害，如胃、肝、腦或任何其他部位都有可能；能保養並加強那些中毒衰弱的部位，便可算是抵抗毒物。

這類藥物能增強精氣，也能增強全身任何部位。

有時毒性可致命，此時便要利用與其相反的藥性加以調和。以寒性涼冷危害生命者應通過加熱來對治，反之亦然；而那些以腐蝕性傷人性命者，應藉以緩和止痛劑來治療，這些藥可調和其尖酸鋒利的毒性。而那些使體內產生硬結或凝固而致命的毒性，需要用削切作用的藥物來對付。

同樣的，由於所有的毒素都會轉移流動，在開始起作用並迫害生命源泉之前，它們不會一直處於同一部位。因此，醫者發明了另一種方法來抑制其移動——即藉由大地屬性和黏性物質之力，因為他們判斷，如果毒物落在了這些藥物上，這些藥物會以黏性作用將它們包圍起來。

他們又解釋，這種方式會阻塞其路徑和通道，妨礙其通行移動。如蘭諾斯島的土即是一例。

確實，如果這些都是好理由的話（我留待以後再確認），則花費成本可說是相當低廉。

有些人認為最安全的方法是盡快將毒素排出體外，這能通過嘔吐、清瀉或出汗來達成。你無須為了進行時機猶疑，應盡早進行，因為毒物是不會與人談判妥協的。

首先進行嘔吐，然後清瀉，最後是冒汗。以上描述雖是一般流程，然而，光是觀察毒物的性質和移動，就能得到最清楚的理解：

若毒處於胃部，則需要嘔吐，若在血液和精氣中，則施以出汗，如果身體血量過多，則要放血，如果充滿惡劣的體液，就需要清瀉。最後，治療結束後，應補強患處。

清瀉性藥物

在醫界中，有關清瀉藥物的用法有諸多爭議質疑，主要在於清瀉藥物是否有某種隱藏的特性能將體液導引向自己，講明白一點，醫師們不知其原理為何；還有清瀉藥物發揮作用時是否有明顯的特性，即通過加熱、乾燥、寒冷或潤溼進行。將這些疑義一一列出並不在我目前的討論範圍內，而且在我看來，性質相似者本會彼此吸引。

關於清瀉的注意事項

進行清瀉時，首先要多加考慮，並且要格外謹慎，要注意使身體不適的是什麼問題、身體的哪個部位有病痛，以及排除它最好的方式為何。

不過在這裡順道一提，首先使用催吐劑要注意，因為嘔吐通常會很劇烈，而且給身體的感覺要比清瀉痛苦得多，因此不適合虛弱的身體。應確定導致不適病症的原因在於胃的黏膜上，否則催吐是無效的。

此外，對女性實行催吐比對男性更危險——尤其是孕婦與時常發生子宮抽痛的人。

清瀉藥物的選擇

關於什麼樣的藥適合用於清瀉，因為病症問題根本不一，所以清瀉用藥也不應該都一樣。清瀉藥物吸出或排出體液的方式也有許多不同，例如潤溼軟化、清洗、促使身體本能產生排拒，還有一些是藉由收束力來清瀉（這比醫師們所謂的隱藏特性更奇特），但實際上，應被稱為清瀉劑的這些藥物，除了上述作用外，還具有另一種效力，能將身體最末梢的體液都抽取、導引出來，而醫生們無法確定這是通過加熱還是隱藏的特性來達成。儘管古人不這麼認為，現代醫學專家都了解，許多寒性藥物都有清瀉效果。

蓋倫示範的所有清瀉劑都有這樣的藥效（因為他所給的單方藥劑都必具有多種性質組成，天地萬物本是由許多相互矛盾的特性調整和諧後組成），我認為這種特性存在於所有的天然清瀉藥物中，它們都含有一種對胃腸有害的物質，有些人認為這是有益的，因為更能促使身體本能產生排拒現象；如果其基礎原理是如此，這說法或許是合理的，但若真是如此，天生的體質原本就該自己產生清瀉作用而不需要藥物，醫生的工作應該輔助自然體質而不妨礙它。此處不再繼續批評挑剔，我就簡單告訴你，這種物質對胃有害，每次進行清瀉前都必須先進行調整。

Chapter 40

最後補充建議

針對脆弱體質的許多好發疾病，精選以下的醫學建議和藥劑處方：

頭部及其不適病症

一般注意事項

愛惜自己頭部或大腦的人應避免食用大蒜、韭菜、洋蔥等對大腦有害的事物，謹防暴食和醉酒。

對頭部進行清瀉

清瀉頭部應用含漱劑，我認為芥末就非常好，因此，可將一勺芥末放入嘴裡，對於困倦嗜睡的人效果極好。

另外也可藉著打噴嚏的動作來清瀉頭部，但請事先確定你的大腦清潔，保持胃部清潔。

除此之外還可以咀嚼香根蓍草根部，放在口腔內兩側咀嚼，當渣滓黏液流淌在口中時，將其吐出，但仍將根部含在口中，直到你認為頭部已被充分淨化時為止。

治頭部的黏膜稠液&中風癱瘓

取一顆紅洋蔥，搗碎後用一點點生葡萄酸果汁（Verjuice）滾煮，然後加入一點澄清的蜂蜜和1大勺品質優良的芥末，煮至沸騰。

讓病人坐立起來，嗅聞熱湯蒸氣，頻率為每天2次。

治頭部的黏液症狀

將紫蘩蔞放在葡萄酒中煮，在晚上趁熱喝，到了隔天早晨時再飲用已放至涼冷的酒。

其他

將洋蔥放入密閉的鍋中燉煮，然後用此湯汁洗頭、嘴巴和鼻子。

治掉髮

將亞麻籽好好搗碎成細緻的粉末，與沙拉料理油混合；將它們攪拌均勻後，用來塗抹頭部，塗過3、4次後便能看到成效。

眼睛及其不適病症

治眼睛被光灼傷

只要以黑色薄綢布料覆蓋眼睛，即無須再額外施藥；僅須戒除飲酒和刺激性飲料。

使視線清晰的絕佳藥水

取茴香、小米草、白玫瑰、白屈菜、馬鞭草和芸香各一小撮，山羊肝切成小塊，將它們浸泡在小米草蒸餾液中，然後再以器具蒸餾一次，便可得到明目效果無可比擬的護眼藥水。

治療眼睛受擊傷

取龍牙草好好地搗碎後，用白葡萄酒和雞蛋白調和在一塊；將其厚厚地鋪在一塊布上，使其狀似膏藥糊，然後將它塗敷在眼瞼的外側，儘管此藥方幾乎已失傳，現今已沒人這麼做了，它確實是有療效的。

將黏膜液從眼睛吸出

取一顆雞蛋並將其烤到變硬，然後剝殼，切成兩半，將其熱敷在脖子上，可迅速感覺到舒緩放鬆。

治療眼翳

取均等比例的野兔膽汁和澄清蜂蜜，將它們均勻混合在一起，然後敷在眼翳上。

耳朵及其不適病症

治耳內疼痛

在耳朵裡滴少許甜杏仁油，即可立即緩解疼痛（然而我們的醫生卻常用苦杏仁油來治療）。

治耳朵中的膿皰

將牛奶煮沸後倒入窄口的石鍋中，在牛奶非常熱的時候，讓有痛瘡的耳朵移至鍋口上方，使牛奶的蒸氣上升竄入耳朵中。

這是一種常見且有效的療法，用以消除痛苦，破除膿皰。

鼻子及其病症

治息肉或鼻腔中增生的贅生物

可取常春藤的汁液，用少許棉布做成醫療塞條，將塞條沾潤常春藤汁液後放在鼻孔中。

清潔鼻子

將紅甜菜根汁液用力吸進鼻中；它不僅可以洗淨鼻子，也可以洗淨頭部，對於鼻孔內有凝固硬塊的人，這是一種特效療法。

治流鼻血

用透氣的緞帶將胳膊和腿盡可能地綁緊。也許可將血液導引回來。

治療鼻子的潰瘍

將濃麥芽啤酒煮到濃稠狀，如果潰瘍發生在鼻子外側，將濃酒做藥糊塗抹其上；如果在鼻子裡面，用亞麻布做成塞條，濡溼後放入鼻孔。

治息肉的另一種方法

將瓶爾小草蒸餾液嗅吸進鼻子裡，效果非常好；但是我認為，用一塊常保溼潤的布放在鼻子裡會更好。

治流鼻血

將琥珀捶打成粗粉末，將其放在炭燒的烤盤上，然後用漏斗讓燻煙集中到鼻子裡。

治流鼻血的其他方式

鼻子出血仍舊止不住時，據說還有一個方法，可以藉著打開耳部的靜脈來止血。

口腔及其病症

注意事項

任何人若想讓自己的嘴巴、舌頭、鼻子、眼睛、耳朵或牙齒免於疼痛不適，請常利用打噴嚏的方式，以及上一章中所指示的含漱劑。

事實上，困擾這些部位的大多數病症（如果不是全部的話）幾乎都是從黏液感染開始的。

治口腔發燒

取長葉車前（Rib wort），用紅酒煮沸，並盡可能在可忍受的程度將熱酒含在口中。

治口腔潰瘍

多用生葡萄酸果汁漱口。

牙齒及其療法

注意事項

如果你不想有蛀牙或犯牙疼，請每天早晨用檸檬汁漱口多次，然後用鼠尾草葉或少許肉荳蔻粉末塗擦牙齒；用餐後也要用清水漱口；保持牙齒健康、免受疼痛的唯一方法是保持牙齒清潔。

使牙齒潔白

以一小塊白布沾浸榲桲醋，用它來擦拭牙齦，因為它具有很高的收合力，不僅使牙齒變白，而且還增強了牙齦，能固定牙齒並使口氣芬芳。

鞏固牙齒

將馬鞭草根部放進老酒中滾煮，經常用它們洗牙，可鞏固牙齒。

治牙疼

取一棵老樹的內皮，搗碎後在上面灑一點胡椒粉，揉製成球狀，然後把它們塞在疼痛的牙齒之間。

牙齦及其病症

治牙齦壞血病

取丁香，將它們放在玫瑰蒸餾液中煮沸，然後取出放涼乾燥，打成粉末後用來揉擦牙齦，在早上飲用此湯後禁食一個小時。請使用紅玫瑰蒸餾液，其品質是最好的。

治牙齦腐爛和損耗

取鼠尾草蒸餾液，每天早晨以之漱口，然後用鼠尾草葉摩擦口腔。

臉部及其病症

疾病成因

臉上起疹與發紅的原因，顯然是有毒物質或從胃部向頭部竄升的汙濁蒸氣所致，它們會在頭部與下降的黏膜分泌物或黏液接觸、混合，然後在臉上爆發出現。因此，治療臉部病症時，首先要清潔胃部。

應戒除事物

臉部起紅疹者，不該吃鹹肉、鹹魚和鯡魚，不喝濃啤酒、刺激性飲料或紅酒，禁食大蒜、洋蔥和芥末。

治臉部紅疹

將樟腦溶解在醋中，將醋和白屈菜蒸餾液混合，然後用來洗臉；這方法在20天內就治好了一個女孩的臉疾，而這疾病先前已經困擾她多年了。

消除天花痘斑疤痕

取茴香汁液，將其加熱至微溫，然後在天花痘結痂脫落後，用其塗抹臉部，一天數次，連續塗3到4天。

喉嚨及其病症

注意事項

喉部疾病，最常見的原因是黏膜液從頭往下流到氣管。在這種情況下，除了第一章所提及的方式外，沒有其他治療方法，先清瀉身體的黏液，然後排除頭部的黏膜液。

治聲音沙啞

取糖，量大約能填滿1匙嚐味匙，然後將等量的精餾葡萄酒加入其中浸溼，晚上睡前吃，連續服用3到4次。

治發燒

如果身體發燒，請以前述方式使用前一種藥，不過改用甜杏仁油，或者如果缺甜杏仁油，請用最優質的沙拉料理油取代酒精。

其他用法

取普列薄荷放在流水中煮，此湯劑晚上睡前喝一大口，飲用時加點糖。

治扁桃腺炎

請注意，對於所有發炎症狀，放血都是有益的，對此症當然也是。

在這種情況下，家中備有糖漿和紫景天軟膏就非常方便。我知道治扁桃腺炎沒有比這更好的療法，喝此糖漿，並用軟膏塗抹喉嚨。

女性胸部及其病症

治胸部痠痛

拿幾顆無花果，好好捶打，直到果核破裂，然後用一點新鮮油脂將它們調和拌勻，將其塗抹在胸部，在患者可以承受的溫度下盡可能熱敷，它會立即消除疼痛。

治胸部疼痛的內服藥物

可讓患者喝馬鞭草汁液或水煎湯劑；用馬鞭草製成的糖漿一年四季都可以飲用，應做為常備藥。

胃部及其病症

注意事項

胃部不適的問題經常是源自於暴飲暴食。

其他

胃虛弱的人應避免一切甜食，如蜂蜜、糖之類的東西，以及牛奶、乳酪和所有油膩食物。不要在感到飢餓時才進食，也不應在感覺口渴時才喝飲品。這樣的人應避免發怒、悲傷、頻繁旅行和所有油炸食品。無論如何都不要對胃疾患者進行催吐，也不要在身體發熱的時候進食。

治胃部水分過多

每天早晨，取1打蘭粉末狀的高良薑，再搭配一口你最喜歡的葡萄酒，配服送下。

治胃部過熱

每晚睡前吞服4到5格令的薰陸香。

肝臟及其病症

注意事項

如果肝臟過熱，原因通常來自於血液過多，辨識症狀為尿液泛紅、脈搏急促、靜脈粗大飽滿，而唾液、口腔和舌頭感覺比以前甜；治療方法是在右臂上放血。

而若是肝臟瘀滯阻塞，臉部會腫脹，而且右腹側一定會感到疼痛，彷彿該處早已疼痛許久一樣。

改善肝臟消解功能

將苦艾草油和適量的薰陸香粉末製成膏藥糊，將膏藥糊加熱後敷至身體右腹側。

治肝臟阻塞

在所有的飲料和湯汁中使用植栽百里香，可以防止梗塞阻滯發生，在此症狀發生後服用也有治療效果。

一般治肝

將野兔的肝臟烘乾後搗碎成粉末，可用來治療人類肝病。

懂得草藥施用之道者，
也必須以占星學者的眼光
抬頭仰望星星。